Dinâmica do capitalismo pós-guerra fria

MARCOS COSTA LIMA (ORG.)

François Chesnais – Claude Serfati – Carlos Aguiar de Medeiros – Flávio Bezerra de Farias – André Tosi Furtado Marcos Costa Lima – Carlos Mallorquin – Jonatas Ferreira Suranjit Kumar Saha – Aécio Amaral – Andréa Zhouri Henri Acselrad – Klemens Laschefski

DINÂMICA DO CAPITALISMO PÓS-GUERRA FRIA

CULTURA TECNOLÓGICA, ESPAÇO E DESENVOLVIMENTO

editora unesp

Apoio: CAPES CNPq

Direitos de publicação reservados à:

Fundação Editora da UNESP (FEU)
Praça da Sé, 108
01001-900 – São Paulo – SP
Tel.: (0xx11) 3242-7171
Fax: (0xx11) 3242-7172
www.editoraunesp.com.br
feu@editora.unesp.br

CIP – Brasil. Catalogação na fonte
Sindicato Nacional dos Editores de Livros, RJ

D589

Dinâmica do capitalismo pós-guerra fria: cultura tecnológica, espaço e desenvolvimento / Marcos Costa Lima (org.); François Chesnais... [et al.]. - São Paulo: Editora UNESP, 2008.

ISBN 978-85-7139-815-3

1. Capitalismo. 2. Macroeconomia. I. Lima, Marcos Costa. II. Chesnais, François.

08-1583. CDD: 330.122
CDU: 330.342.14

Este livro contou com o apoio da CAPES- Programa Procad USP-UFPE.

Editora afiliada:

Asociación de Editoriales Universitarias de América Latina y el Caribe

Associação Brasileira de Editoras Universitárias

Sumário

A meus filhos, Julia, Rafael e Alice

Aos amigos
Gildo Marçal Brandão,
Marco Aurélio Nogueira,
Pedro Rafael Lapa,
Rossana Reis e
Juju.

Prefácio

Marcos Costa Lima

No período 1992-2000, que ficou caracterizado como aquele da "Nova Economia" (Gadrey, 2000), os Estados Unidos da América acabavam de conhecer a mais longa fase de crescimento ininterrupto de todos os tempos (Godley & Izurieta, 2004), a ponto de alguns analistas declararem que o crescimento havia se tornado estrutural. Alan Greenspan, presidente do Federal Reserve, Banco Central dos Estados Unidos, afirmava, em 6 de maio de 1999, que as NTIC (Novas Tecnologias de Informação e Comunicação) estavam na origem do essencial dos ganhos de produtividade e do novo crescimento sem inflação (Greenspan, 1999). É importante salientar aqui o papel da grande mídia internacional – da manipulação simbólica – econômica e financeira, como suporte e enraizamento do mito da "Nova Economia", como um fenômeno global que privilegia os objetos imateriais (informação, produção intangível e a interconexão em rede). Esse grande aparato, articulado pelas universidades do "*mainstream*" e da "mídia especializada", não fazia qualquer alusão a outras realidades sociais, de economia deprimidas, estagnadas ou absorvidas pelo endividamento externo, tampouco refletia sobre quaisquer problemas, tais como o de saber se essas formas observáveis de desagregação social tinham qualquer relação com a "exuberância irracional" demonstrada, principalmente, pela economia estado-unidense.

Dentre as características assinaladas dessa "Nova Economia", seis delas se destacam: i) uma economia de forte crescimento; ii) baseada por sua vez na produção de novas tecnologias de informação e comunicação; iii) de expansão dos empregos no setor de serviços; iv) exigente de um nível mais alto de flexibilidade do trabalho e do mercado de trabalho; v) uma economia de mercado profundamente desregulado; e vi) exigente de um novo modo de "governo" das empresas. Essa nova forma de *governance* mantém relações muito estreitas com os mercados financeiros desregulados: livre circulação, livre especulação e desengajamento do Estado (Gadrey, 2000, p.34).

De acordo com os difusores e propagadores da "Nova Economia", a lógica interna do processo se daria na seguinte cadeia: o novo crescimento estável e sem inflação, tornado possível pela difusão das NTIC por um lado (que por sua vez aumentam a produtividade, fazem baixar os custos e, portanto, reduzem a inflação, criando empregos qualificados e estímulos a Bolsas de Valores), e por outro, pela flexibilidade e mobilidade do trabalho. Com base nesse novo crescimento, o nível de vida progride e a demanda por serviços pessoais aumenta substancialmente, ampliando o emprego de forma massiva e, por conseguinte, reabsorvendo o desemprego. O modelo parece funcionar, no entanto ele só se realiza sob três condições: 1) a extensão do mercado concorrencial na direção de atividades e de regiões do mundo que ainda ignoram esses benefícios; 2) um novo modo de governo das empresas que transfere o poder aos acionistas – capitalismo acionarial – para que extingam as rigidezes e os custos das burocracias gerenciais e, sobretudo, mercados financeiros liberalizados e globalizados, os únicos capazes de praticar racionalmente uma "seleção das espécies", conforme expressão de Gadrey (ibidem, p.36), performática, que equivalem às fusões e aquisições que têm provocado o enriquecimento de poucos e os efeitos perversos para muitos. Já são conhecidos e analisados em muitos de seus aspectos a falência dessa "Nova Economia" (Chesnais, 2003), quando a poupança de centenas de milhares de pequenos portadores de ações desapareceu como uma nuvem de fumaça. Em 2002 o jornal *Le Monde*[1] informava

1 *Le Monde* (22/10/2002).

que mais de 8 trilhões de dólares foram "queimados" após a segunda metade do ano 2000 (ibidem, p.13).[2]

Conforme análise de François Chesnais, o poder das finanças se construiu sobre o Estado endividado. Sob o efeito das taxas de juros superiores, e muito, à inflação, e ao crescimento do PIB, a dívida pública vira uma "bola de neve". A subida das taxas é acompanhada de efeitos quase mecânicos de divergência entre os que têm poupança (um excedente com relação ao consumo) e que podem comprar ações, títulos, e aqueles que têm nível de renda que não lhes permite poupar. Esta é, para Chesnais, a primeira etapa do processo da financeirização, que permitiu o caminho às privatizações. A segunda etapa do "regime de acumulação financeira" se dá quando os dividendos se tornam um mecanismo determinante da apropriação do valor e os mercados de Bolsas, as instituições mais ativas da transferência rentista. As altas taxas de juros provocam, por parte do Estado endividado, fortes pressões fiscais sobre os que recebem menores salários e com menor mobilidade. Exige austeridade orçamentária e redução dos gastos públicos.

Em todo esse processo, não se falou em qualidade do desenvolvimento. Apontava-se apenas o fetichismo da mercadoria, ou seja, o impressionante avanço tecnológico, a redução do ciclo do produto, o despontar de uma sociedade ou paradigma do conhecimento. Tampouco se falou na apropriação da ciência pelo grande capital e fundos mútuos e de pensão. A frase de Margareth Thatcher tornou-se emblemática: "não há outro caminho". Os impactos dessa economia cassino atropelaram os trabalhadores, geraram um desemprego estrutural crescente, aboliram conquistas históricas dos trabalhadores, provocaram imensos desgastes ambientais, pelo ritmo alucinante do dia-a-dia na Bolsa de Valores, das bolhas imobiliárias e do mercado dos intangíveis, a produzir sistematicamente desequilíbrios ambientais e sociais de toda ordem. Em fevereiro

2 "Nos EUA, 40 milhões de assalariados titulares de um plano de poupança chamado '401 K' tiveram boa parte de suas aposentadorias ameaçadas".

de 2007, o Intergovernamental Panel of Climate Change (IPCC, p.2)[3] lançou um relatório em que afirma que

> o aquecimento do sistema climático é inequívoco, como agora se torna evidente a partir das observações do crescimento nas médias globais das temperaturas do ar e do oceano, generalizando o degelo de neve e gelo e o aumento do nível geral do mar. Seja em âmbito continental, regional ou em escalas oceânicas, foram observadas numerosas mudanças climáticas de longa duração.

Essas mudanças incluem alterações na temperatura e no gelo do Ártico, amplas mudanças nas quantidades de precipitação, de salinidade oceânica, nos padrões dos ventos e outros aspectos de temperaturas extremadas, incluindo ondas de calor, secas periódicas e intensidade dos ciclones tropicais. Entre os exemplos preocupantes, estão: o aumento da temperatura média do Ártico de quase duas vezes a média global dos últimos 100 anos; as secas mais constantes e duradouras que foram observadas desde 1970 nos trópicos e subtrópicos e o aumento das chuvas de 1900 a 2005 nas partes ocidentais do Norte da América do Sul, no Norte da Europa e no Norte e centro da Ásia.

Tudo isso devido, sobretudo, às concentrações atmosféricas de dióxido de carbono (combustível fóssil e uso da terra) e metano (agricultura) que hoje excedem de longe os valores pré-industriais, de 1750. Pois bem, se as atuais taxas de crescimento da China e da Índia, que atingem 10% ao ano, são festejadas como modelos, não se colocando em discussão sequer as assimetrias e desigualdades sociais desse intenso processo de acumulação primitiva, aí realizados, o que dizer dos impactos ambientais?

É com base nesse campo de reflexão e de caracterizações críticas da dinâmica do capitalismo atual que este livro se situa e que tem como premissa aprofundar as dimensões estruturantes da mundialização financeira (François Chesnais e Claude Serfati), analisar os seus desdobramentos macroeconômicos e geopolíticos (Carlos Aguiar Medeiros e

3 *Climate Change 2007: The Phisical Science Basis. Summary for Police Makers*. Paris: IPCC, February, 2007.

Flávio Bezerra de Farias), tecnológicos e de inovação (André Tosi Furtado, Marcos Costa Lima, Jonatas Ferreira e Aécio Amaral) espaciais e ambientais (Henri Acselrad, Andréa Zhouri, Klemens Laschefski), regional e latino-americano (Suranjit Kumar Saha e Carlos Mallorquin), suas configurações e conseqüências, tendo como campo privilegiado os rebatimentos políticos na periferia do sistema capitalista.

Em termos acadêmicos o livro vem reforçar a articulação de pesquisadores da UFPE (Universidade Federal de Pernambuco) e de universidades brasileiras com grupos já consolidados internacionalmente, construir e ampliar sinergias dos grupos de pesquisa vinculados ao CNPq (Conselho Nacional de Desenvolvimento Científico e Tecnológico) e que constroem interfaces e pontes temáticas, reforçando as sinergias cognitivas do trabalho *em rede*, bem como aprofundar teoricamente os projetos específicos que lidam com o mesmo campo de pertinência.

O acompanhamento das transformações sistêmicas do capitalismo é decisivo para qualquer estratégia que venha a ser traçada por país periférico. E o Brasil e a região latino-americana inauguram este novo século numa encruzilhada, onde deveriam ser capazes de não optar pela continuidade de um percurso que tem aprofundado as estruturas e formas de dependência e desagregação econômica e de expropriação social sobre as classes trabalhadoras, sinalizadoras de uma trajetória de barbárie.

Toda a criatividade para a reflexão, que aos poucos ganha espaço teórico e prático, sobre os novos padrões de desenvolvimento: com qualidade, democráticos, portadores de novas sociabilidades inclusivas, ambientalmente equilibradas e solidárias com as próximas gerações.

Referências bibliográficas

CHESNAIS, François. Racines, genèse et conséquences du Krach boursier rampant, (1ère partie). *Carré Rouge*, n.23, 2003.

CLIMATE CHANGE 2007: The Phisical Science Basis. Summary for Police Makers, Paris: IPCC, February, 2007.

GADREY, Jean. *Nouvelle Économie, nouveau Mythe?* Paris : Flammarion, 2000.

GODLEY, Wynne, IZURIETA, Alex. Fragilités de la reprise économique. *Problèmes économiques*, n.2.861, 27 oct. 2004.

GREENSPAN, Alan. Comumunication to the 35th Annual Conference on Bank Structure and Competition of the Federal Reserve Bank of Chicago. *Problèmes économiques*, 1er déc. 1999.

PARTE 1

Dinâmica do capitalismo

1
A MUNDIALIZAÇÃO DO CAPITAL, NATUREZA E PAPEL DA FINANÇA E MECANISMOS DE "BALCANIZAÇÃO" DOS PAÍSES COM RECURSOS AMBICIONADOS

François Chesnais

Introdução

O objetivo desta contribuição é lançar alguns parâmetros para a análise de certos problemas criados hoje pela mundialização do capital para a maioria dos países ditos "em desenvolvimento". Neste artigo discutiremos as dificuldades de análise que resultam da grande extensão dada a esse conjunto de países pelas organizações econômicas mundiais, tratadas mais particularmente sob o ângulo da finança. Por "finança" entendemos as instituições e as relações econômicas e políticas que permitem a um capital de investimento financeiro (hoje concentrado nas mãos das instituições especializadas e conhecidas pelo nome de investidores institucionais – os fundos de pensão e de investimentos coletivos ou Fundos Mútuos, as grandes sociedades de seguros e os grandes bancos) valorizar-se sob a forma de saques à economia. Esses saques acontecem através da mediação dos mercados de títulos da dívida, de propriedade das empresas. Ainda fazemos um exame das mudanças nos objetivos do investimento direto no estrangeiro dos grandes grupos industriais transnacionais, em favor da liberalização e sob a pressão das exigências de rentabilidade dos acionistas, e tecemos algumas considerações sobre a "balcanização" que opera em muitas das economias "em desenvolvimento".

Mundialização

A "mundialização" deve ser entendida como um regime institucional internacional específico, tanto econômico quanto político, em benefício do capital concentrado. Esse regime, que exerce uma atividade propriamente planetária, é resultante de dois processos: o primeiro é o movimento interno ao capital das economias centrais, que tem hoje como um de seus traços específicos, como ontem, buscar a superação dos limites à rentabilidade encontrada nos países que são sua base, através da expansão para o exterior.[1] O outro está relacionado à operação dos tratados multilaterais ou bilaterais, mas também da projeção internacional das posições de dominação econômica e política dos Estados-membro do G7, de políticas sistemáticas de liberalização e de desregulamentação do comércio, dos fluxos financeiros e de investimentos diretos, bem como da privatização das empresas públicas. Essas políticas foram preparadas desde a metade dos anos 1970 pelos planos de ajuste estrutural do FMI (Fundo Monetário Internacional) e que foram aplicados quando dos regimes de ditadura militar no Chile, mas também de forma ainda mais significativa pela ditadura argentina. Contudo, foi necessário que Margareth Thatcher e Ronald Reagan chegassem ao poder para que começassem a ser introduzidos em ritmos bastante diferenciados nos países capitalistas industriais e impostos aos países em desenvolvimento, iniciando por aqueles mais abertos às pressões dos países e de organizações internacionais portadoras do "Consenso de Washington".

Na virada dos anos 1990, o colapso da União Soviética e a queda do "socialismo real" burocrático vieram facilitar e acelerar esse processo. A implosão do antigo bloco soviético dominou as últimas fases de negociação da Rodada Uruguai levadas a cabo pelo GATT (Acordo Geral sobre Tarifas e Comércio) e determinou o amplo mandato dado à OMC (Organização Mundial do Comércio) pelo Tratado de Marrakesh

1 Para uma formulação contemporânea desta análise freqüentemente considerada como própria da teoria do imperialismo do início do século XX, ver Amim (1970). Introdução.

em 1993.[2] Articulado à "democracia", o neoliberalismo, ideologia do capitalismo desregulamentado, pode explorar a tomada de consciência do terrível balanço do stalinismo e dos impasses da planificação burocrática, para se investir de uma nova legitimidade e se apresentar como a última forma possível de organizar a economia em todos os cantos do mundo. O regime institucional da mundialização é marcado de forma central pelo grau bastante elevado de liberdade de ação que garante às firmas multinacionais (FMN),[3] aos bancos internacionais e às organizações capitalistas mais recentes e menos conhecidas, que são os investidores financeiros e "institucionais". Essa liberdade de ação lhes abriu possibilidades ampliadas e, muitas vezes, novas, de apropriação do excedente produzido fora dos países centrais. Algumas transitam pelos mercados financeiros liberalizados, ao passo que outras repousam sobre os mecanismos, como ocorre com o novo regime de propriedade intelectual instituído no contexto da OMC.

O regime institucional internacional de liberalização e de desregulamentação serve de suporte ao funcionamento nas economias centrais, a começar pelos Estados Unidos, de um regime de acumulação particular que certos pesquisadores intitulam de regime financeirizado a dominante financeira (Chesnais, 1997a; Serfati, 2002; Harribey, 2002; Lordon, 2000) e outros, mais favoráveis à poupança institucional dos assalariados com estabilidade dos países avançados, preferem o termo "regime patrimonial" (Aglietta, 1998). O termo "regime financeirizado" designa diversos traços particulares. Citemos *inter alia*, o acionista em bolsa, controlado pelos gestores de fundos de pensão e de aplicações financeiras (os Fundos Mútuos) enquanto forma predominante de propriedade do capital; o papel central desempenhado pelo nível dos títulos em Bolsa e as exigências de rentabilidade do novo acionista, no ritmo e na orientação setorial dos investimentos e nos circuitos de *bouclage* macroeconômica; a remodelagem das estratégias industriais e das formas de organização

2 O testemunho dos negociadores norte-americanos é explícito quanto ao fracasso das resistências às suas proposições que sucederam à "queda do Muro" em fins de 1989 (Stewart, 1994).

3 Aqui os termos "firmas multinacionais" (FMN) e "sociedades transnacionais" (STN) são considerados como idênticos.

do trabalho, bem como a retirada dos investimentos para responder às exigências de rentabilidade das aplicações do novo acionista.

O inventário da liberalização e do novo regime de acumulação nos países centrais do sistema apresentou resultados muito medíocres: crise financeira muito grave seguida de mais de uma década de quase-estagnação no Japão; estagnação e início de desindustrialização na Europa. Apenas nos Estados Unidos é que a emergência e a consolidação do novo regime foram seguidas de uma fase de crescimento indiscutível. O estudo dos déficits domésticos e sobretudo externos dos Estados Unidos mostra que os fluxos "ociosos" de mercadorias e de dinheiro organizados sob a base da troca, o repatriamento dos lucros industriais e das mais-valias financeiras e as punções massivas que repousam sobre o serviço da dívida dos países devedores foram condições centrais do crescimento americano dos anos 1990 (Duménil & Levy, 2004).

A consolidação da mundialização como regime institucional internacional do capital concentrado conduziu, pela acentuação suplementar dos mecanismos de centralização e de concentração, a um novo limite na polarização da riqueza, devido à evolução dos sistemas políticos para a dominação de oligarquias direcionadas ao enriquecimento e à reprodução de sua dominação. São os seus interesses que ditam as decisões, que aceleram a crise ecológica planetária que já ameaça a reprodução da vida dos povos e das camadas sociais mais desprovidas e fragilizadas (Chesnais & Serfati, 2003).

Nos países capitalistas centrais, essas oligarquias possuem as bases sociais mais sólidas ali onde dominam os sistemas de aposentadoria por capitalização e os planos de poupança salarial. Estes transformam seus beneficiários em indivíduos cujo pertencimento social ampliou-se significativamente: de um lado, os assalariados, e do outro, pessoas cuja sorte está ligada ao movimento das Bolsas e à eficácia das punções rentistas. Sua capacidade de se diferenciar politicamente da burguesia tem diminuído fortemente.

A centralização e a concentração acentuada do capital e o novo salto na acentuação da polarização da riqueza não são próprios do "Norte". O regime internacional da mundialização do capital reforçou amplamente os direitos de propriedade e os mecanismos de apropriação fundados sobre a exploração do trabalho ou lucros rentistas. A transição acelerada do capitalismo na China reforçou o processo no plano global. A posição social e o poder político de todas as oligarquias foram reforçados pela mutação ordenada do aparelho do Partido Comunista chinês. Em setores específicos do "Sul" – os bancos e os serviços financeiros, a agroindústria, as minas e os metais de base – constata-se uma acentuação análoga na centralização e concentração do capital.

Os países nos quais a formação de oligarquias "modernas" e poderosas tem acontecido juntamente com fortes processos endógenos de acumulação financeira e valoração de "vantagens comparativas" conforme as necessidades das economias centrais – ativos naturais para os produtos de base e/ou exploração de uma mão-de-obra industrial muito barata – foram integrados ao funcionamento do regime internacional da mundialização. Esse processo não ocorre sem tensões, o que se constata no relacionamento entre a China e os membros da antiga Tríade, ou ainda na OMC entre os oligopólios exportadores da agroindústria dos países do "Sul" e os países do Norte, protetores dos mesmos interesses em seus territórios. Mas são menos verdadeiras as tensões Norte-Sul do que as tensões entre frações do capital concentrado internacionalizado, cuja propriedade pode pertencer, sob a forma de títulos na Bolsa, ao mesmo grupo poderoso e relativamente pequeno dos fundos de pensão e de Fundos Mútuos. Essas tensões são consubstanciais à remodelagem do espaço mundial das relações econômicas e políticas no quadro do regime institucional da liberalização e da desregulamentação. Este é marcado tanto por relações entre países como por relações entre "Estado e capital" no interior de cada espaço nacional (ali onde verdadeiramente existiu), que diferem tanto do sistema precedente de trocas comerciais com certa interdependência entre países quanto de formas anteriores de multinacionalização das empresas.

Um capitalismo dominado pelos investidores financeiros

Um dos motores dessas transformações foi a reconfiguração do poder interno ao capital em benefício dos portadores de patrimônios financeiros importantes, bem como dos gestores de organizações financeiras especializadas – bancárias e não bancárias, sobretudo – encarregados de valorizar o dinheiro centralizado em suas mãos sob a forma de aplicações em ações ou em obrigações nos mercados de títulos, ditos mercados financeiros. No passado, a partir dos anos 1880-90, o capitalismo já havia conhecido uma fase marcada por uma forte acumulação de dinheiro dirigido para essa forma de valorização. O *crash* de 1929, a grande crise e a Segunda Guerra Mundial puseram fim a isso. Uma nova fase surgiu a partir de 1980, atingindo, no final dos anos 1990, níveis sem precedentes no que concerne ao montante e ao nível de centralização de somas, buscando a valorização a partir dos mercados de títulos. Os grandes grupos industriais também fizeram a sua contribuição, destinando uma parcela crescente de seus lucros a uma valorização desse tipo. Eles acentuaram seus traços de grupo financeiro "à dominância industrial", tomando a forma de *holding*. Após a Segunda Guerra Mundial, período em que suas atividades foram submetidas à reconstrução das infra-estruturas e da expansão dos meios de produção, os bancos se tornaram lugares de acumulação financeira. Esta é a própria essência da atividade das companhias de seguro. Contudo, os sistemas de aposentadorias privadas por capitalização (os fundos de pensão), criados no final da Segunda Guerra Mundial nos países anglo-saxões e no Japão, assim como os fundos de aplicação "coletivos" (os Fundos Mútuos) que surgiram em seguida, é que são, hoje, as linhas-mestra da centralização e da acumulação financeiras. Eles são a espinha dorsal dos mercadores financeiros que parecem dotados da capacidade mágica de "transcender" o entesouramento estéril do "dinheiro na meia", transformando o dinheiro em valor que "rende". Aqui Marx é incontornável:

> Desde que seja emprestado ou investido na empresa, desde que traga uma renda distinta do lucro da empresa, o juro cresce, mesmo que seu proprietário durma ou vigie, quer esteja em casa ou viajando, seja noite ou seja dia. Os votos piedosos dos entesouradores se realizam no capital que aportam juros. (Marx, Livro III, capítulo XXIV)

Suas "economias" e sua "poupança" adquiriram "a propriedade de criar valor, de incorporar juros (ou recolher dividendos e mais-valias em bolsas), tão naturalmente quanto a pereira produz peras" (ibidem).[4] A distância e a indiferença, ali onde não haja ignorância completa, não somente quanto às condições nas quais o valor é criado e apropriado mas também quanto à própria necessidade de tomar cuidado como o "pomar de peras" e permitir sua manutenção e sua reprodução, foram sempre consubstanciais à crença-fetiche na capacidade do dinheiro se valorizar por ele mesmo (Chesnais, 2004). Hanna Arendt (1952) estabelece reflexos psicológicos associados à posição econômica dos grupos sociais que se beneficiam das rendas de natureza especulativa, um dos elementos constitutivos do imperialismo e do totalitarismo que este carrega no germe. Aqueles dos quais devem ser retirados todos os recursos devem estar tão distantes quanto possível no espaço, mas igualmente tão baixos e insignificantes quanto possível na escala do reconhecimento como seres humanos.

É partindo dos investidores institucionais e mais especificamente ainda da prática dos gestores de fundos (Sauviat, 2005) que se pode examinar as formas atuais da "hegemonia do rentista e da oligarquia financeira sobre as outras formas de capital" (Lenin, 1952, p.55). Essa hegemonia significa sobretudo duas coisas: 1) Sempre mais diretamente por conta das instituições financeiras especializadas e dos acionistas-proprietários dos quais elas gerem o dinheiro, que os mecanismos de apropriação e de centralização de valor e de mais-valia ao nível mundial funcionam, sobretudo, através da *corporate governance*; 2) Que a partir dos anos 1980, em um contexto macroeconômico e institucional moldado mais e mais pelo tributo ofertado do capital rentista, que se desenrola a atividade econômica do conjunto e que se processam todas as lutas sociais. Um mecanismo particularmente saliente foi e permanece sendo a punção nascida dos déficits orçamentários criados pela baixa regular da imposição do capital e da fortuna e do inchaço da dívida pública que dela resulta. Nos países onde a classe operária havia conquistado vantagens sociais, as políticas de austeridade para "dominar os déficits" e os serviços da dívida dos Estados se tornaram um dos principais vetores das

4 Para uma discussão sobre as implicações da "distância" relativa à produção, ver Chesnais (2004, cap. 1).

"reformas". Nos países capitalistas periféricos e dominados, eles funcionaram como alavancas do "ajuste estrutural" do FMI, as privatizações em benefício dos investidores institucionais e das empresas estrangeiras (privadas ou ainda nacionalizadas) e enfim da pilhagem acelerada dos recursos naturais para exportar e "pagar a dívida".

A aquisição da propriedade dos grupos industriais e seu controle segundo as modalidades da *corporate governance* representaram um passo decisivo para a consolidação do poder econômico e social dos proprietários e dos gestores do capital especulativo. Sem isso, a acumulação financeira contemporânea teria enfrentado grandes dificuldades de valorização, o que não aconteceu. Os juros realizados sobre a dívida pública dos Estados, nos países avançados, como nos países subordinados, tão elevados fossem os montantes acumulados, não seriam suficientes.

O termo "capitalismo acionarial" não é sem fundamento. Hoje, os fundos possuem 40% das ações cotadas em Wall Street e em outros mercados de títulos de empresas americanas. É uma porcentagem análoga mantida por esses investidores nas empresas francesas do CAC 40 (Bolsa francesa). Sem os grupos industriais capazes de extrair e de centralizar em benefício dos acionistas um montante elevado de mais-valia, o capitalismo de mercado financeiro não teria conseguido seu imenso poder social. Mas não poderia se tratar de qualquer grupo. Para satisfazer as exigências dos acionistas foi necessário remodelar os grupos industriais, de lhes arrancar de um modo de funcionamento próprio à era dos compromissos "social-democratas" e ao período em que a Escola da Regulação designou com o termo de acumulação "fordista". No novo caso, os gerentes dos grupos dispõem de meios possantes que resultam dos efeitos combinados da liberalização das trocas, dos movimentos de capitais e das novas tecnologias. Nos países capitalistas centrais, a margem de manobra tornada possível pela liberalização permite que estes grupos transfiram aos assalariados a ameaça (que pode se tornar efetiva) de deslocalização de suas plantas fabris para países onde a mão-de-obra é mais barata, os salários são baixos, quase nada protegidos, ou ainda de estabelecer redes de produção terceirizadas. Mesmo nos países onde ele tem sua base, o grande grupo industrial cotado na Bolsa representa um mecanismo de apropriação do sobre-produto em benefício de seus acionistas. Ele se organiza agora de forma que puncione o valor criado no seio de outras empresas, tanto ou ainda mais que a produzir no seu próprio local. As pequenas empresas suportam os custos e seus assalariados sofrem diretamente o peso. Nos países periféricos, a entrada do novo acionista no capital dos grandes grupos industriais, tomados conjuntamente com a imposição da liberalização e da privatização, transformou o investimento direto e fez dele, em muitos países, puro mecanismo de predação.

Os canais de captação e de centralização de valor rumo às metrópoles financeiras

As organizações internacionais classificam os fluxos financeiros internacionais com a finalidade de servir de canais de apropriação de valor produzido nos países externos à OCDE (Organização para a Cooperação e Desenvolvimento Econômico), em cinco rubricas principais: i) os préstimos bancários; ii) as compras de títulos e obrigações (bônus do Tesouro e títulos privados) sobre os mercados onde eles são emitidos; iii) os investimentos diretos; iv) os investimentos de portfólio (compras de ações de empresas domésticas nos mercados de emissão); v) a ajuda pública ao desenvolvimento. Os dois primeiros canais são aqueles relacionados à dívida externa dos Estados, mas também em certos países, aos bancos e empresa locais. O canal de investimento direto é aquele no qual as empresas estrangeiras vêm organizar diretamente a exploração dos recursos locais em energia, em produtos de base e em semiprodutos dos "países de acolhida"; maximizá-las mesmo por uma gestão direta dos fluxos de rendas na seqüência da compra de bancos locais ou empresas de serviços públicos liberalizadas, oferecendo mercados cativos bastante lucrativos; enfim, no caso de um pequeno número de países produzir localmente para o mercado doméstico de bens de consumo (duráveis e não duráveis), mas também em alguns casos para a exploração, para os países de origem das casas matrizes ou para terceiros países. No caso em que existam investimentos de portfólio que lidem com títulos de empresas, os investidores institucionais deixam esse trabalho às empresas locais, aplicando-lhes as regras da *corporate governance*. Trata-se, enfim, da ajuda pública ao desenvolvimento, reduzida a uma *peau de chagrin*,[5] bem entendido que se trata de uma ajuda interessada, o país doador deve receber um retorno.

As compras de títulos/obrigações nos mercados onde são emitidos assim como os investimentos de portfólio, são o apanágio daquilo que a finança mundial nomeia no seu jargão como os "mercados (financeiros) emergentes". Abertos às operações do capital financeiro a partir do início dos anos 1990, eles são distintos das praças financeiras mais antigas como Hong Kong e Cingapura, nascidas como intermediários da *City de Londres* no contexto da antiga zona da libra esterlina. Pode tratar-se de praças financeiras novas, como em certos países do Sudeste asiático e na China. Em outros casos, trata-se, de fato, de mercados financeiros antigos (a exemplo da Argentina) que conheceram, na seqüência da crise de 1929, um regime de controle estrito dos movimentos de capitais.

Os países dotados de uma praça financeira são poucos: uma dúzia na Ásia e na América Latina, aos quais se acrescentam aqueles da África do Sul (Johannesburgo) e da Turquia (Carroué, 2004, p.21). Trata-se de fato dos países atualmente denominados "novos países industriais" (NPI), onde os Estados Unidos, o FMI e seus aliados e representantes locais, formados em universidades americanas segundo o credo neoliberal, organizaram a liberalização e a abertura dos mercados financeiros. O mercado da Bolsa permite a aquisição do capital de empresas locais desde que elas não sejam absorvidas pelas FMN. A existência de um mercado obrigatório doméstico interconectado com os mercados financeiros dos países do centro do sistema permite a transformação da dívida pública em títulos. Por isso, após vinte e cinco anos, tomados globalmente, os empréstimos bancários recuaram regularmente em benefício das emissões de títulos obrigatórios negociáveis como mecanismo de conformação e de reprodução da dívida pública. Nos países que têm um déficit orçamentário crônico, em razão de uma política fiscal totalmente orientada em favor das oligarquias e das classes médias, e que possuem um mercado financeiro liberalizado, essa dívida obrigatória tem um componente externo, mas também interno. Em se tratando da

5 Uma pele que encolhe, que se retrai.

primeira, os empréstimos externos negociados com os grupos dos bancos (os empréstimos "sindicalizados") cederam lugar à emissão a "preço do mercado" de títulos estabelecidos em dólar, que são negociados seja nos mercados transnacionalizados seja nos mercados de obrigações locais.

Abrir aos fundos de pensão e aos Fundos Mútuos uma forma de apropriação de excedente anteriormente reservado aos bancos foi um dos objetivos da liberalização financeira dos "mercados emergentes". Os títulos emitidos têm freqüentemente uma maturidade curta ou muito curta e os investidores podem vendê-los a qualquer momento. As taxas de juros são calculadas em referência às taxas americanas (o diferencial é chamado de *spread*), segundo o risco-país estabelecido pelas agências de corretagem. Eles são sempre altos – de duas a três vezes superiores à taxa de referência – e em períodos de crise financeira podem atingir até cinco vezes a taxa de base. Contudo, a liberalização e a desregulamentação financeira beneficiaram também os bancos internacionais, que tiveram a possibilidade de comprar partes inteiras do sistema bancário de certos países e, assim, participar dos lucros financeiros muito elevados (juros sobre títulos e lucros especulativos de mercado) associados à dívida obrigatória interna. Assim, os bancos internacionais puderam se beneficiar plenamente tanto do processo de substituição parcial da dívida pública doméstica quanto da dívida externa.[6] A aquisição de títulos de circulação interna é uma atividade muito rentável, uma vez que as taxas de juros são alinhadas sobre as taxas de emissão internacionais

O exame da evolução das diferentes modalidades de fluxo financeiro a partir dos centros financeiros mundiais defronta-se com grandes dificuldades de análise devido ao fato de que a categoria "país em desenvolvimento" não corresponde nem a critérios de conjunto do "desenvolvimento" nem a uma participação em entidades econômicas continentais. As estatísticas propõem, no máximo, um recorte entre os países "de renda média" e de "baixa renda". A categoria "país em desenvolvimento" engloba países para além daqueles designados de forma pouco rigorosa como do "Sul".

6 A propósito desta substituição, consulte-se o último relatório do Banco Mundial sobre o "financiamento do desenvolvimento": World Bank, *Global Development Finance 2005*, Washington DC, abril 2005, capítulo 4.

Inclui a China (hoje uma potência industrial e um país credor preferencial dos EUA), mas também a Rússia e todos os países da Europa Central e Oriental do antigo bloco soviético, da mesma forma que aqueles da antiga Iugoslávia, que são freqüentemente membros da OCDE e hoje da União Européia. Inclui também o México, membro da Alca (Associação de Livre Comércio das Américas) depois de 1994 e da OCDE após 1990.

Tabela 1. Fluxos líquidos de capitais para os "países em desenvolvimento" 1996-2004 e fluxos de rapatriamento dos salários (bilhões de dólares dos Estados Unidos)

	1996	1997	1998	1999	2000	2001	2002	2003	2004
IDE líquido	128.4	168.1	171.5	182.4	166.2	174.8	154.0	151.8	165.5
Inv. líquido de portfólios	32.9	22.6	6.6	12.7	12.4	6.0	5.8	24.8	26.8
Fluxo líquido da dívida (longo e médio prazo), dos quais:	82.5	84.8	85.0	21.6	7.4	-6.6	0.9	24.9	55.4
Obrigações	49.5	38.2	39.7	29.8	17.5	11.0	11.2	28.1	63.0
Empréstimos bancários	30.7	43.8	50.4	-6.8	-5.8	-11	-3.8	3.1	-1.8
Fluxo líquido da dívida (curto prazo)	37.4	9.2	-64.5	-20.1	-7.9	-23.9	2.8	48.9	53.6
Rapatriamentos de salários	56.7*	-	-	-	76.8	84.6	99.0	116.0	125.8

* 1995
Fonte: World Bank, *Global Development Finance 2005*, tabelas 1.1 e 1A.1.

No nível agregado que é aquele das publicações do Banco Mundial, os dados da Tabela 1 permitem constatar os seguintes movimentos, que se considera que exprimem em grandes traços as prioridades de aplicação dos investidores institucionais. Os números indicam os fluxos e não os estoques, cuja evolução é necessariamente mais lenta. Em favor da liberalização dos investimentos e das trocas, como da implantação pelos investidores institucionais da *corporate governance* nos grupos industriais transnacionais,[7] o Investimento Direto Externo se afirma como a forma mais importante e a menos volátil do fluxo financeiro dirigido para a cap-

7 O termo *franglais* "industriel" traduz a influência incontornável da economia industrial anglo-saxã e engloba tanto o setor manufatureiro quanto o conjunto das atividades de serviço.

tação de excedente dos "países em desenvolvimento". O Investimento Direto Externo sofreu de forma atenuada somente os contragolpes das crises financeiras que balançaram os países de "mercado emergente". Sua baixa, em 2002 e 2003, foi seguida de uma alta que o aproxima dos níveis do fim dos anos 1990.

O fluxo líquido de investimento em títulos de propriedade das empresas locais é fraco e extremamente volátil. Em 2003 e 2004 eles se dirigiram quase exclusivamente em direção à China, à Índia, ao Sudeste da Ásia e da África do Sul.[8] Os fluxos líquidos de capitais direcionados à captação de excedente pela via da dívida externa (pública, mas também privada) são igualmente muito voláteis, em razão da forte queda dos créditos bancários após as crises financeiras asiática, sul-americana e russa, de 1997-98, e sua substituição por fluxos de aplicação em títulos obrigatórios de curto e médio prazo. Essa substituição pode parecer não ter compensado a queda dos créditos bancários, mas é esquecer nos países de mercados financeiros emergentes a elevação substantiva do endividamento externo dos governos, lembrada anteriormente, bem como das empresas. Pareceu-nos interessante acrescentar uma última linha à tabela que mostra o significativo montante do repatriamento de salários recebidos pelas empresas estrangeiras.

Um dos traços mais atuais da última década e, mais ainda, dos anos 2002-2004 foi o forte aumento das reservas de câmbio dos países classificados como "em desenvolvimento". Essas reservas aumentaram no final de 2004 para quase 1.600 bilhões de dólares, soma jamais alcançada anteriormente. Considerada globalmente, ela foi superior ao total da dívida externa pública do conjunto dos países agrupados sob essa denominação.[9] A China detém 38% isoladamente. Se incluirmos a Rússia e a Índia, os três países controlam mais da metade. Uma fração importante dessas reservas, notadamente aquelas da China, é reciclada nos países capitalistas centrais, principalmente nos Estados Unidos, o

8 Ver World Bank, op. cit., tabela 1.3.

9 No fim de 2004, os PED (Países em Desenvolvimento) dispunham de 1.591 bilhões de dólares sob a forma de reservas de câmbio, ou seja, mais do que o total de sua dívida externa pública, de 1.555 bilhões de dólares (World Bank: quadro em anexo, pp.161-5).

que fez o Banco Mundial concluir que "os países em desenvolvimento são doravante os países exportadores líquidos de capital para o resto do mundo" (World Bank, 2005, p.56).

Extraímos daí uma grande confusão possibilitada por uma definição tão ampla, seja da categoria "país em desenvolvimento" seja da noção de "exportação de capital", que engloba coisas tão diferentes quanto os fluxos de juros do serviço da dívida; os fluxos de dividendos dos investimentos de portfólio; os fluxos de lucros do investimento direto e as aplicações do Banco da China em bônus do Tesouro dos Estados Unidos. A acumulação de reservas não foi seguida de nenhuma redução significativa da dívida. Em diversos casos importantes, ela caminhou em sintonia, ou, mais exatamente, permitiu um crescimento do endividamento. A melhora da solvabilidade trazida pelas reservas permite, então, que a manutenção pelas elites oligárquicas da dívida de seu "próprio país" a partir dos mercados financeiros centrais ou dos paraísos fiscais, da mesma forma que a imbricação entre o pessoal político e os meios financeiros também contribuem fortemente no mesmo sentido. Mais de 200 bilhões de dólares de dívidas novas foram contratadas de 2002 a 2004, notadamente pelo Brasil e pelo México, mas também pela Argentina, após a conclusão das negociações com seus credores.

As novas estratégias das Firmas Multinacionais (FMN) e os alvos atuais do Investimento Direto Estrangeiro (IDE)

É necessário agora fazer algumas observações relativas ao Investimento Direto Estrangeiro (IDE) cuja predominância, da mesma forma que o grau mais elevado de estabilidade dos fluxos, foi assinalada anteriormente. Duas questões as justificam: a primeira é que a balança de pagamentos dos Estados Unidos, bem como de todos os países industriais sedes de FMN, registram um saldo positivo de rendas dos investimentos no estrangeiro; a segunda diz respeito à transformação da propriedade do capital dos grupos industriais transnacionais e à instituição da *corporate governance*. O capital está nas mãos de um acionista (os investidores institucionais e os grandes patrimônios financeiros privados) que exige fluxos elevados de dividendos e de repartição dos benefícios sob outras formas. Em se tratando de países capitalistas centrais, o papel dos mercados de ações, enquanto mecanismos de apropriação de valor e de excedente, assim como seu lugar enquanto garantidores da macroeconomia, foram objeto de inúmeros trabalhos, o que parece menos verdadeiro para os países destinatários dos IDEs.

O quadro atual das operações de captação e de centralização de valor e de excedente através dos IDEs é fixado pelas maiores "inovações institucionais" do regime político internacional da mundialização: a liberalização das trocas e dos investimentos da OMC e os tratados bilaterais de investimento ainda mais favoráveis às FMN que aos EUA. Os países da União Européia e o Japão fizeram com que numerosos países o assinassem com a promessa de "crescimento". Esses países não têm a mesma classificação. Não se pode mais trabalhar com o desenvolvimento acreditando que os países ditos hoje do "Sul" constituiriam um conjunto homogêneo, ainda menos como se fossem um grupo de países com interesses comuns. Tratamos aqui com países cuja história e trajetórias políticas são muito contrastadas, que determinam formas de inserção diferenciadas na economia mundial, níveis distintos de subordinação com relação aos países capitalistas centrais e com graus diferenciados de fragmentação de suas estruturas políticas.

Excluiremos a China das observações que seguem, porque tanto a dimensão do IDE quanto o contexto político e social no quadro onde as FMN operam representam um caso totalmente à parte, mesmo que este ou aquele traço de suas operações possa ser parecido com o que acontece em outros países. A Índia é igualmente um caso à parte que nos conduz a não inseri-la na tipologia proposta. O capitalismo indiano se protegeu da penetração das FMN mais que qualquer outro país da periferia capitalista. Hoje, ela apresenta uma base industrial especializada, em informática e em biotecnologia, para operações de deslocalização e subcontratação efetuadas com ajuda de tecnologias de informação e de comunicação. Mantendo-se em uma tipologia sumária, os motivos atuais dos IDEs nos países capitalistas subordinados podem ser apresentados como segue. O primeiro motivo é aquele que foi importante desde a dominação colonial e imperial. Muitos países possuem produtos de base indispensáveis para a economia dos países capitalistas centrais: numerosas matérias-primas minerais e agrícolas, o petróleo, o gás natural e, agora, a água. Após ter parecido recuar, os investimentos diretos nesses domínios retomaram grande importância. Os alvos mudaram em parte. A cobiça das fontes de matérias-primas energéticas sempre detém a chave das políticas que se enfrentam no Oriente Médio. Ela explica as rivalidades interimperialistas e o cortejo das guerras provocadas nos países da África, ricos em minerais estratégicos. O desdobramento dos avanços tecnológicos e uma intensificação das produções agrícolas nos países capitalistas centrais deu a impressão – à exceção do petróleo, minerais estratégicos como o urânio e algumas culturas tropicais, em primeiro plano a madeira – que esses países se tornaram muito menos dependentes das fontes de matérias-primas situadas nos países periféricos. A ciência e a tecnologia lhes permitiriam substituí-los por produtos industriais, de tal forma que os IDEs se reduziriam (Chesnais, 1997a). Em termos de montante absoluto dos investimentos, assim pareceu ser o caso.

Os países ditos "de baixa ou muito baixa renda" só recebem valores muito pequenos de IDEs, mas isso é enganoso. Os últimos anos do século XX presenciaram o início de uma nova fase na qual o consumo frenético de recursos elementares, sobretudo da energia e da água, tendo em vista o padrão de vida e as normas de consumo do "capitalismo avançado", bem como os "avanços" tecnológicos em domínios tais como a exploração de petróleo e gás em águas profundas, vieram a criar perspectivas de alta rentabilidade sobre a exploração e o transporte do gás e da água a longas distâncias ou na exploração das reservas minerais. Em se tratando da América Latina, as reservas de gás e de água da Cordilheira dos Andes e as riquezas do subsolo e submarinas da Patagônia se tornaram alvos das FMN especializadas e objeto de grande cobiça.

O segundo motivo do investimento direto é a exploração do mercado interno dos países-alvo. Em certos casos, isso pode se combinar com uma integração de elementos cobiçados da base industrial da economia que acolhe na organização produtiva internacional da FMN. O IDE foi o instrumento, sobretudo na América Latina, de uma vasta mutação na propriedade do capital. Após dez anos, os três quartos do IDE, em certos anos mesmo 90% do total, consistiram em operações de compra de empresas existentes, sem criação de novas capacidades.[10]

A partir de 1990, em muitos países da América Latina (a Argentina, o Brasil, o Chile, o Peru, a Bolívia e a Venezuela), a privatização das empresas públicas esteve no coração da mudança de propriedade, abrindo a via a um processo onde o capital nacional privado passou às mãos de compradores estrangeiros. No Sudeste da Ásia, só em 1997, tendo em vista a crise financeira asiática (que permitiu ao FMI intervir em países onde até então não havia posto os pés), esse processo ganha terreno.[11] As aquisições fora dos países centrais são parte integrante do processo de fusão-aquisição que se seguiu à entrada dos Fundos de Pensão e dos Fundos Mútuos no capital dos grupos industriais, a partir do final dos anos 1980 nos Estados Unidos e depois, no curso dos anos 1990, na grande maioria dos países centrais. Nos países periféricos, os efeitos destrutivos das mudanças de propriedade em termos de sinergias industriais e de "capital humano" são ainda mais fortes que aqueles observados nos países do centro do sistema.

Hoje, quando se estuda o IDE, é indispensável distinguir a produção manufatureira da exploração da indústria de serviços. Às FMN apenas um pequeno número de países interessa enquanto mercados para os bens manufaturados produzidos localmente. Todas ou quase todas interessam às multinacionais de serviços de base (água, telefone, eletricidade). Iniciemos pelas primeiras. A exportação e a venda através das filiais de comercialização se tornaram opção preferencial dos grupos. Mas elas são obrigadas a produzir no país onde o mercado interno de produtos de consumo durável e não durável tem uma grande ou muito grande dimensão. As FMN continuam a criar filiais de produção desde que essa forma de presença direta sobre o mercado se imponha, seja por conta da dimensão do mercado, seja pela importância estratégica regional do país (é o caso do Brasil) ou ainda em razão da antiga presença de rivais oligopolistas mundiais, onde é, portanto, necessário conter localmente

10 Ver *World Investment Report 2001*, United Nations, Genève, Figuras II.7, II.8 e II.9. As edições de 1998, 1999 e 2000 do relatório contêm dados sobre as fusões, aquisições e sobre a parte representada pelas privatizações.

11 Consulte-se o quadro B7 dos anexos do *World Investment Report 2001*, op. cit., que dá a lista dos países concernidos.

as estratégias. Nesses locais existe então investimento direto no setor industrial. Cada vez que se torna possível, ela toma a forma de uma recompra e de reestruturação de empresas que pertencem ao capital local. Os componentes são importados. As cláusulas de fornecimento local não subsistem mais que na China ou na Índia e o objetivo das FMN e dos países do G7 é de implosão, tanto lá como em todo e qualquer lugar.

Em se tratando de estratégias das FMN manufatureiras, a outra função que uma certa categoria de país pode preencher é de servir, em indústrias intensivas em mão-de-obra, de base para operações de subcontratação deslocalizada, requerendo uma mão-de-obra industrial por sua vez qualificada (ou mesmo bastante qualificada), muito disciplinada e muito barata. Essa estratégia não exige investimentos, estes sendo deixados aos cuidados do país de acolhida e das empresas locais que postulam um *status* de subcontratadas. A presença é freqüentemente passageira, de alguns anos. Como o número de candidatos a esse tipo de relação é muito superior às necessidades de capital, levando-se em conta a fragilidade da taxa média mundial de crescimento e de acumulação, a estratégia das FMN consiste em fazer que os países passem a disputar o empreendimento ou mesmo as regiões e os locais. Assim, o México, mas também a Tailândia e as Filipinas viram suas relações de subcontratação partirem para a China. A subcontratação internacional é hoje expandida para os serviços de informática, mas este é um outro aspecto que é necessário sublinhar aqui em relação à financeirização dos grupos e à transformação de seus acionistas.

Ao lado da nova onda de investimentos nos recursos de base (serviços essenciais), outro aspecto crucial dos últimos quinze anos foi a apropriação das FMN sobre os serviços de base, dando continuidade à seqüência de privatizações das empresas públicas ou à venda de empresas privadas. Todos os países ou quase todos interessam às multinacionais dos serviços de base. Para o gestor dos Fundos de Pensão ou dos Fundos Mútuos em busca de fluxos de renda estáveis, não existe melhor aplicação do que as ações dos grandes grupos cuja exploração dos antigos serviços públicos fracassou em decorrência das privatizações. São desejadas nos países capitalistas, mas também nos demais. Nos países que conheceram um nível de desenvolvimento real como a Argentina, as pessoas que se habituaram ao gás, à eletricidade, ao telefone e à água são "consumidores cativos" e "vacas leiteiras", fontes de rendas regulares absolutamente seguras. Como nas metrópoles, nesses países as antigas empresas públicas são ainda mais atrativas, pois o Estado fez nos impostos da coletividade pesados investimentos que assegurarão rendimentos sem que as infraestruturas tenham sido renovadas durante longos anos. Mas países muito pobres também podem ser transformados em alvo, naquele elemento sem o qual a vida não é possível: a água. Ela falta em muitos países e ali onde ela existe não alcança as populações que migram para as cidades. Apoiadas pelos governos, as FMN da água não hesitam em considerar que as pessoas mais pobres das favelas e das urbanizações "selvagens" ou "autônomas" representam um mercado e devem ser obrigadas a comprar o recurso mais vital para a vida. As revoltas populares reprimidas "no sangue", antes de serem vitoriosas, ao menos momentaneamente, de Cochabamba, na Bolívia, e Arequipa, no Peru, responderam a essa pretensão cuja raiz está no capitalismo de mercado rentista.

"Balcanização" e "imperialismo liberal"

Se a dívida externa e as políticas de ajuste estruturais e de privatizações levadas a cabo segundo os preceitos do Consenso de Washington foram a razão inicial da desindustrialização de certos países (a Argentina é um exemplo perfeito) e, em grande número, de processos de deslocamento social muito fortes, a transição foi então realizada por estratégias remodeladas de investimento pelas "oportunidades" oferecidas pela liberalização e as exigências do novo poder acionarial. A teoria da estratégia gerencial da globalização ensinada nas Escolas de Negócios diz aos quadros dirigentes das FMN que eles não mais devem se preocupar com as "economias" no sentido anterior do termo, como economias abertas por intermédio da troca e parcialmente do investimento estrangeiro direto, que permanecem ainda autocentrados.

Hoje, graças à liberalização das trocas e dos tratados bilaterais de investimentos, eles não devem conhecer mais que os "mercados" e os "locais" cifrados e circunscritos. Depois de quinze anos, as operações das FMN decorrem daquilo que foi intitulado como implantações "glocais" (apócope dos termos "global" e "local"), a saber uma interconexão feita sob medida, caso a caso, em benefício das firmas estrangeiras, entre as vantagens dos locais "ricos em ativos específicos" e a exigência dos grandes mercados aos quais essas firmas têm um acesso privilegiado senão exclusivo.[12]

Em alguns casos, como no Sudeste da China ou em um pequeno número de estados da federação brasileira, o "glocal" provoca repercussões e consolida a posição de regiões, e freqüentemente de sub-regiões, bem dotadas de infra-estrutura e de pessoal altamente qualificado. Em outras regiões de mesmas economias e em muitos países, as operações das FMN traduzem uma relação predatória pura e simples: de um lado as concessões para a exploração de recursos energéticos (gás, tanto quanto petróleo) ou mineradoras, e agora, para comprar, ou, dizendo melhor, roubar a água e conduzi-la a longas distâncias; de outro as concessões de serviços de base, sem verdadeiro investimento, ou quase, e beneficiados por tarifação monopolista. No momento mais crítico da crise política argentina, entre os numerosos projetos evocados estava aquele de formação de um consórcio econômico-financeiro muito poderoso que se propunha a adquirir a Patagônia da Argentina.

Os resultados do "glocal" e dos investimentos de pura extração-predação conduzem a algo diferente e muito mais grave do que o "dualismo" diagnosticado quarenta anos atrás, como uma das enfermidades dos países em desenvolvimento, a saber, de formas particulares daquilo que os geógrafos econômicos nomearam de "economia de arquipélago" ou de "enclaves".[13] Isso é feito nos países capitalistas centrais através de uma polarização das atividades nas metrópoles e nas regiões nevrálgicas cujas políticas regionais têm bastante dificuldade em combater os efeitos de "desertificação" em outros lugares.

Nos países capitalistas dominados, a "economia de arquipélago" conduz a uma forte ocupação e proliferação desordenada de habitações no meio rural e nas proximidades das regiões metropolitanas. Conduz

12 Por todas essas noções e pela enorme seletividade das operações do capital liberalizado, ver Chesnais, 1997a, notadamente os capítulos VI e XI.

13 Uma versão importante dessa caracterização foi proposta por Pierre Veltz (1996).

também a uma desarticulação do tecido econômico, o que faz dos países uma simples justaposição de territórios localizados na dependência das relações externas comandadas pelo investimento de tal ou qual FMN, acompanhada de imensas concentrações de pessoas expulsas de suas terras ou privadas de trabalho pelas empresas. No plano político, a conseqüência da "economia de arquipélago" é o estilhaçamento das estruturas estatais criadas no curso das fases históricas anteriores. A hora então é das demandas de autonomia regional, formuladas por frações oligárquicas satisfeitas dos efeitos regionais da presença estrangeira que se constata pelas ameaças de secessão por elas interpostas – o Estado de Monterrei, no México, e a província de Santa Cruz, na Bolívia amazonense, são exemplos. Mas os casos mais acentuados de deslocamento econômico e político vêm surgir também nos "Estados Falidos".

Após os *Rogue States* (os Estados Desonestos), esta é a nova categoria criada e surgida dos *Think Tanks* e dos ministérios das Relações Exteriores e da Defesa dos Estados Unidos e do Reino Unido. Os *Failed States* são os Estados incapazes de assegurar a segurança dos investimentos estrangeiros porque são confrontados a situações recorrentes de revolta das massas urbanas e/ou rurais ou que estão em processo de fragmentação em razão de questões freqüentemente caracterizadas como étnicas. Sua existência justifica um "novo imperialismo", "moderno e protetor", tanto mais necessário quando os *Failed States* podem também ser o foco de recrutamento para organizações terroristas (Serfati, 2004). Isso pode convocar uma intervenção militar por parte da "comunidade internacional", mas também de medidas de senhoriagem e tutela que se aproximam de uma re-colonização; pode concernir países considerados "modelos", no passado. Assim, novamente a Argentina, no momento mais forte de sua crise política e financeira de 2001-2002: estudos de viabilidade foram realizados nos Estados Unidos e no FMI tendo em vista enquadrá-la sob tutela financeira direta, no governo Duhalde. Mas é noutro lugar que o mais grave se situa. Em todos os cantos onde a história gerou ressentimentos e ódios (aquelas que chamamos "ancestrais"), o peso das punções econômicas em benefício do estrangeiro e o deslocamento das coesões podem conduzir povos explorados ou despossuídos a endereçar sobre aqueles que, menores, mais fracos que eles mesmos, lhes são designados como sendo "diferentes", as frustrações, as injustiças e os ódios que eles não compreendem – e, portanto, que lhes são escondidos cuidadosamente – as verdadeiras causas. Tal é o terreno da violência na África. Os germes podem existir de forma endógena, num estado larvar, mas trabalham a favor da mundialização e, por formas tomadas por essa mesma mundialização, explodem.

Um esforço considerável foi feito pelos economistas da Escola da Regulação e por alguns de filiação marxista ou marxiana para compreender a natureza do capitalismo de mercado financeiro, suas relações com a liberalização e a desregulamentação e suas conseqüências para a sociedade dos países capitalistas centrais. Não seria necessário um trabalho equivalente, só levado a cabo por uma ótica crítica ou fortemente crítica, para enunciar as formas e as conseqüências que esse capitalismo liberalizado e dominado por um certo tipo de acionista tem nos países periféricos dependentes e dominados? Esta ótica crítica ou fortemente crítica marcou a economia do desenvolvimento anterior ao surgimento das teorias neoliberais e do Consenso de Washington. Não foi o apanágio apenas de autores marxistas ou marxianos ou de estruturalistas radicais sul-americanos como Celso Furtado. Ela foi compartilhada por homens como François Perroux, Gunnar Myrdal e Albert Hirschman. A reformulação de uma teoria do desenvolvimento efetiva, que deveria obrigatoriamente partir de parâmetros ecológicos, demográficos e sociais atuais muito fortemente degradados com relação aos anos 1950-1970, não representa o mais importante desafio lançado a antiliberais e marxistas.

Referências bibliográficas

AGLIETTA, M. *Capitalisme de démain.* Notes de la fondation Saint Simon, n.101, nov. 1998.

AMIM, Samir . *L'accumulation à l'échelle mondiale.* Paris: Anthropos/ Dakar: Ifan, 1970.

ARENDT, Hanna. *Les origines du totalitarisme*: l'impérialisme. Paris: Fayard, 1952. (Edição original de 1951.)

CARROUÉ, Laurent. *La mondialisation en débat*. Paris: La Documentation Française, 2004.

CHESNAIS, François (ed.). *Les pièges de la finance mondiae*. Paris: Syros/ Alternatives économiques, 1997a.

_______. La Mondialisation du Capital. In: _______. (Ed.). *Les pièges de la finance mondiale*. Paris: Syros/Alternatives économiques, 1997b.

CHESNAIS, François. SERFATI, Claude. Les conditions physiques de la reproduction sociales. In: HARRIBEY, J-M. LÖWY, Michael (eds.). *Capital contre nature*. Paris: Actuel Marx Confrontation, Presses Universitaires de France, 2003.

DUMÉNIL, Gérard, LEVY, Dominique. Le néo-libéralisme sous hégémonie états-unienne. In: CHESNAIS, François (coord.). *La finance mondialisée: racines sociales et politiques, configuration et conséquences*. Paris: La Découverte, 2004.

HARRIBEY, J-M. *La démence sénile du capital*: fragments d'économie critique. Bègles: Éditions du Passant, 2002 (Collection Poches de résistance).

LENIN, Vladimir [LÉNINE]. *L'impérialisme, stade suprême du capitalisme*. Paris: Editions Sociales, 1952.

LORDON, F. *Fonds de pension, pièges à con*. Paris: Raison d'agir, 2000.

MARX, Karl. *Le Capital*. Paris: Presses Universitaires de France, 1956. Livre III, chap.XXIV.

SAUVIAT, Catherine. Os Fundos de Pensão e os Fundos Mútuos, atores maiores da finança mundializada e do poder acionarial. In: CHESNAIS, François (coord.). *A finança mundializada*. São Paulo: Boitempo, 2005.

SERFATI, Claude. La dominacion du capital financier: quelles conséquences? In: CHESNAIS, François (ed.). *Les pièges de la finance mondiale*. Paris: Syros/Alternatives économiques, 1997.

_______. La crise économique au coeur de l'impérialisme dominant. *Carré Rouge*, n.23, p.11-24, oct. 2002.

_______. *Impérialisme et militarisme*: actualité du XXIº siècle. Lausanne: Editions Page2, 2004.

STEWART, Terence. *The GATT Uruguay Round, A Negociating History*. Deventer: Kluwer Academic Press, 1994.

VELTZ, Pierre. *Mondialisation, villes et territoires*: l'économie d'archipel. Paris: Presses Universitaires de France, 1996.

WORLD BANK. *Global Development Finance*. Washington DC, apr. 2005.

2
A ECONOMIA POLÍTICA DA FINANÇA GLOBAL

Claude Serfati

Introdução

Este artigo analisa o papel da Finança Mundial, que, passadas duas décadas, influenciou profundamente a trajetória da mundialização. Os "mercados financeiros" são, de longe, o lugar onde a globalização teve maior alcance, o que necessita um conjunto importante de medidas de desregulamentação. A globalização financeira não resulta, de nenhum modo, da concretização de processos econômicos inevitáveis, como tende a fazer crer a expressão "leis de mercado". A repetição encantatória dessa fórmula para justificar a aplicação de medidas governamentais ou de decisões gerenciais se apóia em uma legitimidade "científica" vinda da Economia, ciência social que foi a rainha dos anos 1980 e 1990. Esquece-se de que os economistas produzem conhecimentos, mas que esses conhecimentos não são "leis universais, válidas em qualquer tempo e lugar" e negligencia-se o fato de que o caráter científico da Economia se depara com a "opacidade radical da sociedade" (Orléan, 1999a). As instituições e organizações possuem hoje uma potência que não resulta de nenhum automatismo de mercado, mas de decisões tomadas por agentes e instituições que fazem prevalecer seus interesses.

Neste artigo propõe-se, primeiramente, uma abordagem em perspectiva da globalização financeira. A globalização financeira atingiu a constituição de um sistema financeiro internacional (SFI) sujeito a crises que revelam a existência de fortes interdependências sistêmicas.[1] Ela esconde profundas assimetrias nas relações de poder que serão tratadas nas duas primeiras partes deste artigo e que examinam, inicialmente, as noções de "liquidez" e de "solvência" que estão no coração das reflexões sobre os mercados financeiros internacionais e, depois, as transferências financeiras operadas nos países do Sul, em benefício dos centros financeiros e do capital rentista dos países do Norte. A última parte discute o tipo de *governance* do sistema financeiro internacional que revela a hegemonia dos Estados Unidos e a formação de um "bloco transatlântico hierarquizado", fragilizada pelas rivalidades e pela crise econômica endêmica.

Os mercados financeiros internacionais:[2] uma visão em perspectiva

As etapas de um crescimento irresistível

Nós podemos distinguir, da mesma forma que H. Bourguinat (1995), três etapas marcantes nas transformações da Finança Internacional a partir dos anos 1960. A primeira começa com a criação dos euromercados no curso dos anos 1960 e termina com a "crise mexicana", em 1982. Podemos dizer que o motor dos euromercados reside no grande endividamento externo dos Estados Unidos (que foi acompanhado de uma forte progressão da dívida interna). O montante desse endividamento

---

1 Utilizamos o termo "Sistema Financeiro Internacional" no sentido alargado de um composto de elementos interdependentes e que está dotado de uma dinâmica de reprodução, mesmo que seja instável. Alguns autores distinguem sistema de regime. A ausência ou a existência de uma ordem institucional, ou seja, de "uma lei comum implicando as limitações de soberania e susceptíveis de estabilizar as relações" constitui-se em fator discriminante entre sistema e regime (Kebabdjian, 1999, p.143).

2 A adoção do termo "mercado" deve ser, evidentemente, nuançada. Nós empregamos, todavia, várias vezes esse termo ao longo deste capítulo, em função de sua popularidade.

apresenta, no início dos anos 1970, uma amplitude bem maior que aquela dos países em vias de desenvolvimento (PVD). A "economia do endividamento", como foi qualificada mais tarde pelo *Business Week*, ancora-se firmemente nos Estados Unidos. O endividamento externo dos Estados Unidos adquire sua dinâmica própria alimentando o crescimento dos mercados financeiros internacionais. A partir de 1975, em um contexto de crise mundial, os bancos multinacionais acumulam os depósitos em dólares nas suas contas em razão do endividamento americano e dos "petrodólares" emprestados pelos países da OPEP (Organização dos Países Exportadores de Petróleo), cuja balança comercial era superavitária, e se voltam para os países em vias de desenvolvimento, fazendo empréstimos massivos. Por seu turno, a dívida dos PVD alimenta o crescimento dos mercados financeiros internacionais. Essa primeira etapa termina com a decisão do governo mexicano de suspender os pagamentos da dívida, em 1982.

No curso da segunda etapa, que cobre quase por inteiro os anos 1980, o movimento de desregulamentação das finanças dos mercados e das indústrias toma uma dimensão considerável. A Finança, ela mesma, toma a dianteira sobre a intermediação clássica e as medidas tomadas pelos governos dos países desenvolvidos modificam em profundidade a organização do sistema bancário. As reformas adotadas nos Estados Unidos a partir de 1980 estender-se-ão progressivamente para a maioria dos países da zona da OCDE (Organização para a Cooperação e Desenvolvimento Econômico), apontando o fim da especialização bancária (banco de depósitos, banco de negócios) e a multiplicação das inovações financeiras (novos produtos e novos mercados). A "titularização" (emissão de títulos de curto prazo, renováveis e negociáveis nos mercados) se desenvolve no momento em que a intermediação clássica (fundada sobre o crédito), destinada aos países do Sul, diminui. Os bancos não sofrem, desta forma, passivamente, a baixa da intermediação, mas participam igualmente dessas mutações, com a finalidade de resistir ao surgimento acelerado das instituições financeiras não bancárias, tais como os fundos de investimento (fundos de pensão, fundos mútuos, fundos especulativos). Eles desenvolvem igualmente atividades de menor risco e bem remuneradas, tais como a consultoria e a corretagem nas fusões e aquisições dos grupos industriais.

A terceira etapa começa na virada dos anos 1980. Ela foi caracterizada pelas modificações na estrutura do financiamento internacional, em particular aquele da dívida soberana (quer dizer, uma dívida cujos títulos são emitidos ou garantidos por um Estado ou um Banco Central), e da gestão dos grupos multinacionais (*governança* de empresas). Os financiamentos sob a forma de empréstimos aos Estados que tinham sido até aquele momento concedidos por consórcios de bancos e de instituições financeiras, implicando formas de coordenação e solidariedade coletiva bastante desenvolvida, abriram espaço para formas de financiamento muito mais diversificadas, mas ao mesmo tempo muito mais frágeis. Durante aquele período, a parte do financiamento da dívida soberana, emitida sob a forma de títulos obrigatórios, aumenta, enquanto aquela estabelecida pelos empréstimos bancários (em geral sindicalizados) diminui. Dois elementos decisivos alimentaram a dinâmica dessa terceira etapa: a primeira concernente à utilização da dívida dos países do Sul como uma "alavanca para a consolidação do poder dos credores". A moratória do pagamento do México foi seguida de uma série de iniciativas destinadas a impedir o irreparável, quer dizer, a cessação do pagamento dividido, ou a recusa de pagamento da dívida. Desde 1985, os Estados Unidos (com o Plano Baker) tinham proposto um empréstimo de 29 bilhões de dólares a quinze países entre os mais endividados, sob condição de retorno ao equilíbrio orçamentário, o lançamento de um programa de privatização de empresas e a supressão dos limites impostos ao controle das empresas nacionais pelo capital estrangeiro. Esse plano, proposto por J. Baker, Secretário do Tesouro, foi a princípio aceito por México, Argentina, Chile, Marrocos, Nigéria e Filipinas e conduziu à implantação, em 1989, do Plano Brady. Substancialmente, o plano reconhecia certa desvalorização dos títulos da dívida dos países do Sul em contrapartida a um engajamento, por parte daqueles, ao assegurarem seu pagamento mediante um alongamento da duração dos empréstimos (30 anos).[3]

3 Na prática, os créditos existentes poderão ser mudados, seja contra os ativos de valor de face depreciados (os *Brady bonds*), seja em relação a taxas de juros prefixadas e

Segundo algumas estimativas, um montante de 35% da dívida total da Região teria sido assim "apagado", graças ao Plano Brady (Cline, 1995, in Unctad WP, p.9). Em contrapartida, o Plano Brady definia um quadro tensionado no qual o país em vias de desenvolvimento estaria autorizado a renegociar sua dívida, mas, de fato, isso conduziu não a uma diminuição da dívida; pelo contrário, à sua consolidação, graças à criação de um mercado onde novos títulos, emitidos com o nome de "Obrigações Brady", podiam circular.

O Plano Brady, portanto, provocou a transformação de uma minoria de países em vias de desenvolvimento (ou do Sul) em "mercados (financeiros) emergentes", expressão inventada pelas instituições financeiras dos países desenvolvidos desejosos de atrair a poupança das famílias ricas para aplicá-las nas regiões que ofereciam rendimentos atrativos. A expressão é freqüentemente utilizada como um sinônimo de "economias dos países emergentes", o que revela que os países do Sul eram então considerados como esferas rentáveis de valorização para o capital financeiro. A importância do volume de títulos negociados e a organização desse mercado tinham então seduzido instituições bastante diversas (fundos de investimento, grupos multinacionais etc.) em busca de aplicação para seus capitais. O curso das "Obrigações Brady" subiu até 154 bilhões de dólares em fins de 1994, o que representou 85% da dívida negociável dos países da América Latina. As "Obrigações Brady" tornaram-se os títulos mais negociados nos centros financeiros dos países emergentes. A partir de 1995, essas obrigações perderam, no entanto, uma parte de seus juros quando os países do Sul tentaram encontrar formas de financiamento menos custosas nos mercados (FMI, 2000).

O Plano Brady, sozinho, teria provavelmente sido insuficiente para permitir a criação desses "mercados (financeiros) emergentes" e para torná-los atrativos para os investidores financeiros. As medidas de acompanhamento do Plano Brady impostas pelo FMI, no centro das quais se encontravam a liberalização das economias (privatização das indústrias e desregulamentação dos mercados) e a abertura da conta capital da ba-

inferiores às do Mercado. O principal e/ou uma parte dos juros era garantido pela emissão de T-bonds "zéro-coupons" US (Aglietta & Moatti, 2000).

lança de pagamentos foram determinantes. Desde 1989, o México, que tinha servido de terreno de experiências com a liberalização das taxas de juros, a abolição do controle quantitativo do crédito, a supressão das reservas obrigatórias e o desaparecimento da URSS e dos regimes dos Países da Europa Central e Oriental (Peco), acabou por alargar o campo de experimentação. Os programas do FMI foram mesmo decididos na Peco sob a forma de "terapia de choque", segundo expressão empregada para qualificar as proposições feitas por J. Sachs.[4]

O aumento da potência dos fundos de pensão constitui, ao lado da progressão espetacular da dívida dos países do Sul, uma outra característica importante dessa terceira etapa e da dinâmica que tem lugar nos anos 1990. O termo "acionistas institucionais", então adotado, indica sua implicação na gestão ativa da produção industrial e a busca de criação de um máximo de "valor para o acionista" (*shareholder value*). Os fundos americanos dominam largamente pelo volume de ativos centralizados, como demonstra a Tabela 1.

A ascensão dos fundos de investimento como figura dominante do capital financeiro contemporâneo é convencionalmente explicada pelas transformações demográficas dos países do Norte. O envelhecimento da população modifica a relação entre consumo e patrimônio e permite, com a poupança das famílias do Norte, financiar as enormes necessidades de capital indispensável ao impulso econômico dos países do Sul. Convém então encorajar os sistemas de capitalização que são a resposta "ótima" ao envelhecimento da população dos países desenvolvidos. Esses fundos investem uma parte de seu portfólio nas economias dos países emergentes, onde eles financiam também o crescimento, sempre retirando uma remuneração suficiente que lhes permita financiar as pensões e aposentadorias dos países do Norte.

Os especialistas que confiam no bom funcionamento desses mecanismos de transferência consideram, portanto, que a globalização financeira deve ser encorajada, considerada que é, como uma "aventura obrigatória" (Aglietta, Brender, Coudert, 1990). Uma década mais tarde, esse mesmo tipo de argumento prevalece não abalado pela crise

4 Para uma análise crítica das medidas tomadas na Peco, ver Gowan (1999).

que os "melhores" dos países emergentes situados na Ásia do Sudeste conheceram, e a hipótese formulada neste início de século permanece a mesma: "a poupança dos países ricos, em busca de uma diversificação de aplicação, vai encontrar uma demanda por investimento sustentada nos países com uma população jovem ativa" (Dupont & Sterdyniak, in Aglietta & Moatti, 2000, p.216).

Pode-se, portanto, observar que o recurso a um financiamento por capitalização, mais que por repartição (ao modo de *pay-as-you-go*), como forma de resolver o déficit dos regimes de aposentadoria nos países desenvolvidos, é um argumento contestado do ponto de vista macroeconômico.[5] Além do mais, duas décadas de "aventura" incitam a um julgamento muito menos otimista quanto às conseqüências benéficas para os assalariados das empresas do Norte (tais como os da Enron) e, seguramente, para as populações dos países do Sul.

Tabela 1. Ativos financeiros dos investidores institucionais dos Estados Unidos e dos três grandes países europeus

	1990 (em % do PIB)	**1999 (em % do PIB)**	**2001 (em % do PIB)**	**2000 (bilhões de dólares)**
Estados Unidos	119,4	221,8	91,0	19450,9
Reino Unido	114,5	226,7	190,9	3264,8
França	54,8	125,4	131,8	1731,7
Alemanha	33,9	76,8	81,0	1507,1

Fonte: Institutional Investors Statistical Yearbook, OCDE

Quando os Estados constroem os mercados

A criação e o impulso dos mercados financeiros internacionais, sobretudo depois de duas décadas, não devem nada às "leis do mercado", mas devem muito à intervenção dos Estados (Helleiner, 1994). A Administração Reagan e o governo Thatcher foram pontas de lança da

5 No que diz respeito às aposentadorias por capitalização na Grã-Bretanha, o Banco da Inglaterra estima o déficit de financiamento das cem maiores empresas em Giga Esterlina (G£) (ou seja, 5,7% de sua capitalização). A CIB (patronato) o estima em 160 G£ para o setor privado não-financeiro.

globalização financeira, mas os governos sucessivos, como o do presidente F. Mitterrand, foram igualmente muito diligentes nas políticas de desregulamentação dos mercados financeiros (Serfati, 1996). Seria conveniente então falar de *regulamentação neoliberal*, mais do que de desregulamentação, para designar o conjunto de medidas que foram tomadas, mesmo que elas tenham substituído e suprimido aquelas adotadas pelo Governo Roosevelt, pois a "desregulamentação" dos mercados financeiros foi urdida por uma coalizão de instituições estatais e de grupos privados cuja interação foi, sem dúvida, mais densa e mais potente que a aliança que unia, pela alteração dos dirigentes públicos, o Estado keynesiano pelas empresas públicas ou privadas que foram beneficiadas (Roturier & Serfati, 2003).

A partir de 1979-80, as políticas governamentais que se seguiram à crise econômica de 1973 são claramente orientadas em favor dos credores e, mais geralmente, do capital financeiro. Nos Estados Unidos, os planos sistemáticos de socorro foram adotados por diversas vezes com a finalidade de salvar diversos bancos e instituições de crédito ameaçadas de falência, cujo número tinha crescido após os anos 1960. Essa política se transformou em um marco inegável, pois entre 1930 e a metade dos anos 1960 as autoridades monetárias praticamente não tinham que intervir para salvar as instituições falidas. As pressões exercidas pelos bancos e os "não bancos" (Sears, American Express) engajados nas atividades financeiras após a desregulamentação do NYSE em 1975 foram eficazes.

O Congresso dos Estados Unidos vota, em 1980, o *Depository Institutions Deregulation and Monetary Control Act* (DIDMCA) e o Garn-St. Germain Depository Insititutions Act (1982), que constituem os atos legislativos mais importantes adotados pelo sistema bancário depois das reformas de 1933-35 acontecidas na Administração Roosevelt (Guttman, 1994).[6] A política de Reagan marca o início dessa contra-ofensiva dos credores que tinham sofrido a inflação dos anos 1970. A

6 A DIDMCA visava, em particular, reforçar o controle da Reserva Federal sobre a criação de moeda para os bancos. O *Garn-St. Germain Depository Insititutions Act* facilitou a diversificação das Caixas Econômicas, dando-lhes a possibilidade de desenvolver suas atividades nos mercados futuros, do crédito comercial etc.

decisão do Presidente do *Federal Reserve*, P. Volker, de abandonar, em outubro de 1979, a indexação mais ou menos estrita das taxas de juros sobre a alta dos preços e de dar prioridade a um objetivo de controle estrito de progressão da base monetária, destinada a lutar contra a inflação, marca uma virada maior. Apesar disso, as taxas serão fixadas pelos "mercados" com um resultado previsível e, de fato, em um contexto de endividamento crescente do Tesouro e das empresas, a "oferta" de créditos representada pelas instituições financeiras encontrava-se em posição de força, em face da demanda inalterável do Tesouro. As necessidades do Governo Federal, alimentadas pelos gigantescos déficits orçamentários, acumulados desde 1980 por Reagan, confortaram desta forma o poder dos credores. Esses déficits resultaram dos programas militares desmesurados e das reduções de impostos às famílias ricas.

A combinação de uma política monetária de taxas de juros elevadas e de déficits orçamentários consideráveis permitiu a implantação de um círculo virtuoso para as classes dominantes que, depois, foi amplamente imitado. Os títulos da dívida pública são subscritos por famílias ricas que aplicam na poupança acumulada graças às reduções de impostos. Os juros recebidos pelos credores podem ser, em seguida, substituídos no mercado, para aquisição seja de ações seja de títulos da dívida pública cuja emissão deve ser crescente para reembolsar os credores. Entre 1980 e 1998, a dívida pública federal passou de 37% para 65% do PIB e ela é de uma importância tal para a prosperidade do capital financeiro que o excedente orçamentário (temporário) constatado ao fim do mandato de Clinton despertou na comunidade financeira americana o espectro de uma extinção progressiva da dívida pública no horizonte de 2012 com conseqüências desastrosas de esgotamento da liquidez nos mercados financeiros. Mas a política posta em prática pela Administração Bush após 2001 afastou esse espectro.[7]

7 O excedente orçamentário era de 250 milhões de dólares em 2000, ou seja, 2,5% do PIB (Produto Interno Bruto). O déficit orçamentário atingiu, em 2004, entre 477 (estimativas do *Congressional Budget Office*) e 521 milhões de dólares (estimativa do *Office of Management Budget*), ou seja, mais de 4,5% do PIB.

A orientação defendida pelo Banco Central americano, conforme a teoria monetarista, da mesma forma que a sustentação ao capital financeiro, são frutos de decisões políticas, estabelecidas pelas políticas monetárias e orçamentárias aqui descritas. Não eram inelutáveis. Tanto uma política monetária que poria em prática controles externos sobre os movimentos de capitais, a fim de bloquear a queda do dólar, quanto uma outra política orçamentária, que não aquela fundada sobre um "keynesianismo militar", teriam sido possíveis. Observou-se da mesma forma que também na França outras escolhas que não aquelas operadas pelos governos no curso dos anos 1980 teriam sido possíveis (Chesnais, 2004a). A política favorável ao capital financeiro levada a cabo na França pode parecer tanto mais surpreendente por ter sido posta em prática pelo governo de F. Mitterrand, que tinha inicialmente proclamado suas ambições "keynesianas".

Falar da responsabilidade dos Estados na implantação de uma ordem financeira e monetária internacional não significa ignorar as "contradições" da dinâmica econômica do capitalismo. Algumas análises lúcidas, e não somente dos partidários do padrão ouro, como J. Rueff, muito cedo se inquietaram em relação à capacidade de manutenção da política norte-americana de respeitar o princípio da convertibilidade do dólar em ouro, peça-chave do sistema posto em prática por Bretton-Woods. A partir de 1959, o estoque de ouro nas reservas do Banco Central era inferior ao total dos engajamentos em dólares realizados pelos Estados Unidos. Os déficits crescentes da balança de pagamentos dos Estados Unidos alimentavam o resto do mundo com dólar, cresciam e multiplicavam-se nos depósitos bancários fora dos Estados Unidos, graças à "caneta do banqueiro", conforme a expressão de M. Friedman.

A criação de capital de empréstimo por iniciativa dos bancos e das instituições de crédito sob a forma de "eurodólares" intrigava os observadores porque representava um processo sem controle ou, em todo o caso, dificilmente controlável pelos bancos centrais, à diferença dos créditos emitidos no contexto nacional. Esses mecanismos de criação de créditos evocam aqueles que Marx havia analisado em meados do século XIX sob o nome de criação de "capital fictício". Após duas décadas, a desregulamentação e a abertura dos mercados financeiros, as inovações de produtos liberaram a criação de capital fictício e permitiram ao capital financeiro[8] se desenvolver a um ritmo incomum, em relação àqueles do passado. A circulação financeira internacional se tornou autônoma (em relação à economia de produção de bens e serviços) dos mercados internacionais (Chesnais, 2004a).

As crises agravadas pela interdependência sistêmica

As duas últimas décadas foram marcadas pelo desencadear de numerosas crises. A mexicana de 1982 e a de 1994-95, a crise asiática de 1997, que atingiu a Rússia e o Brasil em 1998, e a crise argentina de 2000 estiveram perto de uma explosão conjunta dos mercados financeiros internacionais. Os países desenvolvidos igualmente conheceram crises financeiras, mas, por certo, os impactos sobre suas economias e suas conseqüências sociais não tiveram o mesmo impacto. Nem as conseqüências das intermináveis crises das bolsas e instituições bancárias que o Japão conhece após dez anos, nem o *crash* das LTCM nos Estados Unidos, cuja amplitude foi gigantesca, conduziram a efeitos tão trágicos quanto os sofridos pelos países do Sul. A multiplicação, a diversidade e a complexidade das crises dos mercados financeiros internacionais levaram à construção de tipologias. A literatura distingue tradicionalmente quatro tipos de crises financeiras internacionais: 1) crise de câmbio; 2) crise bancária; 3) crise da dívida soberana; 4) fuga de capitais. A combinatória indica, portanto, que doze relações são possíveis entre estes quatro tipos de crise e igual número de possibilidades de "contágio doméstico"[9] de uma forma de crise para outras formas (Jeanne, 2003).

---

8 O capital financeiro pode ser caracterizado, segundo pensamos, de duas maneiras complementares. Ele designa, de início, um tipo de relação econômica de fato específica, na qual o dinheiro funciona como um capital que produz um retorno sem a mediação da produção. Mas o capital financeiro designa igualmente organizações (ou instituições) cujo *metier* é a coleta, a aplicação dos recursos financeiros ou, ainda, o conselho e a análise dessas atividades de coleta e de aplicação. A esse respeito ver Serfati (2000). E, sobre o caso dos Estados Unidos, Rotursier & Serfati (2003).

9 Uma definição tradicionalmente proposta do contágio é da propagação dos choques para além do que pode ser explicado pelos dados macroeconômicos fundamentais.

Essa lista de crises que podem vir a estourar indica, em todo caso, que a dependência desses países *vis-à-vis* os mercados financeiros internacionais está muito presente. Está evidente na crise do câmbio e na fuga de capitais que implicam os não-residentes e essa dependência está explicitamente presente nas crises bancárias, pois, segundo Kaminsky & Reinhardt (1999), há uma grande correlação que vai das crises bancárias às crises de câmbio, que muitos autores chamam de "crises gêmeas". Enfim, a crise da dívida soberana pode derivar da insuficiência das receitas fiscais que advêm dos problemas internos, embora o nível das taxas de juros que é fixado pelos credores estrangeiros – os "mercados" –, a deterioração da moeda nacional e da balança de pagamentos externos sejam igualmente mecanismos essenciais desse tipo de crise. Mas essa lista de crises não é exaustiva. Nós poderíamos igualmente sublinhar a crise nos mercados de ativos, e mesmo distinguir no seu interior as diferentes classes de valores mobiliários (ações, obrigações) e também poderíamos mencionar os mercados imobiliários, cujas características altamente especulativas aumentaram, na década de 1990, em razão de sua conexão maior com os mercados de ações.

A depreciação massiva dos ativos imobiliários após a formação de uma bolha foi um fator agravante da crise que atravessou a Tailândia em 1997, país que foi o "principal elo fraco" do sistema financeiro (Sgard, 2002, p.29). As tentativas do Banco Central da Tailândia de salvar esse "elo" importante, mas frágil, da cadeia financeira acabaram por precipitar o desastre. Fato é que os mercados dos ativos financeiros líquidos (papéis comerciais ou *commercial paper*) são menos citados como fator detonador de crises, em razão de sua criação freqüentemente recente e da estreiteza do volume de trocas, mas as crises no mercado de dívidas não soberanas – em particular aquelas contraídas pelas empresas sob a forma de papéis comerciais (títulos do tesouro) – podem igualmente ter importantes efeitos de contágio (Aglietta, 1995).

A diversidade dos canais e mecanismos de propagação e de generalização das crises a partir de um ponto inicial localizado em um mercado sublinha a complexidade, mas também o grau de interdependência sistêmica a que chegaram os mercados financeiros internacionais. O "risco sistêmico" que se supunha conjurado após a Segunda Guerra Mundial, graças à instauração de regras de prudência em matéria bancária e a um controle cerrado dos mercados de câmbio, surgiu como problema maior ligado à liberalização e à desregulamentação dos mercados de capitais e da atividade das instituições financeiras e é isso que torna difícil pesquisar os responsáveis, na ocasião dessas crises. Os *hedge funds*, os bancos, os grupos multinacionais, e mesmo Wall Street são assim citados. Comecemos pelos *hedge funds*, que são instituições ideais para fazer o papel dos "malvados". Eles foram acusados de terem sido um vetor importante da crise asiática (1997), e mesmo que o tamanho de seus ativos não pareça tão grande, se comparado a outros fundos de investimento, a influência que exercem não pode ser subestimada. Na Tailândia, segundo estimativas do Banco Central, os investimentos em *hedge funds* representavam, antes da crise, 25% dos 28 bilhões de contratos a termo sobre o *bath*.[10]

Os fundos utilizaram esses contratos a termo para atacar o Banco Central e a moeda nacional no final de 1996 (Dunbar Inventing Money, 2001). A Malásia, as Filipinas e a Indonésia vieram em seguida. Os *hedge funds*, portanto, atuaram da mesma forma que o *Hedge Fund Quantum* (de propriedade de G. Soros) havia atuado em 1992, especulando sobre a explosão do sistema monetário europeu (SME) e, portanto, favorecendo-o. O que é certo é que a parte dos ativos "mercados emergentes" no portfólio dos *hedge funds* passou de 20%, em 1995, a 5% em 2002 (FMI, 2000, p.107). Esses fundos de investimento abandonaram esses mercados após operações, em geral, frutíferas, e buscaram outras esferas de aplicação. Mas esse ponto de vista não é aceito por todos os analistas. Personalidades ligadas ao Governo Clinton afirmam que os *hedge funds* só liquidaram suas posições após a *débâcle* do *bath* e que, portanto, eles não podem ser tidos como responsáveis (Baily, Farrell & Lund, 2000). A crise teve início no segundo trimestre de 1997 em razão da retirada massiva dos fundos de empréstimo dos bancos estrangeiros e foi esse comportamento irresponsável que provocou, essencialmente, a crise

10 Um contrato a termo permite vender uma moeda a preço fixo e a um certo prazo de carência, e de imputar o juro do contrato, esperando que ela desvalorize a um percentual superior àquele que pesa sobre o empréstimo da divisa.

do *bath* Tailandês, pois 75% dos fluxos de capitais privados dirigidos àquele país eram constituídos de empréstimos bancários (provenientes majoritariamente de bancos japoneses e europeus).

A retirada massiva e brutal dos créditos bancários é uma conseqüência negativa das transformações do ramo, observadas nos anos 1990 e que foram aqui mencionadas. As iniciativas dos bancos de emprestarem às instituições públicas e privadas dos "mercados emergentes" refletiam, claramente, a pressão de seus acionistas, preocupados em manter seus dividendos. Os contratos eram liberados no curto prazo (na Tailândia, 2/3 dos empréstimos consentidos aos bancos locais eram realizados com prazo inferior a um ano) o que permitia um retorno rápido. As técnicas de gestão de risco em voga (em particular aquelas dos *value at risk*[11]) empurravam os bancos a agir mais sobre o volume de créditos do que sobre as taxas, o que gera contratos e retiradas brutais. Mas é certo que os *hedge funds* e os bancos não são as únicas instituições envolvidas nas crises financeiras que impactaram os países emergentes.

Os grupos multinacionais são suspeitos, por suas atividades especulativas sobre os mercados de câmbio, de terem contribuído para os ataques contra o real (Brasil) durante o período que precedeu ao processo de eleições presidenciais no país (FMI, 2003) e, enfim, certas análises estimam que o ponto de partida da crise veio de Wall Street em razão de sua organização em torno de uma "rede de especialistas" que favorece os comportamentos miméticos (Calvo, 1999).

O tamanho da praça financeira americana foi suficiente para exercer efeitos imediatos sobre as outras praças do sistema financeiro internacional, julgadas por "especialistas" como elementos frágeis do sistema, naquele momento preciso. Evidentemente, a busca da localização dos fatores e instituições que detonam as crises financeiras é necessária, mas o exercício se torna extremamente delicado em razão das mudanças fundamentais ligadas à globalização financeira. A multiplicação insaciável

11 O valor a risco é um método de cálculo do risco (da taxa de juros, da taxa de câmbio, sobre produtos derivados) adotado por uma instituição financeira. O valor a risco var = montante da posição e volatilidade. A volatilidade é igual à parte da posição que pode ser perdida de acordo com uma probabilidade dada (por exemplo, 85%) em caso de evolução desfavorável do mercado.

das inovações financeiras; a velocidade absorvida pelas transações financeiras; a fraqueza das regulamentações nos países desenvolvidos e a sua aceitação das "zonas financeiras sem juridicidade" (os paraísos fiscais); as participações cruzadas entre fundos de investimento (em particular entre fundos de pensão e os fundos mútuos americanos) e a presença crescente dos fundos de investimento no capital dos grupos multinacionais são fatores que explicam a opacidade das transações financeiras e tornam extremamente difícil uma análise precisa sobre "quem faz o quê".

Por outro lado, existem poucas dúvidas sobre o motivo de os riscos sistêmicos não serem assumidos da mesma forma pelas instituições financeiras privadas, estejam elas situadas nos países da OCDE ou nos países emergentes.

Liquidez, solvência, direito de propriedade: uma questão de poder

A fragilidade sistêmica é hoje um traço marcante que pode explicar a velocidade e a amplitude de propagação das crises localizadas, sobre certos tipos de mercados e em certos países. Mas isso não deve permitir esquecer que os "mercados financeiros" constituem conjuntos altamente hierarquizados e que eles são compostos de instituições dotadas de poder e de influência bastante diferentes, em face da liquidez e da solvência dos direitos de propriedade.

Aumentar cada vez mais o grau de liquidez

O desmantelamento das barreiras institucionais, postas em prática após a crise de 1929, com o fim de represar a especulação, as inovações de produtos financeiros e a liberalização da conta capital da balança de pagamentos são componentes maiores da globalização financeira. Esses dois tipos de medidas elevaram consideravelmente o grau de liquidez do capital financeiro e multiplicaram suas oportunidades de valorização. Ora, sabe-se que, após Keynes, a importância desestabilizadora que preferencia a liquidez sobre as antecipações dos agentes – "a liquidez tem por objetivo atenuar o risco que engendra a imobilização do capital" (Keynes,

1942) – mas "ela exprime a vontade de autonomia e de dominação da finança" (Orléan, 1999b, p.49). O grau de liquidez de um ativo, sendo, em princípio, inverso ao risco de desvalorização deste mesmo ativo, resulta que a moeda (ativo cuja liquidez é máxima) não apresenta nenhum risco e não oferece, portanto, nenhum rendimento a seu detentor.

Aumentar o grau de liquidez de um ativo financeiro é propor a seu proprietário uma segurança próxima àquela da moeda, oferecendo-lhe, ao mesmo tempo, valorizar esse ativo. Esse sempre foi um objetivo buscado pelos detentores do capital financeiro, pois que parece dotar esse capital de uma capacidade de produzir renda pela simples magia da propriedade de um título (juros, dividendos), ou graças à sua circulação (em caso de mais-valia). O credor ou o detentor dos direitos de propriedade considera, de fato, que o lançamento de uma renda lhes é devido, qualquer que seja o uso feito de seu dinheiro por aqueles (famílias, Estados, dirigentes de empresas) a quem foi confiado.

O fim da convertibilidade interna das moedas nacionais, decretado no início da Primeira Guerra Mundial e seguido, alguns anos mais tarde, por sua convertibilidade externa, mudou radicalmente o lugar da moeda e a natureza de sua relação com o crédito. Viu-se que a capacidade do sistema bancário foi amplificada, ao gerar crédito que constitui um capital produtor de juros, pelas transformações do sistema financeiro ao longo das duas últimas décadas. As tecnologias de informação, acopladas às medidas de regulamentação, também tornaram mais opacas as fronteiras entre dinheiro (a moeda) enquanto forma de pagamento e reserva de valor (função que com a unidade de conta definia tradicionalmente as funções da *moeda*) e entre dinheiro enquanto capital diretamente produtor de rendas (quer dizer, sem mediação da produção), que define a *finança* (ou capital financeiro).[12] Eles também ampliaram o grau de liquidez dos ativos financeiros.

---

12 Se bem que estabeleça uma distinção entre a moeda e a finança, Keynes é consciente da diluição das fronteiras:
"Nós podemos traçar a linha de demarcação entre a moeda e os créditos no ponto que melhor convêm a cada problema particular. Por exemplo, nós podemos vincular diretamente a moeda a um poder de compra geral onde o titular não é despossuído por um período superior a três meses e, aos créditos, os direitos alienados por um

O aumento do grau de liquidez dos ativos financeiros aumenta consideravelmente os riscos. A partir dos anos 1980, graças à proliferação dos "mercados", a finança conquistou uma autonomia e um poder consideráveis, mas, ao mesmo tempo, ampliou as fontes de sua fragilidade e multiplicou os pontos localizados a partir dos quais uma crise financeira, qualquer que seja sua origem (bancária, cambial, em bolsa, dívida soberana etc.), ameaça, por contágio, destruir o conjunto do sistema. Essas crises podem ser analisadas como "convenção financeira" já analisada por Keynes e desenvolvida por Orléan (1999b).

Houve, ao longo dos anos 1990, uma "convenção internet", uma convenção "México", uma "convenção milagre asiático" (ibidem). Essas convenções se auto-reforçaram, chegaram à formação de bolhas e depois a uma queda brutal que é freqüentemente excessiva. No caso das economias emergentes, a "convenção" era o que aqueles países ofereciam, em razão de seus potenciais de crescimento econômico, de taxas de rendimento nitidamente superiores aos das indústrias localizadas nos países desenvolvidos. Não se pode, portanto, limitar a análise do lugar da finança ao exame do funcionamento *endógeno* dos mercados e às *convenções* construídas pelos atores de mercado. A finança exerce uma influência maior sobre a esfera "real": aquela da produção onde o trabalho permite a criação de riquezas.

A solvência: dois pesos, duas medidas

A multiplicação dos choques e *crashes* sobre os mercados financeiros provocou uma intervenção cada vez maior das autoridades monetárias. A princípio, as intervenções dos bancos centrais nacionais consistiam em abrir, direta ou indiretamente, as linhas de crédito às instituições financeiras com o fim de evitar uma ruptura dos pagamentos que, embora localizados, arriscavam, a partir de um risco de contrapartida, difundir

período mais longo. Em lugar de três meses nós podemos também escolher um mês, três dias, três horas ou um período qualquer, ou ainda podemos excluir da moeda toda riqueza que não pode ser liberada de imediato" (Keynes, 1942, p.178) [os termos moeda e crédito estão destacado no texto].

seus efeitos e ameaçavam destruir o sistema financeiro do país. Essas intervenções dos bancos centrais reativaram o debate sobre a delimitação entre *iliquidez* e *insolvência*[13] que passaram a ter uma amplitude considerável em função dos efeitos da globalização financeira. Em princípio, só a *iliquidez* podia justificar uma intervenção pública, sendo a insolvência considerada como uma conseqüência normal e inevitável da "destruição criadora" produzida pelo capitalismo.

É oriunda de Walter Bagehot em *Lombard Street* (1873)[14] a proposta de incumbir o Banco Central de distinguir entre as situações de liquidez e de solvência. Trata-se de emprestar sem limites aos bancos tidos como solventes e Bagehot propõe um procedimento que permite averiguar se está sendo oferecida uma boa garantia (a existência de sólidos colaterais). Esse procedimento, em princípio sedutor, é difícil de ser posto em prática, em particular quando se trata de definir os limites da intervenção "do emprestador em última instância". De fato, o suporte, sob a forma de créditos, dado pelo Banco Central a uma instituição financeira que se encontra em situação de *iliquidez*, faz dele solvável *ipso facto*. E o papel do Banco Central torna-se ainda mais importante no regime de inconversibilidade das moedas em ouro, pois, em última instância, só ela pode validar a circulação dos instrumentos de créditos, dando-lhes, de qualquer forma, uma "validação social" (Brunhoff, 1976). Sua margem de manobra é, contudo, limitada, pois a recusa em converter os efeitos comerciais por desconto ou recompra pode provocar uma crise de conjunto do sistema financeiro.

Ora, a insolvência atinge o próprio financiamento do capitalismo: não é suficiente produzir mercadorias, é necessário vendê-las. Periodicamente redescobre-se que não existe mecanismo auto-regulador que garanta o fechamento do processo, tanto individual quanto – e mais

---

13 P. N. Giraud propôs a distinção seguinte no que concerne aos bancos: "a iliquidez, definida como insuficiência temporária e reversível das reservas, vem de que os bancos tomam emprestado em um prazo geralmente mais curto do que eles pretendem. A insolvência de um banco é provocada por um volume de empréstimos não honrados que excede as reservas acumuladas" (2001, p.45).

14 Se bem que este termo já tivesse sido adotado antes por Baring & Thornton (Kindleberger, 1996).

ainda – macroeconomicamente. Nenhum automatismo criado pela "mão invisível" assegura, no "mercado" de bens e serviços, o fechamento que flui da produção à circulação, e que, quando tudo vai bem, conclui pela venda cujo produto retorna aos proprietários dos meios de produção e que, por sua vez, retorna uma parte em salários para aqueles que produziram esses bens e serviços. A insolvência do empresário capitalista não tem por origem uma insuficiência de liquidez devida à produção de bens momentaneamente invendáveis. Esta se encontra nos próprios fundamentos do capitalismo, enquanto "economia monetária e produção", assim como no seu modo de financiamento.[15] Ela sanciona uma situação em que os programas de investimento e de produção considerados *ex ante* pelas empresas não correspondem às capacidades de compra dos consumidores, à sua demanda expressa *ex post*. O aperfeiçoamento das técnicas de mercado e a sofisticação dos instrumentos de gestão não diminuem "a extrema precariedade das bases sobre as quais nós somos obrigados a formar nossas avaliações dos rendimentos realizados" (Keynes, 1942, p.162). A decisão de preservar a solvência de uma instituição (banco, fundos de investimento) que financiou, por meio de créditos, um empréstimo de participação financeira etc., bem como os programas de investimento e de produção de empresas que se revelam desastrosas, impõem uma questão perigosa, porque salvá-las de uma falência é ir de encontro às "leis" do mercado.

A globalização financeira torna ainda mais aguda a questão das relações entre liquidez e solvência. Na verdade, por um lado ela torna ainda mais difícil sua distinção[16] e se relaciona a princípio com a opacidade crescente produzida pela desregulamentação, a criação de instrumentos fora do balanço e a existência de instituições tais como os *hedge funds*, que são submetidos a exigências e controles mínimos.

15 Daí a observação formulada freqüentemente pelos não especialistas: por que não fornecer todos os meios de pagamentos necessários às populações do Sul para lhes permitir adquirir os bens superproduzidos pelo Norte ? O que retorna a proposta de resolver a ausência de solubilidade das populações pelo fornecimento de liquidez.

16 J. Sgard distingue cinco formas principais de crises de liquidez provocadas pela globalização financeira, em que a gravidade é crescente e atinge "à moeda como instituição pública" (2002, p.94).

As contas publicadas em seus balanços são construções amplamente convencionais, para não dizer fictícias, produzidas por consultores e empresas de contabilidade (Roturier & Serfati, 2003) e o grau de concentração dos bancos sobre os mercados financeiros tornou-se igualmente um motivo potencialmente contagioso. O grau de concentração bancária é, em particular, muito elevado sobre os mercados de câmbio, que são a coluna vertebral dos mercados financeiros internacionais.[17] No mercado de câmbio, o número de bancos que realiza 75% das operações diminuiu consideravelmente após 1992. Ainda segundo o BRI (Banco dos Regulamentos Internacionais), o número de bancos é mesmo inferior (Tabela 2), pois a pesquisa não consolida as organizações bancárias (o que significa dizer que certos bancos que responderam às pesquisas nacionais podem ser filiais de um mesmo grupo bancário).

Tabela 2. Número de bancos que cobrem 75% das operações sobre os mercados de câmbio de diferentes países

Países	**1995**	**1998**	**2001**
Alemanha	10	9	5
Canadá	6-7*	5-7*	4-6*
Estados Unidos	20	20	13
França	7-12*	7*	6*
Japão	24	19	17
Reino Unido	20	24	17

* Segundo os segmentos de mercado
Fonte: Adaptado a partir de dados do BRI – Banco dos Regulamentos Internacionais, 2002.

Por outro lado, admite-se que a decisão de refinanciar as instituições insolventes é determinada pelo Banco Central e pelo poder político e depende da posição mais ou menos estratégica que essas instituições

17 Segundo enquete trianual do Banco dos Regulamentos Internacionais, o volume cotidiano de transações sobre o mercado de câmbio era de 1.173 milhões de dólares, em 2001. O volume cotidiano de contratos sobre os mercados derivados estabelecidos (*over the counter*) elevou-se a quase 100 bilhões de dólares. Segundo o BRI, essas somas fornecem "uma medida da exposição aos riscos de mercados aos quais os participantes decidem fazer face, tão logo eles se engajam nas transações sobre os produtos derivados" (2002, p.22).

ocupam no Sistema Macroeconômico. Ora, a globalização financeira faz aparecer os meandros do poder que subentendem a questão da solvência e a proteção dos direitos de propriedade do Capital Financeiro com mais nitidez. A intervenção dos bancos centrais é diferente segundo ela aconteça em Nova York ou no Sudeste Asiático. O que é permitido ao *Federal Reserve* foi proibido aos bancos centrais da Ásia. Após vinte anos, a doutrina do *Federal Reserve* que acompanhou a desregulamentação dos mercados financeiros pode ser resumida pela seguinte fórmula: muito grande para fracassar. Essa doutrina prevalece sobre qualquer consideração, inclusive sobre a verificação da hipotética diferença entre situação de *iliquidez* ou de *insolvência* da instituição financeira resgatada da falência. Os salvamentos da Continental Illinois (1985), a injeção massiva de liquidez quando do *crash* de Wall Street (1987), ou, ainda, a garantia do refluxo das caixas de poupança – *Saving&Loans* – (1989-91), de LTCM (1998), confirmam a doutrina.

Ela foi igualmente verificada quando da crise mexicana (1994-95). A moratória do México arriscava afetar o conjunto do sistema financeiro americano e, sem dúvida, transformar a recessão mundial em uma crise econômica de amplitude tal que teria sido, provavelmente, bem superior àquela de 1973. O estado de falência teria obrigado os bancos credores, em sua maioria americanos,[18] a prover seus balanços e conduzir à falência aquelas instituições que estivessem pesadamente envolvidas em empréstimos problemáticos. Por isso o *Federal Reserve* assumiu a responsabilidade, e seu presidente, P. Volker, declarou que as linhas de crédito abertas em benefício do México pelos bancos credores e por iniciativa do FMI não significavam que o México estivesse em falência. A "validação social" dada pelo *Federal Reserve* a essa criação massiva de liquidez pelos bancos foi determinante. Mas, em 1997, o tratamento dado à crise asiática foi totalmente diferente. Isso evidencia as relações de poder que subtendem as questões de solvência e, mais geralmente, aquelas da finança.

O FMI, uma vez mais, adotou a posição dos Estados Unidos e impôs a adoção de uma política de duplo padrão às autoridades nacionais dos

18 Os créditos dos novos bancos americanos para o México representavam 44% de seu capital.

países emergentes da Ásia. Por um lado, solicitou a declaração de falência das firmas e bancos locais, invocando a "via moral", mas, por outro lado, organizou a proteção das instituições financeiras estrangeiras contra as quais a mesma crítica poderia ser feita (Khor, 2000). Assim, o FMI manteve a solvência das instituições do Norte que tinham investido massivamente e em condições muitas vezes aventureiras, quando os governos desses países solicitaram o desmantelo da rede de relações público-privadas qualificadas como "capitalismo dos amigos" (*crony capitalism*).

Foi necessário pouco tempo para que o capitalismo americano mostrasse a que ponto esse "capitalismo dos amigos" é uma expressão que pode ser aplicada da mesma forma a ele próprio (LTCM, Enron etc.).[19] A "socialização das perdas e a privatização dos lucros" que resultam da decisão do *Federal Reserve* de manter o fluxo das instituições, em princípio, líquidas, mas, na realidade insolventes, nos deixa, de fato, muito longe do argumento da *via moral* adotada por certos monetaristas para se protegerem contra essas intervenções. Desta forma, o salvamento da LTCM recompensa, por certo, os bancos que se recusaram a enxergar a realidade e emprestaram sem limites, provocando uma "cegueira para o desastre". Mas a confusão entre liquidez e solvência que existe desde as intervenções do Banco Central tem como decorrência que a criação de liquidez não salva apenas as instituições apoiadas, mas fornece também recursos suplementares que entretêm a atividade nos "mercados financeiros".

Os proprietários de LTCM e seus credores, confrontados com a falência em 1998, não foram os únicos a se beneficiar da generosidade pública: a mensagem passou para a "comunidade financeira". A partir de então, a criação de liquidez através das *torneiras* abertas do Banco Central americano, a queda das taxas de câmbio e a impunidade dos responsáveis pela malversação deram um sinal aos "mercados" e encorajaram as compras de títulos, alimentando a "exuberância irracional" que o presidente do *Federal Reserve* tinha denunciado alguns meses antes.

---

19 As instituições financeiras internacionais que puseram em prática essas montagens financeiras em proveito dos bancos e dos fundos de investimento americanos e europeus funcionam, elas mesmas, na base de um "capitalismo de amigos" (Stiglitz, 2002, 2004).

É útil, para concluir esta questão, sublinhar que a busca do pagamento das dívidas contraídas pelas instituições e agentes do México e da Ásia do Sul junto às instituições financeiras do Norte foi possibilitada pela implantação de programas de condicionalidade do FMI. Esses programas não implicavam apenas o retorno à estabilidade da moeda local, mas a implantação de medidas macroeconômicas impostas pelos países do Norte e que permitiram uma imensa *transferência de valor* dos países do Sul para aqueles do Norte (Kozul-Wright & Rayment, 2004).

As economias emergentes: riquezas a puncionar

Os defensores dos benefícios da globalização financeira sublinham que os "mercados financeiros internacionais" permitem à poupança gerada no Norte financiar as atividades econômicas dos países do Sul e que se estabeleceu uma relação estreita e positiva entre os fluxos de capital que tiveram por destinatários os países emergentes, com o financiamento de sua industrialização e de seu crescimento econômico. Esta é uma correlação duvidosa no que respeita ao saldo de transferências financeiras dos últimos decênios. Com efeito, globalmente, os países do Sul foram muito pouco beneficiados pelas transferências de capital. Em primeiro lugar, porque os fluxos de capital dos quais elas eram destinatárias foram impactados por saídas importantes, em decorrência de empréstimos realizados. Um estudo mostra que a maior parte dos países em desenvolvimento realizou, na verdade, transferências líquidas (diferença entre entradas e saídas) de capitais (Morrissey, 2003).

Em segundo lugar, as "fugas de capital" atingiram uma dimensão considerável em determinados países e correspondiam a recursos coletados pelas elites locais, freqüentemente de empréstimos em divisas fortes contraídas por seus países e depois investidos nos países desenvolvidos. Esses fluxos financeiros, que escapam por definição aos controles regulamentares, são difíceis de mensurar. Uma indicação de sua amplitude pode ser fornecida pela leitura do item "erros e omissões" dos balanços de pagamentos. As saídas de capital são contabilizadas sob esta rubrica, mas pode-se refletir que uma parte importante diz respeito às "fugas de capital" (Laurent, Meunier, Seltz & Ennajar, 2002).

Os itens "erros e omissões" representaram 15% do conjunto de saídas de capital com destino a países emergentes no período entre 1992 e 2000 e mesmo 42% das saídas de capitais com destino a outros países emergentes. Essas proporções são muito mais consideráveis do que aquelas que se encontram nos balanços de pagamento dos países da OCDE. Ndikumana & Boyce (2002) fizeram um estudo sobre 30 países da África subsaariana no período 1970-96 que estabelece uma correlação positiva entre a dívida externa e a fuga de capitais, estimando que a cada dólar emprestado do exterior a fuga de capitais representou 80 centavos de dólar ao longo do mesmo ano. Não se trata aqui de evasão fiscal, que, segundo os estudos levados a cabo por uma ONG, custaria no mínimo 50 bilhões de dólares por ano aos países em desenvolvimento (OXFAM GB, 2000).

Por fim, as entradas de capital não-gerador de dívidas, essencialmente ligado aos investimentos, talvez tenham contribuído para um certo reequilíbrio contábil da balança de pagamentos, mas, depois de uma década de liberalização da conta capital, seus efeitos aparecem negativos sobre o plano da produção. Parece que os investimentos diretos do estrangeiro (IDE) podem ter um papel mais positivo que os investimentos de portfólio e do que os empréstimos bancários, que são consentidos essencialmente no curto prazo e respondem a outros objetivos que não o desenvolvimento industrial do país (por exemplo, a estabilização das taxas de câmbio, a criação de créditos pelos bancos domésticos com fins especulativos etc.). É esquecer sua forte concentração sobre um número bastante restrito de países. O FMI estima que cinco países (Brasil, China, Índia, México, República Checa) receberam mais da metade dos IDEs destinados aos países emergentes entre 1990 e 2002.

Ainda mais importante, a abertura da conta capital e os fluxos de IDE destinados aos países emergentes ao longo dos anos 1990 se materializaram não sob a forma de criação de novas capacidades de produção (*Greenfield investments*), mas de aquisições de participação no capital das empresas nacionais (fusões e aquisições).[20] A correlação entre os fluxos

20 A CNUCED (Unctad) insiste nesse ponto. A razão IDE/FBCF (formação bruta de capital fixo) era 1,7% mais elevada nos anos 1990 do que nos anos 1980, mas a razão FBCF/PIB diminuiu em 0,6% ao ano no mesmo período (Unctad, 2003).

de IDE realizados por fusões e aquisições e os rendimentos retirados das privatizações é impressionante (ver Figura 1). Os estudos realizados sobre o caso dos países da América Latina indicam que os grupos estrangeiros que adquiriram participações em empresas privatizadas não chegaram mesmo a realizar investimentos de modernização nem mesmo de capacidades necessárias nos setores industriais, operando como economias de redes (telecomunicações, água).

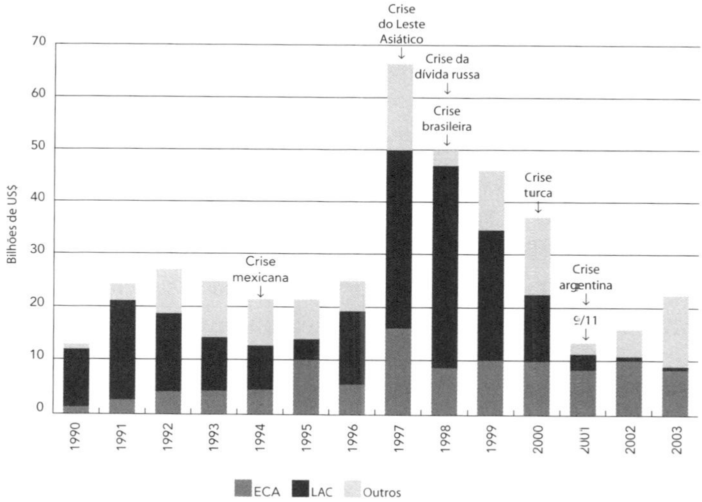

Figura 1. Fusões, aquisições e privatizações nas economias emergentes
Fonte: Banco Mundial

O Brasil permite ilustrar certos problemas com os quais se defrontam os países emergentes em razão da globalização financeira. O Plano Real, posto em prática em 1994, e que se traduziu imediatamente por uma forte desvalorização, deu credibilidade à moeda sobre o plano externo, como meio de pagamento e unidade de conta. Segundo Sgard (2002), o país oferece o contra-exemplo da "reconstrução bem-sucedida de uma moeda nacional". Trata-se, contudo, da face visível de um programa que esconde os desequilíbrios agravados e duradouros decorrentes do Plano. As autoridades brasileiras foram sujeitadas a defender um plano de credibilidade monetária em que a gestão monetária esteve, daí em diante, no coração da regulação macroeconômica (Miotti & Quenan,

2003), o que significa que a taxa de juros de curto prazo (a Selic) é o elemento decisivo.

Ora, essa gestão está tomada por dois objetivos contraditórios: é necessário manter a taxa de juros em níveis muito elevados para defender a moeda (esses níveis oscilaram entre 40% em 1999 e 20% em 2003), mas ao preço de um aumento considerável da dívida pública interna, pois ela estava indexada, ao final de 2002, em 53% sobre as taxas de juros (e em 29% sobre as taxas de câmbio que são também ligadas ao nível das taxas de juros). Os efeitos depressivos sobre o crescimento macroeconômico, sobre o investimento industrial e, indiretamente, sobre as exportações, são evidentes.

No total, essa política, que por um lado "assegura os mercados", também se traduz pelo aumento considerável da dívida externa. Como demonstra a Tabela 3, o montante dos juros pagos aos credores não residentes ao título da dívida baixou no período 1996-2004, mas permanece, contudo, em níveis muito altos (linha 1) e isso não é suficiente para frear a progressão da dívida externa que aumentou em mais de 20% durante o mesmo período (linha 2). Em um país cuja estrutura de rendas é uma das mais desiguais do mundo (o Brasil só foi ultrapassado por Serra Leoa, pela República Centro-africana e pela Suazilândia, na classificação dos países que apresentam os maiores indicadores de concentração de renda do PNUD [Programa das Nações Unidas para o Desenvolvimento] em seu relatório 2003), já se podia antever as conseqüências nefastas do programa negociado pelo Governo Lula com o FMI.

Tabela 3. Evolução dos juros pagos e da dívida pública no Brasil (1996-2004)

	1996	1997	1998	1999	2000	2001	2002	2003	2004*
Pagamentos dos juros/Exportações	26,7	27,2	31,0	36,4	31,0	30,3	25,3	21,0	19,9
Lucros repatriados	7,6	10,3	11,0	9,3	6,6	7,4	8,5	7,2	
Dívida Externa Total (bilhões de dólares)	173,0	191,6	223,6	225,6	216,9	209,9	210,7	214,9	213,4

* Projeções do BCB
Fonte: Banco Central do Brasil (BCB), Cepal

A Argentina ilustra um outro ponto (Cibils, Weisbrot & Debayani, 2002). Vai longe o tempo em que Cavallo, o ministro que foi o arquiteto das reformas neoliberais, declarava: "nós entramos numa era dourada" (*Wall Street Journal*, 13 de maio de 1997). O país e a população foram vítimas dos programas de condicionalidade praticados pelos governos locais. Sabe-se que esses programas lançam a responsabilidade do aumento da dívida soberana em políticas orçamentárias "laxistas" (esse adjetivo não se aplica à política perseguida pela Administração Bush, a qual se falará mais tarde de orçamento "keynesiano". Pobre Keynes!).

Ora, as despesas públicas em proporção ao PIB caíram entre 1993 e 2001, e isso sob a pressão das medidas do FMI, agravando a recessão que se manifestou a partir de 1998 e que, por sua vez, provocou uma diminuição das entradas fiscais. Apesar de o superávit primário – quer dizer, antes do pagamento do serviço da dívida – ter excedido ao menos até o afundamento da economia argentina em 2002, o serviço da dívida pública em proporção ao PIB triplicou entre 1993 e 2001, em decorrência da alta das taxas de juros do *Federal Reserve* e, indiretamente, em razão do sistema de *currency board* adotado pelo Banco Central argentino.

A economia política dos mercados financeiros internacionais. O poder dos Estados Unidos

A análise do tratamento das crises em favor dos países do Norte permite extrair alguns ensinamentos sobre a economia política da globalização financeira. Esta análise repousa em uma "arquitetura institucional internacional" (a governança global) composta de poderes hierarquizados. Os Estados Unidos são, sem contestação, a peça central, seja pela intervenção que realizam através de uma contribuição massiva nos planos internacionais de salvamento (México 1995), seja por um papel de coordenador da ação coletiva das instituições financeiras internacionais (IFI) e dos bancos centrais. Sua dominação, cujo peso do dólar no sistema financeiro internacional é um indicador substantivo, tem como contrapartida a obrigação de intervir, quando os perigos de contágio ameaçam. Mas as últimas duas décadas indicam que essas intervenções são bastante diferentes quando se trata de intervir nas instituições financeiras americanas.

Não existe nada que pareça com um programa de condicionalidade para acompanhar, por exemplo, a sustentação financeira dada pelo Tesouro Americano e pelo *Federal Reserve* ao *Continental Illinois*, às caixas de poupança e à LTCM, que ultrapassaram, em muito, os valores consagrados aos programas postos em prática pelo FMI. Muito longe de serem condicionais, os planos de salvamento, muito pelo contrário, forneceram liquidez, que por seu turno alimentou os mercados financeiros, dando munição para a especulação. Os programas de assistência conduzidos pelos Estados Unidos fora de suas fronteiras respondem a dois objetivos: 1) intervir nas crises locais, em particular quando estas ameaçam as economias dos países emergentes (na Ásia e na América Latina, para evitar o choque de retorno sobre sua própria economia por efeito de contágio); 2) diminuir o risco sistêmico e tirar proveito dessas crises para garantir a dominação do capital americano.

O primeiro objetivo implica manter ou restaurar nos países atingidos pela crise um sistema financeiro que substitua essas missões fundamentais. É conveniente então fazer que seja aceita a moeda que circula no país como um meio de pagamento e instrumento de reserva de valor. Isso deve assegurar uma proteção dos ativos financeiros e créditos estabelecidos em moeda nacional e limitar, ao máximo, a desvalorização, tornando a proteção total, por definição, impossível.

O segundo objetivo consiste, para os Estados Unidos, em tirar vantagem das crises que afrontam os países emergentes para fortalecer sua posição. A constituição das reservas pelo Banco Central em um dos países submetido a uma condicionalidade é realizada, em grande parte, sob a forma de aquisição de obrigações do Tesouro dos Estados Unidos, o que por vezes é tido como uma forma de financiamento forçado do déficit externo dos Estados Unidos. Dito de outra forma, uma "senhoriagem" moderna. Depois de 1997, as reservas em dólares dos bancos centrais asiáticos cresceu em proporções consideráveis, passando, segundo o FMI, de 23,9 bilhões de dólares em 1997, para 182 bilhões de dólares em 2002. A dolarização da moeda de alguns países reforça mesmo essa vantagem, pois dispensa os Estados Unidos do dever de pagar os juros sobre os títulos da dívida pública detida pelo banco central do país estrangeiro. Um país submetido à dolarização possui dólares não investidos, porque eles devem estar disponíveis a qualquer momento, no país (Calvo, 2000).

Os países do Sudeste asiático não estavam dispostos a dolarizar suas economias após a crise de 1997 e, inclusive, alguns dentre eles procuraram, mesmo durante a crise, meios de se manterem distantes dos Estados Unidos. Esta foi uma das razões que levou o Japão a propor o estabelecimento de uma instituição regional (um "Fundo Monetário Asiático") e que foi combatida com firmeza pela Administração Clinton (Bello, 1998). J. Rubin, secretário do departamento do Tesouro, e seu adjunto, L. Summers, se esforçaram para que o FMI tivesse um papel maior no esforço de desmantelamento do sistema financeiro coreano, que vinha sendo praticado desde o início dos anos 1990 pelos financistas americanos (Johnson, 2002).

Um bloco transatlântico

O papel maior dos Estados Unidos parece confortar a abordagem dominante da economia política internacional, que insiste na necessidade de que uma potência hegemônica assegure a gestão dos bens coletivos internacionais com o fim de manter a estabilidade do regime monetário (Kébadjian, 1999: síntese). Kindleberger (1996), com base em um exame sobre a propagação das crises financeiras, estima que um emprestador internacional de última instância é indispensável e diz que, se bem que esta função seja atribuída às instituições criadas em Bretton Woods, bem como ao BIS, foram os Estados Unidos que tiveram um papel maior nesse domínio. O FMI não está equipado para esta função (ele não pode criar moeda) e seria impotente diante da hipótese de as moedas dos grandes países, a começar pelo dólar, serem atacadas.

Por certo, ainda seria necessário discutir a noção de *bens públicos* (ou bens coletivos) *mundiais* e sua gestão por uma potência hegemônica, o que ultrapassa o escopo deste trabalho. Esta noção, decorrente da teoria dominante por caracterizar um "fracasso do mercado", não é apenas polissêmica: ela é hoje aplicada a um número crescente de bens e atividades (Serfati, 2003).

A relação entre a potência hegemônica e as organizações internacionais criadas após a Segunda Guerra Mundial, em todo caso, é mais complexa que aquela descrita convencionalmente. Não há dúvida de que as proposições da delegação americana, conduzida por White em *Bretton Woods,* moldaram a fisionomia e a política das instituições financeiras internacionais, o que refletia sua supremacia, qualquer que fosse a qualidade e, para alguns, a atualidade das proposições formuladas por Keynes em nome da Grã-Bretanha (Cartapanis & Harland, 2002). De fato, os dois objetivos fixados pela delegação, o de deslocar o centro financeiro de Londres para Nova York e o de dar um papel central ao Departamento do Tesouro, foram obtidos. Contudo, a criação de organizações internacionais, o sistema monetário posto em prática e as regulamentações das relações financeiras internacionais adotadas testemunhavam a vontade das duas delegações de conter a especulação sobre as moedas e de "disciplinar" a finança (Murphy, 1994). Assim, o artigo 1º do Estatuto do FMI foi marcado de uma só vez por afirmações "multilateralistas" e pela subordinação das questões monetárias à economia produtiva.

A criação de instituições governamentais destinadas, no dia seguinte à Segunda Guerra Mundial, a organizar as relações econômicas internacionais de forma pacífica, não era, portanto, contraditória à superioridade espetacular que os Estados Unidos possuíam sobre seus parceiros. Era, contudo, ilusório pensar que esse tipo de *governance* internacional permitiria ao FMI indicar a marcha irresistível ao estilhaçamento do sistema de *Bretton Woods* ou que o Banco Mundial seria a instituição que permitiria ao Terceiro Mundo sair do subdesenvolvimento. Não é, portanto, de espantar que os Estados Unidos, confrontados com sérias dificuldades e com uma concorrência acentuada a partir dos anos 1960, tentariam, após 1971, modificar as regras do jogo financeiro e monetário internacional instituído em 1944. As hesitações dos anos 1970 deram lugar à virada radical dos anos 1980, quando os Estados Unidos associaram mais estreitamente as instituições financeiras internacionais ao curso neoliberal que foi adotado. A mudança de papel do FMI fez daquela instituição uma peça-chave da globalização financeira. A virada se deu em 1982: a crise Mexicana "refunda" o FMI e lhe dá outra fisionomia que não aquela inscrita na Carta de 1944.

O FMI de fato se impôs aos bancos dos países desenvolvidos quando estes começaram a recusar os planos de renegociação do México em 1982. É necessário lembrar que em torno de 800 bancos estavam envolvidos com a dívida mexicana. Confrontados com uma crise cuja amplitude não tinha sido vista depois de décadas, os bancos tentaram salvar seus próprios ativos da falência, ou, para dizer mais academicamente, situaram-se a princípio na situação classicamente descrita pelo "dilema do prisioneiro". Pode-se considerar que o FMI tenha, nessa primeira crise de globalização financeira, funcionado como um "capitalista coletivo" encarregado de soar uma retirada ordenada dos credores. Ele representou essa função apoiando-se no Clube de Londres, que reunia os bancos comerciais, e no Clube de Paris (cuja primeira reunião remonta a 1956), que reunia os credores públicos e no qual o FMI ocupava lugar de credor privilegiado. Essa nova função do FMI teria sido, contudo, impossível sem o forte engajamento dos Estados Unidos, materializado pelo lançamento do Plano Brady.

A existência do FMI e das outras instituições internacionais traduz formas de dominação hegemônica, mas não no sentido "estado-centro" que lhe atribui a economia política internacional ortodoxa, ao modo de Kindleberger ou Gilpin. A hegemonia dos Estados Unidos, apoiada nas instituições internacionais, deve ser analisada muito mais do ponto de vista das contribuições da corrente neogramsciana.

A constituição de redes internacionais, reagrupando as elites privadas e públicas, nacionais e membros das organizações internacionais traduz, no plano sociopolítico, o movimento acelerado de internacionalização, seguida da "mundialização" do capital (Gill & Law, 1993). Para alguns, essas redes seriam a expressão mais avançada da formação de uma "classe transnacional" (Van Der Pijl, 1998), ou de um "Estado mundial" (Robinson, 2000). Nós preferimos dizer que essas organizações participam da consolidação do "bloco transatlântico hierarquizado" (Serfati, 2001). O termo "transatlântico" não designa uma zona geográfica, mas um espaço polarizado sobre o plano econômico e geopolítico. Sua armadura é evidentemente constituída pelos Estados Unidos, aos quais se aglomeram principalmente os grandes países desenvolvidos, que são, por sua vez, seus parceiros no plano econômico, mas que também são seus aliados no plano militar. Ele inclui igualmente as organizações internacionais de natureza econômica (FMI, Banco Mundial, OMC, OCDE) e militar (Otan – Organização do Tratado do Atlântico Norte). A existência desse "bloco" não suprime, em absoluto, as rivalidades e os conflitos entre as classes dominantes dos Estados Unidos e da Europa, mas lhes circunscreve em um quadro pacífico, com a diferença das rivalidades interimperialistas que surgiram durante as duas guerras mundiais. A título de exemplo, quando passou a existir um sistema formal que permitiria às nações mais poderosas impor seus pontos de vista, podemos dizer, sem jogo de palavras, que o FMI procede por consenso (Murphy, 1994).

Em domínio diferente das relações financeiras, pode-se dizer o mesmo de uma dissensão tão importante e profunda quanto aquela provocada pela decisão dos Estados Unidos de entrar em guerra contra o Iraque, no inverno de 2003, que se prolongou até a primavera com o voto unânime do Conselho de Segurança da ONU sobre uma resolução que legitimava, no final das contas, aquela guerra. Ao longo dos anos 1990, o FMI teve um papel central na consolidação desse "bloco transatlântico". Foi necessário para isso extrapolar as missões iniciais de acompanhamento das políticas econômicas e dos equilíbrios do balanço de pagamentos.[21]

O Consenso de Washington reflete uma inflexão importante que tomou forma a partir de 1982 e permitiu a adaptação do FMI, de uma só vez, à mundialização do capital e à ascensão do poder da finança. A análise sociológica da hegemonia intelectual do *Consensus* sublinha a estreita conexão entre os universitários (seu templo sendo situado em Chicago) e Wall Street. O processo de seleção dos quadros do FMI e do Banco Mundial necessários a essa nova política aconteceu em uma interação com as universidades, as elites intelectuais dos países em vias de desenvolvimento, além do meio financeiro (Delazay & Garth, 1998). Stiglitz (2004), que durante muito tempo freqüentou os responsáveis do FMI, nos lembra que muitos dentre eles vieram de Wall Street ou a ela retornaram.

21 Pode-se encontrar em Aglietta & Moatti (2000) alguns elementos sobre as mudanças de funcionamento do FMI em relação às suas regras de funcionamento.

Conclusão: aonde vai o sistema financeiro internacional?

Pode-se resumir os fatores que perenizam o Sistema Financeiro Internacional e a dominação que nele exercem os Estados Unidos:

1) O sistema adquiriu uma força inercial que lhe é comunicada pelos efeitos cumulativos produzidos nas últimas cinco décadas de reinado do dólar nas trocas internacionais. Esta divisa é hoje utilizada em 40% das transações mundiais, quando as trocas comerciais dos Estados Unidos com o resto do mundo representam apenas 11% das transações. As funções de pagamento e liquidez do dólar permanecem, se não intactas, ao menos amplamente dominantes. O dólar é ao mesmo tempo a principal divisa, figurando nas reservas dos bancos centrais. No fim de 2002, 64,9% dos ativos oficiais em divisas eram estabelecidos em dólar, contra 14,6% em euros. Enfim, o dólar é a divisa mais negociada enquanto ativo financeiro sobre os mercados de câmbio. A relação do BIS (Bank for International Settlements) assinala que os contratos sobre os mercados de câmbio estabelecidos em dólar representaram 89% dos contratos totais passados ao capricho das circunstâncias em 2004 (BRI, 2004). As alternativas de consolidação de uma outra organização (policentrismo monetário etc.) esperadas após vinte anos não ultrapassaram o estágio de discussão;

2) A potência do capital financeiro americano é nitidamente superior àquela de seus concorrentes. Isso fica evidente quando se observa o lugar das organizações dominantes da finança internacional, quer dizer, os fundos de investimento (pensões, mútuos) (Tabela 1). Esse predomínio deve ser observado em relação à dimensão dos mercados financeiros americanos igualmente superiores àqueles dos outros países desenvolvidos. Os mercados americanos constituem, do ponto de vista da segurança, o melhor lugar para os detentores de capital financeiro.

A "fuga para a qualidade" alimentou Wall Street e a Nasdaq com capitais em busca de aplicações. A crise asiática de 1997 contribuiu para reforçar a "exuberância irracional" quando, desde 1998, os "fundamentos" da economia americana, em particular a taxa de rentabilidade do capital investido na produção, começavam a baixar de forma brutal. A atratividade das "praças" americanas é confortada pelos níveis da dívida federal. Pode parecer paradoxal fazer figurar a dívida pública entre os elementos de consolidação do SFI, mas nós sublinhamos essa importância duradoura depois de meio século;

3) A potência dos EUA é, contudo, absolutamente insuficiente para explicar a resistência do sistema financeiro internacional às crises que a atravessam regularmente. A hegemonia americana nesse domínio se apóia sobre as Instituições Financeiras Internacionais (IFI) da mesma forma que sobre a participação mais ou menos reticente dos governos das duas outras zonas da tríade. A liberalização da conta capital foi inscrita nos artigos do FMI pelo Comitê Interino em 21 setembro de 1997, embora não signifique que as IFI dispõem de autonomia importante *vis-à-vis* dos Estados Unidos, mas que eles são indispensáveis a esse país para permitir suplantar a instabilidade implícita do sistema financeiro internacional.

Os desníveis entre as taxas de juros dos créditos e das obrigações, subscritos pelas economias emergentes e aquelas que existem nos países desenvolvidos, atingiram até 2.000 pontos de base (100 pontos de base igualam 1%) nesses últimos anos e 1.800 pontos de base para a dívida soberana.[22] Tais distâncias não seriam gerenciáveis, nem mesmo exeqüíveis, na ausência das Instituições Financeiras Internacionais suscetíveis de serem aceitas pelos países do Sul, seja *ex ante*, seja com respeito aos prazos de pagamento da dívida. Em que pesem as mudanças não desprezíveis, os princípios fundamentais que prevaleceram no consenso de Washington continuam a se impor no pós-consenso.

Esses elementos não permitem, contudo, concluir que o sistema financeiro esteja imunizado contra as ameaças que poderiam destruí-lo. Os fatores de fragilidade são de fato tanto políticos quanto geoeconômicos. Citamos duas fontes de riscos maiores:

22 Mas diminuiu entre 2003 e 2004.

a) A fragilidade "sistêmica" não desapareceu e o risco de difusão de uma crise localizada permanece forte a despeito do otimismo estampado pelos responsáveis das IFI diante do gerenciamento das crises vividas pela Turquia e pelo Brasil em 2001-2002. A satisfação expressa se apaga quando se recorda que diversas crises quase vieram a destruir o sistema. As modificações do modo de financiamento da dívida soberana ao longo dos anos 1990, marcadas por um aumento das obrigações emitidas no mercado em detrimento dos empréstimos bancários geralmente sindicalizados, mais agravaram do que reduziram os riscos de moratória.

O risco político é aquele de uma recusa de pagamento da dívida por um país do Sul, que não seria apenas a conseqüência de uma impossibilidade financeira, mas que resultaria *in fine* da decisão política de um governo que consideraria a dívida como "ilegítima". As IFI e os "mercados" seguiram muito de perto a situação do Brasil a partir do momento em que a vitória do candidato do PT se tornou muito provável. Este até o momento vem assegurando o cumprimento dos encargos, ao preço de uma deterioração dos indicadores sociais, tais como o desemprego e a renda por habitante.[23]

b) Uma crise de grande envergadura que ocorresse nos Estados Unidos modificaria o conjunto da economia mundial e de sua arquitetura institucional. Uma eventualidade como esta existe e sua concretização seria conseqüência do afastamento entre a posição hegemônica dos Estados Unidos nas relações internacionais e sua situação econômica interior e *vis-à-vis* do estrangeiro. A deterioração externa não cessou ao longo dos anos 1990.

A acumulação de déficits da balança de pagamentos corrente tem aspectos muito preocupantes, mesmo para o FMI, que assinala o perigo que ela representa para a economia mundial (Rebello, 2004). A desvalorização importante do dólar não exerceu os efeitos esperados. A "concertação"

23 O PIB por habitante passou de 3.540 dólares em 2000 para 2.796 em 2004 (previsões).

do G-3 é indispensável para chegar a um compromisso sobre as taxas de câmbio, mas ela pode se mostrar mais difícil de realizar do que no passado, tendo-se em conta os importantes desequilíbrios que caracterizam a economia dos Estados Unidos,[24] e igualmente do fraco crescimento de seus parceiros europeus.

Essas questões não decorrem nem dos mercados nem da economia pura, mas da interação de fatores econômicos e geopolíticos que são ignorados pelas análises dominantes dos mercados financeiros internacionais e da economia internacional. Parece pouco provável contestar que os "mercados financeiros" tenham um juro vinculado aos grupos americanos de armamentos, cujos fundamentos são muito mais sólidos do que aqueles que estruturavam o crescimento das firmas da "nova economia" (Mampey & Serfati, 2004). Seria um erro pensar que a aliança da finança com as armas, que se consolidou depois dos anos 1990, não tenha relação com a situação singular que os Estados Unidos ocupam nas relações econômicas e geopolíticas internacionais. A mundialização aguarda sempre seu "credor internacional de última instância", mas os déficits externos dos Estados Unidos fazem que ele possua, depois de duas décadas, um "consumidor de última instância", e após 2001, uma "polícia preventiva". Essa interação é, portanto, mais fundamental neste início do século XXI. Ela levou um especialista a escrever: "Será que a economia americana, com exígua poupança, pode continuar a financiar uma expansão ainda mais forte de sua superioridade militar? Minha resposta é não".[25]

24 Nós podemos falar de um triplo déficit, porque ao duplo déficit da Era Reagan (déficit comercial e do orçamento federal) é necessário adicionar a taxa de poupança negativa dos domicílios.

25 Steve Roach Weekly Commentary, *Morgan Stanley*, 12 maio 2003. Disponível em: <http://www.morganstanley.com>. Acesso em: 4 abr. 2007.

Referências bibliográficas

AGLIETTA, M. *Macroéconomie financière.* Paris: La Découverte, Repères, 1995.

AGLIETTA, M., MOATTI, S. *Le FMI, de l'ordre monétaire aux désordres financiers*. Paris: Economica, 2000.

AGLIETTA, M., BRENDER, A., COUDERT, V. *Globalisation financière.* L'aventure obligée. Paris: Economica, 1990.

BAILY, M. N., FARRELL, D., LUND, S. The Color of Hot Money? *Foreign Affairs*, v.79, n.2, 2000.

BELLO, W. East Asia: on the eve of the great transformation? *Review of International Political Economy*, v.5, n.3 RIPE, 1998.

BOURGUINAT, H. *La tyrannie des marchés*. Essai sur l'économie virtuelle. Paris: Economica, 1995

BRI – BANCO DOS REGULAMENTOS INTERNACIONAIS. *Triennal Central Bank Survey:* Foreign Exchange and derivatives market activity. Bâle: 2002

_______. *Triennal Central Bank Survey*: Foreign Exchange and derivatives market activity, Preliminary global results, set. 2004

BRUNHOFF, S. de. *Etat et Capital*. Grenoble: PUG/Maspéro, 1976.

CALVO, G. A. *Contagion in Emerging Countries:* when Wall Street is a carrier. 1999. Disponível em: <www.bsos.umd.edu/econ/ciecalvo.htm>. Acessado em: 2 maio 2007.

_______. Testimony on Dollarization. Apresentado durante o *Subcommittee on Domestic and Monetary Policy*. Washington: Committee on Banking and Financial Services. 22 jun. 2000.

CARTAPANIS, A., HARLAND, M. The reconstruction of the International Financial Architecture: Keyne's revenge? *Review of International Political Economy*, v.9, n.2, 2002.

CHESNAIS, François. Le capital de placement: accumulation, internationalisation, effets politiques et économiques. In: _______ (Ed.). *La finance mondialisée, racines sociales et politiques, configuration, consequences*. Paris: La Découverte, 2004a.

CHESNAIS, François (Ed.). *La finance mondialisée, racines sociales et politiques, configuration, conséquences*. Paris: La Découverte, 2004b.

CHESNAIS, François, PLIHON, Dominique. *Les pièges de la finance mondiale*. Paris: Syros, Alternatives économiques, 2000.

CIBILS, A. B., WEISBROT, M., DEBAYANI, K. Argentina Since Default: The IMF and the Depression. *Center for Economic and Policy Research*, 3 set. 2002.

CLINE, William R. International Debt Reexamined. Washington, DC: Institute for International Economics. In: *UNCTAD WP*, 1995. p.9.

DE BOLCK, C., DELAS, O. (Eds.). *Le bien commun comme réponse politique à la mondialisation*. Bruxelles: Bruylants, 2003.

DELAZAY, Y., GARTH, B. Le Washington Consensus. Contribution à une sociologie de l'hégémonie du libéralism. *Actes de la recherche en sciences sociales*, p.121-2, mar. 1998.

DUNBAR INVENTING MONEY. *The story of Long-Term Capital Management and the legends behind it*. Chichester: J. Wiley & Sons, 2001.

DUPONT, G., STERDYNIAK, H. *Quel avenir pour nos retraites?* Paris: La Découverte, 2000.

FMI. *World economic outlook*. Focus on Transition Economies. Oct. 2000.

_______. *Global Financial Stability Report*. Sept. 2003.

GILL, S., LAW, D. Global hegemony and the structural power of capital. In: GILL, S. (Ed.). *Gramsci, historical materialism and international relations*. Cambridge University Press, 1993.

GIRAUD, P. N. *Le commerce des promesses*. Petit traité de la finance moderne. Paris: Seuil, 2001.

GOWAN, P. *The Global Gamble*. Wahsington's Faustian Bid for World Dominance. Verso, 1999.

GUTTMAN, R. *How Credit-Money Shapes The Economy*. The United States in a Global System, M.E. Sharpe, Armonk, 1994.

HELLEINER, H. *States and the Reemergence of Global Finance*. From Bretton Woods to the 1990s. Cornell University Press, 1994.

JEANNE, O. Comprendre les crises financières internationales. *Revue d'économie financière* (Paris), n.70, 1, 2003.

JOHNSON, C. *Blowback. The Costs and Consequences of American Empire?*: Time Warner Paperback, 2002. (Primeira edição de 2000.)

KAMINSKY, G. L., REINHARDT, C. M. The Twin Crises: The Causes of Banking and Balance-of-Payments Problems. *American Economic Review*, v.89, n.3, 1999.

KÉBABDJIAN, G. *Les théories de l'économie politique internationale*. Paris: Points Economie, Seuil, 1999.

KEYNES, John M. *Théorie générale de l'emploi, de l'intérêt et de la monnaie*. Petite bibliothèque Payot, 1942.

KHOR, M. Globalization and the South: Some critical issues. *Discussions Papers*, n.147, abr. 2000.

KINDLEBERGER, C. P. *Manias, Panics, and Crashes*. A History of Financial Crises? New York: Wiley&Sons, 1996. (Primeira edição em 1978.)

KOZUL-WRIGHT, R., RAYMENT, P. Globalization reloaded: an Unctad perspective. Unctad. *Discussion papers,* n.167, jan. 2004.

LAURENT, P., MEUNIER, N., SELTZ, V., ENNAJAR, R. Sorties de capitaux: le verso de la balance des paiements. *Zones émergentes,* n.13, CDC Ixis, déc. 2002.

MAMPEY L., SERFATI, C. Les groupes de l'armement et les marchés financiers: vers une convention "guerre sans limites"? In: CHESNAIS, F. (Ed.). *La finance mondialisée, racines sociales et politiques, configuration, consequences.* Paris: La Découverte, 2004.

MIOTTI, L., QUENAN, C. Brésil: Les travaux d'Hercule. *Lettre économique de la CDC,* n.147, jan. 2003

MURPHY, C. N. Industrial Organization and Industrial Change. *Global Governance since 1850.* Oxford University Press, 1994.

MORRISSEY, M. D. When Rivers Flow Upstream: International Capital Movements in the Era of Globalization. *Center For Economic and Policy Research* (Washington), 22 mar. 2003.

NDIKUMANA, L., BOYCE, J. K. Public Debt and Private Assets: Explaining Capital flight from Sub-Saharian African Countries. PERI: *Working papers,* n.32. Amhers: University of Massachussets, 2002.

ORLÉAN, A. A quoi servent les économistes? *Pour la Science,* Hors série, juill. 1999a.

_______. *Le pouvoir de la finance.* Paris: Odile Jacob, 1999b.

OXFAM, G. B. Tax Heavens, The Hidden Billions for Reduction Poverty. *Oxfam Policy Paper,* n.8, jun. 2000.

REBELLO, J. IMF Reserarchers: US Budget Gaps Endanger Global. *Dow Jones Neswires,* 7 de jan. 2004.

ROBINSON, W. I. Social theory and globalization: The rise of transnational state. *Theory and Society,* 2000.

ROTURIER, P. SERFATI, C. Enron, la "communauté" et le capital financier. *Revue de l'IRES*(Paris), 1º trim. 2003.

SERFATI, Claude. Le rôle actif des groupes à dominante industrielle dans la financiarisation de l'économie. In: CHESNAIS, François (Ed.). *La Mondialisation Financière, Genêse, enjeux et coûts.* Paris: Syros, 1996

_______. La domination du capital financier: quelles conséquences? In: CHESNAIS, François. PLIHON, Dominique. *Les pièges de la finance mondiale.* Syros, Alternatives économiques, 2000.

_______. Une bourgeoisie mondiale pour un capital financier mondialisé? In: *Classes sociales et transformations du capitalisme.* Paris: Syllepse, 2001.

_______. La défense, un bien public mondial? In: DE BOLCK, C., DELAS, O. (Eds.). *Le bien commun comme réponse politique à la mondialisation.* Bruxelles: Bruylants, 2003.

SGARD, J. *L'économie de la panique, faire face aux crises financières*. Paris: Editions La Découverte. Textes à l'appui/économie, 2002.

STIGLITZ, J. *La grande désillusion*. Paris: Fayard, 2002.

_______. *Quand le capitalisme perd la tête*. Paris: Fayard, 2004. (Título original: *The Roaring Nineties*.)

UNCTAD. *Trade and Development Report*. Genebra, 2003.

VAN DER PIJL, K. *Transnational classes and Interantional Relations*. Londres: Routledge, 1998.

Parte 2
Espaços e dinâmicas centrais

3
A China como um duplo pólo na economia mundial e a recentralização da economia asiática*

Carlos Aguiar de Medeiros

Introdução

O alto crescimento do comércio regional asiático centrado nos investimentos japoneses e dos Tigres Asiáticos (especialmente Hong Kong e Cingapura) nos países da Associação das Nações do Sudeste Asiático (Asean), especialmente na Tailândia, Malásia, Filipinas e Indonésia e na China, depois de gerar extraordinário dinamismo e viabilizar um crescimento sincronizado e em etapas entre países com estágio de desenvolvimento diferentes como o descrito no modelo dos "gansos voadores" (Medeiros, 1999) entrou em crise em 1995. A desvalorização do iene em relação ao dólar a partir de 1995 (cerca de 30% entre 1996-8) e a contração abrupta dos IDE (Investimentos Diretos do Estrangeiro) japoneses vinculados às exportações asiáticas para terceiros mercados (principalmente os EUA) tiveram forte impacto na dinâmica regional. Como esses países possuíam regimes cambiais vinculados ao dólar, a valorização dessa moeda em relação ao iene levou a uma valorização real das principais moedas asiáticas com a exceção do iuane/remimbi chinês, que passara em 1994 por significativa desvalorização (Medeiros, 2001).

* Este texto é uma versão do artigo de mesmo título e autor, publicado na *Revista de Economia Política*, nº 26, p.381-400, 2006.

Com o câmbio desvalorizado em relação aos seus competidores e com o sucesso das redes de comércio estabelecidas nas Zonas Especiais de Exportação (ZEE), a China deslocou produtores da Asean do mercado americano. Em conseqüência, a participação dos EUA nas exportações chinesas cresceu extraordinariamente nos anos 1990, afirmando-se como uma mudança fundamental na direção do comércio internacional.

O declínio das importações japonesas e dos fluxos de IDE voltados para os países da Asean, ao lado da abertura e desregulação financeiras postas em prática em muitos países no início dos anos 1990, mudou a estrutura do financiamento externo asiático com forte expansão dos capitais de curto prazo. O *boom* de endividamento de curto prazo em dólares destinados a empréstimos em moedas domésticas em setores voltados ao mercado interno (principalmente imobiliário), tal como o que se deu nos Asean-4 e Coréia, levou a uma crise de liquidez que, no final de 1997, sacudiu intensamente países como a Tailândia, a Malásia, a Coréia, as Filipinas e a Indonésia.[1] Os fluxos de IDE, tal como os de comércio, também sofreram um significativo deslocamento dos países asiáticos em direção à China (Unctad, 2002).

Após abrupta recessão e colapso cambial (desvalorizações de cerca de 50% em relação ao dólar) ocorridos em 1997, as economias da Asean ao lado da Coréia, com exceção da Indonésia, retomaram suas trajetórias expansivas a partir de uma política fiscal expansiva e forte recuperação das suas exportações. O fator imediato responsável pelo crescimento das exportações foi o *boom* da "nova economia" nos EUA e seu impacto na Tecnologia de Informação (TI); com o estouro da bolha ocorrido em 2000-1, as exportações asiáticas se expandiram em função do alto crescimento da China. Mantendo inalterada sua taxa nominal de câmbio com o dólar, a China reagiu à contração de suas exportações com uma política anticíclica centrada nos investimentos públicos.

---

1 Como também sublinharam Sakaki Bara e Yamakawa (2002), esta foi uma "crise da conta capital" e não uma "crise da conta corrente" e foi gerada por uma reversão dos fluxos em economias que tiveram sua liquidez externa debilitada muito rapidamente.

Assim, se a China como produtor mundial de produtos de TI e bens de consumo industriais para os mercados ocidentais – o primeiro pólo – deslocou produtores asiáticos, a China enquanto grande mercado interno em expansão – o segundo pólo – tornou-se o principal magneto para o desenvolvimento asiático. Graças à manutenção de um extraordinário crescimento econômico e da estabilidade do iuane – características discutidas nas seções seguintes –, a China que se afirmou como um exportador líquido para os EUA e o Japão transformou-se, simultaneamente, num importador líquido para a Ásia.[2] Essa mudança no comércio regional começou por alterar a dinâmica do crescimento asiático centrada nos EUA como mercado final e fez da China uma máquina do crescimento regional e de sua estabilização.

Seguindo à introdução, este artigo divide-se em quatro seções. Discute-se na primeira seção a autonomia da política econômica chinesa; em seguida, a dinâmica macroeconômica do crescimento chinês; depois de considerar, na terceira seção, o impacto dessas transformações na Ásia, algumas considerações finais são apresentadas.

A autonomia da política econômica chinesa

Desde 1994 o governo chinês mantém fixa a taxa nominal de câmbio do iuane com o dólar (8,3 iuane = $1) e desde 1996 estabeleceu plena conversibilidade do iuane para as transações correntes. A busca de uma taxa de câmbio nominal estável e favorável às exportações constitui – como se pode depreender da Tabela 1 – um traço essencial das trajetórias bem-sucedidas das industrializações do leste asiático a que a China procurou reproduzir.

Nos últimos anos, o saldo comercial da China com os EUA ultrapassou o saldo japonês que historicamente caracterizou o déficit comercial bilateral americano (US Census Bureau Website, 2002). Em meio ao *boom* de exportações e investimentos diretos, a sustentação dessa taxa se deu

2 Como observam Medeiros (2001), Mc Kinnon & Scnabl (2003) Unctad, (2004a) e IMF (2004).

com a política de formação de reservas do banco central chinês.[3] É nesse contexto que as pressões dos EUA e também do Japão contra o regime cambial chinês e os mecanismos de controle de capitais se afirmaram.

Tabela 1. China – Balanço de Pagamentos (em bilhões de dólares)

	1999	2000	2001	2002	2003
A.Transações Correntes	21,1	20,5	17,4	35,4	45,9
Balança Comercial	36,0	34,5	34,0	44,2	44,7
B. Conta de Capital e Financeira	5,2	1,9	34,8	32,3	52,7
Investimento Estrangeiro Direto na China	38,8	38,4	44,2	49,3	47,1
C. Erros e Omissões	-17,8	-11,9	-4,9	7,8	18,4
D. Global	8,5	10,5	47,3	75,5	117,0
Reservas	-8,5	-10,5	-47,3	-75,5	-117,0
Memo					
Crescimento das Exportações	6,1	27,9	6,8	22,4	34,6
Crescimento das Importações	15,8	35,4	8,1	21,3	39,8
Reservas Brutas (exclusive ouro)	157,7	168,3	215,6	291,1	408,2
Taxa Real de Câmbio (1990=100)	107,2	108,8	114,1	110,9	102,9

Fonte: IMF (2004)

As pressões dos EUA sobre o saldo comercial chinês possuem semelhanças com as exercidas sobre o Japão ao longo dos anos 1990.[4]

3 "Now cumulated foreign exchange reserves have surpassed US$ 400 billion. To maintain a fixed exchange rate, the Central Bank has to continuously buy dollars and sell yuan in the foreign exchange market" (Yu, 2004, p.16). Mas as reservas oficiais não contam toda a história. A China, apesar de controlar os fluxos de capitais, permitiu a formação de depósitos em moeda estrangeira por parte de famílias e firmas. Estima-se que eles alcancem algo como 8% dos depósitos em moeda doméstica. Esses dólares contribuíram para uma saída de capital estimada em 140 bilhões sob a forma de aplicações no mercado americano. Por outro lado, tem havido crescente fluxo de saída de notas de remimbi para países vizinhos. Detalhes em Icard (2003).

4 Essa semelhança, baseada em elevado saldo na balança de transações correntes, imensas reservas denominadas em dólares e baixa inflação (incluindo uma deflação

No entanto, há uma notável diferença entre os dois países. Com efeito, ao contrário do Japão, a China é um grande receptor de investimento externo. Desse modo, a formação de superávits no saldo de transações correntes na China – hoje próximo de 2% do PIB (Produto Interno Bruto) – constitui um prudente contrapeso ao aumento do estoque bruto dos investimentos externos.

A pressão americana para a valorização do iuane deve ser vista em perspectiva. A manutenção da cotação fixa com o dólar quando diversos países asiáticos competidores desvalorizaram suas moedas, incluindo o Japão, levou a uma valorização do iuane ante seus competidores asiáticos e conseqüente redução do seu saldo de transações correntes (Mc Kinnon & Scnabl, 2003). A sustentação da taxa nominal do iuane a partir de 1997 foi de fato um fator importante para a superação da crise asiática, ao evitar uma corrida cambial e por afirmar a estabilidade de uma moeda-chave para o comércio regional (Fondad, 2003). É importante observar que, desde a crise de 1997, o iuane vem sendo usado crescentemente em operações *off-shore* na região, especialmente como meio de troca no comércio com países de fronteira (Malásia, Tailândia, Taiwan), em turismo e investimento em Hong Kong, Macau e Cingapura, e também sob a forma de depósitos e serviços financeiros em Hong Kong (Li, 2004).

A sustentação da taxa nominal de câmbio num momento de contração do comércio regional teve custos fiscais significativos para a China. Com efeito, como sublinha Cui (2004), como compensação às desvalorizações dos competidores asiáticos, as exportações chinesas fora das zonas especiais de processamento de exportações foram estimuladas por meio de devoluções fiscais que cresceram de forma expressiva.

A pressão americana exerce-se essencialmente contra a centralização cambial e a política de compra de reservas do Banco Central chinês que impedem que o iuane se valorize com o acúmulo dos fluxos líquidos de capitais. Tendo em vista a elevada participação de depósitos em moeda

---

em 1999), levou Mc Kinnon e Scnabl (2003) a atribuir para a China a "síndrome da virtude conflituosa". Tal síndrome – elevado saldo de transações correntes e baixa internacionalização da moeda doméstica – provocaria, tal como historicamente ocorreu com o Japão, uma permanente pressão para a valorização do iuane.

estrangeira no sistema bancário chinês e o elevado peso do dólar como moeda de denominação do comércio exterior do país, a resistência chinesa em alterar seu regime cambial deve-se ao temor de que a liberalização financeira provoque pressões especulativas introduzindo uma restrição à autonomia da política monetária chinesa.[5]

Em síntese, é possível dizer que a preservação da estabilidade nominal do iuane, ao mesmo tempo em que mantém a expansão do seu mercado interno, tem sido, até o presente momento, uma estratégia centrada nas prioridades nacionais e, ao mesmo tempo, voltada a ampliar as relações de comércio e investimento da China na Ásia.

Essa questão destaca-se quando se considera o ingresso da China na OMC (Organização Mundial do Comércio) em 2001. Por pressão dos EUA, este foi condicionado a reformas amplas e abrangentes (Nolan, 2001). É possível que tais reformas reduzam a autonomia e a margem de manobra da política econômica chinesa; entretanto, é importante considerar que, graças à manutenção de uma sólida posição de balanço de pagamentos, essas concessões ocorreram a partir de uma posição de força e não de fraqueza, como em boa parte dos países em desenvolvimento (Unctad, 2002).

O controle dos fluxos de capitais externos e a magnitude de suas reservas permitiram à China responder à contração do ritmo do crescimento de suas exportações decorrente da crise asiática com um elevado esforço de gastos públicos voltados à construção civil e infra-estrutura.[6]

---

5 Assim, como observou John Williamson, "I believe that the Chinese authorities were absolutely right to resist the call of US Secretary of the Treasury John Snow for a liberalization of the capital account and a float of the currency. This is because of the danger that liberalization of the capital account would cause many Chinese savers to decide to switch a part of their portfolio to some foreign country, to avoid the fate that may befall those holding money in Chinese banks if and when a financial crisis finally hits" (2003, p.5). A linha de política econômica defendida por Williamson, de deixar flutuar o iuane e manter os controles dos fluxos de capitais, é hoje apoiada pelo FMI em suas discussões bilaterais com as autoridades chinesas. Estas, entretanto, não manifestaram qualquer compromisso de alterar o seu até agora bem-sucedido regime cambial.

6 A expansão dos gastos públicos acentuou-se já em 1998 como na descrição de Mc Kinnon & Scnabl (2003, p.10): "starting in March 1998, China took strong Keynesian measures to slow its internal deflation. Its New Deal encompassed a huge

Essa política anticíclica – ver Tabela 2 – reforçou através do orçamento deficitário uma dinâmica de crescimento voltada ao mercado interno e puxada pelos investimentos das empresas estatais.[7] É essa dinâmica que se procura descrever na próxima seção.

Tabela 2. Estrutura da Demanda do Crescimento Econômico da China

Ano	Crescimento PIB (%)	Demanda Global	Consumo Final (%)	Formação de Capital (%)	Exportações Líquidas (%)
1995	10,5	100	57,5	40,8	2,4
1996	9,6	100	58,5	39,3	2,2
1997	8,8	100	58,2	38,0	3,8
1998	7,8	100	58,7	37,4	3,9
1999	7,1	100	60,1	37,1	2,8
2000	8,0	100	61,1	36,4	2,5
2001	7,3	100	59,8	38,0	2,2
2002	8,3	100	58,2	39,2	2,6
2003	9,3	100	55,5	42,3	2,2

Fonte: Cálculos com base no China Statistical Yearbook, 2004, China Statistics Press.

A dinâmica interna do desenvolvimento econômico chinês

Desde a formação da China moderna, em 1949, o ciclo econômico chinês vem sendo governado pelo ritmo de crescimento dos investimentos em capital fixo das empresas estatais e as restrições decorrentes de

expansion of government expenditure on infrastructure and on mass residential housing. Since 1998 public works have increased by 20% per year. In 2001 as well in 2002, the (announced) stimulus package amounted $18 billion (150 billion yuan)". Entre 1997 e 2002 o déficit público cresceu sete vezes e hoje se situa em torno de 3% do PIB. Para detalhes ver Cui (2004). Essa dinâmica é examinada na próxima seção.

7 Na descrição de Xin, "In recent years (1998-2001), the demand structure for economic growth shows that the contribution by external demand exhibited a declining trend while that by domestic demand began to rise. In 2001, in particular, the contribution by external demand was negative" (Xin, Lina & Schucheng, 2002, p.10).

choques exógenos e de desequilíbrios setoriais, em particular, os preços dos alimentos e as restrições de balanço de pagamentos.[8]

Embora nos anos 1990 a meteórica expansão das exportações e dos investimentos privados tenha introduzido novos determinantes ao processo de investimento na China com declínio da participação das empresas estatais no investimento global – ver Tabela 3 –, o volume dos investimentos estatais no PIB manteve-se num patamar estruturalmente alto e com nítido papel anticíclico. A ampla privatização ocorrida nos anos 1990 concentrou-se essencialmente nas pequenas empresas estatais.[9]

Tabela 3. China: Investimento em Ativos Fixos por Tipo de Propriedade

Investimento	Total	Empresas Estatais	Empresas Coletivas	Empresas Individuais	Outros Tipos de Propriedade*
1995	100	54,4	16,4	12,8	16,4
1996	100	52,3	15,9	14,0	17,8
1997	100	52,4	15,4	13,7	18,5
1998	100	54,1	14,8	13,1	18,0
1999	100	53,4	14,5	14,0	18,1
2000	100	50,1	14,5	14,3	21,1
2001	100	47,3	14,2	14,5	24,0
2002	100	43,3	14,0	14,5	28,2
2003	100	38,9	14,4	14,0	32,7
Taxa de Crescimento					
1995	17,5	13,3	19,2	29,9	21,3
1996	14,8	10,6	11,3	25,4	23,7
1997	8,8	9,0	5,5	6,8	13,0
1998	13,9	17,4	8,9	9,2	11,6
1999	5,1	3,8	3,5	12,1	5,3
2000	10,3	3,5	10,7	12,2	28,5
2001	13,0	6,7	9,9	15,3	28,9
2002	16,9	7,2	13,4	20,1	36,2
2003	27,7	14,7	33,8	18,4	50,0

* Outros tipos de propriedade incluem *joint ventures*, empresas com investimento estrangeiro e empresas com investimentos de Hong Kong, Macau e Taiwan.
Fonte: China Statistical Yearbook, 2004.

8 Para uma discussão dos ciclos econômicos na China desde 1949, ver Imai (1996). Esse autor considera a capacidade física do setor de bens de consumo como a principal restrição ao crescimento. Para uma descrição recente, ver IMF (2004).

9 De acordo com Chunlin (2002), as pequenas empresas industriais caíram de 72.000 existentes em 1995 para 34.000 em 2000 em decorrência de privatização ou liquidação. O número de pequenas empresas estatais em todos os setores permanece, entretanto, muito alto.

Historicamente, tendo em vista o tamanho da população chinesa e o seu nível de renda, a principal restrição ao crescimento liderado pelos investimentos públicos foi o ritmo de expansão da produção de bens de consumo, essencialmente formado pelos alimentos. Assim, à medida que os investimentos estatais eram acelerados segundo as decisões de governo, a expansão conseqüente da massa de salários punha em marcha uma demanda por alimentos que se transformava no curto prazo numa pressão inflacionária – ou, como o que aconteceu no período do "grande salto à frente", numa escassez generalizada –, levando a uma desaceleração dos investimentos e do crescimento econômico. Com as reformas de Deng Xiao Ping, em 1979, a agricultura chinesa passou por um choque de produtividade, elevando a taxa de crescimento potencial da economia chinesa e reduzindo sua volatilidade. Ainda assim, a vigorosa expansão da demanda interna só poderia ser atendida pelo crescimento das importações (Yao, 2000).

Com a abertura da economia nos anos 1980, a expansão da capacidade de importar tornou-se a restrição fundamental para o processo de industrialização chinesa. Mas como as exportações da China eram intensivas em produtos primários (grãos, petróleo, carvão) nos anos iniciais da abertura, o crescimento da produção e da produtividade na agricultura era necessário tanto ao consumo interno quanto para as exportações. Com a substituição de exportações na direção de bens industriais, a China passou de exportador líquido de grãos para um dos maiores importadores líquidos mundiais. Por outro lado, com a industrialização acelerada, o consumo total de minério de ferro, carvão, aço e alumínio na China passou a exceder imensamente a sua capacidade de produção, exercendo elevada pressão nos mercados mundiais (Unctad, 2004a).

O desenvolvimento chinês requeria simultaneamente uma expansão global de sua capacidade de importar e viabilizar um rápido deslocamento da pauta de importações na direção de máquinas e equipamentos. O deslocamento da pauta de exportações na direção de bens intensivos em mão-de-obra e a atração do investimento externo voltado à construção dessa capacidade exportadora caracterizaram a resposta chinesa ao desafio do desenvolvimento, levando, pelo seu tamanho específico, a uma grande mudança no comércio regional.

Tal como a maioria dos países asiáticos que se industrializaram no pós-guerra, a pauta exportadora chinesa concentrava-se, ao longo dos anos 1980, essencialmente em produtos intensivos em mão-de-obra e de baixo valor unitário. Essa era a pauta tanto das exportações das EE quanto das empresas privadas e das que em *joint ventures* com empresas chinesas formaram o núcleo das Zonas Econômicas Especiais (como as de Shenzen, Fuzhou e Zhuhai).

Entretanto, devido ao elevado conteúdo das importações típicas das atividades de processamento,[10] a máquina de crescimento chinesa não se deslocou para as empresas estrangeiras e suas exportações, mas permaneceu fortemente assentada nos investimentos públicos, na exportação das empresas estatais e na expansão do consumo.

O investimento público das empresas estatais manteve a sua função de liderar o ciclo de investimentos da China e o processo de mudança estrutural. Assim, com a extraordinária expansão das exportações ocorrida no início dos anos 1990 (uma média de 20%), Deng Xiao Ping propôs uma aceleração do crescimento em 1992. Os investimentos em capital fixo cresceram também a uma taxa de 20%, elevando a participação desses investimentos na renda (Imai, 1996). Essa aceleração levou a pressões inflacionárias, decorrentes tanto do excesso de demanda numa economia que crescia acima de 10% quanto da desvalorização do câmbio ocorrida em 1994 (o índice de preços ao consumidor atingiu 24,1% nesse ano). Com a economia superaquecida, as importações cresceram a taxas extraordinárias, levando a déficits na balança de transações correntes (em 1993) e a uma política de desaceleração dos investimentos.[11]

Após a crise asiática de 1997, as exportações chinesas diminuíram, resultando num declínio no crescimento do PIB e dos preços. Em face da deflação que se afirmou em 1998 e 1999 e da perspectiva de baixo crescimento, o governo, preocupado com o ingresso de dez milhões de

10 Segundo dados da China Customs Statistics Year Book, 2001, o saldo comercial da China em 2000 foi de 24,1 bilhões de dólares e o saldo das empresas com capital estrangeiro foi de 2,2. As com capitais japoneses e dos demais países asiáticos apresentaram saldo comercial negativo (Unctad, 2002).

11 Assim, de acordo com o FMI, as autoridades chinesas aumentaram a taxa de juros e limitaram as autorizações para os investimentos (IMF, 2004).

novos trabalhadores anuais no mercado de trabalho,[12] acelerou o gasto público, relaxou o crédito dos bancos públicos, e as EE decidiram ampliar seus investimentos. Estes retomaram a liderança no ciclo expansivo na China.[13]

O ciclo de expansão dos investimentos estatais da China ao longo dos anos 1990 foi acompanhado por uma ousada estratégia industrial em que o governo selecionou 120 grupos empresariais para formar um "national team" em setores de importância estratégica (Nolan, 2001), em uma direção explicitamente inspirada nos Chaebols coreanos, voltada ao enfrentamento das grandes empresas multinacionais nos mercados chineses e mundiais. Em sua política de "manter as grandes empresas públicas e deixar escapar as menores",[14] a estratégia era diversificar simultaneamente as exportações, através de política tecnológica e de investimentos, e modernizar a infra-estrutura de forma que integrasse populações e territórios do interior. Diversos centros de tecnologia foram desenvolvidos. Foram estabelecidas dezenas de Zonas de Desenvolvimento Econômico e Tecnológico (como as em Daliam, Tiajin, Fuzhou, Beijing e Xangai), especialmente concebidas para formarem pólos de crescimento voltados para a economia como um todo. Essas zonas passaram a receber massivos investimentos do governo em infra-estrutura e muitas criaram parques industriais de alta tecnologia.[15]

A expansão dos investimentos voltados ao mercado interno e a criação de zonas voltadas ao progresso tecnológico e as estratégias das grandes empresas transnacionais no mercado chinês levaram a uma nova onda de investimentos externos voltada ao mercado interno. Ao lado desse

12 Esta é a estimativa do governo chinês para o qüinqüênio atual.

13 Com base nos dados do China Statistical Yearbook, 2001, observa-se que entre 1995 e 2001 as exportações cresceram a uma taxa média de 9,5% contra mais do que o triplo dessa taxa observada entre 1990 e 1995. Já o crescimento médio anual dos investimentos públicos entre 1995-2001 foi de 22,8%, elevando-se em relação à taxa observada no qüinqüênio anterior.

14 "Das 174.000 EEs do final de 2001, apenas 9.453 foram registradas como grandes, enquanto outras 164.051 foram designadas como médias ou pequenas" (Story, 2004, p.308).

15 "Só em Xangai, mais de 40 multinacionais, incluindo a IBM, a Microsoft, a Alcatel e a Bayer, estabeleceram centros de P&D regionais ou globais" (Story, 2004, p. 359).

esforço tecnológico que resultou e vem resultando em rápido deslocamento das exportações chinesas na direção de bens com maior conteúdo tecnológico, sobretudo na TI, a estratégia chinesa estabelecida no 10º Plano Qüinqüenal de 2001 foi estimular através da infra-estrutura uma "marcha a Oeste", de forma a reduzir os desequilíbrios regionais.[16]

Parcela significativa dos investimentos públicos na China concentra-se na construção civil (Yu, 2004). Industrialização e urbanização aceleradas – a taxa de urbanização cresceu 38% nos últimos 20 anos – exercem uma demanda extraordinária sobre residências e equipamentos urbanos.[17] A demanda por residências e bens de consumo vem impulsionando o mercado chinês em duas direções. Em primeiro lugar pela expansão horizontal do mercado de consumo devido à incorporação de maior número de famílias urbanas com maior poder aquisitivo. Em segundo lugar, devido à expansão vertical do mercado decorrente da maior concentração da renda e da introdução de novos padrões de consumo. As mudanças nos padrões de consumo ocorrem em todos os segmentos. Houve a introdução de novos hábitos alimentares (com efeitos significativos sobre o consumo de carnes e cereais), de novos bens industriais, tanto os da base tecnológica anterior (como automóveis) quanto os intensivos em TI (telefones celulares, computadores), e de novos serviços de apoio a essas transformações (telecomunicações, rodovias), como os decorrentes da elevação da renda pessoal, como turismo, alimentação fora da residência etc. Em virtude do tamanho da sua população, a elevação da renda média chinesa – que ainda se situa em níveis muito modestos em termos internacionais[18] – leva a grandes transformações no tamanho absoluto do mercado consumidor. Assim, por exemplo, o mercado de televisão, de telefones celulares e de usuários da internet é

16 Assim, por exemplo, o projeto da represa das Três Gargantas, possivelmente o maior empreendimento de engenharia civil contemporâneo, faz parte do esforço chinês de expandir a base hidrelétrica, a capacidade industrial no interior do país além de fatores geopolíticos. Ver Story (2004).

17 Entre 1980 e 2001 o emprego urbano na China evoluiu de 106 milhões para 240 milhões (Yanzhong, 2003).

18 Em termos da paridade de poder de compra, a renda *per capita* chinesa atingiu $4900 em 2003, não ultrapassando $1000 em dólares correntes.

do tamanho e em ultrapassagem ao dos EUA e seguramente do Japão. É esse grande mercado interno o centro de gravidade para a dinâmica econômica asiática.

A China como um duplo pólo e o seu impacto na Ásia

Entre 2000 e 2003 as importações americanas provenientes da China tiveram um aumento de 50% e acentuado declínio das importações originadas no Japão e demais países do Leste Asiático (US. International Trade Commisssion). Entretanto, ao mesmo tempo a China aumentou amplamente sua demanda sobre as exportações asiáticas. Desse modo, o crescimento das exportações chinesas se deu num contexto de forte expansão conjunta dos países asiáticos, cuja quota nas exportações mundiais de manufatura expandiu-se na última década. A afirmação da China como um "duplo pólo" – ver as Figuras 1 e 2 – na economia mundial – principal produtor de manufaturas intensivas em mão-de-obra e grande mercado para a produção mundial de máquinas e equipamentos, indústrias de tecnologia e matérias-primas – tem gerado, como salientado na introdução deste artigo, importante impacto sobre a região asiática.

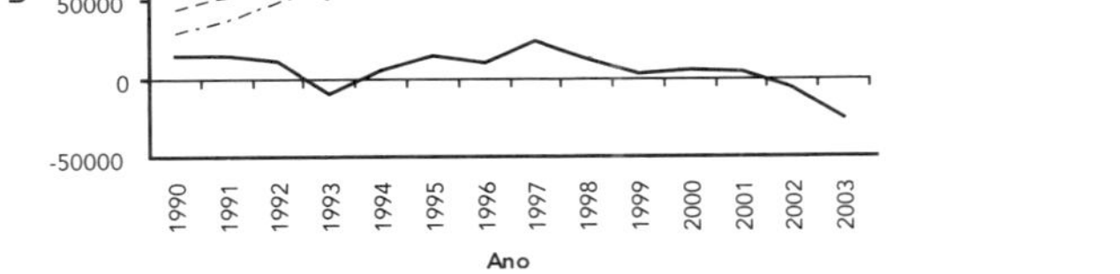

Figura 1 – China: balança comercial com Leste Asiático e Japão.
Fonte: Unctad, Unctad Handbook of Statistics On-line.
Disponível em: <www.unctad.org>.

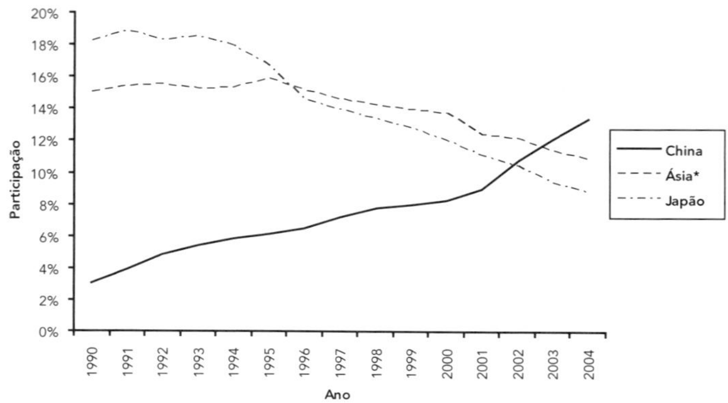

* Coréia do Sul, Hong Kong, Taiwan, Filipinas, Malásia, Cingapura e Tailândia.
Figura 2 – EUA: Participação nas importações por país.
Fonte: U.S. Department of Commerce, Trade Statistics Express.
Disponível em: <www.commerce.gov>.

Para o entendimento do impacto regional desse "duplo pólo" é necessário distinguir dois efeitos que não estavam presentes no modelo de desenvolvimento dos "gansos voadores". Em primeiro lugar existe um *efeito de estrutura* decorrente da pauta exportadora e importadora chinesa. Há aqui dois mecanismos. De um lado, um mecanismo substitutivo gerado pelas exportações chinesas em terceiros mercados, particularmente nos EUA sobre as exportações asiáticas. As plataformas exportadoras chinesas de produtos intensivos em mão-de-obra deslocam produtores asiáticos desses bens e absorvem capitais voltados para a sua produção e exportações mundiais.[19] Associado a essas exportações existe, por outro lado, um mecanismo complementar decorrente das importações de insumos, partes e componentes e bens de capital. Esse duplo movimento atinge de forma diferenciada os países segundo suas capacitações tecnológicas específicas, favorecendo os mais avançados na produção de bens de capital e aqueles produtores especializados de matérias-primas. Mas há um segundo efeito, que no padrão de desen-

19 Neste aspecto, ao contrário do modelo dos "gansos voadores" em que o Japão, ao concentrar-se em produtos de maior valor unitário abria espaço para o país tecnologicamente mais atrasado, a China, ao produzir bens de consumo semelhantes aos países da Asean, fecha este espaço em terceiros mercados.

volvimento anterior era exercido pelos EUA. Trata-se do *efeito escala*, associado ao ritmo de crescimento do mercado interno chinês. Esse efeito age contrariamente ao mecanismo substitutivo, permitindo que os produtores de bens intensivos de mão-de-obra possam compensar a queda de sua participação em terceiros mercados com o aumento de suas exportações para a China. Ademais, ao contrário dos fluxos de IDE voltados às plataformas de exportação chinesas, os fluxos destinados ao mercado interno chinês não constituem deslocamentos de instalações ou de decisões de instalações em países da Asean, mas são formados por investimentos que só existem para atender ao mercado chinês.

Tendo em vista esses efeitos e mecanismos, é importante identificar os distintos circuitos e conexões que caracterizam o padrão de comércio da China com seus vizinhos e analisar o impacto diferenciado sobre a dinâmica regional de crescimento.

Um primeiro padrão é o formado com países como Japão e Coréia, principais fornecedores regionais de bens de capital. Estes encontram na China o seu principal mercado em expansão. A corrente de comércio e os fluxos de investimento entre Japão e China e entre Coréia e China formam um padrão de comércio em que o país industrialmente mais avançado exporta produtos de maior conteúdo tecnológico – produtos que incluem *Original Equipment Machine* (OEM) e hoje concentrados na TI –, e importa partes e peças industriais intensivas em mão-de-obra usadas como insumos em produtos de maior valor unitário e bens industriais de consumo final.[20]

Segundo estudos empíricos sobre as exportações chinesas desagregadas por tipos de bens, os impactos do crescimento das exportações chinesas sobre as exportações de bens de capital na Ásia – máquinas e equipamentos de transporte –, são altamente positivos, favorecendo especialmente o Japão e a Coréia do Sul (Eichengreen, Rhee & Tong, 2004).

---

20 O "wintelism", isto é, computadores com microprocessador da Intel e sistema operacional Windows, é um exemplo. Os contratos de OEM são usados pelas empresas chinesas visando a uma maior competitividade e acesso aos mercados externos.

Em 2002 o comércio bilateral entre China e Japão alcançou a impressionante cifra de $102 bilhões de dólares e desde 1990 a taxa de crescimento dessa corrente de comércio excede a que a China apresentou com o resto do mundo.[21] As exportações japonesas voltadas para a China e os investimentos conectados a elas cresceram a taxas extraordinárias nos últimos anos, afirmando-se no principal impulso para a recuperação japonesa (Unctad, 2004b). Depois de décadas de saldo negativo, o fluxo de comércio tem sido favorável à China continental. Entretanto, quando são considerados os fluxos conjugados com os de Hong Kong, o saldo permanece favorável ao Japão. Para se aquilatar a importância dessa corrente de comércio, convém observar, como apontou Gresser (2004), em 2003, que o Japão exportou mais para China, Hong Kong e Taiwan do que para os EUA, um fato inédito no pós-guerra.

Uma das principais características do comércio intra-asiático e da composição dos fluxos de investimento é o peso da produção compartilhada. Segundo um abrangente estudo do Banco Mundial (NG & Yeats, 2003), o comércio em partes e componentes atingiu em 2003 cerca de 1/5 do comércio intra-asiático. Historicamente, o centro da produção compartilhada no Sudeste Asiático tem sido o Japão e segue sendo a partir de suas grandes corporações na TI. A China constitui hoje o maior mercado de componentes para a indústria japonesa, e parcela significativa dos investimentos nipônicos na China destinam-se à montagem desta rede de comércio e produção, comandada por suas grandes corporações.[22]

Com o restabelecimento de relações diplomáticas formais com a Coréia em 1992, as exportações coreanas para a China dispararam. Em 2003, a China já era o principal mercado de exportação coreana, superando os EUA como mercado final, direção de comércio que historicamente marcou a orientação exportadora coreana (Chang-Kyu, 2004). Com suas exportações de máquinas, produtos químicos e intermediários, a Coréia vem apresentado saldo positivo elevado com a China, cuja exportação de matérias-primas e bens de consumo para este país ainda predomina.

21 Dados da China Statistical Yearbook and Abstract, em Liping (2003).

22 De acordo com relatório da Unctad (2002), cerca de 1/5 das transnacionais japonesas decidiram relocalizar suas filiais na China.

Nos anos mais recentes, a China afirmou-se como o principal responsável pelo saldo comercial coreano. Tal como ocorre com o Japão, a estrutura do comércio é fortemente conectada com os fluxos de IDE. Estes concentram-se maciçamente em eletrônica, equipamentos de telecomunicação, têxteis e vestuário, petróleo e produtos químicos e máquinas e equipamentos. Esses fluxos de investimento respondem por parcela importante da produção compartilhada envolvendo a China.

Parcialmente, Taiwan partilha das características deste padrão de comércio. Entretanto, tal como ocorreu com Hong Kong, o deslocamento de capital dessa província chinesa para a China continental tem sido tão grande que as relações de comércio com esse país tornaram-se crescentemente horizontais. Devido aos seus custos mais altos e à grande experiência em serviços financeiros e transportes, Hong Kong deslocou para a China continental a base produtiva da sua indústria, especializando-se em atividades de serviço. As exportações chinesas para Hong Kong e da ilha para os EUA formaram uma extraordinária corrente de comércio até os anos mais recentes, quando a conexão direta entre a China continental e os EUA assumiu uma proporção maior.

Devido ao impacto negativo das exportações chinesas sobre as exportações de bens de consumo asiáticas – sobretudo em televisões, rádios, artigos manufaturados em geral –, elas deslocaram exportações de Taiwan e Hong Kong de terceiros mercados. Entretanto, esse deslocamento se fez com os capitais dessas regiões chinesas. Devido à alta integração dessas regiões aos investimentos internacionais, o padrão de comércio da "grande China" favorece especialmente os grandes produtores mundiais das OEM, principalmente empresas americanas e japonesas.

Como grande entreposto comercial e de serviços, a região administrativa de Hong Kong é ao mesmo tempo um grande investidor e uma base de investimentos estrangeiros.[23] Assim, a sua participação nos fluxos de IDE, estimados em cerca de 33% em 2003 (China Statistical Yearbook, 2004) contra apenas 7,8% dos EUA, é sem dúvida exagerada, subestimando os fluxos oriundos de outros países e da própria China

23 Nos anos mais recentes, de investimentos chineses que visam obter através de Hong Kong *status* diferenciado e regime de incentivos especiais.

continental que investem na China a partir de Hong Kong. Do mesmo modo, tendo em vista as políticas restritivas de investimento decorrente das disputas geopolíticas sobre Taiwan, parcela importante dos investimentos dos chineses de Taipei se dá a partir de subsidiárias estabelecidas em outros mercados.[24]

A despeito de suas imprecisões, os dados sobre a origem dos fluxos de IDE revelam um alto peso de Hong Kong, Macau, Taiwan e Cingapura. Longe de constituir uma rede exclusivamente chinesa de investimentos voltada para a China continental, ela está alta e crescentemente articulada com os fluxos de investimento das principais empresas multinacionais ocidentais que se especializam na comercialização de suas marcas.

Esses movimentos, com amplos impactos nos fluxos de comércio e investimento, estão associados à decisão das grandes corporações de consolidar na China a base manufatureira mundial de bens eletrônicos de consumo.[25]

Assim, se considerarmos as relações de comércio e de investimento entre a China, a Coréia e o Japão, e da China com a "grande China", o *efeito estrutura* descrito acima é bastante favorável ao balanço de pagamentos e crescimento desses países. Conforme se observou no item

---

24 "Taiwan se viu como refém das batalhas comerciais entre os EUA e a China. Os EUA recusaram à China o *status* de país em desenvolvimento em razão de seu alto nível de exportação de manufaturados. Grande parte dessa exportação partia de investimentos de Taiwan no continente na virada do século, totalizando 43.000 projetos com um valor de $44 bilhões. Como o contato comercial direto com o continente era ilegal – uma posição que vem mudando rapidamente desde que tanto a China continental como Taiwan se tornaram membros da OMC – essas exportações derivaram em grande parte de operações de montagem organizadas por meio de negócios de Taiwan em Hong Kong" (Story, 2004, p.255).

25 Como observam Sakaki Bara e Yamakawa (2002), "China's success is transforming the marketplace for Asia electronics industry. China now accounts for 30 percent of the region's electronics exports, compared to only 14.3% in 1997. China's gains have been most costly for Singapore, which saw its market share slump over the same period from 19.3 percent to 9.8 percent. Other countries, such as Malaysia, Taiwan, and Thailand, are also under pressure" (p.44). Do mesmo modo observam que a relocalização da indústria eletrônica na China é emblemática do deslocamento das multinacionais do Sudeste e Sudoeste da Ásia para este país.

anterior, os fluxos de comércio decorrentes dos investimentos asiáticos na China continental (com forte presença de capitais chineses, japoneses e coreanos) possuem um balanço de divisas negativo para a China e favorável aos países investidores.

Ao lado desses dois padrões de comércio, há um terceiro, mais competitivo e horizontal, entre a China e os dez países da Asean. Em relação ao efeito composição, observa-se que as exportações chinesas afirmaram-se imbatíveis na produção de bens de consumo e de partes e componentes de bens de TI, deslocando produtores asiáticos, como, por exemplo, Malásia ou Tailândia (mas também o México) que perderam parcela de mercado nas exportações mundiais e na produção desses bens, além de contribuir para a queda substancial dos seus preços internacionais.

Assim, ao contrário dos bens de capitais, na produção de bens de consumo intensivos em mão-de-obra, as exportações chinesas exercem efeito negativo sobre as exportações dos competidores asiáticos (Eichengreen, Rhee & Thong, 2004). Em relação às importações chinesas, a sua elevada propensão a importações de alimentos (soja, por exemplo) e matérias-primas (como petróleo, cobre ou algodão) tem provocado expansão tanto do volume quanto do preço internacional desses bens, favorecendo os produtores asiáticos como Indonésia, Brunei ou Vietnã (mas também o Brasil e demais produtores de matérias-primas não processadas). Segundo Ng e Yeats (2003), a China, no período de 1995-2001, foi o mercado de maior expansão para Brunei, Camboja, Indonésia, Malásia, Mongólia, Tailândia e Vietnã.

O fato de a China ter se afirmado como principal mercado em expansão para as exportações dos países da Asean e num importador líquido para a Ásia deve-se à combinação dessa estrutura (que diretamente favorece os produtores de *commodities* mas desloca os produtores de bens de consumo) com a excepcional taxa de crescimento de seu grande mercado interno. Assim, mesmo deslocando outros países asiáticos produtores de bens de consumo de terceiros mercados (efeito estrutura), a expansão do seu consumo desses bens (efeito escala) leva a uma grande expansão do volume das exportações asiáticas, quer para o atendimento do seu mercado interno quer indiretamente para o atendimento do mercado japonês ou coreano, dinamizados pela demanda de máquinas e equipamentos da China.

Estas questões assumem grande importância tendo em vista os interesses comerciais e geopolíticos que orientam o ingresso da China na OMC e a liberalização do comércio e cooperação regional na Ásia.

Considerações finais

Buscou-se ao longo do artigo salientar a afirmação da China como um centro cíclico regional. Tal característica decorreu de fatores estruturais da economia chinesa e da autonomia de sua política macroeconômica voltada ao alto crescimento. Graças ao controle dos fluxos de capitais e à sólida posição de seu balanço de pagamentos, a China pôde praticar no final dos anos 1990 uma política anticíclica, fazendo da expansão do seu mercado interno um pólo de expansão para a economia regional. Assim, após a crise asiática de 1997, com as exportações desacelerando-se, a China decidiu autonomamente expandir os gastos públicos e os investimentos das empresas estatais que, como se buscou argumentar ao longo do texto, permaneceu liderando o ciclo expansivo, em que pese a grande presença hoje das empresas estrangeiras nos investimentos e exportações. Essa expansão do mercado interno chinês não reverteu, por seu turno, a direção de sua corrente de comércio com os EUA.

Tendo em vista a afirmação da China como o principal exportador líquido dos EUA, as pressões dessa economia secundadas pela União Européia para a valorização do iuane e liberalização do regime cambial chinês avolumaram-se nos últimos anos. A China vem perseguindo, tal como no clássico período de Bretton Woods, o Japão e as economias dinâmicas da Ásia. A Alemanha e os países da Europa Ocidental trilharam uma estratégia de inserção internacional baseada na expansão do comércio com taxa real de câmbio desvalorizada e taxas nominais estáveis.[26] Observou-se, entretanto, que a estabilidade nominal do iuane, longe de afirmar-se como vetor exclusivamente mercantilista da política chinesa, foi importante para a rápida recuperação das economias

26 Ver Dooley, Folkerts-Landau & Garber (2003).

asiáticas pós-1997, que puderam obter efetiva desvalorização real contra o dólar e o iuane.

Os impactos do crescimento da economia chinesa sobre a economia mundial e sobretudo regional – objeto específico deste artigo – foram observados a partir dos efeitos denominados "estrutura" – que considera o grau de complementaridade e rivalidade das exportações chinesas – quanto do efeito de escala decorrentes do tamanho relativo do mercado interno da China. A retomada do crescimento japonês – tradicional fornecedor de bens de capital para a China – depois de uma década de estagnação e a rápida recuperação do crescimento das exportações da Coréia do Sul após a crise de 1997 deveram-se em grande parte à combinação dos dois efeitos da economia chinesa. Mesmo em países com uma pauta de exportações competitiva com a chinesa – tanto Taiwan quanto as demais economias da Asean – e que por isso sofreram forte deslocamento de terceiros mercados, em particular o dos EUA, puderam se beneficiar da extraordinária velocidade do crescimento das importações chinesas. Deste movimento expansivo participaram, ao lado de produtores regionais como a Indonésia, os principais fornecedores mundiais de matérias-primas e alimentos, entre os quais o Brasil. Estes se beneficiaram duplamente, tanto pelo aumento no volume físico exportado quanto pela elevação do preço das *commodities* no mercado mundial.

O papel central da China na regionalização asiática e a importância da preservação da estabilidade do iuane merecem algumas considerações adicionais sobre a regionalização na Ásia. Existem hoje quatro níveis de articulação econômica na região (Feng, 2002).

Em primeiro lugar existe o nível que engloba os 10 países da Asean.[27] Estes decidiram implementar um acordo de livre comércio para entrar em vigor em 2008. O segundo nível é o "10+1" formado pelos países da Asean com o Japão, com a Coréia ou com a China. O terceiro nível é o "3", formado por iniciativas de fóruns trilaterais entre o Japão, a Coréia

27 São eles: Brunei, Camboja, Indonésia, Laos, Malásia, Mianmar, Filipinas, Cingapura, Tailândia, Vietnã.

e a China, e por fim, o quarto nível é o "10+3" entre os países da Asean e os três grandes.

A estratégia chinesa até o presente momento foi estabelecer políticas diferenciadas nesses níveis. Assim, a iniciativa tomada no mesmo ano de seu ingresso na OMC de construir uma área de livre comércio em 10 anos com os países da Asean (Xian, 2003), no âmbito do "10+1", parece reforçar a estratégia chinesa de consolidar-se na liderança dos países da Asean. A iniciativa chinesa visa contornar as preocupações dos membros da Asean sobre o efeito "hollow-in" dos fluxos de IDE na China e fortalecer os fluxos de comércio, tanto os das matérias-primas que a China tanto necessita quanto em bens industriais, sobretudo da indústria eletrônica.

Esse nível de cooperação resultou da evolução de um outro nível, o Asean+ 3 (China, Coréia e Japão), que se formou em 2000 com a iniciativa Chiang Mai voltada à cooperação financeira na Ásia. A participação da China em arranjos cambiais e financeiros de forma a reduzir os riscos cambiais na região marcou uma nova direção na política externa chinesa, voltada à cooperação regional na Ásia. Em 2003, a China permitiu o uso do iuane como moeda para pagamento nos contratos comerciais com os países de fronteira, bem como vem encorajando empresas chinesas a usar o iuane em investimentos na Ásia, sinalizando um movimento de regionalização monetária.[28] Nesta mesma direção deve-se considerar a participação chinesa nas operações de *swap* com diversos países do Leste Asiático nos termos da Chiang Mai Initiative (Fondad, 2003). Desse modo, um dos elementos para a consolidação num futuro próximo do iuane na Ásia depende de sua estabilidade, que a política chinesa pretende preservar.

Vale notar que a China não apoiou a proposta japonesa – vetada pelos EUA – de um fundo monetário asiático na saída da crise de 1997 tendo em vista os conflitos de longa data, a fraqueza do iene e a crescente importância do iuane. Nesse nível de negociação, a principal proposta

28 Ainda que em dimensões modestas, a política do governo chinês de estimular investimentos no exterior resultou na criação de cerca de 9.000 subsidiárias de empresas estatais chinesas espalhadas em 180 países (Story, 2004; Sakaki Bara & Yamakawa, 2002).

foi a da formação de uma área de livre comércio no Leste Asiático, que tem se revelado difícil pela diversidade das economias e pelo fato de que tanto o Japão quanto a Coréia parecem dispostos a reduzir os níveis de proteção à agricultura – que ao contrário da chinesa não é complementar, mas substituta com os dos países da Asean – e pelo fato de o interesse da China basear-se mais na transferência de tecnologia do que no comércio. Do mesmo modo o nível "3" tem-se mantido mais num plano mais genérico na medida em que razões geopolíticas e interesses de longo prazo se interpõem.

Indiscutivelmente, a estratégia de aprofundar o nível de cooperação "10+1" passa pela afirmação do iuane (novamente a importância de sua estabilidade) na Ásia e pela manutenção da autonomia da política de crescimento provendo os impulsos macroeconômicos que o Japão, a principal economia asiática não pode fornecer, e que os EUA, diretamente, já não fornecem.[29]

É evidente que, à medida que a China assume um papel central na Ásia, acirram-se os conflitos geopolíticos com os EUA em diversos planos. Entre eles, como observado ao longo deste artigo, encontra-se a autonomia da política econômica chinesa. A iniciativa chinesa de aprofundar as relações regionais, a internacionalização do seu mercado interno e o controle que o governo exerce sobre a taxa de investimentos constituem, efetivamente, importantes instrumentos para a sustentação desta autonomia e da trajetória de elevado crescimento econômico que distinguiu a China nas duas últimas décadas.

29 "The agreement between China and Asean to establish a FTA within 10 years increased the role of China in the region and spurred China's integration in the regional network not only economically but also politically, to the expense of Japan. This should increase mutual confidence between China and its neighbors and therefore stabilize bilateral relations and monetary cooperation" (Hefeker & Nabor, 2002, p.17).

Referências bibliográficas

CHANG-KYU, Lee. Economic Relations Between Korea and China. *Working Paper*, The Korea Economic Institute, 2004.

CHUNLIN, Z. Financing the SOE Sector: Institutional Evolution and Its Implications for SOE Reform. *China & World Economy*, n. 6, 2002.

CUI, Z. *The Chinese Response to the U.S. Pressure on YUAN Appreciation, IDEAS, International Conference on The Economics of the New Imperialism.* School of Social Sciences, Jawaharlal Nehru University, New Delhi, 22-24 Jan. 2004.

DOOLEY, M. P. FOLKERTS-LANDAU, D. GARBER, P. An Essay on the Revived Bretton Woods System. NBER *Working Paper* 9971, 2003. Disponível em: <www.nber.org/papers/w9971>.

EICHENGREEN, B. RHEE, Y. TONG, H. The Impact of China on the Exports of Other Countries. NBER, *Working Paper*, 10768, 2004.

FENG, Xiao-Ming. China and ASEAN Can Share the Prosperity Together. *China & World Economy*, n.1, 2002.

FONDAD. *China's Role in Asia and the World Economy-Fostering Stability and Growth*, 2003. Disponível em: <www.fondad.org>.

GRESSER, E. The Emerging Asian Union? China Trade, Asian Investment, and a New Competitive Challenge. *Progressive Policy Institute*, 2004. Disponível em: <www.ppionline.org>.

HEFEKER, C. NABOR, A. Yen or Yuan? China's Role in the Future of Asian Monetary Integration. Hamburg Institute of International Economics, *Discussion Paper*, 206. 2002.

ICARD, A. Capital Account Liberalization in China: International Perspectives. *BIS Paper* n.15. 2003.

IMF. People's Republic of China: 2004 Article IV Consultation – Staff Report; Staff Statement; and Public Information Notice on the Executive Board. *Discussion, IMF, Country Report* n.04/351, 2004. Disponível em: <www.imf.org>.

IMAI, H. Explaining China's Business Cycles. *The Developing Economies*, XXXIV, June, 1996.

LI, Jing. Regionalization of the yuan and China's Account Liberalization. *China & World Economy*, n.2, 2004.

LIPING, He. Sino Japanese Economic Relations: A Chinese Perspective. *China & World Economy*, n.5, 2003.

MC KINNON, R. SCNABL, G. *China: A stabilizing or Deflationary Influence in East Asia? The Problem of Conflicted Virtuel*, 2003. Disponível em: <http://www.stanford.edu/~mckinnon>.

MEDEIROS, C. A. China: entre os séculos XX e XXI In: FIORI, José Luís. *Estado e Moedas no Desenvolvimento das Nações*. Rio de Janeiro: Vozes, 1999.

_______. A economia política da crise e da mudança estrutural na Ásia. *Economia e Sociedade*, 17, 2001.

NATIONAL BUREAU OF STATISTICS OF CHINA. *China Statistical Yearbook*. China Statistical Press, 2004.

NG, F., YEATS, A. Major Trade Trends in East Asia. What are their implications for Regional Cooperation and Growth? *World Bank Policy Research Working Paper* n. 3084, 2003.

NOLAN, P. *China and the Global Economy*. London: Palgrave, 2001.

SAKAKI BARA, E., YAMAKAWA, S. Regional Integration in East Asia: Challenges and Opportunities. World Bank East Asia Project. *Working Paper*, 2002.

STORY, J. *China; a corrida para o mercado*. São Paulo: Futura, 2004.

UNCTAD. China's Accession to WTO: Managing Integration and Industrialization. *Trade and Development Report* (United Nations), 2002.

_______. *Trade and Development Report* (United Nations), 2004a.

_______. *UNCTAD Handbook of Statistics On-Line*, 2004b. Disponível em: <www.unctad.org>.

US CENSUS BUREAU. Website, 2002.

US Department of Commerce. Trade Statistics Express. Disponível em: < www.commerce.gov>.

WILLIAMSON, J. *The Renmimbi Exchange Rate and the Global Monetary System*. Outline of a lecture delivered at the Central University of Finance and Economics, Beijing, China: Institute for International Economics, 2003.

WORLD BANK. *World Development Indicators*. CD-Rom, 2003.

XIAN, G. The Asian Recentralization and the China Role. In: *REG. Hegemonia e Contra-Hegemonia*. Seminário Internacional, 18-22 agosto de 2003. Rio de Janeiro, 2003.

XIN, Chang, LINA, Wang, SCHUCHENG, L. An Analysis of China's Economic Trend (1998-2002). *China & World Economy*, n.4, 2002.

YANZHONG, Wan. Structural Change of China's Labor Force and the Unemployment Issue. *China & World Economy*, n.6, 2003.

YAO, Shujie. Agriculture's Role in Economic Development: The Case of China. In: COOK, Sarah, YAO, Shujie, ZHUANG, Juzhong. *The Chinese Economy under Transition*. London: Mac Millan Press, 2000.

YU, Yongding. China Macroeconomic Situation Since 2003. *China & World Economy*, 3-20, v.12, n.4, 2004.

4
Constituição e Estado da União Européia

Flávio Bezerra de Farias

Introdução

Em abril de 2003, na Grécia, a União Européia (UE) aprovou a sua ampliação histórica de 15 para 25 membros, com a assinatura oficial de um tratado. Em maio de 2004, cada um dos dez novos membros ratificou a sua própria adesão, de sorte que o total de cidadãos da UE-25 já é superior a 450 milhões. A importância dessa ampliação no processo de construção européia talvez explique o fato de que os dirigentes europeus a tenham celebrado com pompa e circunstância. De todo modo, na *Declaração de Atenas*, os representantes da UE-15 descreveram o momento com distinção e lirismo: "O que realizamos é único. Esta União representa nossa determinação comum de colocar termo a séculos de conflitos e de transcender as divisões anteriores de nosso continente".[1]

Atrás dessa proclamação de unidade pacifista, escondem-se os interesses dos Estados membros que se exprimiram de forma quer combinada, como no acordo para participar das guerras contra a Sérvia (sem mandato da ONU – Organização das Nações Unidas) e contra o Afeganistão (com voto unânime para uma resolução da ONU), quer desigual, como no cisma recente provocado pelo ataque norte-americano ao Iraque, com o apoio

1 Disponível em: <http://actu.wanadoo.fr>, acessado em 16 abr. 2003.

de vários governos europeus.[2] Com efeito, os interesses contraditórios dos Estados membros ocultam-se atrás da ideologia do imperialismo pós-moderno europeu, que se apresenta como "comprometido com a imposição da paz e da economia de mercado, multilateralista, e fazendo guerras pelos direitos do homem" (Serfati, 2004, p.195).

Em geral, como a incipiência e a carência de uma forma estatal própria é o ponto vulnerável da construção européia, seus desacordos na cena internacional ocorrem mais em relação ao pseudoconcreto do que ao substancial. Para além do superficial, da hipocrisia ou do otimismo, a *Declaração de Atenas* tem o sentido de tornar cada vez mais manifesto que o processo de construção européia não se limita apenas aos aparelhos burocrático-administrativos e à legitimação estatais.

Inicialmente, o avanço da integração regional européia incitou discussões calorosas entre homens de Estado quanto ao futuro da UE e, em seguida, levou à proposta de Constituição Européia, por um lado e, por outro, instigou utopias no seio da filosofia política ocidental sobre um novo Estado na escala mundial. Nesse domínio, já existem visões prospectivas mais ou menos amplas e profundas, de direita ou de esquerda. Porém, não serão analisadas aqui nem as antecipações sobre o futuro da UE resultantes dos debates entre os *soberanistas* e os federalistas, ou entre os liberais e os *comunitarianos* (Ferry, 2000; Savidan, 2004), nem as abordagens prospectivas pós-marxistas[3] que mantêm uma clara visão crítica, embora reformista.

Em vez de apreender as "ambigüidades" (Wieviorka, 2002) das categorias ou apontar os "desvios" das revisões ontológicas e epistemológicas empreendidas pelos métodos da filosofia política pós-marxista ocidental, trata-se aqui de abordar as múltiplas determinações da UE

---

2 A Grã-Bretanha foi o grande cúmplice tanto desse combate assimétrico, no qual "está definido *a priori* o vencedor", quanto da "propagação moralmente obscena de 'choque e pavor' sobre uma população bombardeada sem complacência, extenuada e indefesa" (Habermas, 2003b, p.A30), mas cuja resistência foi mal estimada pelos agressores (Target, 2004).

3 Representadas nas três tendências em torno das prospectivas sobre o *Império* (Negri, 2003; Hardt & Negri, 2000, 2004), o *Estado federativo europeu* (Habermas, 2000, 2003a) e o *Estado transnacional europeu* (Balibar, 1997, 2001, 2003).

realmente existentes, a partir da ontologia marxiana do ser social (Farias, 2000, 2001), porque a questão do Estado na escala européia não é simplesmente um problema de compreensão das formas estatais, mas também de transformação e de extinção do Estado.

Um reformista europeu insiste, no entanto, que "a constituição de um Estado dos povos unidos", enquanto "aura idealista" do "termo político" da construção européia, estaria sendo ofuscada e perdendo dinamismo pelas limitações do realismo e do método dos "pequenos passos", de sorte que

> talvez a empreitada fracasse, mas, caso se observe este termo friamente, sem se deixar impressionar pela aparência tecnocrática do processo, percebe-se que ocorre ali, objetivamente, a grande revolução política da história contemporânea. (Ferry, 2000, p.9-10)

Nesta hipótese, o assunto é atinente à dignidade humana e à emancipação do proletariado explorado, dominado e humilhado que, infelizmente, permanece bastante descartado desses debates contemporâneos (inclusive dos escritos de muitos de seus intelectuais orgânicos), apesar de sua ampla resistência à ambiência autoritária global, que prevalece para além do fordismo e na era da mundialização. Considerando que "os Estados membros", os grupos financeiros e as instituições comunitárias contribuíram para implementar, no âmbito da UE, as políticas neoliberais, e "para deixar os povos de fora da construção européia" (Serfati, 2004, p.214), na ausência de obstinação crítica e revolucionária no pólo proletário e dos seus intelectuais orgânicos, ocorrerá apenas uma grande transformação européia pelo alto (antidemocrática), que será bastante afetada e dificultada pelos ataques das potências imperialistas rivais.

Constituição da União Européia

Prolegômenos à proposta constitucional

No primeiro semestre de 2000, iniciou-se um debate, em torno das posições de grandes personalidades que ocupavam funções nos principais Estados membros da UE, sobre o futuro dela. No que diz respeito à natureza estatal do processo de construção européia, as posições defendidas por franceses e alemães foram bem distintas das assumidas por ingleses, sobretudo em termos das alianças imperialistas[4] e da idéia de federação. Sobre esse assunto, os ingleses foram contra toda forma de federação e quiseram permanecer no seu papel atlantista, isto é, subimperialista relativamente aos Estados Unidos (EUA), enquanto os franceses quiseram preservar alguns de seus privilégios de Estado-nação imperialista no seio de uma nova forma federativa, distinta da desejada pelos alemães, que buscavam revigorar a sua potência imperialista, na medida do avanço do processo de integração européia.

No final das contas, os alemães conseguiram introduzir certos pontos importantes desse debate na Conferência de 2004 dos representantes dos governos dos Estados membros da UE, para abordar as questões seguintes: como estabelecer e manter, em seguida, uma delimitação mais precisa das competências entre a UE e os Estados membros, que fosse conforme ao princípio da natureza subsidiária; o estatuto da Carta dos Direitos Fundamentais da UE proclamada em Nice, conforme as conclusões do Conselho Europeu de Colônia; simplificar os tratados, para que fossem mais claros e mais bem compreendidos, sem mudar o sentido original; discutir o papel dos Parlamentos nacionais na arquitetura européia.

O debate, mais ou menos oficial, sobre a constituição da forma de Estado denominada UE levou mais de quatro anos para ser concluído. No ponto de partida dessa trajetória, estava o importante discurso de 12 de maio de 2000, na Universidade de Humboldt, em Berlim, em favor da organização de um Estado Federativo Europeu, feito pelo

---

4 A discórdia poderia até residir no "cerne universalista da democracia e dos direitos humanos que proíbe a sua imposição unilateral a fogo e espada" (Habermas, 2003b, p.A30), mas jamais nos fins atlantistas de implementar os modelos de exclusão (neoliberalismo) e de segurança (autoritarismo global). Falar "de um conflito absoluto entre 'falcões' dos EUA e 'pombos' da Europa" é esquecer que "ambos os lados aprovam, em princípio, intervenções militares e ataques preventivos, como declara a 'Nova Concepção Estratégica' da Otan, de abril de 1999, definida em comum" (Kurz, 2003, p.9).

Ministro do Exterior alemão, Joschka Fisher (in Dehousse, 2002a, p.229 ss.), que se pronunciou não como ministro, mas pessoalmente em defesa dessa forma estatal, como a única solução para conciliar o desenvolvimento da UE, a eficácia e a transparência democrática. Segundo esse diagnóstico pessoal de Fisher, "o devir comunitário da economia e da moeda criou uma relação antagonista com as estruturas políticas e democráticas". É sob essa forma estatal que "a Europa deve avançar até completar sua integração". Tratava-se de fazer um terceiro passo histórico à frente no domínio político, posto que já existiam "duas decisões históricas" que

> tiveram uma influência positiva decisiva no destino da Europa no século passado: em primeiro lugar, a decisão dos EUA de permanecer presentes na Europa. E, em segundo lugar, o fato de a França e a Alemanha terem apostado no princípio da integração, a começar pela imbricação econômica. (idem)

Em suma, tratava-se de mudar a própria natureza das instituições comunitárias, por múltiplas razões, entre as quais: torná-las mais simples, mais transparentes, mais democráticas, mais acolhedoras para os candidatos, mais eficazes, à medida que suas fronteiras fossem se ampliando, permitindo ao mesmo tempo a progressão na via da integração e conservando os Estados nacionais intactos. Para atingir esse objetivo, seria preciso simplesmente passar do estádio atual da União confederativa para um estádio superior que ele denominou federação.

Na ausência de acordo sobre essa forma de Estado federativo, os mais convencidos dos Estados europeus deveriam criar "um centro de gravidade" para concluir "um novo tratado fundamental europeu, que seria o núcleo da Constituição da federação" (ibidem, p.229 ss.). Enfim, sobre a base desse tratado fundamental, a federação européia teria seus próprios aparelhos de Estado. Aliás, em 2003, a posição franco-alemã contra a guerra do Iraque confirmaria a necessidade imperialista européia de ter aparelhos estatais militares próprios, independentes dos EUA. Esse discurso em favor do projeto de Europa federal recebeu um forte apoio na Alemanha, enquanto na França as reações diante dele foram menos estritas entre os políticos socialistas. Os cumprimentos moderados sobre esse ponto permaneceram muito ambíguos. Assim, a "matriz" da reflexão sobre o projeto europeu, feita pelo chefe do governo socialista francês, Lionel Jospin, procurou conciliar "a lógica federal à realidade de Estados-nações" (*Le Monde*, Paris, 22/3/2001, p.3). Como de hábito, o Primeiro-Ministro francês da época não adotou nem um nem outro ponto de vista. Entretanto, o Ministro dos Assuntos Europeus francês fez um balanço do discurso do Primeiro-Ministro socialista Lionel Jospin sobre "o futuro da Europa ampliada". Esse discurso, de 28 de maio de 2001, representaria "um primeiro ponto de equilíbrio no discurso sobre a Europa", pelas seguintes razões:

> Sobre o "conteúdo"– as políticas a serem implementadas –, existem sugestões concretas – novas e numerosas – que impressionaram os espíritos. Sobre o "continente" – a forma a ser dada às nossas instituições européias –, existem propostas fortes – levando verdadeiramente em conta a construção *sui generis* que constitui a UE, descartando a tentação, sedutora, mas excessivamente fácil e na realidade perigosa, de uma Europa com duas velocidades, organizada em torno de uma "vanguarda", de um "centro de gravidade" ou de um "núcleo duro" – que obrigaria, em todo caso, a refletir. E, sobretudo, existe uma coerência no que é proposto sobre o "continente" e o "conteúdo". (Moscovici, 2001, p.14)

Por sua vez, o Ministro francês das Relações Exteriores já havia constatado, com uma severidade diplomaticamente abrandada, que, no atinente à "idéia de federação" na Europa, "muitas reticências ou argumentos hostis parecem como ultrapassados na era da mundialização". Além disso, "elementos de federalismo já existem, como por exemplo a Corte de Justiça, o Euro". Mas esse estado de espírito e de fato não legitima

> que os principais responsáveis políticos de um país subscrevam, sem um exame bastante aprofundado, uma perspectiva tão radicalmente transtornante, visto que as soluções federais propostas por uns e por outros diferem sobre pontos essenciais. (Védrine, 2000, p.1)

Ora, o debate deveria se abrir entre todos os países europeus em favor de soluções "originais, pois nada do que se fez, do que funcionou na construção européia corresponderia a um esquema preestabelecido". Enfim,

> o nó da reflexão são os conceitos de federação e de federação de Estados-nações. Trata-se, por acaso, no fim das contas, de uma única e mesma coisa, do federalismo clássico? Neste caso, vamos para um impasse. (idem)

Apesar de se colocar deliberadamente no longo prazo, o discurso de Berlim soou para os "defensores" franceses da República, de imediato, como o barulho de uma criança travessa, e as repreensões severas que lhe foram suscitadas vieram de toda parte. Num discurso diante do *Bundestag*, em 27 de junho de 2000, o presidente Jacques Chirac afirmou: "Nem vocês nem nós pretendemos a criação de um super-Estado europeu que substituiria os Estados-nações e marcaria o fim de suas existências como atores da vida internacional" (*Le Monde*, Paris, 28/6/2000, p.16).

O presidente francês já havia dito que seria absurdo pretender a extinção das nações européias:

> Nossas nações são a fonte de nossas identidades e de nossas raízes. A diversidade de suas tradições políticas, culturais e lingüísticas é uma das forças da União. No futuro, as nações permanecerão como as primeiras referências de nossos povos. (*Le Monde*, Paris, 2/6/2000)

Entretanto, essas inquietações nacionalistas não têm nenhum sentido, na hipótese de que a instauração de um Estado federal não seja capaz de provocar necessariamente a extinção das identidades nacionais (Leben, 2000, p.13).

No discurso de 19 de janeiro de 2001, o chanceler alemão Gerhard Schröder diagnosticou que, na Cúpula de Nice, a Europa política não avançou em "matéria de eficácia" e de "capacidade de ação", particularmente, porque o seu governo não estava disposto a colocar em risco nem o avanço dos aparelhos e da legitimação estatais, nem a ampliação rápida da integração no espaço europeu, ambos indispensáveis para o devir social-liberal de "uma outra Europa", até o fim dos anos 2000 (in Rousselot-Pailley, 2001, p.44).

Finalmente, no debate franco-alemão realizado em abril de 2001, em Paris, entre Joschka Fisher (Partido Verde), Alain Juppé (ex-ministro francês de direita) e Jean-Louis Bianco (Partido Socialista), todos concordaram com o seguinte diagnóstico:

> nem *status quo*, nem super-Estado europeu, mas alguma coisa entre os dois, que todos os três estão dispostos a chamar, como Jacques Delors e Jacques Chirac, uma Federação de Estados-nações. (*Le Monde*, Paris, 4/4/2001)

A coabitação de tendências políticas opostas se produziu sob essa famigerada fórmula ambivalente, embora, como observou o Ministro dos Assuntos Europeus francês, Pierre Moscovici, "a palavra federalismo não tenha o mesmo sentido numa perspectiva alemã ou francesa" (in Rousselot-Pailley, 2001, p.45). Porém, as posições políticas excessivamente gerais, visando às ameaças do exterior e de seus supostos representantes contra a soberania nacional, não são um monopólio da direita.

A reação de Chevènement (*Le Monde* de 21/6/2000) contra a idéia do Estado Federativo Europeu foi muito mais dura do que a de Chirac, pois o ex-Ministro da Defesa francês considerou o discurso do ministro alemão como um sintoma do fato de que seu país ainda não teria se curado "do desvio constituído pelo nazismo", enquanto a via do institucionalismo imperial não seria o melhor remédio para combater os "riscos da mundialização". Embora visse aspectos positivos nesta, seria uma mundialização "selvagem que se produz fora do controle dos cidadãos". A Europa não avançaria através de uma "revolução" pelo alto – conduzida por um "núcleo duro" federalista, superdotado na "técnica institucional" –, mas, ao contrário, por intermédio de certas reformas. Estas seriam ditadas, simultaneamente, pelas "convergências políticas" interestatais e pelo desenvolvimento da "soberania popular". Por outro lado, bastaria uma "associação de nações solidárias" para restabelecer "o equilíbrio entre capital e trabalho", bem como para a "liberação" em relação aos EUA.

Mas as tiradas de Chevènement, sobre os reflexos no projeto federativo europeu dos ideais originários do Santo Império ou de Bismarck, não têm nenhum sentido, na hipótese seguinte: "Hoje, os dois impérios são simplesmente reminiscências históricas ou, na atualidade política, ficções quiméricas desprovidas de sentido e de substância" (Schrader, 2000, p.12).

Não se quer defender aqui a idéia de repetição da história, na hipótese de que a UE poderia ser uma potência na mundialização justamente porque rejeitaria o imperialismo e angariaria simpatia. Porém, não se pode fazer referência séria a um capitalismo realmente existente na escala mundial, negando suas formas de existência específicas. Na realidade, "na selva do poder capitalista, o melhor aluno da classe é sempre aquele que pode mostrar o maior porrete para o golpe fatal" (Kurz, 2003, p.9).

O líder social-liberal italiano Amato criticou, também, a proposta do "núcleo duro", pois, em vez do "centro de gravidade" proposto por Fisher,

> a grande Europa ampliada tem necessidade de um coração vital, como instrumento de integração e não de divisão e como instrumento aberto aos países interessados em entrar nela, tal como acontecia com a Comunidade dos últimos anos. (Amato, 2000, p.6)

O discurso de Berlim foi pronunciado por um ex-esquerdista, já sabendo que sua proposta de federação seria "para muitos britânicos uma provocação" (*Le Monde*, Paris, 15/5/2000). O autor do discurso "poderia ter acrescentado, também, que sua perspectiva sobre a finalidade da UE desconcerta a maioria dos britânicos" (Wallace, 2000, p.1). Assim, ao exprimir o ponto de vista inglês, Tony Blair foi contra um "super-Estado" europeu, recusou também a idéia de grupo federativo "pioneiro" e não queria nem que a Europa se tornasse "independente" em relação aos EUA, nem que fosse aprovada intempestivamente uma verdadeira "Constituição" (in Dehousse, 2002a, p.253 ss.).

Diante da importância do debate sobre a necessidade de um texto constituinte, declarou "ser mais desejável e realista", com efeito, "redigir uma espécie de carta das competências", isto é, "um texto político em vez de jurídico", porque

> num mundo que evolui no sentido de mais interdependência, com novas potências emergentes, nossa força comum com os EUA não é somente

> um ativo britânico, é potencialmente também o da Europa. A Grã-Bretanha pode ser a ponte entre a UE e os EUA. (in Rousselot-Pailley, 2001, p.48-9)

Quer o discurso de Fisher signifique um ataque contra a aliança geopolítica anglo-americana, quer faça um questionamento da *global governance* ou explicite uma simples política interna européia de descentralização do poder, em qualquer destas hipóteses, "sem a Grã-bretanha, o eventual 'centro de gravidade' seria talvez mais compacto, mas também mais fraco política, financeira e militarmente e mais pobre culturalmente" (Amato, 2000, p.5).

Diante de todas estas dificuldades, ninguém pretendeu ir mais rápido nem indicar imperativamente a direção da saída federativa. Tratava-se de "saída desejada por alguns, mas temida por outros e que, no fundo, consistiria em transferir para o nível europeu – da UE – competências e atribuições dos Estados nacionais" (idem, p.2).

No debate acima, foi constatada a ausência de consenso nos homens políticos da Europa para a implementação de um super-Estado europeu, transcendendo e substituindo os Estados nacionais atuais.

No seu movimento de totalização concreta, a construção européia se articula com o processo de mundialização do capital não no sentido de superar seus Estados membros, mas para inseri-los autoritariamente numa grande transformação capitalista. Nesse domínio, as expectativas dos cidadãos europeus seriam bastante claras, segundo a "Declaração de Laeken" sobre "O futuro da UE", feita por seus chefes de Estado ou de governo: "o que o cidadão entende por 'boa gestão dos assuntos públicos' é a criação de novas oportunidades e não de novas inflexibilidades"; ele espera, então, obter "muito mais resultados, melhores respostas a questões concretas e não um 'super-Estado' europeu, nem instituições européias que se intrometam em tudo" (*Le Monde*, Paris, 19/12/2001, p.19). Em especial, no contexto situado para além do fordismo e na mundialização, de acordo com a estratégia autoritária européia estabelecida a partir do Ato Único de 1986, essas instituições não deveriam se imiscuir *em tudo* o que é regido pelas sacrossantas leis do mercado livre e eterno.

Proposta de Constituição da União Européia

A Convenção sobre o futuro da UE, criada pelo Conselho Europeu de Laeken (dezembro de 2001) e instalada na sede do Parlamento Europeu (fevereiro de 2002), concluiu em julho de 2003 o seu projeto de Constituição, que resultou sobretudo de negociações no seio da sociedade política, em detrimento da participação da sociedade civil (no sentido de Gramsci). Longe de resultar de debates aprofundados nos diversos países e espaços públicos, envolvendo os diversos atores sociais e políticos, o texto constitucional não foi elaborado por uma assembléia constituinte eleita, mas por uma composição de 210 membros indicados pelos governos e parlamentos nacionais, pelas instituições parlamentares e executivas européias.

Longe de ser revolucionária ou até mesmo reformista, a proposta apresentada inovou em dois níveis principais, a saber: em primeiro lugar, em termos da criação de um cargo de presidente do Conselho Europeu, o qual seria uma espécie de chefe do poder executivo do bloco de países membros, sem esquecer o estabelecimento do cargo de chefe da diplomacia; em segundo lugar, em termos da representação internacional daquele bloco através dessas chefias, que possibilitaria a personificação estatal no momento da assinatura de tratados internacionais. Porém, na Convenção ficaram sem solução vários problemas importantes, quais sejam: a indefinição sobre a divisão de poder e os processos de tomada de decisão; a implementação de uma política externa comum; a implantação do critério majoritário para as votações dos países membros (e superação do critério consensual); a universalização da Carta de Direitos Fundamentais etc. De sorte que os mais relevantes picos de discórdia foram aplainados ou mantidos em suspenso para deliberações posteriores.

Ao cabo de um processo constituinte pelo alto, fica claro e evidente que se encontram confortados os poderes do Conselho (Europeu ou de Ministros) no âmago das disposições do texto final. Pois,

> estão no centro do funcionamento da União os equilíbrios instáveis entre os governos, e não a expressão da vontade dos povos. O enquadramento

draconiano da decisão pública pelo *a priori* neoliberal, a negociação entre governos e Comissão Européia, amplamente livre de todo controle, e a expansão das estruturas tecnocráticas diante da dificuldade crescente da gestão comum continuarão, cada vez mais, a invadir o espaço público europeu, em detrimento das exigências de debate político claro e de implicação cidadã ampliada. (Champeil-Desplats et al.,2004, p.142)

A proposta constitucional para a UE ampliada reafirma a tendência neoliberal que se impôs autoritariamente ao cabo de meio século de políticas comuns, por um lado; e, por outro, mantém substancialmente – sob o véu de certas inovações formais, na busca de uma legitimidade estatal peculiar[5] – o caráter antidemocrático e anti-social de suas relações constitutivas, inclusive do método e da dinâmica construtivos. Em ambos os aspectos, prevalece a primazia das relações mercantis concorrenciais sobre os princípios e orientações de política social fixados pelas normas. Em suma, "o Estado social europeu é concebido como uma forma derrogatória subordinada ao imperativo de competitividade" e essa categoria neoliberal "torna-se, por assim dizer, uma espécie de fonte de direito ao mesmo título que as práticas nacionais" (Husson, 2003, p.89). De fato, o texto constitucional europeu proposto exprime a ascendência do neoliberalismo sobre o social-liberalismo na construção européia, porque a seção sobre a política social (através do seu artigo III-104) inclui a cláusula de que a legislação européia "pode estabelecer medidas específicas", excetuada "toda harmonização das disposições legislativas e regulamentares dos Estados membros". Portanto, fica excluída qualquer "harmonização" efetiva dos "sistemas sociais" na escala européia, cujas instituições apenas "apóiam e completam" as medidas e ações singulares nesse domínio, preservando, desse modo, "a necessidade de manter a competitividade da economia da União" (artigo III-103).

No atinente aos seus objetivos, trata-se de subsumir a sua política social à sua política econômica liberal sob o véu antinômico, dogmático

5 No sentido de que o tratado central que criara a CEE (Comunidade Econômica Européia) já tinha quase meio século e que chegara o momento de consolidar o conjunto dos tratados sucessivos – como o Ato Único (1986), Maastricht (1992), Amsterdam (1997) e Nice (2000) – numa norma constitucional única, para dar mais coerência à UE (Champeil-Desplats et al., 2004, p.139).

e positivista de um *fervoroso sim* à economia de mercado e um *modesto não* à sociedade de mercado, pois

> a União trabalha pelo desenvolvimento durável da Europa, fundado sobre um crescimento econômico equilibrado, uma economia social de mercado altamente competitiva, que tende para o pleno emprego e para o progresso social, e para um nível elevado de proteção e de melhoria da qualidade do meio ambiente, além de promover o progresso científico e técnico. (artigo I-3)

O pleno emprego, por sua vez, deixa de ser um direito para ser uma tendência a ser confirmada através de diversas formas de apoio à empregabilidade (artigo III-101 e 113). No domínio particular dos serviços públicos, a garantia dos direitos sociais também se torna um objetivo subsidiário, pois a União só

> reconhece e respeita o acesso aos serviços de interesse econômico geral, tal que é previsto pelas legislações e práticas nacionais, conforme a Constituição, para promover a coesão social e territorial da União (artigo II-36)

Em geral, o intervencionismo estatal nacional e providencial é jogado no monturo da construção européia, pois o seu texto constitucional estipula que,

> salvo derrogações estipuladas na Constituição, são incompatíveis com o mercado interno, na medida em que afetem as trocas entre os Estados membros, as ajudas dadas pelos Estados membros ou por intermédio de recursos de Estado sob qualquer que seja a forma, que falseiem ou que ameacem a concorrência, favorecendo certas empresas ou certas produções. (§ 1 do artigo III-56)

Na análise dos órgãos atuais e das mudanças propostas pela Convenção, percebe-se, em essência, que foi mantida e reforçada a superestrutura institucional anterior,[6] inclusive no que concerne à subsunção da

6 Foi mantida a natureza intergovernamental da Política Estrangeira e de Segurança Comum, assim como da Cooperação em Matéria de Justiça e de Relações Interiores. Também foi preservado o aspecto comunitário, sobretudo econômico, com as insti-

política de defesa comum à Otan (§ 7 do artigo I-40). Basta ver o quadro (in Frank, 2004, p.17), que sintetiza as instituições atuais e as mudanças propostas pela Convenção.

A situação política descrita suscitou também um debate triangular acerca do conteúdo político da construção européia, a saber: os liberais são partidários de uma Europa funcionando, seja como uma incitação ao mercado auto-regulável, seja como uma restrição monetária e financeira; os sociais-liberais postulam que a Europa atual pode servir de embasamento, seja para um serviço público europeu, seja para uma verdadeira Europa social; enfim, os antiliberais pensam que como a construção européia realmente existente é de natureza anti-social e antidemocrática, urge inventar uma outra dinâmica e um outro método, para marchar na direção de uma outra Europa (Husson, 2004b, p.1). Nesse debate, os partidários de uma outra Europa encontram-se, portanto, divididos em duas tendências, na avaliação do texto constitucional. A tendência social-liberal realista lamenta a permanência de certas normas de inspiração neoliberal, mas faz um balanço positivo do texto, com base na manutenção de princípios (como o modelo de desenvolvimento durável), nas novidades formais introduzidas (como a Carta dos Direitos Funda-

---

tuições simultaneamente supranacionais e intergovernamentais seguintes: a *Comissão Européia*, cujos membros irrevocáveis são indicados pelos Estados membros, para cumprir as tarefas autônomas de preservar o interesse geral da União, de deliberar por voto majoritário simples, exercitar o monopólio da iniciativa de apresentar projetos e leis, exigir o respeito, inclusive através de sanções jurídicas (recurso ao Conselho de Justiça), aos tratados assinados pelos Estados membros (cujos aparelhos estatais se articulam com a Comissão através das Agências Administrativas); o *Conselho dos Ministros*, agrupado por áreas ministeriais (agricultura, finanças etc.), cujas decisões (regulamentos e diretivas) unânimes ou por maioria qualificada são tomadas (cada vez mais em acordo com o Parlamento Europeu) para serem aplicadas diretamente pelos Estados membros; o *Parlamento Europeu*, cujos deputados são eleitos segundo circunscrições nacionais, evoluiu relativamente ao seu papel inicial de órgão consultivo e ratificante, para freqüentemente tomar decisões com a mesma força do Conselho de Ministros; a *Corte de Justiça das Comunidades Européias* sanciona os Estados membros que não respeitem as obrigações previstas em tratado ou resultantes das decisões de Conselho; o *Conselho Europeu*, cujas reuniões ordinárias ocorrem duas vezes por ano, para fixar as grandes orientações, é formado pelos chefes de Estado e de governo e assume também um papel de árbitro.

mentais) e na suposta potencialidade de desencadear futuras reformas constitucionais, que seriam obtidas através de lutas políticas e sociais centradas numa lei européia realmente existente. Em compensação, a tendência antiliberal crítica afirma que o texto deve ser rejeitado, porque fixa *a priori* certas políticas que deveriam, elas próprias, serem elaboradas e implementadas democraticamente, de um lado; e, do outro, conserva e erige ao âmbito constitucional as normas neoliberais que serviram de base para a construção européia na forma autoritária de seus sucessivos tratados (Ato Único, Maastricht, Amsterdam e Nice) (Champeil-Desplats et al., 2004, p.139). Portanto, na era situada para além do fordismo e na globalização, depois de mais de meio século de construção, constata-se que a gênese da Europa social ainda não aconteceu de fato, enquanto a Europa do mercado torna-se cada vez mais injusta e retrógrada para uma maioria de explorados, dominados e humilhados (Europa dos pobres), embora cada vez mais favorável e próspera para uma minoria de exploradores, dominadores e opressores (Europa dos ricos). Portanto, a Europa social realmente existente, sob as duas "velocidades" da riqueza e da pobreza,

> está em contradição com os objetivos proclamados pela Carta dos Direitos Fundamentais (incorporada à Parte II do Projeto de Constituição), ainda que sua redação tenha se mantido voluntariamente numa grande generalidade, mas ela decorre logicamente, numa reflexão atenta da questão, da coexistência numa mesma construção de um modelo "federativo", que coloca em causa a idéia de soberania popular e de uma demarcação da política e da economia que confere uma autoridade soberana ao poder financeiro e monetário. (Balibar, in Gauthier & Le Dauphin, 2004, p.255)

De fato, o texto constitucional europeu reafirma a restrição neoliberal e apriorística de "um mercado único, onde a concorrência é livre e não desvirtuada" (§ 2 do artigo I-3), sustenta indiretamente a supressão dos obstáculos ao comércio internacional e à mobilidade dos capitais (artigo III-216) através da "governança global", e se propõe a "encorajar a integração de todos os países na economia mundial, inclusive pela supressão progressiva dos obstáculos ao comércio internacional" (§ 2 do artigo III-193), ao mesmo tempo em que conserva a estabilidade monetária como objetivo supremo, sob a responsabilidade de um Banco Central Europeu independente e sem contra-poder político (artigo IV-29). Infelizmente, as medidas relativas ao pacto de estabilidade de Maastricht (conhecido por sua estupidez) entre "os Estados membros que fazem parte da zona euro são adotadas", inclusive para "reforçar a coordenação e sua disciplina orçamentária e a vigilância desta" (artigo III-88). Enfim, a economia política neoliberal da União Européia realmente existente torna-se uma referência lapidária para todas as políticas socioeconômicas a serem impostas no futuro, porque na parte sobre disposições gerais e finais fica estipulado que eventuais emendas constitucionais "entrarão em vigor após ter sido ratificadas por todos os Estados membros conforme suas regras constitucionais respectivas" (§ 3 do artigo IV-7). Até mesmo Laurent Fabius recusa esse tratado europeu, pois, agora, o social-liberal francês "demanda uma Constituição que deixe o futuro aberto" (*Le Monde*, Paris, 30/11/2004, p. 11).

Ao lado das medidas concretas que já vinham sendo implementadas (moeda, defesa etc.), o debate político e a proposta constitucional analisados servem para quebrar a rotina tecnoburocrática da construção européia, porque "tudo isto torna não somente atual a perspectiva de uma *união política européia*, mas insinua que a questão do *Estado europeu* possa até mesmo passar a ser a ordem do dia" (Ferry, 2000, p.7-8).

Portanto, não se quer insistir sobre todos os elementos do debate e da proposta constitucional tomada isoladamente, mas atentar sobretudo para a problemática da ontologia do Estado europeu, analisando as categorias estatais realmente existentes.

Ontologia do Estado europeu realmente existente

A dialética do universal e do específico

Como processo de totalização concreta, a construção européia implica, de imediato, a constituição de uma forma estatal ambivalente (envolvendo internacional *versus* supranacional, singularidade *versus* particularidade), a qual busca a salvação comunitária de seus Estados membros que sofrem cada vez mais restrições e confiscos de soberania, diante dos espectros da crise, da guerra e do comunismo durante a internacionalização fordista e, sobretudo, pela primazia do mercado e das finanças na era da mundialização do capital.

Observando mais a fundo, a construção européia implica um silogismo no qual cada Estado membro singular da UE reduz sua soberania nacional, em termos absolutos, em proveito de uma forma estatal particular, numa escala global (ampliação geopolítica européia), que lhes confere, na correlação de forças imperialistas no seio da Tríade, uma melhoria na sua soberania relativa, pela reconquista coletiva de vigor e de influência de natureza universal. Porém, sobretudo a partir dos anos 1980, com a instalação da nova dominação do imperialismo hegemônico global estadunidense, sob a forma agressiva da "Guerra nas Estrelas" e do sistema "Dólar/Wall Street" (Gowan, 1999), ocorreu um enfraquecimento relativo da soberania asiática e européia em relação aos EUA. A partir dos anos 1990, a comparação entre os EUA e seus maiores rivais evidencia o aumento dos diferenciais de crescimento, de competitividade, de despesa em pesquisa e desenvolvimento, de gastos militares etc., o que serve de base para o desequilíbrio de soberania relativamente aos EUA, que se acentuou no seio da Tríade. Na realidade, com o fim da guerra fria (ou do socialismo real) desapareceu o interesse dos EUA pela construção européia. Conseqüentemente,

> a corrida armamentista do tempo da guerra fria foi substituída por uma corrida pela supremacia através de uma tecnologia militar de alto nível. Os EUA lançaram esta corrida para preservar as bases de sua hegemonia e manter as capacidades de produção de armamento européias em estado de subordinação. (Hébert, in Dehove, 2004, p.157)

A concorrência transatlântica na indústria armamentista ilustra o fato de que a falta de solução para as contradições entre ambos os pólos do Pacto Atlântico agrava, cada vez mais, a situação de desequilíbrio durável da economia mundial capitalista (Husson, in Gauthier & Le Dauphin, 2004, p.91). Sobre este ponto, em particular, o novo governo Bush ignora as inquietações tanto da própria Reserva Federal estadunidense relativas aos abissais déficits orçamentários e da balança de pagamentos corrente, como dos seus principais parceiros comerciais atinentes à perigosa desvalorização do dólar (ver Boissieu, 2004, p.48), que penaliza as exportações européias. Esse governo obteve que nenhuma referência fosse feita a essa questão-chave, na recente reunião berlinense do G-20 (*Le Monde*, Paris, 30/11/2004, p.III).

Em geral, no contexto atual da mundialização do capital, no qual se exacerba a concorrência interimperialista (Vasapollo et al., 2004), um fortalecimento da unidade européia representa uma ameaça para o capitalismo hegemônico global estadunidense (Vasapollo & Arriola, 2004a), cuja estratégia de dominação se impõe descarada e claramente, por intermédio

> da ajuda pública massiva e multiforme a suas firmas, da abertura dos mercados que elas ambicionam via negociações multilaterais ou bilaterais, da chantagem sobre os Estados, da força militar. (Salesse, 2004, p.18)

De fato, "os EUA são adversários lúcidos e determinados da unificação européia que seria, econômica e politicamente, um contrapeso possível à sua vontade dominadora" (idem). Atualmente, no contexto autoritário global do combate ao terrorismo e da guerra preventiva (Farias, 2004), diante da soberania imperial, agressiva e unilateral dos EUA, os dirigentes europeus da política estrangeira de segurança comum duvidam se querem preservar ou não a soberania particular da UE: os que "querem continuar a flanquear as guerras pela ordem mundial por meio da legitimação institucional da 'soberania', do direito internacional e da ONU" ao mesmo tempo em que devem ser "mantidas internamente, para o regime de repressão social, as formas institucionais da democracia ocidental e, para a regulação das crises, alguns restos de competência estatal diante da economia globalizada", de um lado; e, do outro, os que

> estão prontos para passar, sob a liderança dos EUA, a uma espécie de ditadura militar global, que rompe interna e externamente com todas as regras institucionais, intensifica a administração das crises e impulsiona sem escrúpulos a globalização. (Kurz, 2003, p.9)

No início dos anos 2000, ocorreu um dissenso especialmente em termos de legitimação estatal global: através do direito internacional, da

ONU etc., ou da força militar, da mídia etc., ambos manipulados por governos imperialistas de ambos os lados do Atlântico. Assim,

> o papel arrogado de fiduciário da superpotência esbarra principalmente na resistência dos parceiros de aliança que não estão convencidos, *por boas razões normativas*, da pretensão de liderança unilateral. (Habermas, 2003b, p.A30)

Trata-se do contexto, tido por preocupante e perigoso, do retorno da "rivalidade" no seio da Tríade, vislumbrado por Kupchan (2002), que atuou no Conselho de Segurança Nacional dos EUA durante o primeiro governo Clinton. Atualmente, entre os conselheiros imperiais dos EUA, Kagan (2003) defende a tese de que é inviável a União Européia tornar-se uma grande potência internacional, pois seus países membros ainda não estão dispostos a gastar menos em programas sociais e mais em tecnologia militar. A tese de Kupchan (2002), ao contrário, é exatamente a de que a Europa já está teleologicamente determinada a se reerguer na nova ordem mundial. Nesse quadro, o imperialismo ocidental é um bloco de países desigualmente desenvolvidos, dos dois lados do Atlântico-Norte:

Tabela 1 – *Performances* relativas entre UE e EUA, segundo indicadores estruturais

Níveis	**Ano**	**UE-25**	**UE-15**	**EUA**
PIB *per capita* (UE-15=100)	2003	91,2	100,0	140,3
Produtividade do trabalho por assalariado (UE-15=100)	2003	93,1	100,0	121,6
Taxa de emprego (%)	2003	62,9	64,4	71,2
Taxa de emprego das mulheres (%)	2003	55,1	56,0	65,7
Taxa de emprego dos trabalhadores idosos (%)	2003	40,2	41,7	59,9
Despesas em pesquisa-desenvolvimento (% do PIB)	2003	1,9	2,0	2,8
Níveis de preços comparativos (UE-15=100)	2002	96,0	100,0	113,0
Emissões de gás com efeito na camada de ozônio (2002=100)	2002	91,0	97,1	113,1
Intensidade energética da economia	2002	210,0	191,0	330,0
Volumes transportados	2002	101,0	102,0	91,0

Fonte: Eurostat e OCDE, in: Kok (2004, p.56).

Diante da evolução inquietante da situação econômica européia relativamente aos EUA, em março de 2000 os dirigentes europeus traçaram a "estratégia de Lisboa", qual seja: fazer que na década seguinte a "nova" economia da UE se tornasse "a mais competitiva e a mais dinâmica do mundo" (Kok, 2004, p.10). Ao contrário do previsto, ocorreu uma evolução desfavorável da taxa de crescimento da produção por habitante, que indica um nível de vida no seio da UE inferior em 25% ao dos EUA, e que aconteceu de par com a reversão do processo de recuperação da produtividade européia relativamente aos EUA, conforme dados da Comissão Européia (idem, p.17).

O fracasso da "estratégia de Lisboa" na primeira metade desta década, com o aumento dos diferenciais econômicos em favor dos EUA relativamente à UE, e a reafirmação atual das ambições econômicas européias de Lisboa irão acentuar cada vez mais a rivalidade imperialista no seio da Tríade. Aliás,

> numa economia mundial, a UE não tem outra escolha além de melhorar de maneira radical sua economia do conhecimento e suas *performances* econômicas, se ela quer superar os desafios colocados pela Ásia e pelos EUA. (idem, p.15)

A polarização no seio da economia mundial capitalista (Vasapollo et al., 2004) pode ser apreendida através da repartição do valor agregado, criado nas produções regionais seguintes:

Tabela 2 – Repartição do valor agregado criado na produção manufatureira mundial (a preços correntes)

Regiões	1980	1990	2001
Mundo	100,0	100,0	100,0
Países desenvolvidos	67,0	76,7	73,6
• América do Norte	22,1	23,3	30,1
• União Européia	32,1	34,0	26,2
• Outros	12,8	19,4	17,3
Países da Europa Central e Oriental	19,3	8,9	2,7
Países em vias de desenvolvimento	13,9	14,4	23,7
• África	0,9	0,9	0,8
• América	7,1	5,6	5,7
• Ásia do Leste e do Sul	4,1	6,1	16,0
• Ásia do Oeste e Europa	1,6	1,8	1,2
Em destaque: China	3,9	2,9	7,2

Fonte: Unctad (in Serfati, 2004, p.29).

Na avaliação de um neo-conservador estadunidense, os países do bloco europeu teriam construído "um mundo de fim da história" para eles próprios, no seio da UE, "onde a soberania se desfez em prol da organização supranacional", mas

> o que eles não entendem é que a paz e a segurança de sua bolha européia tem sido garantida ultimamente por intermédio do poder militar americano. Sem isso, eles mesmos poderiam ser arrastados de volta para a história. (Fukuyama, 2002, p.1)

Um outro ideólogo estadunidense, também próximo do clã dos "falcões" de Bush, procura confrontar as políticas dos EUA e da UE, utilizando a antinomia da força e da fraqueza, a qual teria originado um fosso crescente entre os dois lados do Atlântico, qual seja:

> Imperialista, unilateral, a política americana? Não mais do que o era a política de potência praticada pela Inglaterra quando era senhora dos mares. A força militar, para a qual a América consagra mais crédito do que todos os seus aliados reunidos, postula uma visão menos multilateral do que a dos europeus, que preferiram a proteção social a sua defesa e estão condenados por sua "fraqueza" à "tolerância" e ao compromisso com a "internacional terrorista". (Kagan, in *Le Nouvel Observateur*, Paris, 5/9/2002)

Para reagir à antinomia da potência e da fraqueza de Kagan (2003), já existem prospectivas no sentido de que a UE ampliada se dirigisse para uma forma de soberania particular, cujo modelo exprimisse, em síntese, uma "potência útil" (Foucher, 2000), uma "potência tranqüila" (Todorov, 2003), ou uma força "mediadora evanescente", deduzida por dois aspectos de uma mesma tese:

> Por um lado, que a Europa, por constituição ou por falta de constituição, não pode se furtar à missão que ela própria ou outrem pretendem lhe atribuir, o que é decepcionante; por outro lado, que a Europa poderia contribuir de maneira decisiva, senão para a "transformação do mundo", ou até mesmo para estancá-lo na beira do precipício, pelo menos para causar

> inflexões nas evoluções anunciadas, mas sob a condição de "se esvanecer", à medida que sua intervenção, ou sua mediação se tornasse mais determinante: isto é, na condição de se distinguir cada vez mais das imagens e dos mitos de sua "identidade", encerrada por fronteiras imaginárias, e de penetrar cada vez mais profundamente na lógica dos conflitos que dilaceram o mundo "comum" de hoje, pelos quais a própria Europa carrega uma parte da responsabilidade histórica. Na condição de se engajar cada vez mais ativamente na busca de sua solução "multilateral", a começar por sua vizinhança imediata. (Balibar, 2003, p.58-9)

Esta tese de filosofia política se situa a meio-termo entre o "realismo" e a "utopia" (idem, p.57) para ocultar tanto a dialética no seio da Europa socioeconômica, como a dialética do imperialismo no contexto seja da Tríade, seja da relação centro/periferia, como totalidade concreta cujo desenvolvimento é desigual e combinado, que envolve unidade e luta.

A barbárie das intervenções imperialistas atuais dos países da Tríade nos países periféricos torna ridículo tudo o que tenta insinuar ou induzir essa especulação ideológico-centrista de mediação mole, tranqüila ou pusilânime. Na realidade, com a guerra preventiva e o combate ao terrorismo, implementados pelos falcões de Bush (agora legitimados pelo voto estadunidense), cujas rivalidades imperialistas se tornam cada vez mais agudas, o que se desvanece é o mito de uma intromissão européia convertida numa "antiestratégia" (isto é, antinômica às estratégias autoritárias globais), nas "relações da potência e da capacidade política", referentes "à reorganização das relações internacionais e à função atual que a Europa poderia se atribuir" (p.56-7). Ao contrário de uma suposta *antiestratégia* de inspiração estruturalista, o desenvolvimento (em profundidade e em extensão) da construção européia porta no seu bojo uma "estratégia global autônoma" (Joxe, 2004). Por isso, "limitar a autonomia dos meios industriais da defesa da Europa é um dos objetivos principais da estratégia estadunidense" (Hébert, in Dehove, 2004, p.159).

Legitimados pelo voto, no final das contas, os falcões de Bush serão progressivamente hostis à autonomia política, econômica e militar da UE, nas suas relações com o centro; e, nas suas relações com a periferia, tornam-se cada vez mais rapinantes (Vasapollo & Guzmán, 2004). Em particular, um fracasso da política de segurança e de defesa comum relativamente autônoma, acertada na cimeira franco-britânica de Saint-Malo (dezembro de 1998), seria um desastre do ponto de vista da estratégia imperialista européia. Em compensação,

> Uma Europa forte e autônoma é uma condição essencial para criar um mundo multipolar. Uma Europa autônoma que desejasse trabalhar por uma reestruturação fundamental da economia-mundo susceptível de ultrapassar a polarização Norte/Sul persistente seria a indicação de que uma mudança maior está em curso no cenário mundial. Os dois são eminentemente possíveis. Nenhum é absolutamente certo. (Wallerstein, in Gauthier & Le Dauphin, 2004, p.161)

Porém, as posições divergentes quanto à invasão do Iraque tomadas pelos Estados membros da UE abalaram as ambições políticas e militares que lhes são próprias, em proveito do unilateralismo e da hegemonia estadunidense. Diante disso, a reunião tripartite entre França, Reino Unido e Alemanha, em setembro de 2003, esboçou uma reação ao chegar ao acordo de que "a UE deveria dispor de uma capacidade comum para planejar e efetivar operações sem recorrer aos meios e capacidades da Otan" (Boyer, 2004, p.83). Sobretudo por exigência do governo inglês, porém, as disposições particulares da Constituição Européia sobre a política de segurança e de defesa comum indicam que a Otan permanece, para os Estados membros dela, o fundamento de sua defesa coletiva e sua instância de implementação (§ 2 do artigo I-40). O projeto final de Constituição da UE é pouco ambicioso, preciso ou determinado em termos de alcançar uma efetiva e autônoma política de defesa européia,

> que seria fundada sobre objetivos comuns, uma estratégia única e capacidades operacionais totalmente repartidas, e que de fato resultaria igualmente na implementação de uma indústria européia de armamento que repousaria numa integração dos grupos produtores num nível semelhante ao da indústria estadunidense de armamento. (Serfati, 2004, p.231)

Afinal de contas, depois da integração econômica envolvendo a agricultura e o comércio, o capital e o trabalho, o orçamento e a moeda etc., a construção européia exigiria uma potência militar própria, para além da ideologia e do apoio ao progresso do militarismo na Europa.

Entretanto, como ocorreu no momento da implementação das outras políticas européias, com mais ou menos elevado grau de avanços e recuos, a política de segurança e de defesa comum dos Estados membros – simultaneamente da UE e da Otan – passa por oscilações em função dos interesses universais de toda formação socioeconômica capitalista que integra o seu centro imperialista, particulares de todo parceiro do processo de integração europeu, e singulares de todo Estado nacional envolvido na mediação da integração autoritária dos trabalhadores na grande transformação neoliberal atual. Portanto, esse silogismo é central na explicação da construção européia, que também é rica em determinações estatais estruturais, fetichistas, genéticas, teleológicas etc.

A dialética do governo e do Estado propriamente dito

Para o Deputado Olivier Duhamel,

> a unificação democrática da Europa é um evento considerável: pela primeira vez na história da humanidade, um império está se construindo livremente, sem ser imposto pela força. Ora, em nenhum momento os governos assumiram diante de seus cidadãos esta transformação considerável. (*Le Monde*, Paris, 3-4/2/2002, p.20)

As bases dessa liberdade *imperial*, no entanto, foram atacadas junto com o Iraque, por isso o *centro de gravidade* europeu já demanda seus aparelhos estatais de defesa. Os aparelhos estatais da UE formam um triângulo institucional cujos vértices são a sua Comissão, os seus Conselhos e o seu Parlamento. Em termos de legitimação estatal, esse sistema não se funda no princípio de separação tradicional entre os três poderes, salvo em matéria jurídica, cujas tarefas são assumidas pela Corte de Justiça das Comunidades Européias. O governo exercitado pelo método comunitário se constitui numa rede de poderes, que sintetiza aspectos de supranacionalidade e de intergovernabilidade, observando que a Comissão propõe e o Conselho dispõe sob consulta ou, mais recentemente, em acordo com o Parlamento Europeu.

Em geral, a Comissão Européia detém o monopólio do poder de proposição das normas comunitárias, as quais o Conselho só pode emendar com seu próprio acordo unânime, sem esquecer que, sob o controle deste último, ela tem um poder de execução, do qual participam os Estados membros e, em particular, exerce a regulação da concorrência, bem como recorre à Corte de Justiça para exigir o cumprimento dos tratados. Já é um progresso, em termos de legitimidade formal, o fato de o Conselho dos Ministros, hoje, só adotar os regulamentos e as diretivas em acordo com o Parlamento Europeu, e que este vote o orçamento da UE e assuma certo controle político sobre a Comissão (Quermonne, in Dehove, 2004, p.51). Apesar de certos avanços em termos de legitimação estatal, a ausência de democracia que prevalece nas decisões governamentais comunitárias não vem simplesmente de uma insuficiência a ser superada formalmente, mas é o cimento da construção européia.

Quanto às políticas e ao funcionamento da UE, o texto constitucional conserva a dinâmica e o método da construção européia em curso, pois "o texto retido propõe fazer das lógicas liberais o alicerce socioeconômico perene do edifício europeu" (Champeil-Desplats et al., 2004, p.35). Em vez de exprimir legítima e formalmente "um remanejamento do modelo de desenvolvimento europeu, articulado a um modelo social ambicioso e uma forte retomada da participação democrática", subseqüente a uma nova correlação de forças entre classes sociais favorável ao proletariado, que já vem sofrendo há vários anos as conseqüências da demolição autoritária do Estado social, a Convenção "propõe uma constitucionalização das escolhas liberais, acompanhada de um fortalecimento das gestões tecnocráticas, européias ou inter-estatais" (idem). Em seguida, os governos nacionais poderiam fazer as restrições neoliberais – as expulsões do trabalho vivo das constituições nacionais, através da retirada programada dos direitos sociais e dos dispositivos de proteção social conquistados após a Segunda Guerra Mundial – aparecerem como se fossem decisões tomadas e impostas com a força da legitimidade constitucional européia. A ação dos Estados membros sempre foi determinante na dinâmica e no método comunitário de governo, que é marcado pela presença de restrições tecno-burocráticas, neoliberais etc., e pela ausência de participação democrática dos trabalhadores e cidadãos. O processo legislativo da UE é complicado e opaco, como mostra Dehousse (2004, p.28).

A atual proposta constitucional européia ilustra o fato de que a superação do Estado social ora implementada não concerne apenas a suas formas governamentais imediatas, mas a sua substância estatal propriamente dita, com o apoio, o concurso e a cumplicidade das instituições internacionais. Assim, a construção européia não consegue se desenvolver livremente no domínio social e político, pois se encontra cativa de seus tratados, que submetem suas instituições às primazias da auto-regulação mercantil e dos acordos de cúpula interestatais. Tal primazia

> não significa que as instituições internacionais ou européias não assumam um papel de moldagem, de coordenação, de incitação e, até um certo ponto, de legitimação. Mas, esse papel não se cumpre sem o assentimento ativo dos Estados, sobretudo em matéria social. (Husson, 2003, p.66)

Atualmente, a UE é uma forma de Estado composta, na unidade e na luta, pelas instituições estatais comunitárias particulares e por seus Estados membros singulares. Entretanto, a hegemonia destes últimos tem sido decisiva na construção européia favorável às privatizações e ao desmantelamento do Estado social. No exame singular de cada contra-reforma neoliberal de ataque ao Estado social, empreendida por cada um dos Estados membros da UE, não se pode deixar de constatar que cada governo singular atende prontamente à determinação que ele próprio se aplica, após acordo com o conjunto de seus parceiros de construção européia. Assim, sem qualquer debate nacional prévio, a Comissão Européia chegou a uma decisão unânime – a ser implementada no prazo de oito anos e ratificada em março de 2002 pelo Conselho Europeu de Barcelona – de que seria preciso buscar aumentar progressivamente de em torno de cinco anos, a idade média efetiva na qual cessa a atividade profissional na UE. Além do mais, seguindo a orientação política do texto de Barcelona, que aponta para a progressão do capitalismo patrimonial na UE, o Parlamento Europeu adotou em maio de 2003 tanto as recomendações da Comissão Européia sobre as grandes orientações de política econômica para o período 2003-2005, a saber, arrocho salarial, flexibilização do trabalho e do emprego, acréscimo da capitalização nos regimes de aposentadoria, recomendações de redução dos direitos de proteção social em certos Estados membros etc., como a diretiva que autoriza a criação de fundos de pensão para o conjunto das empresas na UE. No exame geral da economia política européia percebe-se a marca particular do "dogma da substitutividade entre emprego e proteção social", o qual se explicita claramente no texto seguinte da Comissão Européia:

> a proteção social e o bem-estar da coletividade estão subordinados às *performances* da economia e a uma forte participação no mercado do trabalho. Conseqüentemente, a proteção social não deve jamais entravar a vida econômica por obstáculos ao trabalho, ao ensino, à formação, à mobilidade, à criação de empregos ou à criação de empresas. (idem, p.69-74)

Outros dogmas neoliberais também se fazem presentes nos textos de economia política européia (cf. Vasapollo & Arriola, 2004b), como o dogma de que a competitividade constrói a UE, a qual recolheria os benefícios (em termos de crescimento com emprego) de uma queda nos custos do trabalho (salários diretos e encargos sociais). Porém, a seqüência que realmente ocorreu foi a seguinte:

> A queda do custo salarial unitário é incontestável, o que significa que a competitividade-custo aumentou. Mas esta melhoria só se repercutiu parcialmente nos preços, o que se traduziu por uma elevação da taxa de lucro das empresas. Este restabelecimento do lucro, por sua vez, não levou a uma elevação da taxa de investimento, mas a um aumento do lucro não investido ... Ocorre aí um fenômeno marcante do período, que é uma boa medida da financeirização. No final das contas, a redução do custo salarial alimentou as rendas financeiras e não o investimento. (Husson, 2003, p.78-9)

Pelo que foi visto, a estrutura da forma estatal européia encontra-se tão rigidamente enquadrada pelos tratados liberais autoritários da construção européia que, sem ruptura radical, não haverá resolução para as contradições entre as instituições governamentais imediatas e a substância estatal fundada tanto na divisão do trabalho própria à chamada economia social de mercado, como na correlação de forças entre as classes sociais que lhe corresponde, desfavorável aos interesses do proletariado (Carchedi, 2001). Caso contrário, os aparelhos e a legitimação estatais da UE continuarão a assumir com zelo e método as tarefas que lhe foram incumbidas no seio da grande transformação contra-reformista, desencadeada na escala européia com o Ato Único de 1986, que leva à superação do Estado social. Enfim, o triunfo europeu da divisão neoliberal do trabalho, em vez de incitar o abandono da perspectiva classista radical, deveria revitalizá-la diante da intensificação da articulação dialética entre as formas capitalistas e estatais (em detrimento da particularização e da autonomia relativa destas), que se exprime numa

> colusão, bem mais transparente do que durante o período dominado pelo compromisso fordista, entre os interesses de classe dominantes e as estratégias políticas do capitalismo neoliberal. (Vakaloulis, in Nielsberg, 2004, p.206)

Neste quadro,

> no desenvolvimento das instituições comunitárias, as classes dominantes européias encontram pontos de apoio, simultaneamente, contra seus assalariados, mas também contra as classes dominantes dos outros grandes países da "tríade" (principalmente EUA e Japão). (Serfati, 2004, p.211)

Em 2002, as classes sociais afortunadas envolvidas diretamente na dominação do capital financeiro situam-se na seguinte proporção: 32% na Europa, 27% na América do Norte, 21% na Ásia e 13% na América Latina (idem, p.236).

A gênese da particularização e da autonomização relativa

A forma estatal européia não nasce simplesmente de "um grande projeto político" para "reconciliar os povos da Europa e lutar contra o imperialismo soviético" (Schnapper, in Savidan, 2004, p.356). A sua gênese envolve particularização e autonomização relativa. Como gestação de uma forma de existência estatal distinta e particular, o processo de construção européia passou por três momentos genéticos, a saber: no primeiro momento (1945-50), em que a integração era setorial e planificada, foram criadas a Organização do Tratado do Atlântico-Norte

(Otan), a Organização Européia de Cooperação Econômica (Oece) e a Comunidade Européia do Carvão e do Aço (Ceca); no segundo momento (1950-57), em que a integração foi se tornando cada vez mais global e liberalizada, foram criadas a Comunidade Econômica Européia (CEE) e a Comunidade Européia da Energia Atômica (Euratom); no terceiro momento (1957-69), foram implementadas a Política Agrícola Comum (PAC), a Tarifa Exterior Comum (TEC), a fusão entre Cece, CEE e Euratom, a transformação da Oece em Organização de Cooperação e de Desenvolvimento Econômicos (OCDE) e, enfim, a saída da França da Otan e o veto daquele país à adesão do Reino Unido à CEE.

Na realidade, a gênese da UE passou por um processo de particularização – iniciado logo após a Segunda Guerra Mundial e consolidado com o Mercado Comum nos anos 1950-60 – que levou à construção paulatina, pragmática e liberal de uma forma estatal inédita, isto é, de uma união pacífica de Estados europeus soberanos, mas submetida a um imperialismo coletivo ideal (como diria Engels), sob a hegemonia estadunidense (atlantismo), em primeira instância; e, em última instância, a uma ideologia ou a um mito que evoluiu do mercado auto-regulável (liberalismo), com breve passagem pela regulação do mercado (keynesianismo), para o mercado livre e eterno (neoliberalismo), utilizando métodos antidemocráticos, tanto pelas suas deliberações de cúpula (estatistas, tecnocráticas e secretas), quanto pela rejeição da participação dos cidadãos, a partir da instituição (pelo Tratado de Roma) da Comunidade Econômica Européia (CEE).

Como advento de uma forma de existência estatal própria e soberana, o processo de construção européia passou por dois momentos genéticos, a saber: no primeiro momento (1969-79), marcado pela crise do planejamento econômico (keynesiano), empresarial (taylorista) e político (fordista), foi relançada a construção européia, fixado o objetivo de evolução progressiva para uma união econômica e monetária (UEM), fundada a Cooperação Política Européia, ampliada a CEE para nove Estados membros, criado o Conselho Europeu (CE), o Sistema Monetário Europeu (SME), o Fundo Europeu de Desenvolvimento Regional (Feder) e a Corte de Contas Européias (CCE); no segundo momento (1979-86), marcado pela reviravolta neoliberal, foi ampliada a CEE para doze Estados membros, eleito por voto direto o Parlamento Europeu (PE), criado o ECU (*European Currency Unity*), feito o acordo de Schengen sobre a progressiva supressão de controle de fronteiras e a livre circulação de pessoas na CEE, instituídos a Cooperação Política Européia (CPE) e a realização do grande mercado único, sem esquecer a assinatura da Convenção de Lomé III, entre a CEE e 66 países (da África, das Caraíbas e do Pacífico). Na realidade, foi no apogeu da *guerra fria* que o *processo de autonomização relativa* da forma interestatal correspondente à CEE se desenvolveu, em profundidade e em extensão, até a assinatura do Ato Único (1986), o qual significou uma grande transformação, no sentido de uma ruptura

> com o procedimento utilizado até então da harmonização para cima das normas sociais, para transpor no nível europeu a orientação neoliberal tomada em cada um dos países membros. (Husson, 2003, p.70)

Em seguida, para além do fim do *socialismo real*, a UE conservou todas as características de Europa imperialista, neoliberal e antidemocrática nos seus sucessivos tratados de Maastricht (1993), de Amsterdam (1997) e de Nice (2000). Assim, os aparelhos estatais da UE se tornaram relativamente autônomos para acomodar os desenvolvimentos comunitários nos domínios jurídicos, monetários, financeiros, industriais etc. Porém, a Europa social ainda não nasceu de fato, por um lado; e, por outro, "só uma intervenção potente dos povos pode desencadear o processo na direção de uma Europa política. Isto não pode acontecer sem ruptura com as bases atuais" (Salesse, 2004, p.53).

O fetichismo como personificação e como reificação

A ideologia geral do *liberalismo mundializado* consiste em afirmar que a evolução

> do Ocidente pós-moderno iria necessariamente no sentido de um desaparecimento das classes sociais, graças, sobretudo, ao nivelamento dos padrões de consumo que o liberalismo econômico supostamente possibilita, a termo. (Vakaloulis, in Nielsberg, 2004, p.203)

Em particular, há uma ideologia inerente à "forma estatal incompleta e atípica" especificamente européia, que pretende fazer que os Estados membros se tornem "menos crispados" sobre as questões de interesses nacionais, para alcançar por intermédio de métodos e inovações tecnicamente neutras, como resultado natural da divisão do trabalho, da primazia do mercado etc., o enriquecimento de "suas formas nacionais, sem que a Europa tenha a mínima capacidade de colocá-las em causa" (Nestor, in Dehove, 2004, p.98). Entretanto, em razão das desigualdades de desenvolvimento,[7] os diversos interesses dos Estados membros que se manifestam de maneira variável no tempo e no espaço são representados no seio da UE por burocratas e parlamentares tão comprometidos com as respectivas políticas nacionais que se tornam insensíveis aos fins das políticas especificamente européias, como bem ilustram as diversas rupturas com os pactos comunitários (defesa, estabilidade etc.).

A reificação européia reside no fenômeno que faz da UE um simples aparelho estatal comunitário, tecnicamente neutro em relação aos Estados membros e, portanto, às lutas de classes correspondentes à divisão do trabalho inerente ao contexto capitalista pós-moderno e alienante situado para além do fordismo e no contexto da globalização. Em vez de se constituir num contra-poder autônomo e, conseqüentemente, de se tornar tecnicamente neutro nessa situação concreta, a integração regional européia realmente existente, ao contrário, corresponde aos interesses dos grandes grupos industriais e financeiros transnacionais. Nada mais é vantajoso e atrativo para estes do que a ampliação européia, que envolve economias desigualmente desenvolvidas, na "constituição de um vasto espaço no qual os custos de transação são reduzidos ao mínimo", muito bem "acompanhadas de boas infra-estruturas terrestres e aéreas e uma excelente rede de telecomunicações", sem esquecer a importância de

7 "A ampliação acentuou as desigualdades e os problemas de coesão na UE. A população comunitária aumentou 20%, enquanto o PIB europeu só aumentou 5%, o que se traduziu por uma queda da produção por habitante de 12,5% na UE-25. Além disso, os novos Estados membros se caracterizam por importantes disparidades regionais e pela concentração da riqueza num pequeno número de regiões. O número de pessoas que vivem em regiões cuja produção por habitante é inferior a 75% daquela da UE passou de 75 a 123 milhões" (Kok, 2004, p.16-7).

> um potencial de pesquisadores, de engenheiros de alto nível, de mão-de-obra altamente qualificada nas proximidades, articulada com a existência de mão-de-obra barata e de uma ampla superpopulação relativa no Leste e no Sul da UE. (Michalet, in Dehove, 2004, p.177)

A subsistência fisco-financeira em potência e em ato

Diante da insuficiência política e social da construção européia, cuja dinâmica e método distancia e provocam indiferença nos cidadãos, a negociação orçamentária da UE não ocorre em função dos interesses coletivos, mas do retorno esperado da contribuição de cada um dos Estados membros. A proposta orçamentária é originária da Comissão Européia e sua aprovação passa por acordo tanto com o Parlamento Europeu como com os Estados membros que, através de coleta estabelecida em função do PIB (Produto Interno Bruto), financiam substancialmente o orçamento (quase 3/4 deste, em 2004).

O baixo nível das despesas orçamentárias da UE se explica por duas razões, a saber: em termos de sua subsistência fisco-fianceira em ato, pelo fato de que a sua política econômica particular tem caráter funcional (distribuição, alocação e estabilização) parcial e complementar ao que é implementado singularmente, em âmbito nacional; em termos de sua subsistência fisco-financeira em potência, pelo fato de que não exige muito para cobrir a folha de pagamento, pelo número relativamente reduzido de seu quadro de funcionários. Assim, em 2004, o orçamento europeu – que representa apenas o percentual de 0,98% do PIB da UE, quando os orçamentos nacionais alcançam porcentagens situadas entre 40% e 60% do PIB dos Estados membros – foi fixado na soma de 95 bilhões de euros, repartida em seis categorias principais: política agrícola comum (47%); política regional (31%); política externa (5,2%); estratégia de pré-adesão (3%); funcionamento das instituições (5%); outras políticas internas (7%) (Cœuré, in Dehove, 2004, p.101). O principal aspecto fisco-financeiro da forma estatal da construção européia reside nas suas restrições impostas aos orçamentos dos Estados membros. Ora, para os países avançados da OCDE, o Estado mínimo são os outros (ver Tabela 3).

Trata-se de fazer cumprir um Pacto de Estabilidade "estúpido", na medida em que

> leva ao que os economistas chamam de uma política pró-cíclica, que implica em frear a economia nas fases de recessão, em vez de sustentá-la através de políticas orçamentárias mais ativas. O conjunto dessas restrições exerce uma pressão sobre os salários e a proteção social: por não poder manipular a taxa de câmbio, congelada para a eternidade, é sobre os salários que pesa a carga do ajustamento, que só pode se fazer por baixo. (Husson, 2004a, p.1)

Tabela 3 – Despesas das Administrações Públicas (em % do PIB nominal) em alguns países da OCDE

Países	**1989**	**2000**	**2004 (previsões)**
Alemanha	44,0	45,9	48,8
Estados Unidos	35,6	33,6	35,8
França	50,4	52,7	54,1
Reino Unido	40,5	37,0	42,2
Zona Euro	47,8	47,2	48,2
Total OCDE	39,2	39,3	40,9

Fonte: OCDE, in: Serfati (2004, p.173).

Porém, as carências orçamentárias apontadas explicam, em parte, o fracasso dessa estratégia de praticar no ano 2000 políticas de crescimento e emprego de longo prazo. Com efeito, os resultados gerais da economia européia relativamente à Ásia e aos EUA foram decepcionantes nos últimos quatro anos. Tudo indica que o problema persistirá e o funcionamento do Pacto de Estabilidade impede a sustentação necessária às políticas macroeconômicas favoráveis ao crescimento com emprego. As dificuldades orçamentárias de certos Estados membros

> poderiam incitá-los a novas reduções dos orçamentos públicos de pesquisa e de investimento tecnológico", quando, "para desenvolver o setor tecnológico europeu, parece, ao contrário, urgente implementar orçamentos públicos de

investimentos em tecnologia", bem como oferecer "incentivos públicos para a pesquisa privada fora das restrições do Pacto de Estabilidade e dos limites do orçamento Europeu. (Artus & Cette, 2004, p.144)

Porém, persiste o déficit orçamentário em vários países da UE (ver Tabela 4). Os Estados membros da UE estão de acordo, há vários anos, para que no futuro não se avance muito em termos do orçamento comunitário. Conseqüentemente, hoje, um Estado social na escala européia não passa de uma utopia abstrata. Em compensação, a "estratégia de Lisboa" exige que as políticas monetária e orçamentária sustentem o crescimento e o emprego "em toda a medida do possível" (Kok, 2004, p.20).

Tabela 4. Déficit orçamentário (Valor de referência: -3,0% do PIB)

Países	**2002**	**2003**	**2004**
Bélgica	0,1	0,2	-0,4
Dinamarca	0,2	0,9	1,3
Alemanha	-3,6	-4,2	-3,9
Grécia	-1,2	-1,7	-2,4
Espanha	-0,1	0,4	0,1
França	-3,1	-4,2	-3,8
Irlanda	-0,1	-0,9	-1,2
Itália	-2,3	-2,6	-2,8
Luxemburgo	2,6	-0,6	-2,1
Países Baixos	-1,1	-2,6	-2,7
Áustria	-0,6	-1,0	-0,6
Portugal	-2,7	-2,9	-3,3
Finlândia	4,7	2,4	1,7
Suécia	1,3	0,2	0,5
Reino Unido	-1,3	-2,8	-2,7
UE-15	-1,9	-2,7	-2,6
Zona Euro	-2,2	-2,8	-2,7

Fonte: União Européia. Previsões econômicas do outono de 2003.

Como o desenvolvimento no seio da UE é desigual, de modo que os interesses dos Estados membros estão enraizados em posições distintas na divisão capitalista do trabalho, a qual serve de eixo para lutas de classes historicamente determinadas (específicas), o

> "Pacto de Estabilidade" revelou-se impraticável e atualmente entrou em crise, cuja causa imediata reside na "incapacidade, econômica e política, da França e da Alemanha de respeitar a regra segundo a qual o déficit orçamentário não deveria em nenhum caso ultrapassar 3% do PIB. Assim, estes dois países, que representam aproximadamente 40% do PIB europeu, obtiveram da maioria dos outros governos que não fosse pronunciada contra aqueles dois nenhuma das sanções muito embora explicitamente previstas pelo Pacto". (Husson, in Gauthier & Le Dauphin, 2004, p.100-1)

A dialética da perpetuação e da superação

Quanto aos fins sistêmicos, a mediação européia é interpretada principalmente de duas maneiras positivistas, a saber: no discurso que assume "a lógica das hierarquias", trata-se de uma "Europa potência", no "sonho de um retorno dos Trinta Gloriosos transpostos ao nível comunitário", de uma forma substitutiva dos Estados nacionais "que teria reencontrado sua força e seu dinamismo na tradição de um modelo capitalista continental que pode afrontar sem medo a outra hiperpotência, os EUA, para participar da regulação da mundialização"; no "discurso neoliberal", ao contrário, "a regulação da mundialização compete ao mercado", pois "a busca de um mundo multipolar se situa no nível horizontal, o do mercado", precisamente "um mercado onde reina um livre câmbio generalizado, que conduz automaticamente a uma especialização internacional ótima" e, nesse contexto, "urge que a UE se una cada vez mais, se pretende participar da governança mundial" (Michalet, in Dehove, 2004, p.176).

Ambas as abordagens da regulação reformista ou da governança conservadora da construção européia são prisioneiras de uma resolução antidialética de conflitos por meio de novas formas estatais. Além do mais, mantidos os fins sistêmicos da forma estatal européia realmente existente, "contrariamente às esperanças dos defensores de uma Europa potência ou de um mundo multipolar, o fenômeno da mundialização vai ser acelerado, em vez de ser freado pelo processo da integração regional" (idem, p.177).

Em particular, a integração regional européia é um processo de totalização que envolve economias desigualmente desenvolvidas, cujas polaridades são mediadas por uma forma estatal própria que aguça a mundialização financeira, pois a dinâmica e o método da construção européia contribuem para manter a estratégia economicista de primazia do mercado livre e perpétuo, conforme os interesses industriais e financeiros transnacionais, imperialistas e autoritários, em detrimento dos avanços sociais e políticos que interessam aos explorados, oprimidos e humilhados que vivem tanto no centro como na periferia da UE. No sentido próprio, os Estados membros, cujas essências residem na divisão capitalista do trabalho e na luta de classes correspondente, não estão se extinguindo, nem através de uma revolução socialista, nem através de uma transferência pacífica e progressiva de todos os seus atributos formais para instituições estatais supranacionais.

Quanto aos fins anti-sistêmicos, só haverá uma outra Europa "se as lutas sociais e políticas conseguirem modificar o conteúdo desses blocos e impor novos compromissos históricos entre o trabalho e o capital" (Amin, in Gauthier & Le Dauphin, 2004, p.85). Na busca da melhoria das condições existentes, conjunturalmente, a Europa não pode se livrar das restrições do neoliberalismo e "sair do atlantismo enquanto as alianças políticas que definem os blocos no poder permanecerem centradas no capital transnacional dominante" (idem).

No movimento real que supera o estado de coisas presente, "a unidade da classe operária", que se constrói no contexto da luta dos explorados, dominados e humilhados contra o capitalismo, "é um desafio da luta de classes e não um elemento ontologicamente pré-estabelecido pelo automatismo expressivo da 'lógica' da acumulação" (Vakaloulis, in Nielsberg, 2004, p.218). Na medida em que envolve, simultaneamente, objetividade e subjetividade,

> este desafio não é uma construção simbólica arbitrária: ele é fundado sobre a determinação estrutural da produção capitalista, [a qual] induz efeitos

> materiais e simbólicos comuns ao conjunto dos agentes ocupando lugares simétricos na divisão social do trabalho. (ibidem)

Portanto, não se trata simplesmente de substituir uma "lógica" de acumulação capitalista européia por outra, menos bárbara e nociva aos interesses comuns dos proletários. Na estratégia política radical de uma outra Europa, não se trata apenas de contrapor à Europa liberal e atlantista uma Europa social e autônoma, mas de concebê-la e transformá-la, no sentido marxista do termo, pois a Europa será socialista ou não o será.

Precisamente, para uma outra Europa, com passagem socialista do capitalismo ao comunismo, é preciso recusar as antecipações positivistas sobre o Estado expandido europeu, cujas únicas alternativas são a regulação, a governança ou a anarquia globais (Arrighi & Silver, 2001). O princípio da extinção do Estado através de uma democracia proletária (Lenin, 1975), ao contrário, também deve se estender (se aplicar) no âmbito internacional. Esse processo de democratização

> não poderá deixar de exigir, como uma das suas condições e como seu corolário, a redefinição do *internacionalismo*, única alternativa adequada à mundialização capitalista em curso. (Labica, in Burgio & Santucci, 1999, p.47)

As utopias reformistas ocidentais, ao inverso, em vez de sustentarem a bandeira do "princípio esperança" (Bloch, 1982), precipitam-se (*a priori*) na direção de uma posição para além do Estado nacional, de onde proclamam: "O rei morreu! Viva o rei!". Evidentemente, o Estado-nação ainda se move, pois a ruptura operária persiste diante da integração operária do modelo de capitalismo pós-moderno (dito patrimonial, cognitivo etc.).

Funções gerais e específicas

Desde o início da construção européia até os anos 1970, ocorria uma articulação entre as políticas públicas dos Estados membros e a coordenação delas, realizada pelas instâncias governamentais da

CEE, cujo resultado não era incompatível com o desenvolvimento singular do Estado-providência, em cada um desses países. A grande transformação neoliberal iniciada nos anos 1980 não significa que as políticas sociais européias abandonaram a lógica coletiva moderna de uma sociedade funcionando como um carrossel, para adotar automaticamente a lógica individualista pós-moderna da casa dos espantos e dos horrores. Na realidade, existem resistências institucionais e políticas ao desmantelamento puro e simples do Estado social. Entretanto, a lógica do pleno emprego vai sendo progressivamente superada pela lógica da empregabilidade. Assim,

> No antigo mundo do capitalismo fordista e do "salariato protegido", o nível decisivo de proteção dos trabalhadores era o do social-regulador. Embora sua importância subsista, é cada vez mais em termos de social-protetor que é preciso também apreender a defesa do mundo do trabalho. Com efeito, o trabalhador torna-se cada vez mais um indivíduo específico na empresa; não é mais somente o membro de um coletivo que constituiria o único sujeito pertinente a proteger. (Rosanvallon, 2004, p.19)

Para além do fordismo e na globalização, as políticas sociais dos Estados membros entraram em crise e a Europa social não avançou, em termos plena e efetivamente providenciais (regulação, distribuição e proteção). Em compensação, depois do advento da "estratégia européia do emprego", que articula "linhas diretrizes" comunitárias com "planos de ação nacionais para o emprego" (Conselho de Luxemburgo, em novembro de 1997), foi assinado o pacto europeu para o emprego, que instaura uma "instância de diálogo macroeconômico" (Conselho de Colônia, em junho de 1999).

A "estratégia de Lisboa" (Conselho de março de 2000) tanto fixou os objetivos específicos como determinou o papel dos atores, no intuito de alcançar o crescimento e o emprego europeus. Por um lado, seria urgente agir nos domínios da sociedade do conhecimento (pesquisa e desenvolvimento), do mercado interno (unificação e liberalização), do ambiente das empresas (legislação e encargos), do mercado de trabalho (formação e parcerias) e do meio ambiente (durabilidade e inovações).

Por outro lado, seria urgente envolver o Conselho Europeu (condução e apoio); os Estados membros (implementação de programas e participação cidadã); a Comissão Européia (avaliação e apoio); o Parlamento Europeu (avaliação e supervisão) e os parceiros sociais europeus (participação e compromisso) (Kok, 2004, p.7-8).

A UE já não pode desempenhar um papel de mediação estatal relevante através de políticas externa, de segurança e defesa, de pesquisa e desenvolvimento etc., pois não dispõe dos recursos necessários, mesmo que atingisse o teto máximo autorizado pelos tratados de 1,24% do PIB dos países membros. Atualmente, longe ser autônoma, levada a sério e tornada eficaz, a política européia de segurança e defesa tenta apenas paliar as lacunas da busca meramente nacional de meios bélicos, num a conjuntura que atribui aos Estados membros a responsabilidade por vultosas despesas nesta área dinamizada pelo imperialismo e pelo militarismo atuais (ver Tabela 5).

Tabela 5 – Despesas militares em 2003

Países	**Bilhões de dólares**	**Países**	**Bilhões de dólares**
Estados Unidos	399,1	Ucrânia	5,0
Rússia	65,0	Suécia	4,5
China	47,0	Noruega	3,8
Japão	42,6	Grécia	3,5
Reino Unido	38,4	Polônia	3,5
França	29,5	Bélgica	2,7
Alemanha	24,9	Dinamarca	2,4
Arábia Saudita	21,3	Hungria	1,1
Itália	19,4	República Checa	1,6
Índia	15,6	Portugal	1,3
Espanha	8,4	Iugoslávia	0,7
Holanda	6,6	Luxemburgo	0,2
Turquia	5,8		

Fonte: *IISS, Department of Defense,* in: Boyer (2004, p.77).

Considerando que o imperialismo pós-moderno europeu deverá utilizar meios militares cada vez mais dispendiosos e dado que, aproximadamente, 80% do orçamento da UE já é absorvido por suas políticas agrícola (PAC) e de coesão socioeconômica no espaço europeu,

> não se percebe como conciliar, sem explosão das despesas, três exigências que se acrescentam: manter as políticas atuais sobre um período às vezes muito longo..., estender a PAC e os fundos estruturais para os novos Estados membros e financiar as prioridades de Lisboa. (Cœuré, in Dehove, 2004, p.102)

Embora ambos os objetivos de crescimento e emprego não tenham sido alcançados com a estratégia de Lisboa, a lista dos que estão satisfeitos com o resultado é longa:

> Os neoliberais que encontraram nela um modelo. Os EUA que avaliam a ameaça de uma Europa unificada para sua tentativa de hegemonia mundial. O capital que prefere organizar, segundo suas necessidades, zonas francas de direito social, de serviços públicos, de intervenção democrática. (Salesse, 2004, p.9)

Em compensação, o bloco dos descontentes é cada vez maior. A "estratégia de Lisboa" fracassou porque a função geral do processo de construção européia reside cada vez mais em promover, em sintonia com outros organismos internacionais, a superação do Estado social no espaço da UE. Assim, a política européia da concorrência tem primazia sobre a sua política industrial, de um lado; e, do outro, desde 1998, o relatório Supiot – "transformação do trabalho e futuro do direito do trabalho na Europa" – encomendado pela Comissão, sublinhou "as condições desta busca de uma nova seguridade vinculada à própria pessoa do trabalhador" (Rosanvallon, 2004, p.19).

Em geral, contra os direitos sociais da classe dos trabalhadores, as instituições da UE assumem um papel central "na coordenação das políticas neoliberais em torno de linhas diretrizes bem definidas" (Husson, 2003, p.11). A Comissão Européia assume três funções particulares:

> age como *árbitro* entre os diferentes governos, serve-lhes de *representante* nas negociações internacionais e defende seus interesses coletivos; constitui

> um vetor muito importante na implementação nas políticas de supressão dos direitos e conquistas sociais. (Serfati, 2004, p.200)

No sentido próprio, tanto o primeiro quanto o segundo responsável pelo Banco Central Europeu afirmaram

> a primazia do objetivo da luta contra a inflação e de injungir os governos nacionais a controlar os déficits públicos e a empreender reformas das instituições do mercado de trabalho e da previdência social, tidos como os únicos responsáveis pelo marasmo e pelo desemprego europeus. (Boyer, in Dehove, 2004, p.110)

Conclusão

As teses sobre a construção européia que se colocam para além do Estado-nação não esgotam a complexidade ou as sutilezas das múltiplas determinações formais e funcionais do Estado europeu realmente existente, apreendidas a partir da ontologia marxiana do ser social. Com efeito, tomou-se a perspectiva crítica e revolucionária do internacionalismo marxista e, sob este ângulo, mostrou-se que os canteiros da cidadania (em particular) e dos processos de democratização (em geral) devem se construir na Europa somente a partir de uma dinâmica de extinção do Estado. Trata-se do movimento real que abole a divisão capitalista do trabalho, como condição objetiva que faz que a luta de classes continue existindo, na própria essência de cada Estado-nação europeu.

A construção de um Estado europeu federativo (Habermas, 2000) ou transnacional (Balibar, 2001) não muda nada nesse movimento real, caso ocorra uma simples adaptação das formas políticas comunitárias aos processos de reestruturação e de mundialização do capital, como desejam também os homens políticos liberais e reformistas. Conforme essa aspiração,

> a "mundialização selvagem" que se vivencia atualmente deve ser substituída por uma mundialização "com cara humana" e por um projeto de civilização na escala planetária. (Kucan, Habermas et al., 2002, p.8)

Entretanto, a mediação estatal ideal, freqüentemente percebida como regulação pelos liberais e pelos reformistas, não coincide com a mediação estatal real, como forma de movimento de resolução de contradições situadas no tempo e no espaço. Assim, a unificação estatal européia é uma tendência natural que tem suas raízes nos processos vinculados à terceira revolução industrial e à mundialização do capital.

Com efeito, esses fenômenos exigem

> respostas criativas dos homens políticos e dos legisladores sobre futuras possibilidades e formas de regulação política eficazes e com transparência democrática. (Held & Mcgrew, 2000, p.38)

No entanto, freqüentemente essa tendência só serve de viés para as ideologias conformistas, na sua busca de solução *ad hoc* ou de regulação estatal e contratual mais ampla e profunda, sobretudo pelo "medo das massas" (Balibar, 1997). No quadro de uma "mundialização do mundo" (idem), tida por desenfreada (Giddens, 2000), não é inútil uma certa conquista de mediação de contradições menos desfavoráveis a essas massas. Porém, essas mudanças estatais (imagináveis ou desejáveis) só podem interessar conjunturalmente às massas oprimidas e exploradas na Europa, na era da mundialização liberal; caso contrário, resta-lhes apenas uma forma lapidar para o longo prazo: "a revolução ou a reforma democrática na Europa está ainda por vir" (Balibar, 2001, p.13). No momento preciso em que não são as cúpulas de burocratas, de expertos e de políticos, nem os acordos discursivos habermasianos entre intelectuais regulacionistas para uma Constituição européia, mas sim essas massas que vão anunciar o fim deste período de prosperidade da especulação sob todas as suas formas.

Referências bibliográficas

AMATO, Giuliano. *Un cœur fort pour l'Europe Symposium:* Responses to Joschka Fischer. Cambridge: Harvard Law School, 2000.

ARRIGHI, Giovanni & SILVER, Beverly J. *Caos e governabilidade.* Rio de Janeiro: Contraponto/Editora da UFRJ, 2001.

ARTUS, Patrick, CETTE, Gilbert. *Productivité et croissance*. Conseil d'Analyse Économique. Paris: La Documentation française, 2004.

BADIE, Bertrand. *Un monde sans souveraineté*. Paris: Fayard, 1999.

BALIBAR, Étienne. *La crainte des masses*. Paris: Galilée, 1997.

_______. *Nous, citoyens d'Europe?* Paris: La Découverte, 2001.

_______. *L'Europe, l'Amérique, la Guerre:* Réflexions sur la médiation européenne. Paris: La Découverte, 2003.

BLOCH, Ernst. *Le Principe Espérance*. Paris: Gallimard, 1982. t.II.

BOISSIEU, Christian de. L'Euro: ambitions et défis. *Questions internationales* (Paris), n.7. La Documentation française, maio-jun. 2004.

BOYER, Yves. La sécurité et la défense: le temps des militaires. *Questions Internationales* (Paris), n.7. La Documentation française, maio-jun. 2004

BURGIO, Alberto, SANTUCCI, Antonio A. (Orgs.). *Gramsci e la rivoluzione in occidente*. Roma: Riuniti, 1999.

CARCHEDI, Guglielmo. *For Another Europe*. London/New York: Verso, 2001.

CHAMPEIL-DESPLATS, Véronique et al. *Europe*. Les notes de la Fondation Copernic. Paris: Syllepse, 2004.

DEHOUSSE, Renaud (Dir.). *Une Constitution pour l'Europe?* Paris: Presses de Sciences Po, 2002a.

DEHOUSSE, Renaud. La Comission européenne et la gouvernance de l'Europe élargie. *Questions internationales* (Paris), n.7. La Documentation française, maio-jun. 2002b.

_______. La Comission européenne et la gouvernance de l'Europe élargie. *Questions internationales*, n.7, La Documentation française, mai-juin 2004.

DEHOVE, Mario (Dir.). *Le nouvel état de l'Europe*. Paris: La Découverte, 2004.

FARIAS, Flávio Bezerra de. *O Estado capitalista contemporâneo*. São Paulo: Cortez, 2000.

_______. *A globalização e o Estado cosmopolita*. São Paulo: Cortez, 2001.

_______. *Filosofia política da América*. São Paulo: Cortez, 2004.

FERRY, Jean-Marc. *La question de l'État européen*. Paris: Gallimard, 2000.

FRANK, Robert. La construction de l'Europe: une histoire cyclique. *Questions internationales* (Paris), n.7. La Documentation française, maio-jun. 2004.

FOUCHER, Michel. *La République européenne*. Paris : Belin, 2000.

FUKUYAMA, Francis. *State building*: Governance et ordre du munde au XXI. Paris: La Table Ronde, 2005.

GAUTHIER, Elisabeth, LE DAUPHIN, Jacques (Dirs.). *Quelle Europe pour quel monde?* Paris: Syllepse, 2004.

GOWAN, Peter. *The Global Gamble.* London/New York: Verso, 1999.

GIDDENS, Anthony. *Mundo em descontrole.* Rio/São Paulo: Record, 2000.

HABERMAS, Jürgen. *Après l'État-nation.* Paris: Fayard, 2000.

_______. *Era das transições.* Rio de Janeiro: Tempo Brasileiro, 2003a.

_______. A guerra e seus juízos contraditórios. *Folha de S.Paulo*, 27/4/2003b.

HARDT, Michael & NEGRI, Antonio. *Empire.* Paris: Exils, 2000.

_______. *Multitude.* Paris: La Découverte, 2004.

HELD, David & MCGREW, Anthony. *The Global Transformations Reader.* London: Polity Press, 2000.

HUSSON, Michel. *Les casseurs de l'État social.* Paris: La Decouverte, 2003.

_______. L'Euro contre l'emploi. *Rouge* (Paris), n.2066, 2004a.

_______. Qui est européan? *Politis* (Paris), n.805, 10 juin. 2004b.

JOXE, Alain. L'Europe est porteuse d'une stratégie globale autonome. *Le Débat Stratégique* (Paris), n.75, junho. Cirpes, 2004.

KAGAN, Robert. Puissance américaine, faiblesse européenne. *Le Monde* (Paris), 27/7/2002.

_______. *La puissanse et la faiblesse.* Paris: Plon, 2003.

KOK, Win (Rel.). *Relever le défi*: la stratégie de Lisbonne pour la croissance e l'emploi. Bruxelas: Comunidades Européias, nov. 2004.

KUCAN, Milan, HABERMAS, Jürgen et al. Veillons à l'avenir de l'humanité. *Libération* (Paris), 5/2/2002.

KUPCHAN, Charles A. *The end of the American era.* New York: Knopf, 2002.

KURZ, Robert. O cisma do ocidente. *Folha de S.Paulo*, Caderno Mais!, 20/4/2003.

LEBEN, Charles. Fédération d'Etats-nations ou Etat fédéral? *Symposium*: Responses to Joschka Fischer. Cambridge (EUA): Harvard Law School, 2000.

LÊNIN, V. [LÉNINE, V.] I. *Œuvres Choisies.* Moscou/Paris: Progrès/Sociales, 1975.

MOSCOVICI, Pierre. *L'Europe, une puissance dans la mondialisation.* Paris: Seuil, 2001.

NEGRI, Antonio. *Cinco lições sobre Império.* Rio de Janeiro: DP&A, 2003.

NIELSBERG, Jérôme-Alexandre. Diretor. *Violences impériales et lutte de classes.* Paris: PUF, 2004.

ROSANVALLON, Pierre. L'Europe sociale ou sociétale? *Le Monde* (Paris), 8/12/2004.

ROUSSELOT-PAILLEY, Gérard. *Guide de l'Union européenne (2001-2002)*. Bruxelles: Roupater, 2001.

SALESSE, Yves. *Manifeste pour une autre Europe*. Paris: Félin, 2004.

SAVIDAN, Patrick (Dir.) *La Republique ou l'Europe?* Paris: Librairie Génerale Française, 2004.

SCHRADER, Fred E. Les chimères de Jean-Pierre Chévènement. *Le Monde* (Paris), 2/6/2000.

SERFATI, Claude. *Impérialisme et militarisme: actualité du XXIe siècle*. Lausanne: Page deux, 2004.

TARGET. Iraq, competizione globale e autodeterminazione. *Quaderni di Contropiano per la Rete dei Comunisti* (Roma), 2004.

TODOROV, Tzvetan. *Le nouveau désordre mondial*. Réflexions d'un européan. Paris: Robert Laffont, 2003.

VASAPOLLO, Luciano, ARRIOLA, Joaquín. *La recomposición de Europa*. Madrid: Viejo Topo, 2004a.

_______. *La dolce maschera dell'Europa*. Milano: Jaca Book, 2004b.

VASAPOLLO, Luciano, GUZMÁN, Dennys. *L'Europa vista dai Sud*, Milano: Jaca Book, 2004.

VASAPOLLO, Luciano et al. *Competizione globale*. Milano: Jaca Book, 2004.

VÉDRINE, Hubert. Réponse à Joschka Fischer. *Le Monde* (Paris), 12/6/2000.

WALLACE, Helen. Possible Futures for the European Union: A British Reaction. *Symposium: Responses to Joschka Fischer*. Cambridge (USA): Harvard Law School, 2000.

WEILL, Nicolas. Éloge de l'État cosmopolitique. *Le Monde* (Paris), 24/10/2001.

WIEVIORKA, Michel. Toni Negri l'ambigu. *Le Monde* (Paris), 1/2/2002.

Parte 3
Tecnologia

5
Impactos da atual fase do capitalismo sobre os países em desenvolvimento

André Tosi Furtado

O progresso técnico e a inovação tecnológica são os motores do desenvolvimento econômico desde a primeira revolução industrial (Schumpeter, 1939). No entanto, até recentemente a forma de incorporar progresso técnico no sistema econômico ocorria por meio da aquisição de maquinaria, como já o observara Adam Smith. A forma como a tecnologia permitia aumento da produtividade apoiava-se na mecanização de atividades que antes eram exercidas manualmente, ou através da substituição de maquinário antigo por novo, que apresentava melhor desempenho.

No entanto, a partir da atual fase do capitalismo, o progresso técnico adquire uma face cada vez mais desincorporada. Por essa razão, não apenas o investimento em capital fixo passa ser a variável explicativa do aumento da produtividade. Os componentes desincorporados adquirem uma importância crescente, como os gastos em P&D (Pesquisa e Desenvolvimento), educação, treinamento e aquisição de conhecimento tecnológico. Essa desmaterialização da tecnologia foi inicialmente percebida no estudo seminal de R. Solow (1957), no qual atribui ao efeito residual a explicação de grande parte do aumento da produtividade na economia americana.

Desde o pós-guerra o conhecimento veio adquirindo uma importância crescente na análise econômica. Autores como Machlup (1984), baseando-se no estudo da economia americana, foram pioneiros em atentar para a importância do conhecimento para o emprego e o produto. A partir da década de 1980, com a intensificação da concorrência intercapitalista, a capacidade das empresas em assimilar informações e transformá-las em conhecimento útil para inovar em novos produtos ou processos tornou-se vital para sua sobrevivência (Freeman, 1991).

Diante desse desafio, a OCDE (Organização de Cooperação e Desenvolvimento Econômico) criou o conceito de investimento em conhecimento para medir o potencial de desenvolvimento de um país. Esse indicador reúne os desembolsos em P&D, educação superior e em *software*. Em 2000, esse indicador correspondeu a 4,8% do PIB (Produto Interno Bruto) dos países da OCDE, enquanto o investimento em maquinaria foi de 8,4% (OECD, 2003). Deve-se salientar que quanto maior o grau de desenvolvimento do país, maior tende a ser a proporção de investimento em conhecimento. No entanto, o investimento em maquinário é também um mecanismo fundamental para que o sistema econômico incorpore tecnologia.

Tecnologia e crise energética

A aquisição de novas tecnologias tem se constituído em mecanismo importante para que os países desenvolvidos fizessem frente ao desafio que representou o aumento do preço internacional do petróleo durante a década de 1970. O consumo energético que vinha crescendo em paralelo com o PIB até então passou a crescer numa velocidade inferior. A elasticidade energia/PIB, que era de 1, no período 1965-73, caiu substancialmente depois do primeiro choque do petróleo até o chamado contra-choque, que ocorre em 1985. Posteriormente, a elasticidade energia/PIB se estabeleceu em um patamar inferior ao período precedente ao primeiro choque do petróleo, configurando uma trajetória de desenvolvimento tecnológico menos intensiva em energia (Furtado, 2005), conforme Tabela 1.

As causas desse decréscimo devem ser encontradas pelo lado do progresso técnico. Estudos feitos sobre as mudanças ocorridas na intensidade energética dos países desenvolvidos mostraram que a adoção e difusão de tecnologias poupadoras de energia nos setores industrial, de transporte e residencial foram responsáveis por mais de 2/3 do decréscimo da intensidade energética durante a década de 1980 (Martin, 1990). A outra causa importante foram as mudanças introduzidas na estrutura produtiva em benefício do setor terciário. A mudança da estrutura produtiva também é uma manifestação do advento da sociedade do conhecimento, como foi percebido por Machlup. O setor de serviços, que congrega a maior parte das atividades de geração, processamento e transmissão de informação, vem crescendo aceleradamente nos países desenvolvidos. Esse setor foi responsável por 75,6% do PIB americano, em 2001, ao passo que o setor manufatureiro respondia por apenas 15%.

Tabela 1 – Elasticidade Energia-PIB do consumo energético*

Região/Período	65-73	73-80	80-85	85-90	90-95	95-00
Países desenvolvidos	1,01	0,23	- 0,02	0 55	0,67	0,52
Países em desenvolvimento	1,09	1,23	2,7	1,44	0,94	0,44
América Latina	1,01	1,05	3,22	2,40	0,83	1,06
Brasil	1,17	0,99	2,77	1,11	1,26	2,22

* Elasticidade Energia-PIB corresponde à relação entre as taxas médias de crescimento do consumo de energia primária/taxas médias de crescimento do PIB no período.
Fonte: Elaboração Própria a partir de BP, IMF e Unctad.

Os países em desenvolvimento têm assimilado em muito menor proporção as novas tecnologias. Isso está ligado ao fato de que a assimilação das novas tecnologias poupadoras de energia depende de investimentos em conhecimento e em novos equipamentos. Esses investimentos se mantêm em níveis insuficientes por conta da crise econômica que vitimou esses países a partir dos anos 1980. A especialização produtiva desses países como exportadores de matérias-primas ou produtos manufaturados intensivos em energia (bens intermediários) tornou a trajetória de desenvolvimento tecnológico desses países intensiva em energia. A elasticidade energia/PIB aumentou a partir do primeiro choque do petróleo, contrariamente à evolução que foi observada nos países desenvolvidos.

Na década de 1990, evidencia-se uma fratura no bloco dos países em desenvolvimento entre um grupo de países asiáticos, que irão incorporar mais intensamente as novas tecnologias e apresentar um desenvolvimento econômico muito mais rápido, e o restante dos países em desenvolvimento. Esses países asiáticos apresentarão coerentemente uma queda de sua intensidade energética e uma baixa elasticidade energia/PIB durante a década de 1990.

Uma análise comparativa das funções agregadas de produção de amostra de países (IEA, 2004) mostra que a produtividade total dos fatores, que mede a contribuição do conhecimento tecnológico, praticamente não aumentou ou teve crescimento negativo em países como Brasil, México ou Turquia. A energia teve uma contribuição muito mais substancial para o desenvolvimento desses países. Um comportamento muito diverso é encontrado nos Estados Unidos e nos países de crescimento rápido da Ásia (Tabela 2). Na Coréia do Sul, ainda que a energia tenha contribuído expressivamente para o crescimento do PIB, a produtividade total dos fatores explicou 23% do crescimento do período.

Tabela 2 – Contribuição dos fatores de produção e da produtividade ao crescimento do PIB em países selecionados (1980-2001)

	Taxa Anual de Crescimento do PIB	**Contribuição dos Fatores de Produção e da Produtividade para o Crescimento do PIB (% do crescimento do PIB)**			
	(%)	Energia	Trabalho	Capital	Produtividade Total dos Fatores
Brasil	2,4	77	20	11	-8
China	9,6	13	7	26	54
Índia	5,6	15	22	19	43
Indonésia	5,1	19	34	12	35
Coréia do Sul	7,2	50	11	16	23
México	2,2	30	60	6	4
Turquia	3,7	71	17	15	-3
Estados Unidos	3,2	11	24	18	47

Fonte: IEA – International Energy Agency (2004, p.333).

Tecnologia e desenvolvimento desigual

A difusão espacial dos frutos do progresso técnico sempre foi uma questão que preocupou os pensadores latino-americanos (Prebisch, 1949; Furtado, 1961). A especialização produtiva no comércio internacional e a forma como funcionavam os mecanismos de fixação de preços foram responsáveis por uma clara tendência à concentração desses frutos em mãos dos países industrializados. Além de terem economias mais dinâmicas tecnologicamente, eles se apropriavam parcialmente dos ganhos de produtividade dos países periféricos exportadores de matérias-primas através do mecanismo da deterioração dos termos de intercâmbio.

A industrialização não foi suficiente para alterar a posição marginal dos países periféricos na geração e difusão de tecnologia em escala internacional. A internalização de atividades produtivas não bastaria para garantir dinamismo tecnológico endógeno. Os setores mais dinâmicos tornar-se-iam tributários do fluxo externo de conhecimento tecnológico e apresentariam déficit estrutural nas balanças de bens e de tecnologia. A presença dominante de filiais de empresas multinacionais favoreceria o acesso ao fluxo externo de conhecimento mas inibiria a geração local de tecnologia, principalmente naquelas empresas nacionais que atuariam nos mesmos mercados que essas filiais. A característica mais marcante das limitações da industrialização dos países periféricos latino-americanos seria a forte dependência das exportações de matérias-primas que os tornaria particularmente frágeis diante da evolução do comércio internacional, que tem favorecido sobretudo os bens e serviços de alta tecnologia.

A fraqueza estrutural da industrialização tornaria a sua difusão em termos produtivos e do consumo restrita a determinados segmentos dos sistemas produtivos e sociais dos países latino-americanos. A heterogeneidade estrutural foi a característica central do desenvolvimento dos países latino-americanos no pós-guerra, apesar do forte dinamismo econômico. Com efeito, durante o pós-guerra até a crise econômica da década de 1980, o setor formal e moderno cresceu acima da taxa de crescimento demográfico, possibilitando a absorção parcial do excedente estrutural de mão-de-obra. Ainda assim, o emprego do setor informal, que ocupava 43% da PEA (População Economicamente Ativa) nos anos 1950, decresceu apenas para 35% no início da década de 1980, após 30 anos de crescimento econômico alto (Gurrieri & Sáinz, 2003).

A heterogeneidade estrutural tendeu a se aprofundar durante as décadas de 1980 e 1990, em decorrência das transformações ocorridas na economia mundial por conta do advento do paradigma técnico-econômico apoiado nas tecnologias da informação. O crescimento econômico dos países latino-americanos caiu substancialmente durante esse período. Além dos descaminhos da condução macroeconômica, esses países sofreram sobretudo de uma limitação na geração de dinamismo tecnológico. Em uma era em que o crescimento econômico depende da capacidade de inovar, os países permaneceram numa posição passiva herdada do próprio modelo de substituição de importações. Na atual fase do capitalismo, em que apenas os países que incorporam intensivamente conhecimento conseguem se desenvolver rapidamente, as possibilidades de países que têm uma especialização produtiva em bens intensivos em matérias-primas tem espaço limitado para o dinamismo econômico (Dosi & Castaldi, 2002).

No Brasil, país em que o emprego cresceu aceleradamente na fase fordista, absorvendo parcialmente o excedente estrutural de mão-de-obra, o setor moderno apresentou um desempenho muito mais pífio de 1980 em diante, excluindo uma proporção crescente da população do mercado formal de trabalho. Manteve-se, na realidade, a proporção na PEA no setor informal, porém cresceu o desemprego aberto que era de 2,2% em 1980 para 9,5% em 1996 (Rodriguez, 2000). Tal evolução se confirmou nos anos 1980 e 1990 na maioria dos países latino-americanos. O emprego que foi gerado nesses países durante a década de 1990 ocorreu em segmentos de baixa produtividade, enquanto o setor moderno público e das grandes empresas privadas desempregaram em grande escala, em função das privatizações e da reestruturação produtiva da economia (Gurrieri & Sainz, 2003). Houve uma modernização conservadora com rápido aumento da produtividade nos setores modernos da economia, mas sem apresentar, na média, convergência com a dos países desenvolvidos e com exclusão crescente da população das atividades de alta produtividade. Em decorrência, a heterogeneidade social se manteve com uma clara tendência a se aprofundar. Apenas dois países latino-américanos melhoraram a distribuição de renda nos últimos 12 anos até 2002, como indicam os dados do balanço social latino-americano (Figura 1). Países mais conhecidos por sua homogeneidade social, como Costa Rica e Argentina, aprofundaram a desigualdade social no período.

Figura 1 – Coeficiente Gini de 14 países Latino-americanos

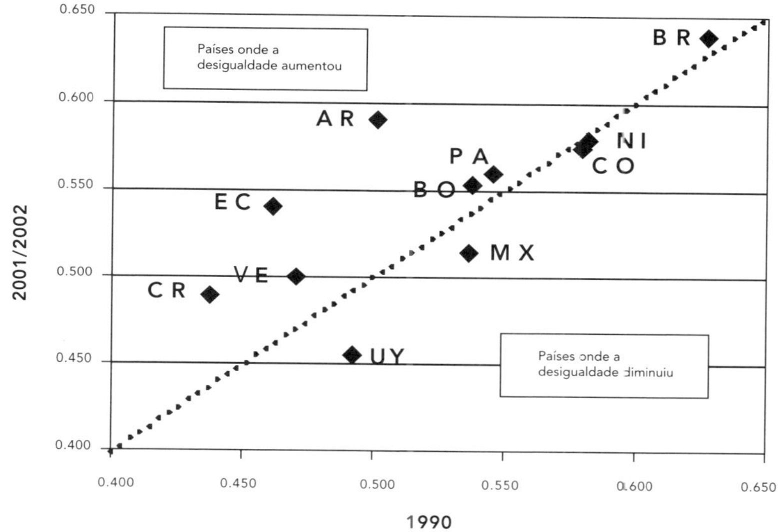

Fonte: Cepal, 2003.

Desdobramentos energéticos e ambientais

A atual crise, embora deprima o crescimento econômico, tende a intensificar o seu impacto material. Os países latino-americanos ainda dependem muito fortemente de exportações de produtos minerais e agrícolas. Os produtos industrializados exportados apóiam-se fortemente em matérias-primas locais e são consumidores intensivos de energia, como é caso dos produtos metalúrgicos e de papel e celulose. Embora a proporção exportada de produtos primários tenha caído de 1980 para o ano 2000, manteve-se alta a proporção da soma dos produtos primários com os manufaturados baseados em recursos naturais e de baixa intensidade tecnológica (Cepal, 2002, cap.6).

Não é de estranhar que, com esse tipo de inserção no mercado internacional, o Brasil tenha voltado a aumentar a sua elasticidade energia/PIB desde meados da década de 1990 (Tabela 1). Importantes setores exportadores são energo-intensivos. Os casos mais expressivos são as indústrias siderúrgica, de não-ferrosos, de papel e celulose, de minério de ferro e de alimentos. Essas indústrias são responsáveis diretamente por 28,8% do consumo final de energia do país. O impacto energético indireto é ainda maior porque envolve o setor de transporte e agrícola. A guinada exportadora apresentada pela economia brasileira nos últimos anos tem levado ao aumento da participação dos primários e industrializados intensivos em recursos naturais.

A expansão da produção primária também afeta o impacto ambiental dos países latino-americanos. O Brasil também é um caso expressivo dessa tendência que a guinada exportadora vem causando sobre o impacto ambiental. Os dados sobre desmatamento do Inpe (Instituto Nacional de Pesquisas Espaciais) revelam que a área desmatada da Floresta Amazônica está aumentando constantemente. A área desmatada tem aumentado muito naqueles estados em que a fronteira agrícola se expandiu com mais vigor, com destaque para o estado de Mato Grosso (Figura 2).

Figura 2 – Desmatamento da Amazônia

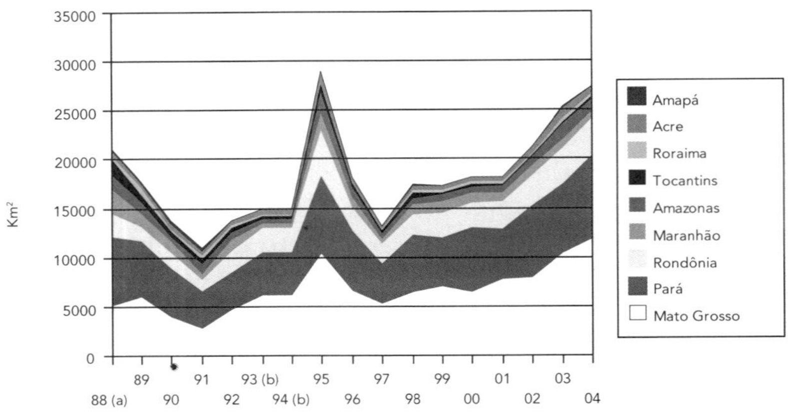

Fonte: Inpe, 2005.

Considerações finais

Não resta dúvida de que a ruptura de 1973 é mais importante do que apenas um ponto de referência no advento de um novo ciclo econômico ou de um novo paradigma tecnológico. Essa ruptura representa uma profunda descontinuidade na história moderna, ao demarcar o esgotamento da trajetória "energo-intensiva" de desenvolvimento tecnológico da sociedade industrial e a emergência de outra trajetória, intensiva em informação. A atual mudança de trajetória constitui-se, fundamentalmente, numa mudança qualitativa da relação entre o sistema econômico e a biosfera. Ela provém da internalização pela sociedade industrial dos crescentes limites à expansão do consumo material.

Nesse sentido, a variável tecnológica indica que estão ocorrendo profundas transformações no processo de produção e de consumo dos bens e serviços. Com efeito, a resposta do progresso técnico à atual crise não foi o desenvolvimento de novas fontes de energia milagrosas, como se acreditava firmemente durante o pós-guerra. A energia nuclear foi um dos maiores fiascos tecnológicos da história. A crise energética foi superada, em grande medida, reduzindo os requerimentos energéticos através da difusão de tecnologias intensivas em informação e em novos materiais.

Retomando uma imagem de Puiseux (1980), podemos afirmar que estamos num avião demasiado carregado que irá colidir com as cimas de uma cadeia de montanhas. A saída está em aliviar o avião, difundindo as novas tecnologias e adotando uma trajetória de desenvolvimento tecnológico ambientalmente sustentável, para passar por cima das montanhas. No entanto, o Terceiro Mundo está sendo forçado a carregar o avião para pagar o fardo dívida da externa, tornando assim mais evidente uma colisão que, agora mais do que nunca, pode afetar o equilíbrio ecológico do planeta.

Referências bibliográficas

CEPAL. *Globalización y Desarrollo*. Santiago de Chile: Cepal, 2002.

________. *Panorama social de América Latina*. Santiago de Chile: Cepal, 2003.

DOSI, G., CASTALDI, C. Padrões locais e divergentes de aprendizagem tecnológica em mercados (parcialmente) globalizados. In: CASTRO, Ana Célia (Org.). *Desenvolvimento em debate*. A nova agenda mundial: Revolução tecnológica e integração global. Rio de Janeiro: BNDES, 2002. v.1.

FREEMAN, C. Network of innovators: A synthesis of research issues. *Research Policy*, v.20, p.499-514, 1991.

FURTADO, A. Opções tecnológicas e desenvolvimento do Terceiro Mundo. In: CASTRO, A. C. et al. (Orgs.). *Brasil em desenvolvimento, economia, tecnologia e competitividade*. Rio de Janeiro: Civilização Brasileira, 2005. v.1.

FURTADO, Celso. *Desenvolvimento e subdesenvolvimento*. Rio de Janeiro: Fundo de Cultura, 1961.

GURRIERI, A., SÁINZ, P. Empleo y movilidad estructural. Trayectoria de un tema prebischiano. *Revista de la Cepal*, n.80, p.141-64, ago. 2003.

INPE. <www.inpe.br>.

IEA – International Energy Agency. *World Energy Outlook 2004*. Paris: OECD/IEA, 2004.

MACHLUP, F. *Economic Information and Human Capital*. Princeton: Princeton University Press, 1984.

MARTIN, J. M. Energy and Technological Change. Lessons from the last fifteen years. *STI Review* (Paris), n.7, OCDE, july 1990.

OECD. *Science, Technology and Industry Scoreboard*. Paris: OECD, 2003.

PREBISCH, R. El desarrollo económico de la América Latina y algunos de sus principales problemas. *Boletín económico de América Latina* (Santiago de Chile), v.71, n.1, Comisión Económica para América Latina (Cepal), febr. 1962. (A primeira versão impressa data de 1949.)

PUISEUX, L. Vers un changement d'époque. *Histoire*, n.6, p.139-56. Quelle Crise?, Hachette: oct.-nov.-dec. 1980.

RODRIGUEZ, O. *Heterogeneidad estrutural y empleo*, 2000. mimeo.

SCHUMPETER, Joseph. *Business Cycle. A theoretical, historical, and statistical analysis of the capitalist process*. Philadelfia: Porcupine Press, 1982. (Primeira edição em 1939.)

SOLOW, R. Technical Change and the Aggregate Production Function. *Review of Economics and Statistics*, v.39, p.312-20, aug. 1957.

6
As mutações da mundialização ou quando o capitalismo financeiro direciona o capitalismo cognitivo: desafios para a América Latina

Marcos Costa Lima

O traço específico – talvez o mais específico – das economias industriais do século XX é a aplicação sistemática e generalizada dos conhecimentos e dos métodos científicos ao domínio da produção.

Nathan Rosemberg

Nenhum saber se forma sem um sistema de comunicação, de registro, de acumulação, de deslocamento, que é em si mesmo uma forma de poder, e que está ligado, em sua existência e em seu funcionamento, às outras formas de poder.

Michel Foucault

Introdução

É cada dia mais freqüente ler e ouvir falar nos meios de comunicação, que passamos a viver numa sociedade do conhecimento, evocando os impactos provocados pelas novas tecnologias de comunicação e informação sobre o crescimento econômico, sobre a organização do trabalho, sobre a mundialização da produção, do comércio e das finanças. O filósofo Aristóteles na antigüidade grega já dizia que, quando os "fusos" trabalhassem sozinhos, os homens seriam livres. E é possível visitar, hoje, plantas industriais de grande complexidade que refletem, em certa medida, uma parcela do sonho do filósofo, mas, no que diz respeito ao resultado por ele esperado, sua previsão não se concretizou de todo, muito ao contrário.

Os avanços técnico-científicos, de fato, têm sido notáveis, inclusive os de domínio genético que, por certo, introduzirão transformações substantivas nas relações humanas de uma forma mais geral. Não obstante, se por um lado o "traço mais específico" das economias industriais do século XX do qual fala Rosemberg (1993, p.3-21) foi a aplicação sistemática e generalizada dos conhecimentos e dos métodos científicos, por outro tem sido acompanhado de um aumento do número de pobres no mundo, do agravamento das desigualdades entre países, regiões e grupos sociais. Ampliou-se o grau de dependência entre as nações, em relação a um mercado mundial que é controlado por grandes corporações multinacionais e por um conjunto de países que estabeleceram uma institucionalidade de perfil impositivo.

Do ponto de vista do trabalho, seja nos países periféricos, seja nos países centrais, vem aumentando a informalização do trabalho e sua precarização, refletindo em quase todo o planeta as políticas de desregulamentação e flexibilização da legislação trabalhista e das conquistas sociais. Em relação ao meio ambiente, são crescentes a destruição dos ecossistemas e a dilapidação dos recursos naturais. O acesso às grandes descobertas, invenções e inovações não tem sido possível à maioria da população mundial, seja na agricultura, seja nos fármacos, e já se fala mesmo em *apartheid* digital. Amplia-se, portanto, o processo de divergência científica e tecnológica entre países e classes sociais.

Após a crise econômica de âmbito mundial que ocorreu entre os anos 1973 e 1983, com seus efeitos de instabilidade financeira e de redução das taxas de crescimento, os países industrializados reencontram uma trilha de crescimento econômico, produzindo uma "nova onda" com base na articulação de políticas radicais de *laissez-faire*, conjugadas à redução das barreiras alfandegárias, ao novo papel das empresas multinacionais, viabilizado por uma intensa transformação tecnológica e pela velocidade com que caíram os preços desse novo fator, vindo a revolucionar o modo de produção capitalista. Em termos concretos, são, sobretudo, o Japão e a Alemanha que, nesse período, lideram esse processo, enquanto as indústrias norte-americanas perdem competitividade em setores-chave da nova indústria.

Nesta denominada Terceira Revolução Tecnológica, o novo sistema emergiu principalmente da conjunção entre a desregulamentação estatal, a instrumentalização e a articulação da ciência no interior do processo produtivo. Mas é a partir dos anos 1990, sobretudo, que o sistema financeiro toma a direção do processo, deixando entrever que sobre a tecnologia incide um princípio cumulativo, no qual ela é concebida, desenvolvida e difundida através de pesquisas em ciência básica de longo prazo e que tem significativas repercussões econômicas (Coriat, 2002).

Segundo Schwartzman (2001), dois conceitos marcam o entendimento atual em relação à natureza e à organização da atividade científica e tecnológica: a *não-linearidade* e a *inovação*. No que respeita ao primeiro conceito, que tem na experiência japonesa um exemplo, ele afirma que houve um processo de inversão, na conhecida seqüência linear de *pesquisa básica → pesquisa aplicada → desenvolvimento técnico → produto*, alterando aquela lógica convencional para inovação de *produto → geração de competências* para a criação de inovação mais complexa. Mas há uma segunda corrente de pensamento que afirma que as fases das pesquisas se dão de forma simultânea e imprevisível. A compreensão de Schwartzman omite uma terceira compreensão, principalmente histórica, que atribui esse entendimento às contradições capital-trabalho, ao *profit squeeze*, à máquina de domínio militar e à busca dos ganhos monopólicos, pelo instrumento das patentes.

Para fazer avançar o estoque de conhecimento científico de domínio público – que, teoricamente, para alguns, é acessível a todos –, foi necessário financiar atividades de instituições, como universidades, centros de pesquisa e laboratórios, estabelecer agências de fomento capazes de apoiar a produção e a difusão do saber. Em suma, tornou-se evidente a noção de que a pesquisa é um fator de competitividade e uma alavanca para o desenvolvimento. Contudo, na medida em que, sobretudo nos países industrializados, os resultados das pesquisas produzidas em instituições públicas eram apropriados por firmas industriais privadas;

em que apenas um seleto número de grandes firmas e de países tinha condições de enfrentar os altos níveis de investimentos em conhecimento, o mundo da ciência e da tecnologia passou a enfrentar cinco problemas-chave:

1. A apropriação do conhecimento, através dos direitos de propriedade intelectual que, por um lado, restringem o acesso de países[1] e classes sociais à inovação, e, por outro, internacionalizam a P&D (Pesquisa e Desenvolvimento), mas circunscrevendo-a aos oligopólios internacionais, que passam a controlar, por exemplo, o patrimônio genético e a farmacologia, privilegiando a propriedade privada ao uso coletivo do conhecimento;[2]
2. A modificação do papel do Estado na produção do conhecimento e sua posterior transferência para a iniciativa privada. A pesquisa pública, sob a "consigna" de sua valorização (no sentido de uma utilização privada com objetivos comerciais), passa então a ser submetida às regras da rentabilidade: a princípio nos Estados Unidos e posteriormente em todos os países industriais, os governos puseram em prática políticas tecnológicas e de inovação baseadas no aperfeiçoamento da oferta, resultando na redução do custo dos investimentos para a iniciativa privada e aumentando a quantidade de recursos de inovação constituída pela coletividade em benefício dos interesses privados. Como exemplo, em nome do avanço tecnológico, um país como o Brasil, carente de recursos para o sistema de saúde e de educação, desloca recursos de seu banco de desenvolvimento para financiar uma empresa como a Volkswagen.

   A intervenção estatal tem superado, inclusive, os domínios tradicionais do financiamento de políticas de ciência e tecnologia, das quais participam uma parte das instituições públicas de ensino e de pesquisa e enveredando pela produção de armas.

1 Forte exclusão dos países em desenvolvimento e composição da "triadização" do conhecimento, produzindo uma fratura científica Norte *versus* Sul, aprofundando a divergência entre as principais zonas econômicas.

2 A esse respeito, ver a rica discussão introduzida por Hugon (2002) sobre a teorização sobre os bens públicos.

O comportamento do Estado passou, em muitos casos, a ser confundido com aquele dos grandes grupos industriais e financeiros, e os fortes laços de interdependência que são criados entre essas instituições justificam, muitas vezes sem a menor transparência, a transferência dos recursos públicos para o capital privado. A formulação pelo Estado de uma política de inovação, de promoção por todos os meios científicos de pesquisa, de desenvolvimento, de aplicação e de escolhas tecnológicas que permitam a elaboração de novos produtos e novos processos para a ciência, tem se fundamentado, mais e mais, na socialização dos custos e na privatização dos benefícios. E a intervenção estatal pode tomar várias formas, desde a subvenção, às reduções fiscais, até em projetos e programas de cooperação entre entidades públicas e privadas, com o objetivo de assegurar a viabilidade de projetos privados suscetíveis de importância econômica para a sociedade como um todo;[3]

3. O "dirigismo" da pesquisa científica para áreas que não necessariamente respondem a prioridades civilizatórias, como o são a medicina para os pobres ou as tecnologias ambientalmente sustentáveis;
4. A "mercantilização" da ciência, buscando áreas e pesquisas de retorno financeiro breve e altamente lucrativas que, entre outros aspectos, significa reduzir o papel da educação superior, da pesquisa e do conhecimento técnico, direcionando-as mais para o negócio e menos para formação;
5. A dinâmica da programação da obsolescência dos produtos, ou o encurtamento do ciclo do produto, que entre muitos efeitos perversos, implanta um *marketing* pesado e uma cultura de consumo já denunciados na obra de Marcuse e dos frankfurtianos, e ainda

---

3 Mas é preciso esclarecer que não estamos combatendo, aqui, a formulação de políticas de geração tecnológica industrial, como, por exemplo, as *infant industries*, que são capazes de produzir em áreas estratégicas, ou políticas regionais de convergência e de redução das disparidades, entre outras. A questão está no momento de definição das prioridades: quem as define? É sobre como evoluir no aspecto da transparência dos processos, do acompanhamento e da avaliação dos resultados, de seu retorno para a sociedade.

incide dramaticamente sobre os recursos naturais e no meio ambiente em geral.

A atual dinâmica da mundialização, sob a égide do capital financeiro, se por um lado tem intensificado as interdependências entre países e regiões, por outro tem feito fracassar os princípios de assistência mútua entre países herdeiros do Bretton Woods, hoje "resolvidos" pelo mercado. Nessa dinâmica mais geral, aumentaram drasticamente as desigualdades de acesso à produção científica e tecnológica, sem a qual os países de baixa industrialização permanecerão ocupando, na divisão internacional do trabalho, o lugar de produtores de *commodities* agrícolas, de semiprocessadores industriais ou de produtores industriais da Primeira Revolução Industrial, expressando baixos valores agregados e submissão ao atraso e à onerosa dependência decorrente dessa posição. Mas também crescem as desigualdades de renda e de padrão de consumo no interior das sociedades afluentes.

A partir da Segunda Guerra Mundial, inclusive em decorrência dos investimentos em Pesquisa e Desenvolvimento (P&D) para a tecnologia militar no período do conflito, ocorreu um substancial avanço nas tecnologias de transporte, comunicação e informação e militar, realizados pelos Estados Unidos da América, e que resultaram em três características fortes do novo quadro capitalista: i) ampliou-se o conhecimento científico e tecnológico através das novas tecnologias de informação e comunicação (NTIC), que passaram a ser entendidas, então, como geradoras de vantagens competitivas; ii) promoveu-se uma maior integração do espaço econômico no âmbito mundial, seja pela queda sistemática das barreiras alfandegárias, seja pela expansão das corporações multinacionais e pela instrumentalização das NTIC; iii) aumentou a competição entre as empresas multinacionais, atuais controladoras das grandes fatias do mercado mundial.[4]

4 "Cabe destacar que até o final do século XX as mudanças giraram em torno das empresas transnacionais. Em 1985, não mais que 600 destas empresas, cada uma delas com vendas superiores a 1 bilhão de dólares, geraram a quinta parte do valor agregado total (exclusive o ex-bloco socialista) dos setores industrial e agrícola" (Mortimer, 1992, p.42) (livre tradução de Marcos Costa Lima).

Com a configuração contemporânea das relações de propriedade e das relações políticas, essa dinâmica assume como traço essencial a dominação financeira, tornando-se, portanto, necessário aprofundá-la e verificar o seu raio de propagação. É de conhecimento notório que há mais de trinta anos, quando as finanças deixaram de ser conduzidas pelos governos, passaram, então, a ser dirigidas pelo mercado, cuja extensão mundial alterava as repercussões das perturbações econômicas entre os países e que os riscos ligados à instabilidade dos mercados financeiros passaram a ter grande importância, provocando um contágio generalizado, com efeitos muito mais dramáticos naqueles países de baixa industrialização e que já acumulavam um elevado endividamento externo. Como afirma argutamente Michel Aglietta (2003, p.19), "o risco se tornou um traço maior das finanças modernas".

O *leitmotiv* deste trabalho está na compreensão do processo de consolidação desse avanço científico associado a uma imensa disparidade, com tendência à ampliação, na incapacidade dos países periféricos (*late-commers*) de terem acesso à mudança, para reproduzir, adaptar e aperfeiçoar as tecnologias importadas, mas – mais dramático – de não se tornarem aptos à inovação tecnológica, como condição para crescerem, se transformarem, se modernizarem e garantir o bem-estar de suas populações. E muito embora desde os anos 1980 tenha-se verificado nesses países a redução do fluxo de transferência internacional de tecnologia, o que caracterizou a *década perdida* para os países da periferia – aferida pela queda dos investimentos diretos externos, pagamentos de licença e de assistência técnica, bem como de importações de bens de capital – este não foi um processo totalmente homogêneo, onde alguns países como a China, o Brasil e aqueles do Sudeste da Ásia são exceções.

Tentaremos estabelecer uma síntese do *estado da arte* da produção do conhecimento e da tecnologia na OCDE (Organização de Cooperação e Desenvolvimento Econômico) utilizando-nos dos conceitos introduzidos pela escola evolucionista e regulacionista para melhor compreender as teorizações e trajetórias do desenvolvimento nos países centrais, para a partir daí refletir sobre as alternativas possíveis para uma região como a América Latina, ou mesmo para entender essa inviabilidade, na medida em que o processo de mundialização tem instaurado algumas impossibilidades ou tem reduzido drasticamente as políticas nacionais, sejam industriais ou de regulação (Oliveira, 2004).

Neste ponto é necessário ter cautela, no sentido que, mesmo considerando o aprofundamento dos efeitos desiguais do capitalismo, a análise econômica não venha subsumir a dimensão da política, das particularidades histórico-culturais e possibilidades nacionais da ação dos sujeitos políticos capazes de produzir alternativas ao sistema capitalista vigente. No aporte teórico-analítico introduzido por François Chesnais (2003a, 2004) encontramos uma reflexão madura que, ao articular o fenômeno da mundialização do capital, a dimensão da financeirização do capital e a produção do conhecimento, pode iluminar algumas dessas questões. É justamente por sua trajetória – que parte do estabelecimento das relações determinantes entre a tecnologia e a economia e, portanto, abrangendo as diversas dinâmicas estabelecidas entre a produção de tecnologia, os recursos humanos, as formas de organização industrial, o crescimento econômico, a competitividade internacional e a globalização, segundo uma dimensão integrada – que encontramos em seu pensamento a compreensão de que não podemos hoje entender com clareza o movimento do capitalismo contemporâneo, elegendo a tecnologia como premissa sociopolítica, em vez do processo de acumulação de capital correspondente, que é o que dá vida a toda essa dinâmica.

Assim sintetiza François Chesnais (2003b, p.167):

> O capitalismo contemporâneo busca, indubitavelmente acentuar e exercer diretamente um controle sobre os lugares como sobre os atores que detêm conhecimentos ou um potencial de criatividade técnica no domínio da produção, do comércio ou da organização.

Mas, pergunta ele: "Quem exerce o controle, e em função de quais interesses?" (idem, p.173). Portanto, para se compreender a dimensão e as implicações desse controle, mas também as resistências, as contradições e os desperdícios que ele comporta, faz-se necessário definir a princípio a configuração específica das relações de produção enquanto relação de propriedade. E, uma vez entendendo que os efeitos da privatização do saber correspondem a um estágio do capitalismo em que o controle do conhecimento detém um papel central (através, entre outros, dos mecanismos da propriedade intelectual), uma síntese entre uma teoria crítica do capital cognitivo e a crítica do capital patrimonial pode e deve ser esboçada – com a condição de que a questão da propriedade privada dos meios de pesquisa e de produção seja abordada de frente.

Torna-se então incontornável avaliar a hipótese de Chesnais sobre o momento atual do capitalismo, estabelecida no conceito de "regime de acumulação à dominância financeira", como condição para verificar a possibilidade de uma complementaridade institucional entre o direito de propriedade intelectual e a regulamentação sobre o mercado financeiro.

Ao mesmo tempo, as contribuições de David Harvey (2004, p.112-5) sobre "as forças de produção sistêmicas de desenvolvimento geográfico desigual" que prenunciam um "importante padrão de luta de classes internacional" nos auxiliam no entendimento particular da dinâmica que se estabeleceu na América Latina, que não é apenas um reflexo do movimento e fluxos gerais e que, embora tendo regularidades em suas manifestações mais gerais, apresenta características diversas (Borón, 1999, p.7-67).[5]

Neoclássicos, neoschumpeterianos, regulacionistas e marxistas: teoria e prática

A literatura econômica, sociológica e política sobre os processos de transformação do capitalismo a partir da Segunda Guerra Mundial e principalmente após os anos 1980 tem enfatizado o papel da tecnologia para o crescimento "exuberante" do processo de globalização. A crescente intensidade dos fluxos científicos e tecnológicos internacionais – levada adiante por empresas multinacionais, hoje conduzidas pelo sistema financeiro internacional e por um papel indutor dos estados nacionais no setor, entre outros agentes – tem originado uma literatura abundante,

5 Ao analisar teoricamente a lógica de funcionamento do capitalismo, detecta uma incompatibilidade entre a democracia e os mercados e afirma que a América Latina está no pior dos mundos: sem soberania popular e com mercados sem soberania do consumidor.

florescente e muitas vezes contraditória sobre o lugar da Ciência, da Tecnologia e da Inovação no processo de crescimento econômico.

Joseph Schumpeter construiu uma teoria da inovação tendo-a subordinado à sua teoria do empresário inovador e ao seu conceito-chave de *destruição criadora*, portanto portadora de instabilidades ao sistema econômico. Para o economista austríaco, o empresário seria o indivíduo responsável pelas decisões de negócios que levariam à introdução de novos produtos, processos e sistemas ou à abertura de novos mercados e novas fontes de fornecimento. A liderança criativa exercida por esse empresário seria a fonte de dinamismo por excelência numa sociedade capitalista. Na sua distinção entre invenção, inovação e difusão ele enfatiza, sobretudo, as inovações mais radicais e tanto a invenção quanto a difusão são relegadas a um *status* inferior. Se bem que hoje se dê muito mais importância ao aspecto de interdependência que existe entre as três fases ou momentos, reforçadas inclusive pelos estudos empíricos, para Schumpeter a distinção ajudava, pois facilitava distinguir entre o empresário de fato criador e aquele mero gerente de rotinas consagradas, e só um ato de um empresário inovador faria que a invenção passasse de uma simples curiosidade para vir a se transformar em um artefato comercial.

Em livro clássico sobre a matéria, Christopher Freeman (1988, p.1-8), um herdeiro de Schumpeter, à guisa de definir toda uma agenda de pesquisa, esclarece "porque Schumpeter não é o bastante". Embora reconhecendo ter sido o austríaco aquele que colocou a inovação como o principal dinamismo no desenvolvimento do capitalismo e louvando o seu senso de perspectiva histórica, relaciona algumas fragilidades presentes na sua obra, a começar pela pouca atenção que dedicou às regiões periféricas do mundo. E que, embora em sua análise tivesse tratado do papel da competição tecnológica, ele não a estendeu para o comércio internacional ou para a difusão internacional de tecnologia. Também considerando que Schumpeter tenha sido pioneiro no estudo do relacionamento entre as revoluções tecnológicas e os longos ciclos de desenvolvimento, ele não desenvolvera qualquer teoria satisfatória sobre os períodos de depressão econômica. Mais ainda, ele disse muito pouco sobre as políticas governamentais para a indústria, a tecnologia e a ciência, ou ainda sobre o relacionamento entre universidades, instituições de governo e a pesquisa industrial. Todos esses são temas que serão levados a cabo pela escola neo-schumpeteriana à qual Freeman se filia.

As primeiras análises que os economistas fizeram sobre os processos de inovação repousavam sobre alguns pressupostos simples. Um primeiro postulado concebia a Pesquisa e o Desenvolvimento (P&D) como estando na origem do processo de inovação, ou seja, a inovação teria lugar pela aplicação prática dos conhecimentos produzidos pelas atividades de P&D. Aqui a inovação corresponde a uma filiação direta da ciência.

Um segundo postulado afirmava que os conhecimentos produzidos pela atividade de P&D eram um "bem público", quer dizer, desde que produzidos, estavam à disposição de todos. Uma conseqüência desse postulado é que as indústrias não poderiam conservar para si os frutos da pesquisa. Encontrou-se aí uma justificativa para o apoio público à pesquisa industrial, que assim diminuiria a distância entre a rentabilidade social da P&D e sua rentabilidade privada, reduzida pelas dificuldades impostas à apropriação do conhecimento.

Por outro lado, para os economistas neoclássicos, como Léon Walras (1874), fundador da teoria do equilíbrio geral, o equilíbrio de mercado é automático em teoria; portanto, uma crise é não somente um acidente de natureza conjuntural, mas logicamente impossível. Os desequilíbrios, como as transformações tecnológicas ou as crises observadas na realidade, só poderiam decorrer de fenômenos externos que entravavam o livre jogo do mercado, suposto como auto-regulável. As disfunções só poderiam ser causadas por equívocos cometidos pelas autoridades públicas.

Hoje, está mais do que evidente a insustentabilidade dessa concepção, que não apenas aceita a premissa do puro mercado, mas também da hiper-racionalidade dos agentes econômicos, os quais, atuando de forma padronizada, e movidos por seus interesses individuais, realizariam o interesse geral. Nesse modelo, as diferenças institucionais e culturais entre nações não teriam influência sobre os processos econômicos, e as diferenças estruturais seriam puramente o fruto de investimentos passados.

A teoria do crescimento econômico, que por muitos anos foi dominada pelo modelo de Solow (1957), entendia que o ritmo de crescimento econômico, no longo prazo, se mantinha em função da intensidade do progresso técnico, que era visto como uma variável independente, como um fator exógeno. Seus primeiros estudos empíricos concluíram que a mudança técnica era responsável por um pouco mais da metade do ritmo de crescimento. Mas, como perguntam Boyer & Sailllard (1995), se o crescimento se explicava pelo progresso técnico, o que explicaria este último, a resposta, portanto, estava no esforço de pesquisa científica e tecnológica, daí o acento posto sobre o papel da P&D, de acordo com um modelo linear segundo o qual a pesquisa gera a invenção, esta por sua vez gera a inovação que finalmente, pela difusão, engendra novos produtos. Nessa lógica linear, reforçar a inovação passaria necessariamente por um aumento no esforço de pesquisa.

Para Solow (1957) o progresso técnico evita a paralisação do crescimento e, para ele, como de resto para a maioria dos modelos neoclássicos de crescimento, o aumento da produtividade total dos fatores tem uma tendência autônoma, exógena, sem a qual o crescimento não poderia manter-se ou durar. Os conhecimentos científicos e tecnológicos, para Solow e seus seguidores, eram portanto equivalentes a um *bem público puro*, o qual poderia ser apropriado livremente por qualquer empresa ou nação, e não se questionavam sobre os motivos da alocação de recursos para a P&D, supostamente dependentes de decisões públicas e não privadas.

Assim, essa teoria que faz a mudança técnica "cair do céu" tem sido fortemente criticada pelas teorias do crescimento endógeno, e o problema estaria em combinar a economia e a tecnologia no longo prazo, sem incorrer nos perigos maiores que eram o de perceber o sistema tecnológico como respondendo a fatores externos, ou, ao contrário, cair num determinismo tecnológico segundo o qual o crescimento da economia, e da maioria das instituições sociais, seria derivado de puros aspectos técnicos. Como afirmou Boyer, a macroeconomia do crescimento e as análises da mudança técnica permaneciam domínios de pesquisa amplamente desconectados.

Após os anos 1980, um amplo grupo de economistas declara-se insatisfeito com as respostas neoclássicas e suas insuficiências, em que o caso japonês é exemplar, pois chegam a revolucionar o setor, alcançando a fronteira técnica e organizacional dos processos produtivos sem dispor de um potencial científico equivalente àquele dos EUA. Para esses economistas, que passam a se interessar novamente pelas relações entre inovação, crescimento e emprego, e debruçando-se sobre questões como a da gênese e difusão da inovação, a inovação é fenômeno endógeno, tendo em vista que as empresas avaliam a rentabilidade esperada da inovação com relação a um determinado produto tradicional, e fazem a opção entre contratar trabalhadores, de um lado, ou contratar cientistas e engenheiros, de outro, para elaboração de novos processos e/ou produtos. Essa escolha dependeria, entre outros fatores, da taxa de juros, da maior ou menor probabilidade de obtenção de sucesso com a inovação, bem como do tamanho da população e, portanto, do mercado potencial.

Essas teorias reencontram o pensamento de Schumpeter e contrapõem-se ao modelo neoclássico, e as teorias do crescimento endógeno passaram a entender o progresso técnico como produto da atividade econômica e em uma dimensão que não havia sido levada em conta pela escola rival. As inovações tendem a se concentrar segundo as tecnologias e formas de organização complementares, de modo que a maior parte das fases longas de crescimento teve por origem uma inovação radical, por exemplo, o vapor, a eletricidade ou a informática, que se difundem sobre a forma de diversos produtos.

Interpretam a história econômica como uma dinâmica cíclica com uma sucessão de fases, às quais os sistemas científico-técnico e socioinstitucional estão vinculados. A partir de uma análise dos produtos portadores de inovação de Kondratieff, entendem que, mais que a revolução têxtil (1790-1849), é necessário reter a mecanização; mais que as estradas de ferro (1850-96), é a fluidez de circulação de objetos, de homens e de idéias; mais do que o petróleo (1897-1945), é a massificação da produção e finalmente, mais que o automóvel, é a massificação do consumo.

Três correntes de análise sobre o crescimento endógeno e o papel da mudança técnica nesse processo se destacam: uma ligada às teorias heterodoxas da firma; a segunda é a abordagem neo-evolucionista; e a terceira, a regulacionista. Quanto à primeira, as transformações técnicas são o produto de uma estratégia de competição entre as firmas. Estas não são passivas com relação à pesquisa científica e técnica. Elas não esperam que as inovações "caiam do céu", ou que estejam acessíveis sobre o mercado de patentes e de marcas. As firmas investem, assim como os poderes públicos, no setor de pesquisa, mas elas também aperfeiçoam seus equipamentos e processos. Elas inovam, também transformando os processos internos de organização. Essas inovações são comandadas pela competição por mercados e por estratégias de monopólio. Mas elas também, quando podem, se opõem às inovações: quando sua posição no mercado ou sua existência está ameaçada, elas guardam a inovação, ou usam do poder econômico para evitar ou impedir a inovação em outras firmas. Elas selecionam as inovações.

> Na maioria dos casos o contexto econômico e social geral, o grau de competição sobre os mercados e os contextos geo-estratégicos das firmas são determinantes muito mais potentes do ritmo e da natureza das inovações que a alocação indiferenciada dos recursos no setor de pesquisa. (Mounier, 2003, p.371)

A escola neo-evolucionista[6] e seus teóricos têm o mérito de fazer avançar a compreensão microeconômica da mudança técnica. Se as inovações acontecem em "cachos" ou em *clusters*, como queria Schumpeter, é porque elas têm entre si afinidades e um "ar de família" herdado de sua filiação técnica e científica. E essas filiações não são frutos do acaso. Os problemas no interior do campo são sempre pensados e resolvidos no espírito do tempo, dizem respeito aos contextos científicos e técnicos do momento.

As experiências passadas e o mimetismo são os princípios da inovação. Historicamente, as famílias técnicas organizam-se ao longo da fonte energética dominante de uma época dada. A cada época corresponde um "paradigma tecnológico" que acaba por se impor. Portanto, em determinado momento da história, o estado da técnica é a sedimentação das gerações técnicas anteriores, em que uma predomina. Cada novo "paradigma tecnológico", portanto, está associado a um processo no qual um ciclo econômico longo está exaurido, em depressão, e sua aceitação

6 Os modelos evolucionistas admitem uma diversidade de níveis de *performance* entre firmas, o que em geral não é aceito pelos neoclássicos, mas que são corroborados pelos estudos empíricos. O processo de seleção resulta na conservação de certas inovações, como a seleção natural aceita certas mudanças genéticas, por isso a denominação de "evolucionista" que esta abordagem se atribuiu. (In: Guellec, 1999, p.54).

enquanto novo paradigma vai estruturar a fase de expansão do próximo ciclo. Assim, a dinâmica tecnológica é endógena, pois tanto se alimenta dos recursos sociais quanto dos recursos técnicos e científicos existentes, ela acumula e evolui.

Freeman e seu grupo consideram que os ciclos longos correspondiam a uma sucessão de paradigmas técnico-econômicos,[7] percebidos como elementos essenciais da teoria das ondas longas de Schumpeter. A mudança de paradigma, portanto, significa uma mudança radical do sistema de pensamento que prevalecia anteriormente em quase todas as indústrias, em matéria de engenharia e de gestão, tendo em vista a obtenção de ganhos de produtividade e lucros elevados. O novo paradigma aparece no interior do antigo, logo demonstrando sua maior eficácia no curso de uma depressão longa. Introduzindo inovações radicais e inovações incrementais, que produzem verdadeiros novos sistemas tecnológicos (Rosier, 2003, p.90), terminando por estabelecer um novo "regime" ou paradigma tecnológico dominante. No entanto, para que isso aconteça, é necessário que ocorra uma crise de ajuste estrutural que implica a substituição dos setores dinâmicos da economia, bem como profundas mudanças institucionais e sociais.

Para Carlota Perez (2001), a depressão longa é um sintoma de uma imensa desarmonia entre o subsistema tecno-econômico e o quadro socioinstitucional, ao mesmo tempo em que a expansão longa corresponderia a uma interação positiva entre as duas esferas. Ela entendia o período de depressão *à la* Schumpeter como um processo de destruição criadora tanto na esfera produtiva quanto nas esferas sociais e institucionais. Os elementos desse novo regime se constituem progressivamente no próprio interior do antigo sistema para terminar por substituí-lo, formando um novo paradigma tecno-econômico e engendrar um novo regime tecnológico.

Mas deixemos que se expresse a própria Carlota Perez (idem, p.115-36):

7 A noção de paradigma econômico é atribuída a Giovanni Dosi, a partir da obra de Thomas Kuhn.

> O processo de multiplicação de inovações e sistemas tecnológicos, para cima e para baixo das indústrias que formam o núcleo de cada revolução tecnológica, explica o enorme potencial de crescimento que tem cada uma destas constelações de novas tecnologias. Trata-se da abertura de um novo e vasto território para a inovação, a expansão e o crescimento. As inovações iniciais marcam o descobrimento, enquanto que a plena ocupação do território corresponde à fase de maturidade e esgotamento.

Carlota Perez faz do *custo relativo baixo e decrescente (i); da oferta não limitada (ii); da potencialidade de uma utilização em diversos domínios (iii); da capacidade de reduzir os custos da produção (iv)*, as quatro condições para se definir um bom paradigma. E Freeman acrescenta a noção de aceitação social do paradigma, pois para esta escola é a tecnologia que determina o campo das possibilidades, mas é a sociedade que seleciona. Contudo, entendo que seja excessiva a percepção sobre a seleção feita pela sociedade, quando em geral o processo se dá muito mais pela imposição que pelo contrário, a exemplo da pesquisa militar, ou da forte determinação do *marketing*. Portanto, as aspirações sociais encontram-se desconectadas das possibilidades de sua realização (Girard, 1997).

No interior de cada novo paradigma existe um fator-chave que cumpre três funções maiores: um custo relativo pouco elevado e declinando rapidamente; uma disponibilidade aparentemente ilimitada em um longo período; e uma capacidade para ser usado em inúmeros processos produtivos. Dessa forma, o papel do fator-chave seria determinado pelo baixo custo do trabalho e pelo algodão quando da revolução industrial, por exemplo; pelo baixo custo do carvão e do transporte a vapor em meados do século XIX; pelo baixo custo do aço, na terceira expansão longa e pelo petróleo e a indústria química na expansão do pós-Segunda Guerra Mundial. Nessa interpretação, a crise que vivenciamos desde o choque do petróleo, as novas tecnologias de informação e comunicação, com base na computrônica e nos satélites seriam o *cluster* dominante a partir dos anos 1990, e que se transformam gradualmente em fatores-chave (Rosier, 2003; Freeman, 1988; Freeman & Perez, 1988).

Para entender a articulação sociedade-técnica que se põe na seqüência e emergência de uma nova idéia força (chave) convém traduzi-la em termos de comportamentos e vontades precisas. Nesse sentido, Freeman

& Soete (1987), partindo do princípio segundo o qual os novos paradigmas tomam forma sob a ruína dos antigos, o fordismo (tangibilidade, centralização, hierarquia, conflito controlado, padronização, energia, especialização, planificação) estaria sendo substituído por um novo paradigma (técnicas de informação e de telecomunicação, personalização, especialização, intangibilidade, sistematização, rede de formação contínua, flexibilidade).

Aquela escola consolidou um amplo campo de reflexão para a Teoria Econômica, aprofundando a dimensão interna da tecnologia e sua dinâmica, estabelecendo uma ampla articulação entre os atores envolvidos no processo de geração de C&T, a partir do conceito de sistema nacional de inovação, um instrumento ainda de grande poder heurístico; aprofundando o conhecimento sobre os subsistemas integrados de inovação, a partir da empresa; do sistema de aprendizado e da formulação de políticas. Contudo, tem o pecado capital de, ao reduzir os papéis do contexto e dos conflitos sociais, quando justamente ao sobredeterminar o fator técnico, cai em determinismo tecnológico.

A escola regulacionista opera como que uma síntese e é um prolongamento das duas correntes anteriores. Nela, a mudança técnica traz a marca das relações sociais onde ela nasce. Se ela é, como entre os evolucionistas, inteiramente impregnada de trajetórias históricas; se ela trata mais de histórias sociais do que de histórias técnicas. A natureza e o ritmo da mudança técnica estão intimamente ligados às configurações históricas da relação salarial. O medo das revoluções sociais sempre esteve na origem das técnicas de substituição de capital pelo trabalho e de técnicas de gestão da mão-de-obra. Para a classe trabalhadora a mudança técnica sempre aparece como ampliação dos mecanismos de controle, como "moinho de disciplina". Por exemplo, como vemos em Coriat no seu *Penser à l'envers* e a explicitação do modelo ohnista[8] de produção como se contrapondo ao modelo fordista (Mounier, 2003, p.372).

8 Takeshi Ohno é considerado o cérebro por trás do modelo Toyota e, assim, fala-se de ohnismo como ultrapassagem do paradigma fordista.

Para Boyer & Saillard (1995), a corrente regulacionista encontra sua origem em uma crítica severa e radical do programa neoclássico que, como vimos, postula o caráter auto-regulador das economias de mercado. Ela também invalida a teoria marxista ortodoxa que atribui um papel central ao Estado no prolongamento do capitalismo monopolista entre as duas guerras. "A noção de regulação permite precisamente de estudar a dinâmica contraditória de transformação e permanência de um modo de produção" (p.21).

A segunda característica essencial está na observação da desregulamentação progressiva dos processos, que fizeram crer como automático e garantido um crescimento rápido. Ali onde os economistas viam apenas turbulências de uma economia próspera, os regulacionistas viam a entrada em vigor de uma crise estrutural. Os atores econômicos interagem a partir de uma série de instituições, de regras de jogo e de convenções, daí o aporte a esta escola tanto da Ciência Política quanto do Direito, tendo em vista que as formas institucionais exercem uma mediação entre forças, ou seja, que elas resultam de conflitos entre grupos sociais arbitrados por processos políticos seguidos de processos jurídicos.[9]

Segundo Boyer, nem a inovação nem o crescimento exibem tendências firmes no longo prazo, desde que as longas ondas de Kondratiev – na sucessão de um longo período e logo de estagnação que duram 50 anos – são consideradas problemáticas para a economia. Em 50 anos a tecnologia, as estruturas industriais, a composição da força de trabalho e as instituições deixam de ser as mesmas, não são constantes. Da mesma forma a tecnologia não pode ser vista como isolada do restante do sistema econômico e social. A questão maior seria, portanto, buscar a coerência e a compatibilidade de um dado sistema técnico com um padrão de acumulação, ele mesmo definido para um conjunto complexo de regularidades econômicas e com mecanismos que afetam a competição, a demanda, o mercado de trabalho, o crédito e a intervenção do Estado. Para os regulacionistas, existem muitos modos diferentes de desenvolvimento e de regulação observados na história, não existe um único modelo universal.

9 Ver a moeda como instituição em Aglietta & Orleans, 1995.

Uma vez totalmente maduro, um sistema técnico dá origem a novos desequilíbrios e conflitos sociais. Assim, alguns obstáculos ocorrem durante o próprio processo de acumulação, levando a uma crise estrutural, caracterizada por quase-estagnação e grandes instabilidades. Dessa forma, a mesma mudança técnica em processo, medida de forma muito pobre pelo crescimento da produtividade, pode ter efeitos negativos sobre o emprego, em uma situação completamente diversa durante períodos de alta ou de crescimento estável.

É interessante verificar como os programas de pesquisa evolucionista e regulacionista têm pontos em comum, observação elaborada conjuntamente por dois dos principais membros dessas escolas: para Coriat & Dosi, a Teoria da Regulação se constitui fundamentalmente para responder a uma questão muito especifica:

> Fornecer instrumentos e representações capazes de dar conta de uma forma particular de crise (a estagflação) e da passagem do crescimento à crise. A crise seria vista como endógena e a partir de uma mesma série de conceitos de base, relativizando os choques externos. (Coriat & Dosi, 1995, p.500)

Para Dosi (1988), o programa evolucionista se constituiu com base em uma contestação das hipóteses neoclássicas sobre a racionalidade e sobre o equilíbrio e centra seu esforço no entendimento da dinâmica econômica produzida pelo progresso técnico, aprofundado em seus microfundamentos.

As complementaridades entre os dois programas estão, por exemplo, na identificação e na gênese das microregularidades do sistema econômico que podem servir de base a novos regimes de acumulação em gestação a partir da *debâcle* do fordismo. Onde a teoria regulacionista (TR) é forte, como na caracterização da firma enquanto instituição que comporta regras que se impõem aos agentes individuais, na avaliação, sobretudo, da formação dos salários e dos trabalhadores em geral, do sistema jurídico e de direitos de propriedade na qual a firma está inserida, a teoria evolucionista (TE) pouco acrescenta. Mas onde esta é forte, ou seja, no entendimento da firma enquanto organização, quer dizer, em termos evolucionistas, seria a apreensão dos processos de aprendizagem e de seleção, em termos de rotinas, do processo de inovação, aí a teoria da regulação é frágil. Poderíamos, portanto, tentar estabelecer uma síntese muito nuclear dos dois programas, afirmando que enquanto a TR aprofunda a dimensão *institucional* a TE se dedica ao *cognitivo*.

Em trabalho de síntese, feito para explicar ao público japonês os aportes da teoria da regulação, e no meu entender muito mais próximo da herança de Marx do que aqueles de Boyer, Benjamin Coriat (1994) afirma que uma das premissas básicas da *escola* ia contra os keynesianos e os neoclássicos[10] que trabalham sob um modelo de crescimento abstrato e perfeitamente atemporal. Quanto aos regulacionistas, dizia que eles queriam pôr em evidência

> uma variedade e uma pluralidade de regimes de acumulação observáveis historicamente ... esta abordagem vale sobretudo naquilo em que ela põe no centro da dinâmica, as contradições da reprodução do conjunto [da economia], ... um regime de acumulação pode ser definido também a partir das condições nas quais são obtidos, divididos e difundidos os ganhos de produtividade. Esta maneira de definir um regime de acumulação põe assim no centro da caracterização a contradição capital/trabalho e a principio o conflito essencial que o anima, entre salário e lucro. (Coriat, 1994, p.120)

O mundo da Pesquisa e do Desenvolvimento experimental conhece mudanças rápidas, tornando o fenômeno mais complexo pelas suas inúmeras articulações e, como decorrência, tornando-o mais difícil de ser entendido. Christopher Freeman afirmou com clareza que, no processo de crescimento econômico, cinco subsistemas se destacam: a ciência (i), a tecnologia (ii), a economia (iii), a política (iv) e a cultura geral (v). E, embora cada um deles tenha um perfil próprio e distinto, bem como seu nível de autonomia relativa, é pela sua interdependência e interação que se pode melhor compreender os processos de atraso, de alcance e de construção do crescimento econômico.

Coriat, por sua vez, entendendo que a teoria da regulação não estaria isenta de dificuldades, considera importante buscar as convergências entre as teorias endógenas, sobre preocupações e domínios de estudos,

10 Para Arrow (1962), por exemplo, o crescimento da produção se mantém pelo fenômeno da aprendizagem.

por exemplo, a análise da formação das microrregularidades, na identificação das codificações nos comportamentos dos agentes, mas que isso não implica, de forma alguma, a mesma visão e representação dos princípios dinâmicos do capitalismo e das condições de formação de uma acumulação forte e estável.

Os gastos em pesquisa, que passaram por um intenso crescimento em muitos países, hoje parecem se estabilizar, muito embora alguns países fujam do padrão. Outras evoluções aparecem, como a externalização ou o reagrupamento de boa parte de suas atividades de pesquisa e desenvolvimento ou ainda a ampliação do nível de alianças tecnológicas e, depois da década de 1990, da ampliação do nível de patenteamento e, associado a isso, as parcerias diversas entre laboratórios públicos e privados e mais, o direcionamento dado à P&D pela participação crescente das finanças no seu financiamento.

Reconhece-se hoje a existência de uma forte correlação entre o esforço de P&D, que se traduz em substanciais investimentos estatais e privados na qualificação dos recursos humanos, na criação de laboratórios de pesquisa, no sistema de ensino superior e nas *performances* em termos de crescimento econômico, da produtividade, de um padrão de consumo e bem-estar que tem se propagado de forma acentuadamente desigual.

A constatação desta profunda desigualdade entre a realidade dos países industrializados, que dão o ritmo do crescimento, e aquela dos países periféricos, e entre classes sociais, evidentemente não se explica pelo nível de divergência acumulado ao longo dos anos na produção do conhecimento, da tecnologia e da inovação entre esses países, mas, por certo, esses aspectos têm exercido um papel destacado nesse processo. Portanto, um dos objetivos deste estudo tem como fio condutor a relevância da ciência e da tecnologia contemporâneas na definição dessas desigualdades e nesse processo de mundialização avançado e, ao mesmo tempo, como se mantém um *modo de regulação*, de grande instabilidade, que permite, no longo prazo, a reprodução da sociedade mundial no seu conjunto.

Em termos de gastos mundiais em P&D, os Estados Unidos realizaram, em 1999, 39,4% do total; a União Européia, 26,2%; e o Japão, 15%, o que quer dizer que a assim chamada Tríade realiza mais que 80% do total, quando não possui sequer 1/4 da população do planeta.

Os Estados Unidos mantêm sua hegemonia, quer no financiamento, quer na geração de inovações, representando 29,9% da produção mundial de artigos científicos seguidos de muito longe pelo Japão, com 8,9%; pelo Reino Unido, 8,0%; pela Alemanha, 6,9%; e pela França, 5,2%. Não obstante, a União Européia dos quinze ultrapassava amplamente os Estados Unidos enquanto conjunto, com 33,8% das publicações da ciência mundial.

Se tomarmos outro indicador, como aquele das patentes, e especificamente os depósitos realizados no Ofício Europeu de Patentes (OEB – *Office Européen des Brevets*), a União Européia aí domina plenamente seus concorrentes, com 42,6% dos depósitos, contra 32,3% dos EUA e 14,7% para o Japão. A França detém 6,3% dessas patentes, mais do que aqueles do Reino Unido, 5,3%, contudo quase três vezes menos do que a Alemanha, 18,1%. Segundo o OST – *Observatoire des Sciences et des Techniques* (2003, p.10), desde 1995 a Alemanha se mantém estável no registro de patentes, ao passo que a participação francesa diminui.

A maior proporção das atividades de inovação das firmas é realizada nos seus países de origem. As atividades de inovação das firmas japonesas são estruturalmente as menos mundializadas e aquelas européias, as mais mundializadas. Na Europa, com exceção do Reino Unido, os grandes países realizam suas atividades de inovação "em casa", como a Alemanha, a Itália e a França. Mas as firmas dos pequenos países europeus, como a Holanda, a Bélgica e a Suíça, desenvolvem intensas atividades de inovação no exterior. Pode-se verificar que do início dos anos 1980 a meados dos anos 1990 as grandes firmas aumentaram a proporção de suas atividades de inovação fora do país de origem em apenas 2,4%.

Para Patel & Pavitt (2000, p.45), no interior da Europa as firmas francesas estenderam essas atividades para outros países, mais do que as firmas dos EUA. Contudo, entendem que esse crescimento é muito mais devido ao processo de aquisição de empresas estrangeiras do que propriamente um crescimento internacional das atividades de P&D. Contrariamente a opiniões amplamente difundidas, asseguram: o grau de internacionalização da P&D não é positivamente associado às atividades de C&T. "Menos de 1% dessas atividades de inovação das firmas no estrangeiro são localizadas fora dos países da Tríade" (Bernal, 1939), o que pode confirmar o fato de o processo de internacionalização das atividades de inovação ser muito mais ligado à triadização do que à mundialização.

As políticas científicas e tecnológicas e os sistemas nacionais de inovação

A idéia de uma política específica relativa à organização da ciência em nível nacional e a atribuição de recursos para a pesquisa é de aplicação recente e vem do Segundo Pós-Guerra Mundial, muito embora autores como Bernal (1939) já desenvolvessem, no final dos anos 1930, uma reflexão consistente sobre o papel social da Ciência (Freeman, 1992). Em 1945 o Reino Unido cria o *Comitee on Future Scientific Policy* e, em 1947, o *Advisory Council for Social Science Policy*. O Brasil, neste caso, não está tão atrás, pois o Conselho Nacional de Desenvolvimento Científico e Tecnológico (CNPq), órgão nacional para a pesquisa e o desenvolvimento da Ciência, foi criado em 1951.

Alexander King (1974) afirmou que a OCDE (Organização de Cooperação e Desenvolvimento Econômico), nos inícios dos anos 1960, havia estabelecido o Relatório Piganiol como sendo a primeira apresentação pública do que hoje se designa por "política de ciência". Também para Salomon (1977), só a partir da Segunda Guerra Mundial é que as intervenções públicas para a ciência e a tecnologia adquiriram uma forma explícita, organizada e institucionalizada, dando ao novo campo o reconhecimento, através de organismos estatais, com mecanismos, procedimentos e um corpo burocrático e político especialmente dedicado a lidar com a C&T. Tanto Salomon como King atribuem as tentativas norte-americanas e soviéticas antes desse período como de pré-política científica.

Em um livro muito rico em informações, Beatriz Ruivo (1998) dedica-se a inventariar o que vem a se configurar como uma política científica e apresenta várias definições na literatura específica, que em geral restringem o seu significado à política científica estatal nacional, enquanto definição de orientação ou mesmo de definição de prioridades no campo.

No trabalho de Piganiol & Villecourt (1963, apud Ruivo, 1998), por exemplo, a política científica deveria corresponder a dois objetivos maiores: permitir aos cientistas desenvolver seus trabalhos de descoberta de explicações para fenômenos ainda incompreendidos e o de permitir às autoridades públicas e privadas assegurar a utilização desses conhecimentos e orientar certas investigações no interesse do maior número de pessoas. Já Salomon (1977) entende como política científica as medidas tomadas por um governo para, por um lado, encorajar o desenvolvimento da investigação científica e tecnológica e, por outro, explorar os resultados da pesquisa tendo em vista os objetivos de políticas gerais (Ruivo, 1998, p.65). Vê-se que nesse período a compreensão da política de C&T incorpora sobretudo uma visão "idílica" da produção do conhecimento, ainda relegando à sua "apropriação" um caráter secundário.

Freeman estabelece em 1987 uma definição muito restrita e pragmática, salientando que a política de ciência pode ser definida como a política para a mão-de-obra profissional empregada em trabalho de pesquisa e desenvolvimento experimental, uma redução instrumental, que será cada vez mais acentuada ao longo do final do século XX.

Ainda duas definições, entre outras apresentadas por Ruivo (1998), e que nos parecem ricas para matizar a questão, foram apresentadas: a primeira pela Câmara dos Representantes dos EUA e a segunda por C. Tisdel. Na primeira, com um sentido bastante abrangente pela própria definição, considerada como podendo ser múltipla, mas fortemente vinculada à produção:

> O termo política de ciência é em si sujeito a interpretações diferentes, mas é mais usualmente utilizado para referir as políticas de apoio governamental e de encorajamento à ciência e à tecnologia, de investigação fundamental à investigação aplicada, ao desenvolvimento de produtos. Quando interpretado no sentido de abarcar um vasto leque de atividades, a política científica inclui questões como a política de patentes, a política anti-monopólios, a política fiscal e a política de inovação industrial em geral. (apud Ruivo, 1998, p.68)

Já Tidell a associa ao sistema educacional e à produção de conhecimentos, estabelecendo uma diferenciação entre política científica e política tecnológica:

> Na sua vasta aplicação, a política científica diz respeito à educação, à reserva de conhecimentos armazenados, sua disponibilização e utilização; e à investigação e desenvolvimento. A política tecnológica diz respeito à adoção e utilização de técnicas e sua substituição. ... Contudo, a fronteira entre as duas políticas não é muito bem definida. (In Ruivo, 1998, p.68)

É no início dos anos 1960 que uma abordagem mais sistemática da inovação tecnológica é desenvolvida, com os trabalhos pioneiros de Nelson, Rosemberg e posteriormente Freeman, Perez e Dosi, entre outros. Hoje, pode-se dizer que existe uma complexa aparelhagem conceitual para tratar das questões ligadas à inovação na micro e macroeconomia, bem como no comércio internacional, na economia do trabalho e nas políticas públicas. No entanto, é um campo onde são travados grandes debates teóricos, apenas assinalados no tópico anterior e onde um grande número de questões substantivas e essenciais resta por responder. Digamos que é um campo de saber em processo de consolidação e de enfrentamentos.

Nelson (1993), falando a propósito de um "tecno-nacionalismo", dizia, no início dos anos 1990, que ganhava força uma "forte crença" de que as capacidades tecnológicas das firmas de uma nação são uma fonte-chave de seu poder competitivo e que essas capacidades, em um sentido nacional, podem ser construídas por uma ação nacional. Esse entendimento e mesmo o clima da época gerou grande interesse nos sistemas nacionais de inovação, entre suas similitudes e diferenças, bem como na dimensão e na forma que essas diferenças explicam a variedade de *performances* econômicas.

O conceito, ainda na expressão de Nelson, representa um conjunto de instituições cujas interações determinam a *performance* da inovação das firmas nacionais. O sistema não representa aqui o fato de que as instituições que o constituem ajam coerentemente e de forma tranqüila, mas simplesmente que os atores institucionais que dele participam jogam um papel que influencia a *performance* da inovação.

Esse conceito pode ser entendido de forma muito ampla, quando o sistema de instituições que apóia a inovação técnica num determinado campo tenha baixo nível de articulação em determinados subsistemas. Por outro lado, em muitos campos da tecnologia, por exemplo, no campo farmacêutico e no campo aeronáutico, um número de instituições é ou age de forma transnacional. Isso levanta inclusive um problema sobre a pertinência do conceito de "sistema nacional de inovação", pois num mundo onde as empresas, os mercados, a tecnologia e os negócios são cada vez mais mundializados faz sentido, ainda hoje, falar-se em sistema nacional de inovação?

A definição de sistema nacional de inovação, como inicialmente proposta por Freeman (1987), considera uma rede de instituições nos setores público e privado cujas atividades e interações iniciam, importam, modificam e difundem nova tecnologia.

A relevância das instituições está diretamente relacionada à verificação de que o conhecimento incorporado ao processo de inovação é tácito em boa parte e, portanto, configura-se em pessoas e instituições. A estrutura institucional científica e tecnológica e a rede (*network*) de relações de cooperação que apóiam a inovação num país provêm de uma instância onde a questão "quem somos nós?" é de extrema importância (o "nós" representando as firmas e instituições imersas em uma rede de relacionamentos ativados para a inovação num determinado país). Firmas estrangeiras têm freqüentemente sido partes dessa rede, na base de Investimentos Diretos Externos (IDE) que datam do período que antecedeu à liberalização e à desregulamentação. Redes de instituições acumulam conhecimento tecnológico ao longo do tempo e, quanto maiores são seus conhecimentos, mais fácil é descobrir e absorver conhecimento novo. A dimensão cumulativa da ciência e da tecnologia provê as bases para crescentes retornos na acumulação de conhecimento e mesmo a persistente aglomeração de atividades tecnológicas particulares em algumas regiões e lugares, na medida em que não são destruídos por mudanças radicais nos paradigmas tecnológicos (Freeman & Perez, 1988, p.19) ou por fortes políticas adversas e atitudes estratégicas de corporações.

Firmas, instituições e países que tiveram muitas oportunidades, mas que também priorizaram suficientemente os investimentos em P&D e a construção de uma base de aprendizado cooperativa terão suficiente capacidade para se adaptar às mudanças tecnológicas. Mas eles não estão imunes ao tipo de destruição de instituições e relacionamentos no qual a acumulação tecnológica se baseia, seja através dos cortes orçamentários, seja por mau gerenciamento ou fusões e aquisições levados a cabo sem observar e atentar para o aprendizado cumulativo no interior das organizações (OECD, 1992, p.38).

Para entender um sistema nacional de inovação é essencial entender como o avanço técnico ocorre no mundo moderno, os processos-chave, bem como as instituições envolvidas. Nos nossos dias, a produção tecnológica está associada a vários campos da ciência que iluminam e emprestam uma compreensão inestimável e técnica para fazer avançar a tecnologia, mas esta não é nem uma relação linear, nem simples, pois, entre outros problemas, a tecnologia também é desigualmente produzida e apropriada.

Segundo Nelson (1993), as facilidades de P&D geridas por cientistas e engenheiros ligados a firmas de negócios, universidades e agências de governo são os principais veículos através dos quais o avanço tecnológico se processa, em campos como a química, a eletrônica ou a aviação. Pode-se dizer que até o final do século XIX ainda não se entendia enquanto sistêmica a relação entre ciência e tecnologia, que veio a provocar posteriormente mudanças radicais na natureza das instituições e das pessoas envolvidas no avanço técnico. A idéia do cientista isolado, do gênio, não tem mais lugar e a maioria das empresas passa a procurar, para seus laboratórios, cientistas oriundos das universidades e que trabalham de forma associada.

No início do século XX, nos Estados Unidos, são os laboratórios de pesquisa industrial mais do que os laboratórios universitários ou instalações de governo que se transformam no *locus* dominante da P&D. Havia um sentido eminentemente prático e mesmo mecânico do sentido da ciência. Necessitava-se de conhecimentos que rapidamente pudessem ser apropriados e aperfeiçoados, para garantir escala e retorno. A inovação é vista como um negócio contínuo, no qual produtos e processos de engenharia, que aprendem da experiência e fazem alterações, dependendo do retorno de queixas e sugestões e de gerência para superar as dificuldades. Esse processo gradualmente se altera. As universidades passam a jogar um papel cada vez maior no avanço técnico, não apenas enquanto lugar de formação de engenheiros e cientistas, mas como fonte de resultados de pesquisa e técnicas de importância relevante para o avanço industrial.

A pesquisa básica, nesse período, mesmo que produzida na universidade – a química, a biologia, a botânica –, é ainda precipuamente voltada para a aplicação. Nos EUA, as estações experimentais de agricultura com financiamento governamental, que foram importantes fontes de novas tecnologias para o setor, são um bom exemplo. Nesse país, o apoio do governo para a P&D na indústria está ligado a projetos de interesse direto do governo, como o militar e o espacial. Contudo, a articulação entre Ciência e Tecnologia, como vimos anteriormente, tem outras determinações, como evidenciamos com relação ao papel hoje central das finanças na condução do cognitivo, e é ingênuo tentar descrever e analisar um sistema nacional de inovação como algo desvinculado de seu sistema econômico mais geral, ou pensar políticas de inovação como separadas daquelas relacionadas com economia, educação e segurança nacional.

De uma forma rápida e esquemática o sistema nacional de inovação é formado por três subsistemas: o subsistema político, o subsistema educacional e de pesquisa e o subsistema industrial. Para Nelson, a nações diferem no número de indústrias que possuem e essas diferenças moldam os sistemas nacionais.

Para Patel & Pavitt (2000), do *Science Policy Research Unite* – Universidade de Sussex, pode-se definir um sistema nacional de inovação como sendo

> a maneira com a qual as instituições são implicadas na produção, na comercialização, e na difusão de novos produtos, processos e serviços mais bem sucedidos (i.e. a mudança técnica), mas também através da forma pela qual as estruturas de incitação e as capacidades destas instituições influenciam a taxa de crescimento e a direção de tais mudanças. (p.43)

Uma definição estrita e mais operacional seria: que o SNI representa os esforços nacionais de investimento nas atividades de produção dos conhecimentos necessários e complementares aos investimentos nos equipamentos capazes de produzir eficácia e na manutenção ou melhoria da competitividade.

Em boa parte dos trabalhos da escola evolucionista, que dizem respeito aos diferenciais entre taxas de crescimento entre países, identificam-se dois componentes essenciais nas atividades produtoras de conhecimento: a educação-formação e a P&D.

Para Lundvall (1988), a inovação está necessariamente vinculada ao aprendizado interativo, admitindo a incerteza e a racionalidade ilimitada dos agentes econômicos, que fazem que não seja possível postular regras de comportamentos homogêneos por parte dos agentes econômicos. O ponto focal para ele não é o cálculo ou a tomada de decisão, mas a aprendizagem interativa que é gravemente ameaçada quando os agentes econômicos agem exclusivamente sobre a base do cálculo e da otimização. As normas sociais que existem, segundo ele, não foram escolhidas em razão de sua utilidade, mas principalmente por razões extra-econômicas e "irracionais". A inovação, que é a criação de novos objetos e de novos saberes qualitativamente diferentes, implica não apenas incerteza, mas também uma ruptura com relação a uma racionalidade puramente instrumental e estratégica. A cultura tem um impacto poderoso e importante sobre os agentes econômicos e, portanto, os diversos sistemas nacionais são produzidos por agentes diferentes.

A mudança técnica, vista como processo endógeno, seria particular a cada país que, em certos casos, poderia chegar a um determinado "ciclo virtuoso", mas em outros, a círculos virtuosos de baixo crescimento. Ou seja, o resultado mais provável da dinâmica das nações é a divergência dos crescimentos mais que a sua convergência. Segundo Freeman & Soete (1991), essa nova abordagem convidaria a uma ação política tanto ao nível macroeconômico quanto microeconômico. Uma ação mais ofensiva das políticas econômicas dos governos, em termos tecnológicos, justificar-se-ia ainda mais quando se introduz a competitividade internacional e, com ela, o objetivo de reforçar o potencial de desenvolvimento do país ou da região.

Aqui novamente se revela a dissociação que fazem os evolucionistas, ao exacerbar a natureza desvinculada do processo político-econômico entre nações, na medida em que uma determinada hierarquia se estabelece, e mais, uma certa dependência, limitando sobremaneira as possibilidades mais ofensivas em termos de políticas tecnológicas de certos governos em relação a outros.

De qualquer modo, deve-se considerar que os autores em questão incluem o elemento do contexto institucional próprio a cada país. Entendem que não se trata apenas de encorajar as empresas industriais de determinado país a se adaptarem às novas tecnologias, encorajando-as à P&D e estimulando a difusão tecnológica ou a cooperação no domínio das pesquisas genéricas a longo prazo. Mas também tendo em vista a consolidação da base regional de desenvolvimento econômico, o reforço do tecido das pequenas e médias empresas e às vezes mesmo dar mais suporte à pesquisa fundamental, desenvolvendo atividades tidas como de importância estratégica para o crescimento econômico do país em suas especificidades.

Há, de fato, um verdadeiro "programa", seja de pesquisa, seja de recomendações, estabelecido pela Escola Evolucionista, que vale a pena aprofundar: em primeiro lugar, o entendimento de que existem problemas políticos que conduzem, sobretudo, à criação e/ou reforço dos meios tecnológicos nacionais ou mesmo locais; o acesso às redes, à difusão e utilização das tecnologias em benefício das grandes empresas nacionais e estrangeiras, bem como às pequenas e médias empresas; à formação e valorização dos recursos humanos e das capacidades de gestão nacionais e locais; em segundo lugar, existe hoje de forma cada vez mais acentuada a presença da mundialização, que convidaria teoricamente (movimento contraditório e ambíguo) a uma ação e a um esforço coordenado em âmbito mundial nos domínios científicos e técnicos, onde as vantagens civilizatórias de uma colaboração internacional se fariam evidentes, mas cujas iniciativas são ainda profundamente insuficientes ou obstadas. Os problemas ambientais, aqueles relacionados à matriz energética, o uso sustentável das águas e do ar, os problemas de saúde e da fome e de outros domínios, evidenciam que as fronteiras nacionais contam cada vez menos, e esses problemas são pouco levados a sério.

O que existe de fato é um acesso extremamente desigual aos novos desenvolvimentos da Ciência e da Tecnologia e a corrida contra o atraso tecnológico raramente consiste em que os países em condições de desvantagem raramente se apropriam diretamente das tecnologias em seu estado mais avançado de concorrência. A difusão mundial das inovações radicais é amplamente controlada pelas empresas multinacionais. Essas estão em condições de transferir para novos locais, se assim desejarem, os equipamentos e as competências especializadas e de estimular e organizar as aprendizagens necessárias, quando lhes convém. Mas dificilmente se conjectura sobre a abertura da "caixa-preta". Essas empresas efetivam acordos de trocas de tecnologia com empresas rivais; organizam *joint ventures* em qualquer parte do mundo, quando os riscos e as vantagens obrigam.

Essa liderança tecnológica tem feito que os países, tanto desenvolvidos como em desenvolvimento, estabeleçam ofertas e vantagens capazes de atraí-las para seus territórios, visando receber fluxos de investimento e de transferências de tecnologias que lhes são associadas (e que ocorrem basicamente no espaço da tríade). Esses esforços só produzem efeitos limitados se não são acompanhados de uma série de mudanças institucionais visando reforçar a capacidade tecnológica autônoma nos países importadores. Isso é particularmente verdadeiro para as tecnologias genéricas que estiveram, nos últimos trinta anos, no cerne do processo mundial de difusão. É essencial aqui sublinhar as interdependências entre inovações e entre as inovações técnicas e organizacionais. Uma teoria das mudanças técnicas que ignore essas interdependências não é mais útil do que as teorias econômicas que ignoram as interdependências de preços e das quantidades na economia mundial. Portanto, ainda é importante reforçar as capacidades tecnológicas internas das economias nacionais, sem perder de vista a evolução, seja das novas prioridades que se estabelecem ao nível mundial nos domínios da C&T, seja das hierarquias e interdependências que se estabelecem entre países e empresas do núcleo capitalista.

Patel & Pavitt (2000), em estudo no qual procuram estabelecer os elos institucionais entre, por um lado, as atividades de P&D das firmas e, por outro, a pesquisa fundamental financiada pelos fundos públicos nas universidades e organismos associados, entendem que os estudos empíricos confirmam a existência de sistemas nacionais de inovação. Contudo, essa relação expressa dificuldades geográficas, de ambiente e de nomenclatura que impõem as trocas e as transferências de conhecimento tácito entre indivíduos, o que não tem minimizado uma forte inclinação nacional nas relações entre os pesquisadores da indústria e a pesquisa acadêmica. Há toda uma literatura que expressa a dificuldade maior que existe entre o estabelecimento da mesma relação com outros países do que no interior da nação.

É nesse contexto que os autores examinam as incidências da globalização das atividades das firmas sobre os elos tão privilegiados entre a base científica nacional e as atividades nacionais de inovação. Para Dunning (1993), esses elos entre firmas globalizadas e suas bases tecnológicas domésticas tendem a se enfraquecer, posição contraria à de Patel & Pavitt. Porter (1990) também pensa que esses elos tendem a se reforçar.

Os estudos que tratam da internacionalização da P&D[11] têm se baseado em duas medidas: i) as atividades domésticas de P&D financiadas pelas empresas e desenvolvidas por firmas estrangeiras, que seriam a parte da P&D financiada por firmas domésticas desenvolvidas fora do território nacional (OCDE, 1997); ii) as estatísticas de patentes, como uma aproximação (*proxy*) da medida de localização geográfica das atividades de P&D.

Em uma outra pesquisa baseada na análise sistemática de 359 maiores grupos mundiais (entre 500 da lista da revista *Fortune*) e ativas no plano tecnológico nos anos 1990, Patel & Vega (1997) revelam que as firmas continuam a executar uma proporção elevada de suas atividades de inovação nos seus países de origem. As atividades de inovação das firmas japonesas são as menos mundializadas e aquelas das firmas européias, as mais mundializadas.

Na Europa, a parte das atividades tecnológicas das empresas levadas a cabo fora de seus países de origem é mais elevada para as firmas originárias dos pequenos países (mais de 50% no caso das grandes empresas belgas, holandesas e suíças), que para aquelas originárias dos grandes países (um terço no caso das firmas francesas, alemãs e italianas. As exceções são aquelas do Reino Unido e da Finlândia, expondo tendências divergentes, sendo o primeiro, um grande país que realiza mais que 50% de sua P&D fora do país, seja porque muito articulado com os Estados Unidos da América, seja como resultado da política de Margareth Tha-

11 Despesas e pessoal envolvido em P&D.

tcher, que nos anos 1980, a partir da indústria automobilística, permitiu aos concorrentes japoneses, e sobretudo norte-americanos, acederem ao mercado europeu, o mesmo acontecendo na eletrônica e nas telecomunicações, onde a proteção do Estado foi reduzida, enfraquecendo, como conseqüência, os elos entre a base científica nacional e as grandes firmas britânicas. O segundo, a Finlândia, pequeno país que só realiza um quarto de suas atividades fora de seu território.

Tabela 1 – A internacionalização das atividades tecnológicas das empresas

	% da participação nas patentes depositadas nos Estados Unidos (1992-6)		% da participação nas despesas de P&D no estrangeiro	Variação em % da participação nas patentes dos EUA depois de 1980-4
	Doméstica	Estrangeiro		
Japão	97,4	2,6	2,1 (1993)	-0,7
EUA	92,0	8,0	11,9 (1994)	2,2
Europa	77,3	22,7*		3,3
Bélgica	33,2	66,8		4,9
Finlândia	71,2	28,8	24,0 (1992)	6,0
França	65,4	34,6		12,9
Alemanha	78,2	21,8	18,0 (1995)	6,4
Itália	77,9	22,1		7,4
Holanda	40,1	59,9		6,6
Suécia	64,0	36,0	21,8 (1995)	-5,7
Suiça	42,0	58,0		8,2
Reino Unido	47,6	52,4		7,6
Todas as Firmas	87,4	12,6	11,0 (1997)	2,4

*Trata-se da proporção localizada fora da Europa do total das atividades de todos os países europeus repertoriados nesta tabela.
Fonte para os dados de P&D: OCDE (1997), UE (1997), Patel & Pavitt (2000), p.44.

"Do início dos anos 1980 à metade dos anos 1990, as grandes firmas aumentaram a proporção de suas atividades de inovação desenvolvidas fora de seu país de origem em somente 2,4%" (Patel & Pavitt, 2000, p.45). Os autores assinalam ainda que a maior parte do incremento das atividades tecnológicas no estrangeiro foi muito mais uma atividade decorrente das aquisições de outras empresas estrangeiras do que efetivamente de uma reconfiguração internacional das atividades de P&D.[12]

Para Patel & Pavitt, a aglomeração física das atividades de P&D das firmas e seus elos estreitos com a base científica nacional são determinantes para a descoberta de inovações maiores. A base científica nacional nem sempre pode assegurar a oferta de qualificações e os conhecimentos necessários em cada um dos domínios emergentes importantes com o mesmo grau de eficácia. Esse é um problema que afeta, em princípio, as grandes firmas de pequenos países, mas também explica em parte o reflexo da rigidez institucional no interior da base científica pública. A título de exemplo, empresas japonesas e alemãs têm adotado medidas diferenciadas para enfrentar o problema: as firmas japonesas desenvolvem redes mundiais que incluem a implantação de laboratórios de pequeno tamanho, mas de grande qualidade na proximidade de centros mundiais de excelência. As firmas alemãs da indústria química estabelecem fortes ligações com a pesquisa norte-americana em Biologia Molecular e em campos conexos como reação ao atraso da base científica nacional.

A conclusão desses autores é de que os sistemas nacionais de inovação, na qual uma base científica forte está ligada às grandes firmas nacionais inovadoras e competitivas, se mostra um caminho desejável, seja para o governo, seja para as empresas, seja para a sociedade como um todo, mas é necessário não esquecer que esses sistemas estão cada vez mais submetidos a tensões crescentes provocadas pela mundialização, que tem acarretado: i) liberalização; ii) desigual nível tecnológico entre países e iii) extensão do número de competências que as firmas devem dominar a cada dia. São todas fontes de desequilíbrio ou de

12 Patel (1995), em pesquisa na qual estudou uma amostra de 600 empresas multinacionais, demonstrou que, no final dos anos 1980, cerca de 60% das firmas não desenvolviam atividades tecnológicas no estrangeiro.

adaptações imperfeitas entre a base científica sem o apoio dos fundos públicos e aquelas firmas – campeãs nacionais que são apoiadas por estes fundos.

A colonização do tecnológico pela finança mundializada

François Chesnais (2003a) só em certa medida tem entendimento próximo àquele dos autores evolucionistas, de que o capitalismo contemporâneo estabeleceu um tipo de cooperação social – de regulação, onde os conteúdos científicos e técnicos cresceram e podem continuar a ser apropriados por um pequeno número de países e por grupos sociais limitados. Estabelece, contudo, uma diferença importante, ao assinalar a hierarquia conquistada e a amplitude dos meios postos em ação pelos Estados Unidos da América e pelos segmentos mais poderosos do capital, tendo em vista a preservação das relações de dominação política e social e os modos de vida que o acompanham. Portanto, distancia-se dos neo-evolucionistas ao colocar como central a determinação política e social do processo de acumulação de capital. A orientação de parte importante do orçamento científico e tecnológico dos EUA para fins militares e agora para projetos "totalitários" de apropriação-expropriação do ser vivo "é a manifestação mais evidente, dando um conteúdo sinistro à sociedade que veria o triunfo do capital cognitivo."

Importante aqui introduzir uma reflexão realizada por Orsi & Coriat (2003), que procuram, na seqüência da crise da bolha sobre a Nasdaq e das inúmeras falências que seguiram à queda das Bolsas, entender o processo de complementaridades construído, principalmente nos EUA, entre um regime de direitos de propriedade intelectual e um conjunto de regulamentações inéditas sobre o mercado financeiro, que permitiram a promoção das chamadas "firmas inovadoras", reforçando assim a hipótese de Chesnais sobre o lugar prioritário de análise sobre o financeiro e não sobre o tecnológico.

Os autores iniciam pela série de mudanças ocorridas nos últimos vinte anos sobre os Direitos de Propriedade Intelectual (DPI), promovidas pela Administração e pela Justiça norte-americana. Em primeiro lugar, a abertura do domínio das patentes para novos atores, no caso as universidades e laboratórios de pesquisa acadêmicos, em que uma nova legislação autorizava o depósito de patentes sobre os produtos de suas pesquisas, quando se tratam de instituições que são financiadas por fundos públicos.

Segundo Orsi & Coriat, esse passo foi dado desde 1980, com o voto do *Bayh-Dole Act* que introduziu uma série de disposições novas e complementares. A primeira, como já assinalado, foi a autorização para o depósito de patentes sobre os resultados de pesquisas financiadas com fundo público. Por outro lado, a possibilidade de cessão dessas patentes sobre formas de licenças exclusivas a firmas privadas ou de constituir com elas *joint ventures*, associações cujo objetivo será o de tirar partido dos conhecimentos dessa forma cedidos, seja para fins de comércio, seja para sua viabilização enquanto produtos comercializáveis. O resultado foi a explosão do número de patentes depositadas pelos laboratórios públicos.

O *Bayh-Dole Act* vai provocar então uma mudança fundamental na prática da pesquisa acadêmica, com a formação em todas as grandes universidades norte-americanas dos escritórios de transferência de tecnologia (*Technological Transfer Offices*) e, como conseqüência direta, essas instâncias vão passar a desempenhar um papel decisivo na orientação da pesquisa, com uma ação que privilegia aquelas pesquisas em curso que forem suscetíveis de serem patenteadas no prazo mais curto. Ainda, em numerosos casos, essas ações poderão incidir no retardamento da publicação dos resultados científicos, submetendo-se a publicação a depósitos de patentes prévios. Esses novos procedimentos permitidos pela lei alteram completamente a natureza do entendimento e do sentido de "bem público" que revestia até então a informação científica.

Além dessa medida e também a partir de decisões da Corte de Justiça, o direito de propriedade intelectual foi modificado, sendo a alteração mais substancial aquela que consiste em abrir o domínio do patenteamento para objetos que até o presente não estavam sujeitos ou mesmo que eram proscritos de qualquer patenteamento. Dois domínios principais estão em jogo aqui: o patenteamento da vida e aquele dos "programas de computador".

No domínio dos computadores, a autorização vai incidir sobre o patenteamento do algoritmo correspondente à utilização simultânea de equações matemáticas, processo que vai incidir nos elementos de conhecimento genérico correntemente adotado pelas comunidades dos programadores e por aqueles que concebem programas de computadores. Mas é no domínio das ciências da vida que as implicações são mais radicais. Como informam Coriat & Orsi, a brecha foi dada pela medida que autorizou a General Eletric a patentear um microrganismo, a primeira de uma longa série que conduzirá finalmente ao patenteamento dos genes e das seqüências parciais de genes.

> Assim, hoje nos EUA, mais de 50.000 patentes foram concedidas ou solicitadas sobre o seqüenciamento ou o seqüenciamento parcial de genes ... a via está aberta para uma verdadeira mercantilização do conhecimento científico. (Orsi & Coriat, 2003, p.2)

Um outro aspecto da maior gravidade está associado ao fato de que os patenteamentos atribuídos são de "largo espectro", quer dizer, eles cobrem e protegem não as invenções cuja utilidade seja confirmada, mas um amplo conjunto de possíveis aplicações futuras. Desta forma, a Corte de Justiça dos EUA está autorizando a "brevetagem" do próprio conhecimento de base (*input* para futuras invenções), ou seja, protegendo não apenas as invenções descritas, mas todas aquelas potencial e virtualmente capazes de derivar da utilização do conhecimento patenteado. Estaria então a Corte de justiça desse país inaugurando uma era de privatização dos fundos comuns da descoberta científica, dessa forma fragmentadas e apropriadas de forma privada pelas firmas.

Outra mudança forte decorrente do *Bayh-Dole Act* foi a entrada do capital financeiro no mundo da produção do conhecimento, quando em 1984 uma regulamentação da Nasd[13] permitiu a colocação no mercado e a cotização de firmas deficitárias, sob a condição que estas dispusessem de um forte "capital intangível", que se constitui basicamente de

13 *National Association of Securities Dealers*, instância que sob a autoridade da SEC (*Security Exchange Comissions*) está encarregada de cuidar da regulamentação e da segurança das transações sobre a Nasdaq.

direitos de propriedade intelectual. Outras alterações de dispositivos legislativos foram realizadas, como o *prudent man* para permitir que os fundos de pensão fossem autorizados a investir uma parte de seus ativos sobre títulos de risco, o que antes era proibido. Com isso, viu-se a entrada no mercado de valores financeiros de um conjunto de firmas novas, deficitárias, mas julgadas, em razão de seus ativos intangíveis, como de "alto potencial".

Foi dessa maneira que se criou no mercado norte-americano uma complementaridade institucional entre os mercados financeiros e os Direitos de Propriedade Intelectual, fazendo que uma boa parcela da "nova economia" encontrasse aqui sua origem. Os resultados nefastos dessas medidas estão, em primeiro lugar, na apropriação do processo do conhecimento por firmas privadas e, em segundo lugar, pela condução desse processo por interesses imediatistas, voltados para a mercantilização, que, já temos visto, na prática são inaceitáveis, seja no caso dos fármacos relacionados à Aids, em que as populações mais necessitadas não têm acesso, seja pelo abandono de pesquisas sobre doenças que atingem os países pobres, de pouco interesse para os grandes oligopólios.

É a partir desse novo regime de acumulação, sob o comando do sistema financeiro, que faz as empresas reféns das normas de gestão e dos níveis de rentabilidade buscados pelos acionistas – a *corporate governance* – que se deve analisar o lugar da técnica da pesquisa, do progresso técnico, da educação, da circulação de informações, dos sistemas de inovação, da aprendizagem organizacional e da gerência estratégica das organizações, bem como a orientação do consumo para a técnica. Diz Chesnais (2003a, p.9) que

> sem a aplicação dos novos meios técnicos para fazer crescer o montante de trabalho não pago, os gerentes teriam permanecido na impossibilidade de satisfazer, mesmo de forma passageira, as exigências dos investidores institucionais em termos de taxa de rentabilidade e de montante de fluxos de juros e dividendos solicitados pelo capital acionário.

Os grandes conglomerados, portanto, tiram vantagens das Novas Tecnologias de Informação e Comunicação (NTIC) de diversas formas, seja pela reorganização do trabalho em torno de novos tipos de materiais automatizados, seja pelas redes e fluxos entre unidades de produção, pelo aumento progressivo das compras externas e da subcontratação, seja pela apropriação de frações de valor produzidos em firmas menores e mais fracas na sua capacidade de negociação.

No mesmo sentido, Veltz (2000) afirma que a questão mais grave com a qual se deparam as empresas hoje concerne à contradição de fundo que subordina os processos que repousam sobre a mobilização subjetiva das pessoas à lógica fria dos mercados, reais e financeiros. Ou seja, as empresas descartam as possibilidades de cooperação interna, de interatividade e os aprendizados longos, com as exigências de uma rentabilidade "bursátil", o que gera, contudo, uma contradição para a firma, que em ambiente de concorrência oligopolizada e de crescimento mundial lento, quando não interrompido pelas crises financeiras, passa a exigir renovação constante dos produtos e processos, reduzindo assim o período de estabilidade do trabalho à capacidade de aprendizado individual e coletiva, que são requisitos da eficiência. Além de ser constantemente cobrado por novos processos internos, o trabalhador se depara com a ameaça do *stress* do desemprego.

Essa hegemonia do regime de acumulação à dominância financeira tem permeado a pesquisa científica e tecnológica, pela implantação de uma pontuação do trabalho dos cientistas, pela multiplicação de formas de concorrência pessoal e de "financeirização" das recompensas no interior dos laboratórios públicos e privados, bem como nas redes cooperativas, criando rivalidades que só amesquinham o conteúdo e a qualidade do avanço da ciência.

A consolidação da chamada sociedade da informação e do conhecimento marca, segundo Chesnais (2003b), o ponto de chegada de uma imensa acumulação social de conhecimentos científicos e saberes técnicos, onde em sentido amplo, para o capitalismo, o que mais importa é fazer crer que

> o caráter socializado do trabalho não seja reconhecido como tal, de formas a que a propriedade privada continue a aparecer enquanto quadro indepassável da criação, da apropriação e da utilização dos conhecimentos. Esta sempre foi a aposta maior. (p.177)

Referências bibliográficas

AGLIETTA, Michel. La régulation du capitalisme mondial en débat. *Problèmes Economiques* (Paris), n.2.811, p.15-21. La Documentation française, 28 maio 2003.

AGLIETTA, Michel, ÓRLEANS, André. *La monnaie souveraine.* Paris: Odile Jacob, 1995. (Collection Repères.)

ARROW, K. Economic Welfare and the Allocation of resources for Invention. In: *The rate and direction of inventive Activity, Economic and Social Factors.* NBER, Princeton University Press, 1962.

BERNAL, J. D. *The social function of science.* Londres: Routledge and Kegan Paul; MIT Press, 1967. (Primeira edição 1939.)

BORÓN, Atílio. Os novos Leviatãs e a *polis* democrática: neoliberalismo, decomposição estatal e decadência da democracia na América Latina. In: SADER, Emir, GENTILLE, Pablo. *Pós-neoliberalismo II.* Petrópolis: Vozes/Clacso, 1999.

BOYER, Robert, DIDIER, Michel. *Innovation et Croissance*. Paris: La Documentation Française, 1998.

BOYER, Robert, SAILLARD, Yves. *Les Théories de la Regulation.* L'état des savoirs. Paris: La Découverte, 1995.

CHESNAIS, François. *After the Stock market turnabout*: questions and hypotheses. Paris: Université Paris Nord -XIII/mimeo, 2003a.

_______. Rapports de propriété et formes de captation du "cognitif" au bénéfice du capitalisme financier. In: VERCELLONE, Carlo (Ed.). *Sommes-nous sortis du capitalisme industriel?* Paris: La Dispute, 2003b. p.167-79.

_______. *La finance mondialisée.* Paris: La Découverte, 2004.

CORIAT, Benjamin. *Penser à l'envers.* Paris: Christian Bourgois, 1990.

_______. La théorie de la régulation. In: SEBAI, Florida, VERCELLONE, Carlo (Orgs.). *Ecole de la Régulation et critique de la raison économique.* Paris: L'Harmattan, 1994. p.101-51.

_______. Entre politique de la concurrence et politique commercial: quelle politique industrielle pour l'Union Européen? In: COHEN, Elie. LORENZI, Jean-Hervé (Rapport). *Politiques Industrielles pour l'Europe.* Paris: La Documentation Française, 2000. p.301-26.

______. Les droits de proprieté intellectuelle: nouveaux domaines, nouveaux enjeux. *Revue d'Économie Politique*, n.99, 2º sem. 2002.

CORIAT, Benjamin, DOSI, Giovanni. Evolutionnisme et régulation: différences et convergences. In: BOYER, Robert, SAILLARD, Yves. *Théorie de la régulation. L'état des Savoirs.* Paris: La Découverte, 1995. p.500-10.

DOSI, G. The nature of innovative Process. In: DOSI, G., FREEMAN, C. et al. *Technical Change and Economic Theory.* London/New York: Pinter, 1988. p.221-38.

DUNNING, J. *Multinational Enterprises and the global Economy.* Workingham: Addison Wesley Publishing Co., 1993.

FREEMAN, Christopher. *Technology Policy and Economic Performance*: Lessons from Japan. London: Pinter, 1987.

_______. Introduction. In: DOSI, G., FREEMAN, C , NELSON, R., SILVERBERG, G., SOETE, Luc. *Technical Change and Economic Theory*. London: Pinter, 1988.

_______. *The Economics of Hope.* London: Pinter Publishers, 1992.

FREEMAN, Christopher, SOETE, Luc. *Technical change and full employment.* London: Basil Blackwell, 1987.

_______. Analyse macro-économique et sectorielle des perspectives d'emploi et de formation dans le domaine des nouvelles technologies de l'information dans la Communauté Européen. *Rapport de Synthèse* (Sussex), SPRU, 1991.

FREEMAN, C., PEREZ, Carlota. *Structural crises and adjustements.* In: DOSI, G., FREEMAN, C., NELSON, R., SILVEBERG, G., SOETE, L. (Eds). *Technical Change and Economic Theory.* London: Pinter, 1988.

GIRARD, Jean-Pierre. Approche évolucioniste des paradigmes technologiques. In: PALLOIX, Christian, RIZOPOULOS, Yorgos (Eds.). *Firmes et Economie Industrielle.* Paris: L'Harmattan, 1997. p.217-35.

GUELLEC, Dominique. *Economie de l'Innovation.* Paris: La Decouverte, 1999.

HARVEY, David. *Espaços de esperança.* São Paulo: Loyola, 2004.

HUGON, Philippe. Les écarts de conaissances scientifiques et techniques Nord/Sud au regard de la théorie des biens publiques mondiaux. *Revue Tiers Monde.* t.XLIII, n.172, p.891-913. oct.-déc. 2002.

KING, Alexander. *Science and Policy*. The international stimulus. Oxford: Oxford University Press, 1974.

LUNDVALL, Bengt-Ake. Innovation as an interactive process: from user-producer interaction to the national system of innovation. In: DOSI, G.; FREEMAN, C. et al. *Technical Change and Economic Theory.* London/New York: Pinter, 1988. p.349-69.

MORTIMER, Michel. El nuevo orden industrial internacional. *Revista de la Cepal* (Santiago), n.48, p.41-63, Cepal/ONU, 1992.

MOUNIER, Alain. Capital humain et croissance. Développement des croissances où aprauvrissement de la pensée. In: DOCKES, Pierre (Ed.). *Ordre et désordres dans l'économie-monde.* Paris: PUF, 2003. p.359-87.

NELSON, Richard R. (Ed.). *National innovation systems.* A comparative analysis. New York: Oxford University Press, 1993.

NELSON, Richard R., ROSENBERG, Nathan. Technical innovation and national systems. In: *National innovation systems.* A comparative analysis. New York: Oxford University Press, 1993.

OECD. *Technology and economy, the key relationships.* Paris: OECD, 1992.

_______. *Session on globalisation.* Internationalisation of industrial R&D: Patterns and Trends. Paris: October, 1997.

OLIVEIRA, Francisco de. As vias abertas da América Latina. In: Atílio BORÓN (Org.). *Nova hegemonia mundial.* Buenos Aires: Clacso, 2004. p.109-18.

ORSI, Fabienne, CORIAT, Benjamin. Droits de proprieté intelectuelle. Marchés financiers et innovation. Une configuration soutenable? In: *La lettre de la Régulation,* n.45, juill. 2003.

OST. *Les chiffres clés de la science et de la technologie.* Paris: Economica, 2003.

PATEL, Pari. Localised production of technology for global markets *Cambridge journal of economics,* v.19, n.1, p.141-53, 1995.

PATEL, Pari, PAVITT, Keith. Les systèmes nationaux d'innovation sous tension: l'internationalisation de la R&D des enterprises. In: DELAPIERRE, Michel, MOATI, Philippe, MOUHOUD, El Mouhoub. *Conaissance et mondialisation.* Paris: Economica, 2000. p.41-57.

PATEL, Pari, VEGA, Modesto. *Technological strategies of large european firms.* Raport for "Strategic analysis for european and S&T policy intelligence", Targeted socio economic research programme. European comission, 1997.

_______. Patterns of internationalisation of corporate technology: location vs. home country advantages. *Research Policy,* v.28, n.2-3, 1999.

PEREZ, Carlota. Cambio tecnológico y oportunidades de desarrollo como blanco movil. *Revista Cepal* (Santiago de Chile), n.75, p.115-35, Cepal/UN, 2001.

PORTER, Michael E. *A vantagem competitiva das nações.* Rio de Janeiro: Campus, 1993.

ROSEMBERG, N. *Technical Innovation and national system.* In: NELSON, R. R. (Ed.). *National Innovation system.* Nova York/Oxford: Oxford University Press, 1993.

ROSIER, Bernard. *Les Théories des Crises Economiques.* Paris: La Découverte, Colection Repères, 2003.

RUIVO, Beatriz. *As políticas de ciência e tecnologia e o sistema de investigação.* Lisboa: Imprensa Nacional/Casa da Moeda, 1998.

SALOMON, Jean Jaques. Science policy and the development of science policy. In: SPIEGEL-ROSING, Ina, PRICE, Dereck de Solla (Eds.). *Science, technology and society.* London: Sage, 1977. p.43-70.

SCHWARTZMAN, Simon et al. *Ciência, tecnologia e o interesse público.* Trabalho realizado com o apoio do CNPq por ocasião de seu 50º aniversário. Brasília: CNPq, 2001.

SOLOW, R. M. Technical change and the agregate production function. *The Review of Economics and Statistics,* v.39, 1957.

UE. *Internationalisation of research and technology.* Working paper, ETAN. Brussels/Luxembourg, july, 1998.

VELTZ, Pierre. Le nouveau monde industriel. In: *Le débat*. Paris: Gallimard, 2000.

WALRAS, Léon. *Elements of pure economics*. 2.ed. Great Britain: George Allen & Unwin, 1965 [1874].

7
Lei de biossegurança no Brasil: negociando a modernidade em corpos pré-humanos, humanos e não-humanos[1]

Jonatas Ferreira
Aécio Amaral

Introdução

Em *O princípio da vida*, o filósofo Hans Jonas (2004) divide a história do ocidente em dois grandes momentos. O primeiro corresponderia àquilo que ele chama de pan-vitalismo, ou seja, a emergência de um pensamento mágico para o qual a vida está em toda a parte. Dentro dos limites do pan-vitalismo a dificuldade residiria em entender o inexplicável fato da morte em um cosmos vivo – a morte de nossos entes queridos, por exemplo. O segundo momento Jonas chama de monismo materialista. Segundo esse paradigma, a ordem do cosmos é mecânica, morta, e a dificuldade agora é entender a especificidade da vida, sua própria possibilidade, diante de um universo inanimado. Tanto a biologia molecular quanto a medicina que herdamos do século XVIII inscrever-se-iam nesse último momento.[2] Ou seja, tanto a vida pensada

1 A feitura deste ensaio contou com a colaboração de Erliane Miranda e Ester Oliveira, alunas de Iniciação Científica e financiadas pela PropesQ-UFPE/CNPq. Às duas e a Josadac Bezerra dos Santos e Alexandro Silva de Jesus, que comentaram uma versão preliminar do texto, nossa gratidão.

2 Na tradição greco-latina, o conceito de natureza e vida biológica era definido segundo a concepção cristalizada na *Física* de Aristóteles: a natureza tem em si o seu próprio princípio de produção. A partir de Descartes, todavia, a natureza divide-se em sentido transcendente e produção mecânica, ou, como afirma Merleau-Ponty

como atualização de uma série de instruções moleculares quanto a vida pensada como funcionamento mecânico pressupõem o inanimado como padrão para se entender a coisa animada. A regra é a engrenagem ou a instrução molecular; a vida que daí resulta é a exceção, o incompreensível. A série de instruções genéticas comandadas pela combinação de bases nitrogenadas (CTGA), a partir das quais a vida dos organismos é produzida, é algo em si tão desprovido de vida quanto uma rotina escrita em Java, C ou qualquer outro tipo de linguagem de programação. Dentro do monismo materialista, entretanto, a idéia de vida que a biologia molecular faz circular representa um momento bastante particular se o comparamos, por exemplo, com a compreensão dos organismos vivos como um conjunto de engrenagens, como mecanismo. As técnicas de recombinação genética operam a partir de uma lógica em que fronteiras antes definidas como sagradas tendem a esmaecer.

Citemos algumas dessas fronteiras e o modo como seus contornos vêm perdendo sua nitidez: o humano, por necessidade civilizacional, se opõe ao animal e à natureza em seu conjunto. Não precisamos nos deter procurando esclarecer uma oposição tão recorrente na história do ocidente. Algo do contexto em que localizamos nosso objeto de estudo pode ser esclarecido, entretanto. Foucault, em suas aulas do Collège de France (2000), ou no volume 1 da *História da sexualidade* (1998), fala acerca de uma modalidade específica de biopoder, ou seja, de um poder político sobre a vida biológica, que surge a partir da segunda metade do século XVIII. Aquilo que ele chama "regulamentação" tem como *locus* a vida biológica da espécie humana, que o poder higieniza e controla enquanto corpo-espécie. A saúde pública seria uma expressão dessa forma de biopoder: delimita-se claramente o espaço do humano retirando-o do convívio perigoso com outras formas de vida potencialmente perigosas. Recolhem-se das cidades os animais vadios; promove-se o saneamento público; no campo, o espaço de animais como vacas, cavalos etc. separa-se mais claramente dos espaços domésticos. Num limite extremo dessa forma de biopoder teríamos o racismo de Estado.

(2000), entre um princípio *naturante* e outro *naturado*. Esse é um primeiro passo para passar a conceber a natureza como artifício (mecânico ou informacional).

A conclusão do seqüenciamento genético do ser humano, entretanto, revelou algo importante sob esse ponto de vista: somos o produto de uma colagem de seqüências genéticas apropriadas de bactérias e vermes (Ferreira, 2002).

Nossa subsistência dependeu do cruzamento de fronteiras entre as espécies. Essa nova forma de biopoder que se estrutura sobre a recombinação genética promove uma promiscuidade entre as espécies bastante distantes das estratégias de regulamentação de que fala Foucault. Em vários sentidos, as lutas travadas entre ambientalistas, bioeticistas e aqueles que advogam a necessidade de acelerar a liberação de produtos de recombinação genética, por exemplo, são travadas nesse espaço.

Ainda outras fronteiras são corroídas. Um grão desenvolvido através da tecnologia *terminator*,[3] ou, mais amplamente, qualquer ser transgênico, é natureza ou aparato tecnológico? Em outras palavras, esse grão ou ser possui em si o seu princípio de reprodução (caso em que, como dissemos em nota acima, seria considerado, desde Aristóteles, natureza) ou esse princípio de reprodução é exterior a si próprio (caso em que deveria ser listado como aparato tecnológico)? Não é exatamente isso que incomoda tanto Habermas (2004) em certas tecnologias de reprodução humana, tais como o diagnóstico genético pré-implantação ou a alteração de traços genéticos humanos, mesmo quando esses traços sejam considerados indesejáveis? Certamente trata-se, para além das querelas entre humanistas e pós-humanistas, de uma questão de implicações que não deixam de retornar na agenda ética da contemporaneidade.

Podemos ainda dizer que existe uma fronteira lógica entre a idéia de um *passado absoluto*, digamos, a extinção do tigre da Tasmânia no século XX, e nosso *presente*, onde o equilíbrio dinâmico do meio ambiente já não conta com esse animal. Cíclicas ou progressivas, nossas noções de história têm sido pautadas pela linearidade. O que é absolutamente passado, nesse caso, todavia, poderá em um futuro não muito distante ser reintroduzido como dado de atualidade. Em 1999, o Museu da Austrália iniciou um projeto para clonar esse marsupial. Embora esse desenvolvi-

3 Tecnologia de "restrição de uso", ou seja, forma de manipulação genética que desativa genes responsáveis pela fertilidade das plantas.

mento técnico ainda não se tenha tornado atual, sua possibilidade técnica afeta o aqui e agora do presente: *um futuro para o absolutamente pretérito fascina e espanta*. Durante muito tempo tivemos como garantido o fato de haver diferença entre o nosso corpo individual e o corpo da espécie. Não somos cópias de nada, mas produto contingente da história biológica da humanidade. A clonagem, no entanto, parece questionar essa suposição. E aqui não nos referimos exclusivamente à clonagem reprodutiva, mas à própria clonagem terapêutica, à possibilidade, por exemplo, de que nossos órgãos sejam passíveis de replicação.

A tramitação e votação do Projeto de Lei de Biossegurança no Brasil devem ser localizadas no contexto dessa forma bastante específica de se pensar a vida que é a biologia molecular. O dado de partida deste ensaio, assim, é que temos nessa área de avanços tecnológicos um campo fértil para a reflexão sociológica. E isso por um motivo simples: esses avanços se operam a partir de pressupostos que convencionamos chamar modernizadores e, ao mesmo tempo, em oposição a esses mesmos pressupostos. Há aqui não apenas uma dificuldade tópica de apropriação cultural da modernidade no Brasil, mas uma aporia que se abre de dentro do próprio moderno. Ou seja, o moderno impõe-se como projeto racional de "purificação", de delimitação de lugares a partir dos quais os atores sociais falariam em nome da religião, da razão científica, do poder político; mas ao mesmo tempo põe em movimento práticas produtoras de hibridismos, de "tradução" que embaralham a pureza daquelas localizações. Bispos parlamentares discutem biologia molecular; cientistas articulam redes de influência e discutem ciência através de recursos tradicionalmente associados à política profissional. Nos dois casos, conscientemente ou não, esses atores debatem os caminhos da modernidade brasileira.

Bruno Latour vincula as bases epistemológicas, políticas da reflexão sociológica à emergência de um discurso moderno. É importante recapitular esse argumento na medida em que estamos interessados em estabelecer os contornos da idéia de modernidade como discurso civilizador e das negociações dentro desse espaço discursivo que advêm do surgimento de elementos tecnológicos que comprometem a sua própria lógica de constituição. Assim, entendemos como Latour que o moderno faz prosperar algo que parece ameaçar sua coerência interna: híbridos de natureza e cultura, redes sociotécnicas que implodem os lugares a partir dos quais os atores sociais podem se reconhecer como agentes políticos autônomos. A tramitação do Projeto de Lei de Biossegurança é aqui uma oportunidade de perceber, não o estabelecimento de um impasse entre uma lógica mediadora, de tradução, e outra purificadora, e advogar uma ou outra abordagem, *mas a sua produtividade histórica*. É a dubiedade de um conjunto de argumentos que permeia a discussão desse projeto que se impõe como elemento determinante de sua viabilidade.

Modernidade, ciência e natureza

O tratamento do nosso objeto empírico, o Projeto de Lei de Biossegurança, traz à tona alguns dos elementos que caracterizam o foco teórico da contribuição de Bruno Latour para as ciências sociais. Trata-se de discutir modernidade, natureza, tecnologia e ciência como aspectos de um mesmo espaço teórico. Comecemos então por revisar dois conceitos mediante os quais Latour se permite questionar a própria idéia de modernidade com que aprendemos a apreciar a cultura ocidental que emerge a partir do século XVIII. Segundo ele, aquilo que convencionamos chamar de "moderno" comporta na verdade dois conjuntos de práticas opostas: práticas de "tradução", responsáveis pela mistura de seres naturais e de cultura, pela criação de híbridos; e práticas de "purificação" que enfatizam a necessidade de distinguir entre humanos e não-humanos, entre sujeito e objeto (Latour, 1993, p.10-1). A modernidade opera mediante traduções quando multiplica o conjunto de aparatos tecnológicos a partir dos quais passamos a interferir no mundo; de fato, sua consolidação depende da multiplicação de híbridos, da construção de redes em que elementos humanos e não-humanos determinam mutuamente seus campos de ação. Sob esse ponto de vista, é difícil separar, por exemplo, a atmosfera da Terra, "estratégias científicas e industriais, a preocupação dos chefes de Estado, a ansiedade dos ecologistas" (idem, p.11). Por outro lado, o moderno é ainda um projeto com pretensão de acesso e representação da verdade cuja legitimidade dependeria de uma partição entre natureza e cultura.

Mas o que significa essa pretensão de legitimidade, pretensão de representar a verdade dos modernos, fora dos ambientes construídos

dos laboratórios, de uma rede sociotécnica que incluiria, além de aparatos, estrutura de financiamentos das pesquisas, pressupostos teóricos, pressões éticas? As implicações das tensões produzidas por estratégias purificadoras e mediadoras são analisadas por Latour em uma apreciação da contenda que opõe Hobbes e Boyle acerca do direito deste de provar a existência do vácuo em laboratório. Em questão, nada menos do que a relação entre conhecimento e poder.

> Depois que Hobbes reduziu e reunificou o corpo político, eis que surge a Royal Society para dividir tudo de novo: alguns cavaleiros proclamam o direito de possuir uma opinião independente, em um espaço fechado, o laboratório, sobre o qual o Estado não exerce nenhum controle. E quando estes agitadores alcançam um acordo entre eles, não é através de uma demonstração matemática que todos seriam forçados a aceitar, mas sim através de experiências observadas pelos sentidos enganosos, experiências que permanecem sem explicação e pouco conclusivas. (Latour, 1994, p.25-6)

A crítica de Hobbes em um aspecto é absolutamente legítima. O recurso empírico ao experimento nunca poderá oferecer uma verdade universal, mas, na melhor hipótese, a propagação de uma prática científica e política. O máximo que se pode esperar acerca dessa prática é que seus pressupostos se estabilizem em uma rede sociotécnica. Se a ciência depende de condições de laboratório, "formas de vida", práticas, "redes", sua pretensão à verdade permanece sempre não conclusiva – embora passível de estabilização.[4] Por esse motivo, pela perspectiva de que possamos sempre abrir à discussão os pressupostos de produção da verdade, a ciência experimental seria para Hobbes inadequada no trato das questões que demandam decisões políticas soberanas. Aqui não se trata de uma fraqueza da epistemologia defendida por Boyle, mas a delimitação de um campo de validade. Do mesmo modo, esse é o ponto a partir do qual se poderia criticar o monismo hobbesiano, sua pretensão de operar uma confluência entre conhecimento e poder, e de produzir uma assimetria através da qual o ato de conhecer só poderia se fundar verdadeiramente na ordem social.

4 A esse respeito ler também a Parte I do *Ciência em ação* de Latour (1998).

> Boyle criou um discurso político de onde a política deve estar excluída, enquanto que Hobbes imaginou uma política científica da qual a ciência experimental deve estar excluída. Em outras palavras, eles inventaram nosso mundo moderno. (Latour, 1994, p.33)

Não obstante o fato de o Estado moderno ser inconcebível sem o uso da ciência, Hobbes defende um contrato social que envolveria exclusivamente humanos livres para determinar seus destinos; Boyle, por seu turno, procura defender a ciência da ingerência da política, reivindicando para aquela a legitimidade de representar, traduzir não-humanos como seres que existem plenamente independentemente da vontade dos humanos.

Diante da ambigüidade com a qual os modernos afirmaram alternadamente discursos de purificação e práticas de tradução, de hibridação, Latour reivindica a necessidade de nos localizarmos no ponto exato em que uma oposição entre sujeito e objeto, entre humanos e não-humanos, ainda não esteja estabelecida. Procura, assim, esse espaço em que trincheiras sociologizantes e naturalizantes, em que reivindicações excludentes, acerca da *liberdade* com a qual sujeitos da cultura agem sobre o mundo, ou da *necessidade* com a qual os objetos naturais sofrem essa ação, possam ainda ser evitadas. Para encontrar esse espaço, "não é suficiente reduzir sujeitos à condição de objetos (relativismo radical), ou afirmar que todo o problema é um pseudo-problema porque a diferença real entre sujeito e objeto, em primeiro lugar, só faz sentido do ponto de vista de seres humanos".[5]

Através dessas duas estratégias, a ciência ora se apresenta como capaz de ver a luz verdadeira sob crendices, dogmas, sob a ingenuidade de basear o conhecimento em idéias ingênuas como liberdade, subjetividade; ora transforma o mundo objetivo, natural, em uma massa disforme a ser moldada pela cultura e conveniência humanas. Comum às duas abordagens, Latour percebe a afirmação de que o conhecimento científico se estrutura necessariamente a partir de uma oposição entre atividade e passividade, entre um pólo formador e informador e outro receptivo e formado.

5 HARMAN, Graham: Bruno Latour and the Politics of Nature. Disponível em: <www.isud.org/Harman.doc>. Acesso em: 12 dez. 2005.

A oposição natureza-cultura é, para Latour (1999, p.59), profundamente política: "Jamais houve outra política senão a da natureza e outra natureza senão a da política". Sob esse aspecto, a ciência moderna se inscreve numa longa tradição que pode ser remontada a Platão.

> Ora, desde o mito da Caverna, é a unidade da natureza que produz todo o benefício político, posto que é esse ajuntamento, esse ordenamento, de composição, de unificação, totalmente tradicional, e que chamamos desde sempre a política. (ibidem, p.61)

É aquela oposição que institui a alguns o privilégio de reivindicar o fechamento de questões relativas a uma natureza que, afinal, falaria por si só. Para Latour, no entanto, porque "há uma realidade exterior, ou sobretudo realidades a interiorizar e a unificar, nós o compreendemos, ao contrário..., é preciso retomar a discussão e por muito tempo" (ibidem, p.164).

Em oposição, pois, a porta-vozes da natureza como Hobbes ou Platão que buscam cancelar o político sob a autoridade do cientista, o empiricismo latouriano reivindica a possibilidade de construção de consensos potenciais através da própria experiência do dissenso. Por esse motivo, o terreno que escolhe para fundar sua investigação é o terreno dos quase-objetos, ou seja, o terreno em que a oposição entre humanos e não-humanos ainda não se estabilizou. Mas essa recusa se dá ainda por um outro motivo, algo que faz convergir contribuições teóricas distintas, com as de Serres, Habermas e Latour.[6]

A investigação que propomos é sob esse ponto de vista oportuna. Quando forças importantes da sociedade brasileira, tais como a comunidade científica, religiosa, parlamentares, mídia e organizações não-governamentais envolvem-se numa discussão acerca da natureza, da nossa própria natureza biológica, do estatuto biológico do ser humano,

---

6 Citando Hans Jonas, Habermas (2004, p.66) observa: "Enquanto dominada tecnicamente, a natureza volta agora a incluir o homem, que (até então) havia se contraposto a ela na técnica como dominador".
Compare com Serres (1990, p.18): "A história global entra na natureza; a natureza global entra na história: eis aí o inédito na filosofia". Ou ainda com suas observações acerca do impacto ambiental de placas humanas vivendo em megalópoles (ibidem, p.34 ss.).

e o fazem a partir da iminência de intervenções técnicas radicais, uma tarefa sociológica premente se nos apresenta. Importa situar esse debate num contexto em que perspectivas estratégicas e políticas de modernização nacional abrem-se à disputa. Importa que esse debate gire em torno de questões tão sensíveis quanto a natureza humana e o cuidado que devemos ao meio ambiente.

A tramitação do Projeto de Lei de Biossegurança: cientistas, parlamentares e religiosos

A Lei de Biossegurança (lei nº 11.105), de 24 de março de 2005, regulamenta dois conjuntos de temas que aparentemente não se relacionam substantivamente. Em outras palavras, "estabelece normas de segurança e mecanismos de fiscalização de atividades que envolvam organismos geneticamente modificados", por um lado, e libera, "para fins de pesquisa e terapia, a utilização de células-tronco embrionárias obtidas de embriões humanos produzidos por fertilização *in vitro* e não utilizados". A estranheza que provocou em alguns uma lei tratando de temas tão diversos, tais como segurança ambiental e alimentar e saúde humana, não é sem motivo, sobretudo se considerarmos a redundância da segunda parte do objeto da lei. Ora, aquilo que não é vedado é sempre legalmente permitido.

O fato é que desde 1996 iniciou-se no Brasil um embate jurídico envolvendo a liberação ou não do comércio e da pesquisa com organismos geneticamente modificados. O objetivo principal do projeto de lei em questão era estabelecer marcos regulatórios para esse tipo de atividade. As pressões de agricultores do Sul do país e das grandes corporações produtoras de grãos geneticamente modificados não foram pequenas na definição de aspectos importantes desse projeto, tais como a competência e composição da Comissão Técnica Nacional de Biossegurança (CTNBio).[7] É ainda digno de nota o fato de, independentemente da

7 A CTNBio foi "criada com a finalidade de prestar apoio técnico... ao Governo Federal na formulação, atualização e implementação da Política Nacional de Biossegurança relativa a OGM, bem como no estabelecimento de normas técnicas de segurança e pareceres técnicos conclusivos referentes à proteção da saúde humana,

Lei de Biossegurança que tramitava no Congresso, o governo brasileiro ter previamente liberado, mediante Medida Provisória, a produção e comercialização de soja transgênica no país – mais especificamente, a *Roundup Ready* da Monsanto.[8]

A verdade é que a inclusão da "pesquisa com células-tronco embrionárias" como tema a ser regulamentado na Lei de Biossegurança propicia a articulação dos interesses de parte da comunidade científica brasileira e daquelas corporações. A polêmica acerca de aspectos éticos envolvendo esse tipo de pesquisa retira do centro dos holofotes da mídia as controvérsias envolvendo o plantio e a comercialização dos organismos geneticamente modificados; o *lobby* das grandes corporações produtoras de grãos, por seu turno, aumenta a força política daqueles que defendem a liberação de pesquisas com células-tronco embrionárias.

Aqui nos deteremos na discussão desse tema que parece estranho às intenções originais de um projeto de lei que deveria tratar especificamente da produção, comercialização e liberação no meio ambiente de organismos geneticamente modificados. A pesquisa com células-tronco embrionárias é objeto de constituição de uma rede sociotécnica tensa que articula cientistas, filósofos, religiosos, parlamentares, organizações não-governamentais, meios de comunicação e opinião pública. Procuraremos reconstituir aqui, com mais atenção, os argumentos e articulações realizados por três atores em especial: especialistas (cientistas e filósofos), parlamentares e religiosos. Essa escolha se dá por dois motivos: trata-se de uma rede ampla demais para ser estudada com razoável atenção nos limites deste artigo; esses atores de algum modo receberam maior atenção da mídia – âmbito em que circunscrevemos nossa análise. Saliente-se que os dados coletados referem-se a três momentos: a primeira votação do projeto de lei na Câmara dos

---

dos organismos vivos e do meio ambiente, para atividades que envolvam... OGM e derivados". Disponível em: <www.ctnbio.gov.br>. Acesso em 9 out. 2005.

8 O *Roundup Ready* não é apenas um grão geneticamente modificado mas um sistema de tecnologia integrada, o *Roundup Ready Soybean System*. Esse sistema é constituído do grão e de um defensivo agrícola exclusivamente desenhado para ele. A soja, por seu turno, é "engenheirada" de forma que apresente alta tolerância ao defensivo, de sua brota até sua floração.

Deputados (fevereiro de 2004), a votação no Senado (fim de 2004) e a votação definitiva na Câmara (março de 2005).

Cientistas e outros especialistas

Comecemos por uma conclusão provisória acerca da atuação dos especialistas (cientistas e filósofos dedicados ao estudo da bioética). Essa atuação é marcada por um movimento de mediação, hibridação, e um movimento de purificação. Enquanto ênfase discursiva, esses movimentos se seguem cronologicamente. O especialista articula-se como agente político, como personagem midiático e em seguida necessita recolher-se num gesto purificador que o legitima enquanto especialista. Tratemos, todavia, de explicitar os termos em que posições divergentes entre os especialistas estabeleceram um campo discursivo. Essa divergência se localiza especificamente na conveniência ou não de estender as pesquisas com células-tronco adultas às células-tronco embrionárias. De um lado, temos cientistas como Lygia Pereira, Patrícia Pranke, Mayana Zatz, ou mesmo médicos, como Drauzio Varella, que advogam a necessidade e urgência de legalizar esse tipo de pesquisa. Seus argumentos mobilizam em princípio algumas promessas, tais como:

- a perspectiva de melhoria da qualidade de vida de portadores de doenças genéticas degenerativas dentro de "uma década". Esse argumento é reforçado pela citação recorrente do sofrimento dos pacientes portadores de doenças degenerativas, bem como de seus familiares (Lygia Pereira);[9]
- as pesquisas para tratamentos preventivos de doenças genéticas podem vir a representar no futuro uma economia de recursos públicos com o tratamento de pacientes (Mayana Zatz).[10]

9 Depoimento disponível em: <www.movitae.bio.br/news0408_14a.htm>. Acesso em 9 out. 2005.

10 Disponível em: <www.jornaldaciencia.org.br/Detalhe.jsp?id=25328>. Acesso em: 9 out. 2005.

Mas também críticas a posições discordantes:

- "É necessário liberar a ciência de dogmas religiosos que entravam seu desenvolvimento" (Mayana Zatz);[11]
- "Temos milhares de óvulos já congelados nas clínicas de fertilização que não serão utilizados para mais nada, porque não servem mais para fertilização, mas servem para fazer trabalhos com células-tronco. A questão é jogar no lixo ou permitir que os cientistas usem isso para aliviar o sofrimento humano" (Drauzio Varella);[12]
- A ciência brasileira pode ficar para trás em função dos entraves impostos pela legislação brasileira ao avanço científico. "Estamos correndo contra o relógio... Quanto mais demorarmos para fazer o mesmo, maior o risco de perdermos terreno... Aguardamos apenas a criação da lei" (Mayana Zatz);[13]

Algumas reivindicações de caráter ontológico:

- "Formou-se o consenso de que a vida termina quando pára a atividade nervosa... Já que o fim da vida é determinado quando pára o sistema nervoso, por que não instituir que o início seja aquele em que começa o sistema nervoso? ... A partir de 14 dias de gestação. Mas vou além: acho que a vida começa quando o feto tem condições de viver fora do útero, independente da mãe. Antes disso, não" (Mayana Zatz).[14]
- "Os genes não determinam só as doenças genéticas. Determinam tudo na gente" (Lygia Pereira).[15]

---

11 Disponível em: <observatorio.ultimosegundo.ig.com.br/artigos.asp?cod=326OFC001>. Acesso em: 17 maio 2005.

12 Disponível em: <www.rbrs.com.br/noticias/noticias_interna.cfm?id=629>. Acesso em: 12 maio 2005.

13 Disponível em: <www.estadao.com.br/ciencia/noticias/2004/ago/11/46.htm>. Acesso em: 12 maio 2005.

14 Disponível em: <www.unicamp.br/unicamp/canal_aberto/clipping/fevereiro2005/clipping050206_estado.html>.

15 Disponível em: <www.faperj.br/interna.phtml?obj_id=618>. Acesso em: 27 abr. 2005.

Com respeito a esse grupo de cientistas, chama atenção uma capacidade destacada de interferir politicamente, discutindo com deputados, senadores, formadores de opinião, articulando personalidades com tráfego facilitado na grande mídia. A participação de cientistas como Mayana Zatz, que se converteu numa espécie de ícone de um movimento pró-pesquisas com células-tronco, em audiências públicas promovidas pelo Senado, em programas de televisão ou concedendo entrevistas à grande imprensa é de fato notável. Esse grupo pode ser considerado como protagonista nesse processo. Capaz, por exemplo, de convencer parlamentares francamente antagonistas a esse tipo de investigação científica, tais como Severino Cavalcanti, então presidente da Câmara, a manter "neutralidade" com relação ao projeto de lei. Os traços desse trabalho de articulação são encontrados nas várias entrevistas concedidas durante a tramitação do projeto.

- "Independentemente da posição dele [Severino Cavalcanti], ele disse que vai deixar a maioria decidir ... E fiquei muito contente ao falar com a filha dele [Ana Cavalcanti, líder do Partido Progressita (PP) na Assembléia Legislativa de Pernambuco], que é a favor. Estou otimista" (Mayana Zatz).[16]

Chama atenção, em particular, uma entrevista concedida por Mayana Zatz à revista *Pesquisa Fapesp* em abril de 2004 (n.110), da qual retiramos os trechos citados abaixo. Perguntada sobre a experiência de "varar madrugadas dentro do Congresso", Zatz responde:

- "Primeiro, entendi como funciona o Congresso, coisa que eu não tinha a menor noção. Segundo, acho que conseguimos desmistificar muitos conceitos nessas audiências públicas. A Igreja falava de aborto quando se referia à pesquisa com embriões";
- "Naquela época, conheci o Drauzio Varella e lhe pedi apoio: 'Você precisa nos ajudar nessa causa, dar uma força na Globo'. Ele topou. Fizemos uma audiência pública, que foi um divisor de águas";

16 Disponível em: <www1.folha.uol.com.br/folha/ciencia/ult306u13020.shtml>. Acesso em: 22 out. 2006.

- "Essas pessoas em cadeiras de rodas nos pedem para ser ouvidas – e acho que elas têm esse direito. Elas são as que mais sofrem, sempre digo isso. A gente não pediu para ninguém ir [a Brasília] contra a vontade".

Compreender que a ciência se realiza também fora dos laboratórios, ou que o laboratório é bem mais amplo que um lugar onde circulam seres pálidos em jalecos brancos, confere a esse grupo de cientistas uma visão aguda acerca de aspectos políticos fundamentais do processo de regulamentação como um todo. Como dissemos no início deste tópico, distintamente do tipo de idealização acerca da prática científica de que Latour fala em livros como *Jamais fomos modernos* (1994) ou *Políticas da natureza* (1999), há aqui uma habilidade notável para jogar com estratégias de hibridação e de purificação de acordo com as necessidades das circunstâncias. Assim, na mesma entrevista, lemos o seguinte depoimento:

- "Acho que a pesquisa precisa ser regulamentada – e muito bem controlada. Estou preocupada porque está cheio de gente esperta por aí, de picareta, oferecendo tratamentos que não existem com células-tronco embrionárias. *Agora é preciso botar água na fervura*" [Grifos nossos].
- "Talvez um certo sensacionalismo faça parte do jogo e tenha sido importante para mobilizar a sociedade e os parlamentares e levar à aprovação do Projeto de Lei de Biossegurança" (Lygia Pereira).[17]

Ainda que a comunidade científica, em sua maioria, tivesse se posicionado em favor da pesquisa com células-tronco embrionárias, chama atenção o pouco espaço que vozes discordantes tiveram nessa discussão. Qualquer posicionamento crítico com respeito a esse tipo de pesquisa era, em geral, jogado na vala comum do dogma, do obscurantismo religioso. Assim, não é à toa que um dos principais motivos de descontentamento

17 Disponível em: <www.jornaldaciencia.org.br/Detalhe.jsp?id=25992>. Acesso em: 1 set. 2005.

desse grupo tenha sido a restrição de voz na grande mídia. Uma dessas vozes é a da cientista e bioeticista Eliane Azevedo.[18] Para ela:

- A clonagem reprodutiva, ainda que para fins terapêuticos, deve ser proibida por motivos éticos e morais. A vida tem início com a fecundação;
- A clonagem reprodutiva, ainda que para fins terapêuticos, é a criação de uma vida para seu posterior sacrifício e transformação em remédio;
- "O uso de embriões humanos em pesquisa é um meio sem fins que o justifique. As terapias pretendidas com células-tronco humanas têm nos cordões umbilicais e nos adultos fontes inesgotáveis de pesquisas e de aplicações em testes terapêuticos. Pacientes não ficarão sem esperanças de tratamento";
- "Há um desvio ético no diálogo com a sociedade. Estão sendo feitas muitas promessas irreais de cura a partir de pouca realidade científica. Estamos falando apenas de perspectivas, de coisas que não são para amanhã nem depois de amanhã".

Argumentos importantes também são arrolados pela biofísica Alice Teixeira. Enquanto Mayana Zatz articulava-se com a Rede Globo, Teixeira procurava o conservador Partido da Reedificação da Ordem Nacional (Prona) do deputado federal Elimar Damasceno, de São Paulo (SP), para veicular as seguintes considerações:[19]

- "As pesquisas com as células-tronco embrionárias humanas,... estão muito distantes de qualquer aplicação terapêutica com mínimas chances de êxito que sejam e, ao mesmo tempo, que não envolvam graves riscos para o paciente."
- "Obviamente vislumbra-se um novo tipo de negócio e de escravidão. Mulheres em situação financeira ruim e sem informação

---

18 Ver <www.usp.br/jorusp/arquivo/2004/jusp677/pag0809.htm>. Acesso em: 24 mar. 2005.

19 Ver <www.providaanapolis.org.br/falsexp.htm>. Acesso em: 11 jul. 2006.

poderiam ser seduzidas para vender seus óvulos ou mesmo seus embriões. Nos EUA se oferecem 400 dólares por óvulo".[20]

Religiosos

Em que pese alguma controvérsia, entre os religiosos predomina a convicção de que as pesquisas com células-tronco não devem abranger o uso de embriões. Trata-se aqui de sustentar que a dignidade da vida humana se estabelece a partir da fecundação. Nesse caso, o uso de células embrionárias constituiria um atentado à vida humana. Assim, uma das principais preocupações desse grupo em relação à tramitação do Projeto da Lei de Biossegurança foi assegurar a proibição de intervenções em material genético *in vivo*, bem como a proibição da produção de embriões humanos para servir como material de pesquisa genética. Como desdobramento direto desse tipo de inquietação, de um modo geral, os religiosos temiam que uma eventual legalização da pesquisa com células germinais humanas abrisse precedente para a legalização do aborto. Eis alguns argumentos, proferidos durante a primeira votação do projeto de lei na Câmara. Esses argumentos foram certamente importantes para o desfecho final da votação naquela instância, ou seja, a proibição de pesquisas com células-tronco embrionárias:

- "O ser humano é o mesmo em qualquer fase de seu desenvolvimento e possui igual dignidade, desde o início de sua concepção, ainda que seja embrião ou feto" (Luciano Mendes de Almeida, arcebisbo de Mariana, Minas Gerais);[21]
- "Não vemos nenhum problema na terapia com células-tronco, desde que não sejam utilizados os embriões humanos. Somos favoráveis ao avanço da Ciência e achamos que o governo deveria investir mais nessa área, mas entendemos que a vida começa

---

20 Do ponto de vista legal, no entanto, a Lei n. 11.105, no §3º do artigo 5º, veda essa possibilidade.

21 Disponível em: <www.puccamp.br/servicos/detalhe.asp>. Acesso em: 13 ago. 2005.

no momento da concepção e por isso somos contra o uso de embriões" (Adelor Vieira, Partido do Movimento Democrático Brasileiro de Santa Catarina, líder da frente evangélica e da bancada religiosa);[22]

- "Permitindo a clonagem terapêutica de embriões, nós estaremos abrindo precedentes para que a clonagem humana aconteça" (Adelor Vieira);
- "Em relação aos embriões, coloca-se esta questão primordial: trata-se de vida humana? De ser humano? Se a resposta for afirmativa, então a vida desse ser deve ser respeitada, como se fosse uma criança já nascida ou uma pessoa adulta" (Dom Odilo Scherer, secretário-geral da Conferência Nacional dos Bispos do Brasil – CNBB).[23]

Não há, pois, para esse grupo, diferenças ontológicas entre um blastócito (ou seja, uma célula embrionária não diferenciada), um feto com sistema neurológico plenamente formado, um bebê recém-nascido, um ancião. Sob a liderança do deputado protestante Adelor Vieira, um dos principais *lobbies* da bancada religiosa na Câmara foi limitar as pesquisas às células-tronco adultas.

Durante a tramitação do projeto de lei na Câmara, essa pressão se tornou visivelmente mais intensa com a ameaça da ala evangélica, que logo obteve adesão da ala católica, de votar contra o projeto como um todo, caso não fosse vetado o artigo que liberava a manipulação de células-tronco embrionárias para fins de clonagem terapêutica. Juntas, essas duas forças totalizam algo em torno de 120 votos. Além da bancada religiosa, a CNBB (Confederação Nacional dos Bispos do Brasil), e a Comunidade Católica Canção Nova, através do padre Jonas Abib, foram atores importante para viabilizar o veto daquele artigo. As estratégias utilizadas pelo grupo (abaixo-assinados, presença de fiéis no

22 Ver <www.sentidos.com.br/canais/materia.asp?codpag=670&codtipo=2&subcat=85&canal=revista>. Acesso em: 10 dez. 2006.

23 Ver <www.ame-sp.org.br/noticias/news52.shtm>. Acesso em: 20 maio 2005.

plenário da Câmara) contrastam com a sofisticação dos recursos midiáticos mobilizados pelos cientistas favoráveis à aprovação da lei.

No que pese a diferença de recursos estratégicos empregados pelos dois grupos, também se percebe a capacidade de intervenção e mobilização política dos segmentos religiosos. As principais instituições religiosas em cena foram a bancada religiosa na Câmara (que compreende católicos, protestantes e evangélicos), a CNBB, a Comunidade Católica Canção Nova, o Conselho Nacional de Igrejas Cristãs (Conic), que reúne orientações católicas e protestantes, a Congregação Israelita Paulista, além de teólogos e bioeticistas. Algumas lideranças religiosas se destacaram, entre elas: Dom Geraldo Majella Agnelo, presidente da CNBB, Dom Odilo Scherer, secretário-geral da CNBB, Ervino Schmidt, pastor luterano e secretário-geral do Conic, Adelor Vieira, coordenador da frente parlamentar evangélica e líder da bancada religiosa na Câmara, e Henry Sobel, presidente da Congregação Israelita Paulista. Entre essas instituições e lideranças não há uma homogeneidade de opiniões a respeito de determinados temas específicos, não obstante a existência de uma tendência à unidade de opiniões entre católicos e protestantes.

Além da CNBB e da bancada religiosa, cuja posição se encontra acima descrita, citemos outros depoimentos de entidades relevantes:

- *Conic*: "Por envolver embriões, o assunto é muito delicado e complexo. Há posições diferentes entre as Igrejas e o Conic nunca tentou chegar a uma só palavra a respeito deste assunto e de outros envolvendo questões morais" (Ervino Schmidt);[24]
- *Arquidiocese de São Paulo*: "Todos sabem qual é a posição da Igreja em relação à utilização de embriões em pesquisas científicas", a Igreja entende que, "a partir da concepção, ou seja, da formação do embrião, há vida humana" (Dom Cláudio Hummes, cardeal Arcebispo de São Paulo);[25]

24 Disponível em: <www.bioetica.org.br>. Acesso em: 25 ago. 2005

25 Ver <www.folha.uol.com.br/folha/brasil/ult96u64360.shtml>. Acesso em: 22 out. 2004.

- *Congregação Israelita Paulista*: "não existe uma posição oficial da religião judaica, pois se trata de fenômeno novo, que obviamente não consta das nossas leis milenares" (Henry Sobel).[26]

É de notar o fato de algumas entidades religiosas criticarem duramente a associação, num mesmo projeto de lei, de uma legislação acerca da pesquisa com células-tronco e de organismos geneticamente modificados. No dizer de Dom Geraldo Majella Agnelo, presidente da Confederação Nacional dos Bispos do Brasil, deveria haver uma separação entre as duas discussões, pois "são temas muito sérios, que não devem dividir as atenções dos legisladores e nem do público". Para ele, acerca da urgência com que se colocou o debate sobre organismos geneticamente modificados no Brasil, esse assunto deveria ser discutido primeiro, e apenas posteriormente a sociedade brasileira deveria se debruçar sobre pesquisas com células-tronco. Numa alusão irônica ao uso de medidas provisórias pelo governo para liberar a entrada de transgênicos no país, Dom Cláudio Hummes, cardeal arcebispo de São Paulo, afirmou em relação às pesquisas com embriões que deveriam "prosseguir um estudo com muita tranqüilidade, e não ser feito por medidas provisórias. Isso tem de ser tratado com muita atenção e cuidado".[27] A pressa, em ambos os casos, é o elemento que torna possível a ironia do arcebispo.

O discurso mais "permissivo" em relação às pesquisas com células-tronco e às possibilidades de clonagem terapêutica vem de algumas lideranças isoladamente. Ou seja, trata-se da emissão de um ponto de vista individual, que resguarda a posição da instituição. Vejamos duas falas representativas:

- "Minha opinião pessoal é que a clonagem terapêutica deve ser não só permitida, como incentivada. Qualquer técnica que vise salvar a vida humana é louvável. De acordo com o mandamento *pikuach nefesh* do judaísmo, salvar uma vida se sobrepõe a todos os outros mandamentos... Se levarmos às últimas conseqüências a defesa

26 Ver <www.usp.br/jorusp/arquivo/2004>. Acesso em: 10 fev. 2005.

27 Ver <www.abrabi.org.br/noticias/noticia-09-241.htm>. Acesso em: 29 set. 2004.

de tudo o que é vivo, não poderemos nos alimentar de animais e plantas" (Henry Sobel);[28]

- "Estou pensando naqueles embriões que normalmente têm sido destruídos e descartados em processos de fertilização. Por que não usá-los para ajudar a salvar vidas?" (Ervino Schmidt).[29]

No geral, entretanto, percebe-se nos depoimentos dos religiosos uma tensão entre o discurso religioso e o científico. Em termos de articulação política temos um dado interessante: se de um lado há uma maior penetração dos religiosos nos postos de representatividade política do que os cientistas – haja vista o peso da bancada religiosa no parlamento –, o resultado final da tramitação do projeto de lei foi francamente favorável aos segundos. Para a CNBB, os parlamentares aprovaram o projeto por pressão da mídia e dos pacientes de doenças genéticas degenerativas que compareceram ao Congresso durante as duas últimas votações (no Senado e no retorno do projeto de lei à Câmara). Para Odilo Scherer, durante a tramitação da Lei de Biossegurança não se deu suficiente "voz e espaço" aos cientistas contrários à pesquisa com células-tronco embrionárias.[30]

Parlamentares

O Projeto de Lei de Biossegurança pode ser apreciado em três momentos básicos: i) tramitação e votação na Câmara do projeto de lei original sob as relatorias de Aldo Rebelo (Partido Comunista do Brasil – PCdoB) e Renildo Calheiros (PCdoB), cujo resultado final veda a pesquisa com células germinais humanas; ii) tramitação e votação do projeto de lei no Senado, sob a relatoria de Ney Suassuna (Partido do Movimento Democrático Brasileiro – PMDB), no qual, mediante a inclusão de um artigo específico, reconsidera-se aquela vedação; iii) retorno à Câmara para aprovação final. Não obstante as divergências em torno de questões rela-

28 Ver <www.usp.br/jorusp/arquivo/2004>. Acesso em: 10 mar. 2005.
29 Ver <www.bioetica.org.br>. Acesso em 10 set. 2005.
30 Ver <www.cib.org.br/midia.php?ID=11149&data=20050303>. Acesso em: 3 mar. 2005.

cionadas à pesquisa e manipulação genéticas de células-tronco, um ponto em especial não sofreu qualquer alteração. Desde o substitutivo proposto pelo primeiro relator ao projeto de lei, do deputado Aldo Rebelo, até a aprovação final foi consensual a vedação da produção e armazenamento de células germinais humanas com o propósito específico de alimentar pesquisas genéticas. Ao final, apenas os embriões inviáveis, congelados por três ou mais anos, e mediante o consentimento dos genitores, poderão ser utilizados nesse tipo de investigação.

Durante a tramitação do projeto de lei na Câmara, procurou-se legitimar a discussão da Lei de Biossegurança evocando sua importância para uma agenda de modernização nacional. Destacamos aqui a importância da confluência dos temas desenvolvimento e modernidade como aspecto fundamental dessa legitimação. Assim, ao defender os méritos dos trabalhos da Comissão Especial constituída na Câmara dos Deputados para emitir parecer a respeito do projeto de lei, o deputado federal Renildo Calheiros situa o momento em que recebe a relatoria das mãos do deputado federal Aldo Rebelo do seguinte modo:

> Recebi de Rebelo um parecer, resultado de muito debate, que era consistente, avançado e que colocava o Brasil na vanguarda em termos de legislação em biossegurança. O parecer visava dirimir o contencioso jurídico, estabelecer um marco regulatório claro, permitindo que o país recuperasse décadas de atraso no tratamento das questões de biotecnologia.[31]

O discurso modernizador recorreu, desde o século XIX, às promessas de desenvolvimento e progresso. Num certo sentido, esse ideário constitui uma retórica que permite ao capitalismo mobilizar sentimentos e reivindicações os mais diversos, bem como disponibilizar o mundo natural mediante intervenção técnica, sem que o próprio conceito de modernidade se abrisse a uma discussão política, ambiental, ética etc. No Brasil, reivindicações de desenvolvimento e progresso avalizam demandas de poder e de intervenção na natureza, ao menos desde a década de 1930.

31 Disponível em: <www.vermelho.org.br/principio/anteriores>.

O desenvolvimentismo de Prebish, Furtado, Conceição Tavares, Fernando Henrique Cardoso tratou de definir estratégias macroestruturais que nos permitissem alcançar, por fim, o trem da história. Era preciso superar nossa frágil posição periférica em relação às conquistas da modernização. Sob esse aspecto, a idéia de assumir a vanguarda na legislação em biossegurança e de recuperar "décadas de atraso" no trato dessas questões constitui a fundamentação retórica para o estabelecimento dos marcos regulatórios para as pesquisas em biotecnologia. Se por um momento compararmos a ênfase dada pelos religiosos a aspectos éticos e morais do tema, perceberemos a importância desse outro modo de enfocar o debate. Os seguintes depoimentos, proferidos durante a votação do projeto no Senado, corroboram o viés dado à questão:

- "O Brasil não pode nem deve ficar à mercê dos avanços dos países ricos. A possibilidade de inserção do Brasil no seleto grupo de países onde se permite a pesquisa com células-tronco obtidas de embriões humanos, representa uma grande evolução para a pesquisa científica ... O Brasil não pode impedir o desenvolvimento destes estudos, porque serão os brasileiros mais carentes que sofrerão" (Osmar Dias, senador do Partido Democrático Trabalhista – PDT);[32]
- "Se em outras áreas da ciência o Brasil ainda tem muito que caminhar, no caso da terapia celular temos tudo para avançar com os países desenvolvidos. Diria até que estamos na vanguarda desse processo" (Humberto Costa, Partido dos Trabalhadores – PT, ministro da Saúde à época da votação da Lei de Biossegurança no Senado);[33]
- "O Brasil passará a ter um marco regulatório seguro e poderá ser uma das cinco nações com a maior presença internacional na área de biotecnologia". (Eduardo Campos, Partido Socialista Brasileiro – PSB, deputado federal e ministro da Ciência e Tecnologia à época da votação da Lei de Biossegurança).[34]

---

32 Ver <www.senado.gov.br/web/senador/odias/trabalho/Noticias/Releases/Releases2005/05051a.htm>. Acesso em 9 set. 2005.

33 Ver <www1.folha.uol.com.br/fsp/opinião>. Acesso em: 27 jul. 2005.

34 Ver <www.notícias.terra.com.br/ciencia/interna>. Acesso em: 30 nov. 2005.

Um argumento que serviu como uma espécie de reforço aos reclamos desenvolvimentistas diz respeito à alegada premência de legislar sobre o plantio e a comercialização da soja transgênica para a safra de 2005. Outro aspecto importante para a aprovação do projeto de lei foi a articulação entre cientistas e parlamentares, como já mencionamos anteriormente. Também nesse aspecto há divergências, sobretudo da parte daqueles que denunciam o ofuscamento das opiniões dos cientistas contrários à aprovação das pesquisas com células-tronco embrionárias. Os seguintes depoimentos foram proferidos quando da aprovação final do projeto:

- "Esta Casa foi levada pela emoção. Se pensarmos como o tema foi apresentado nesses últimos meses nos meios de comunicação, só a TV Globo apresentou mais de dez vezes ... aquela cientista defensora da pesquisa com células embrionárias [provavelmente Mayana Zatz]. ... Em nenhum momento os meios de comunicação deram o mesmo destaque ou a mesma oportunidade para os cientistas, os pesquisadores, que já vêm trabalhando e que têm resultados positivos com as células-tronco adultas .... Houve também falsidade ideológica. Eu vi num programa de televisão a apresentação da cura de um paciente que foi submetido a um transplante de células-tronco adultas. No entanto, foi apresentado como se aquela pesquisa tivesse sido feita por cientistas que estão trabalhando com células-tronco embrionárias" (Ângela Guadagnin, deputada federal, PT);[35]
- "Erra quem acha que somos ignorantes e contra a clonagem terapêutica. Basta ler, com a devida atenção, o texto aprovado. ... Somos contra clonagem de seres humanos, sim, e se resistimos à manipulação de células-tronco e embriões é porque nem sempre sabemos as reais intenções de quem as pretende manipular" (Adelor Vieira, deputado federal, PMDB).[36]

35 Ver <www.biotecnologia.com.br/biocongresso/discursos.asp>. Acesso em: 30 nov. 2005.

36 Ver <www.biotecnologia.com.br/biocongresso/discursos.asp>. Acesso em: 30 nov. 2005.

Os argumentos contrários ao projeto de lei foram em geral rechaçados pelos favoráveis sob a acusação de que careciam de mais fundamentação científica; taxados de meramente ideológicos e retóricos. Em geral, utiliza-se aqui a mesma fórmula observada de ofuscar o discurso dissonante dos cientistas. Toda oposição é dogma religioso e desinformação. É curioso notar que aqueles parlamentares e cientistas que defendem a aprovação de uma lei que legisla sobre organismos geneticamente modificados e pesquisas com células-tronco ao mesmo tempo usam um expediente purificador – precisamente o da separação hierárquica entre ciência e política, fato e valor – para desqualificar os oponentes. Vejamos alguns depoimentos que corroboram esse raciocínio:

- "Precisávamos de uma lei regulamentando o tema, exatamente para fugirmos do debate apenas ideológico e partirmos para o debate fundamentado em conhecimento científico e técnico" (Osmar Dias, senador, PDT);[37]
- "Vamos proibir o plantio desse tomate porque ele é resultado de transgenia? Vamos proibir uma variedade de laranja resistente ao cancro crítico também resultado da transgenia? Costumo discutir os trangênicos como um capítulo da biotecnologia e não como um monstro no qual se transformou. Realmente o assunto está colocado em um grau de discussão muito mais político e ideológico do que técnico (Osmar Dias)".[38]

Considerações finais

Existe uma tensão substancial entre a fundamentação retórica do projeto moderno, que promove clara delimitação entre natureza e sociedade, política e fato científico, fé e razão, e sua prática mediadora, produtora de híbridos. À medida que avança a introdução de aparatos

---

37 Ver <www.senado.gov.br/web/senador/odias/Discursos/2005/050301.htm>. Acesso em: 22 jun. 2005.

38 Ver <www.senado.gov.br/web/senador/odias/trabalho/Discursos/Discurso2003/031021.htm>. Acesso em: 22 jun. 2005.

tecnológicos na vida cotidiana, produz-se considerável indeterminação entre esses dois pólos. Se isso é verdade, o ideal republicano de perfeita separação de campos de competência a partir dos quais os atores sociais falariam em nome da *fé*, da *moral*, da *razão*, ou do *poder*, pouco nos diz acerca da modernidade realmente negociada por mais de dois séculos. As implicações de uma formulação teórica desse tipo são muito sérias. Basta que a comparemos com a abordagem habermasiana acerca do *Futuro da natureza humana* (2004), ou com as considerações de Fukuyama acerca dos riscos de *Nosso futuro pós-humano* (2002).

A melancolia habermasiana diante da evidência de que a moral liberal – sua esperança na força de indivíduos autocentrados atuando em uma comunidade lingüística – seja inadequada para pensar os horizontes técnico-culturais abertos com a pesquisa com células-tronco, ou mesmo com o "diagnóstico genético pré-implantação", indica o tipo de *dificuldade política e moral* implicada na constatação dessa modernidade não-retórica, isto é, produtora de coletivos, de híbridos. Diante da necessidade de se posicionar eticamente com respeito a um ser que ainda não pertence a qualquer comunidade lingüística, mas que existe como humano apenas em potência, Habermas fala hoje da *necessidade de se pensar em uma ética da espécie*. Tratar-se-ia de uma ética que limitaria as possibilidades de agirmos unilateralmente com relação à estrutura biológica de seres que ainda não podem abrir-se de modo autônomo à comunicação, ou seja, uma ética que respeitasse "a dignidade" da vida pré-humana e lhe concedesse a possibilidade daquela abertura. Quanto a Fukuyama, reconhecidamente um liberal, também surpreende sua "calorosa defesa da intervenção estatal na regulação dos limites em que deve ser conduzida a pesquisa genética" (Ferreira & Amaral, 2004, p.162).

A apreciação latouriana desse tipo de fenômeno nos conduz a outro tipo de conclusão. Primeiramente ele resiste à idéia de que a ciência ou a política possam se estruturar mediante uma circunscrição clara da comunidade de humanos, e de seus porta-vozes, os políticos, em oposição aos não-humanos, e seus porta-vozes, os cientistas. Com relação às verdades científicas diz ainda algo bastante importante. A validação do conhecimento científico ocorreria não pela força de leis universais inquestionáveis, mas pela produção de "caixas-pretas".

A força de um porta-voz (quer da natureza quer de seres humanos) estaria associada à decisão pragmática de um membro cético qualquer da comunidade humana acerca do volume de recursos técnicos, teóricos, organizacionais, necessário para contestar uma reivindicação de objetividade. Assim, seria considerada objetiva toda reivindicação de tradução da "fala" da natureza que se torne onerosa demais para ser contestada. Nesse caso, tal reivindicação se estabiliza, constitui uma caixa-preta (Latour, 1998). Essas considerações nos interessam aqui de modo especial. Pois, com respeito às possibilidades terapêuticas provenientes da pesquisa com células-tronco embrionárias, estamos diante de um conhecimento que sob vários aspectos poderia ser considerado "instável".

Ora, é bem verdade que temos ali claramente um conjunto de conhecimentos especializados e solidamente fundamentados: a genômica, a biologia molecular e os equipamentos disponíveis para dar prosseguimento à pesquisa nessa área constituem uma rede sociotécnica que vem se firmando ao longo dos últimos vinte anos. Por outro lado, o conhecimento que dali provém não está estabilizado o suficiente para que se possa falar categoricamente ser preferível realizar pesquisa com células germinais humanas e não com células-tronco adultas. O que se pode – e o que se deve – ainda vir a fazer nesse campo é uma matéria para bastante especulação.

Enfatizemos o óbvio, trata-se de conhecimentos científicos não-produzidos e, portanto, não-estabilizados. Diante disso, aquela separação didática entre sujeitos e objetos, entre o que é verdade evidente e o que está envolto em valores culturais e interesses pessoais fica sujeita a negociações e controvérsias muito mais evidentes. O que são de fato células-tronco embrionárias? Interessam-nos aqui precisamente os recursos mobilizados pelos diversos atores para "cooptar" (jargão político um tanto fora de moda, sabemos) esse híbrido de natureza, teologia, oportunidade tecnológica, ente pré-humano, ou não-humano, que são as células-tronco embrionárias, afinal?

Interessa aqui recuperar as estratégias de cooptação usadas por cada um dos atores apreciados. Aqueles que se posicionam favoravelmente à pesquisa com embriões humanos oferecem perspectivas de tratamentos médicos revolucionários para o futuro, mas não construíram caixas-pretas estáveis o suficiente para tornar pouco razoável a contestação sequer da eficácia do investimento. Daí que precisem se debruçar com particular afinco na discussão de questões com as quais estariam pouco familiarizados – questões do campo teológico, filosófico, ético, por exemplo. Esses cientistas precisam ainda se afastar do estereótipo do cientista imparcial, objetivo, nesse campo: lembremo-nos das observações de Mayana Zatz acerca da necessidade de mobilizar a mídia, ou de Lygia Pereira acerca do uso de "um certo sensacionalismo" como instrumento de convencimento. Chamaríamos atenção para um componente estrutural desse processo e que diz respeito à própria dinâmica de aceleração com a qual a inovação tecnológica reconfigura o mundo contemporâneo. Afinal, há discussões prementes acerca de aspectos éticos, ambientais e sociais da introdução da nanotecnologia em nossa vida cotidiana, por exemplo.

A velocidade da inovação tecnológica, ao abrir uma pluralidade de futuros apenas vagamente concebíveis, corrói a possibilidade de estabilizações sólidas e desloca-nos sempre para mais adiante. Se, por um lado, a chance de contestar a ciência de dentro da própria lógica de superespecialização de *expertises* parece se tornar mais e mais remota para o comum dos mortais, decisões sobre os rumos incertos dessa ciência, e de suas conseqüências ambientais, políticas, culturais etc., parecem jogar a ciência para fora dos laboratórios. A discussão acerca dos diversos riscos associados à tecnociência, assim, tende a remeter esse cientista para áreas antes desprivilegiadas. A possibilidade de que a ciência continue a cooptar a natureza, de qualquer modo, passa a ser dada pela qualidade das alianças que estabeleça. E disso resulta que, por vezes, a ciência possa oscilar entre a condenação da mistificação e sua produção.

De um modo geral, entre aqueles que procuram se tornar porta-vozes das células-tronco germinais entre os religiosos, destacam-se os da Igreja Católica. Isso por dois motivos: de um modo geral, seu poder de pressão foi identificado como principal antagonista da liberação de pesquisas nesse campo. A instituição Igreja Católica deixa um espaço consideravelmente menor para a explosão de posições individualizadas do que, por exemplo, a tradição protestante. Não precisaremos nos deter nas razões históricas desse fenômeno. Digamos apenas que, do ponto de vista da teologia, a encíclica *Evangelium Vitae*,[39] de 1995, continua sendo a referência que pauta o discurso oficial católico. Ali lemos que tudo

> quanto se opõe à vida, como seja toda a espécie de homicídio, genocídio, aborto, eutanásia e suicídio voluntário; tudo o que viola a integridade da pessoa humana, ... ofendem gravemente a honra devida ao Criador.

A vida humana é dom divino; qualquer um que aja de modo que questione esse princípio agiria contra a vontade divina. A pesquisa com embriões seria uma forma de aborto, ou de impedir que a potencialidade humana venha a se realizar. Sob esse ponto de vista, o ser humano em potência no embrião já é completamente humano.

Para além da doutrina oficial, a própria discussão acerca do aborto dentro da Igreja é controvertida. Assim, as Católicas pelo Direito de Decidir nos lembram de que a posição segundo a qual a infusão da alma no ser humano corresponderia ao ato da fecundação torna-se hegemônica apenas na modernidade. Para uma outra corrente teológica dentro do próprio catolicismo, a alma não é infundida no ser humano antes que ele esteja plenamente formado (Hurst, 2000). O fato de essas tensões reaparecerem agora deve ser explicado, para Josadac B. dos Santos (2005), no contexto de uma revisão da própria relação entre instituição e indivíduo, que ocorreria na comunidade católica. O deslocamento da política para o nível da subjetividade, de que nos fala Santos, seria um fermento importante dessa revisão. Em todo caso, a Igreja Católica coloca-se na defesa do humanismo ocidental quando este entra em crise diante dos avanços de uma tecnologia que não pode mais oferecer lugares de identidade, lugares de uma comunidade de humanos. Para a biologia molecular, o humano é uma colagem. Sob esse paradigma, a decisão de legislar acerca de embriões humanos e organismos geneticamente modificados não parece estranha, pois, afinal, informação é a base de toda vida.

O parlamento brasileiro tende a refletir, como seria natural, alguns desses impasses. É evidente a dificuldade daqueles que querem inscrever e legitimar questões novas na discussão de temas como tecnologia. Ora,

---

39 Disponível em: <www.vatican.va>. Acesso em: 18 jul. 2005.

tradicionalmente essa questão foi objeto de disputas acerca do melhor caminho que se deveria adotar para garantir o desenvolvimento econômico da nação. Importaríamos pacotes tecnológicos e nos capacitaríamos mais rapidamente a substituir importações? Qual a exata medida entre a proteção de nossa economia e uma necessária exposição à concorrência que estimularia o progresso técnico e o aumento de produtividade? As políticas desenvolvimentistas no Brasil pecaram sempre por um estruturalismo surdo às vozes dos diversos atores sociais que reivindicavam a possibilidade de poder discutir o que é de fato desenvolver-se. Acreditamos que o recurso a essa tradicional linha de argumentação é insuficiente, diante das questões que hoje o progresso técnico suscita. Assim, como Latour (2004) reivindicaríamos mais ruído na *ágora*, e não a paz tecnocrática dos gabinetes, das discussões apressadas, das medidas provisórias, como forma de tratar os temas que a tecnociência não deixará de colocar diante de nós.

À época em que esse artigo foi concluído, além do Brasil, os seguintes países haviam legalizado a pesquisa com células germinais humanas: África do Sul, Alemanha, Argentina, Austrália, Bélgica, Canadá, China, Cingapura, Coréia do Sul, Espanha, Finlândia, França, Grécia, Holanda, Reino Unido, Índia, Israel, Japão, México, Nova Zelândia, Portugal, Suécia, Suíça e Tailândia.

Referências bibliográficas

BROWN, Peter. *Corpo e sociedade*. O homem, a mulher e a renúncia sexual no início do cristianismo. Rio de Janeiro: Jorge Zahar, 1988.

DEPARTMENT OF HEALTH. *Stem Cell Research:* Medical progress with responsibility. London: UK, 2000.

FERREIRA, Jonatas. O alfabeto da vida: da reprodução à produção. *Lua Nova*, 55-56: 219, 2002.

FERREIRA, Jonatas, AMARAL, Aécio. Memória eletrônica e desterritorialização. *Política & Sociedade*. n.4, p.137-66, 2004.

FOUCAULT, Michel. *História da sexualidade*. v.1: A vontade de saber. Rio de Janeiro: Graal, 1988.

FOUCAULT, Michel. *Em defesa da sociedade*. São Paulo: Martins Fontes, 2000.

FUKUYAMA, Francis. *Nosso futuro pós-humano.* Rio de Janeiro: Rocco, 2002.

HABERMAS, Jürgen. *O futuro da natureza humana.* São Paulo: Martins Fontes, 2004.

HURST, Jane. *Uma história não contada.* A história do aborto na Igreja Católica. São Paulo: Publicações CDC, 2000.

JOÃO PAULO II. *Evangelium vitae.* Vaticano <www.vatican.va>, 1995.

JONAS, Hans. *O princípio vida.* Fundamentos para uma biologia filosófica. Petrópolis: Vozes, 2004.

LATOUR, Bruno. *We have never been Modern.* New York: Harvester Wheatsheaf, 1993.

_______. *Jamais fomos modernos*: ensaio de antropologia simétrica. Rio de Janeiro: Editora 34, 1994.

_______. *Ciência em ação.* Como seguir cientistas e engenheiros sociedade afora. São Paulo: Unesp, 1998.

_______. *Políticas da natureza.* Como fazer ciência na democracia. São Paulo: Edusc, 1999.

_______. Se falássemos um pouco de política? *Política & Sociedade.* n.4, p.11-44, 2004.

MERLEAU-PONTY, Maurice. *A natureza.* São Paulo: Martins Fontes, 2000.

SANTOS, Josadac B. dos. Pós-estruturalismo, religião e democracia: notas sobre aportes teóricos do deslocamento do político para a subjetividade. *Sociedade e Cultura,* v.7, 1: 37-47, 2005.

WERTZ, Dorothy C., RÉGNIER, Marie-Hélène, KNOPPERS, Bartha Maria. Stem Cells in a Pluralistic Society: Consequences of proposed Canadian Legislation. *Genetics & Society Project,* CRDP, Université de Montréal, 2003.

THE ROYAL SOCIETY, THE ROYAL ACADEMY OF ENGINEERING. *Nanoscience and Nanotechnologies:* opportunities and uncertainties. UK, 2004.

Parte 4
Espaço e ambiente

8
As cidades e as contradições espaciais da "reversão competitiva"

Henri Acselrad

Introdução

O presente trabalho pretende discutir a natureza das relações que hoje poderiam explicar, ao mesmo tempo, a reconstrução simbólica da identidade das cidades – movimento que compreende a proposta das ditas "cidades sustentáveis" – e os processos sociais e materiais – marcados fortemente pela desregulamentação e pelo redesenho da esfera política – que lhe estão subjacentes. O texto sugere que a "norma" buscada – ou seja, os preceitos de medida pelos quais se pretende apreciar o que é conforme à regra tendo por referência a média no jogo entre o normal e o patológico – integra um processo mais amplo de construção de um novo modo de regulação urbana, próprio às novas condições de vigência da "cidade-máquina de crescimento" e da "marginalidade avançada" através das quais se tem espacializado a acumulação flexível.

Nas últimas décadas explodiram os discursos negativistas sobre a cidade: cidades em crise, sede de crime, violência, degradação paisagística e ambiental, decadência de infra-estruturas, carência habitacional, declínio do emprego formal, estrangulamento da mobilidade e poluição atmosférica. Disseminaram-se também em paralelo discursos sobre mudanças observáveis no quadro urbano – emergem novos modelos de política urbana, a cidade é vista como ator e ao mesmo tempo objeto de uma ação estratégica, de uma gestão de corte empresarial, voltada para a atração de investimentos numa competição interurbana que é pontuada pelas práticas simbólicas do *marketing* de cidades. O urbano ganha assim "um novo cenário de enunciação" (Micoud, 1996, p.31-43): ante o que alguns entendem por crise identitária das cidades, são acionadas "tecnologias do espírito" voltadas para uma recomposição das subjetividades urbanas.

A cidade é redescoberta como espaço de "ação dramática",[1] onde as *best practices* (as boas práticas, propugnadas pelas agências multilaterais) constituem um enredo para a mobilização apaixonada dos cidadãos (com os "indicadores de sustentabilidade urbana" servindo a orientar metaforicamente a marcação dos movimentos dos atores no palco desse drama). A identidade das cidades torna-se assim cada vez mais um instrumento de legitimação dos operadores políticos que pretendem resgatá-la não mais como circunscrita a seu tempo presente, mas como referente a um passado de glória e a um futuro radioso (Lussault, 1997, p.522-53). Para alguns, estaria em curso "uma mudança na natureza da identidade simbólica das cidades, marcada pela competição crescente entre lugares e pela maior importância que a representação estaria assumindo em relação ao próprio objeto que representa" (Peixoto, 2000, p.99-122). Dá-se assim, de forma questionável, um grau de autonomia à esfera simbólica que dificulta o entendimento de suas articulações com a esfera das práticas espaciais urbanas.

Suporemos aqui, ao contrário, que entre o jogo das representações e a reconfiguração prática do próprio objeto não há uma hierarquia de importância. Tentaremos, antes, entender a natureza das relações que hoje podem explicar, ao mesmo tempo, o sentido da reconstrução simbólica da identidade das cidades – movimento este que compreende a própria proposta de "cidades sustentáveis" – e os processos sociais e materiais que lhe estão subjacentes.[2]

---

1 Recupera-se aqui expressão inaugurada por Patrick Geddes (1960).

2 O debate sobre sustentabilidade está marcado por uma diversidade muito grande de perspectivas de abordagem. Tal como aparece, em meio a uma questão ambiental construída progressivamente ao longo dos últimos trinta anos, a noção de sustentabilidade é uma inovação discursiva, certamente emprestada às ciências biológicas.

Na literatura especializada, encontramos dois tipos de tratamento da questão da sustentabilidade urbana: um tratamento normativo, empenhado em delinear o perfil da "cidade sustentável" a partir de princípios do que se entende por um urbanismo ambientalizado; e um tratamento analítico, que parte da problematização das condições sociopolíticas em que emerge o discurso sobre sustentabilidade aplicado às cidades. Procuraremos discutir no presente trabalho em que medida a "norma" buscada – nos termos de Ewald, os preceitos de medida "pelos quais se pretende apreciar o que é conforme à regra tendo por referência a média no jogo entre o normal e o patológico" (Ewald, 1993, p.81) – integra um processo mais amplo de construção de um novo modo de regulação urbana, próprio às novas condições de vigência da "cidade-máquina de crescimento" (Arantes, 2000, p.27) e da "marginalidade avançada" (Wacquant, 2001, p.188-94) através das quais se tem espacializado a acumulação flexível.

Estas últimas, por sua vez, já a haviam formulado sob uma concepção fortemente economicista dos sistemas vivos, ou seja, à luz de uma analogia entre os processos biológicos e aqueles de determinadas economias, mais especificamente de economias produtoras de excedentes. Nesta perspectiva, a noção de "sustentabilidade" da biologia pensou os sistemas vivos como compostos de um "capital/estoque" a reproduzir e de um "excedente/fluxo" de biomassa, passível de ser apropriado para fins úteis sem comprometer a massa de "capital" originário. Podemos observar toda uma trajetória desse conceito de uma para outra disciplina científica até ele aparecer no final do século XX como uma noção relativamente corrente no debate público. Neste âmbito, tratar-se-á de uma construção discursiva que colocará em pauta os princípios éticos, políticos, utilitários e outros, que orientam a reprodução da base material da sociedade. Ao fazê-lo, essa noção, nos seus múltiplos conteúdos em discussão, pressupõe uma processo de redistribuição de legitimidade entre as práticas de disposição da base material das sociedades.

Em função do tipo de definição que prevaleça e se estabeleça como hegemônica, as práticas sociais serão divididas em mais ou menos sustentáveis, sustentáveis e insustentáveis; portanto, serão legitimadas ou deslegitimadas, retirando-se e atribuindo-se respectivamente legitimidade a essas diferentes formas de apropriação.

A cidade dos processos sociais concretos

As cidades experimentaram nas últimas duas décadas um processo de "abertura dos lugares a relações abertas" (Healey, 1996, p.79-88) no que diz respeito a padrões flexibilizados de trabalho, de transferência de pagamentos, de formas tecnológicas e comunicativas. Nas metrópoles situam-se os movimentos de rearranjo das atividades produtivas decompostas pela superação do fordismo e pela desterritorialização/desindustrialização de corte neoliberal (Veltz, 2001). A cidade é o lugar de saída e regulação pela mobilidade. Uma economia da velocidade e da incerteza justifica dinâmicas empresariais flexíveis que tendem a provocar efeitos desestruturantes sobre capacidades instaladas e fixas. O próprio urbanismo tende a ser concebido *just in time*, comandado em grande parte pela lógica do mercado imobiliário (ibidem).

As condições de reprodução do capital são menos coordenadas pelo Estado central e os poderes locais atribuem a si um papel mais pró-ativo nas estratégias de desenvolvimento. Os processos econômicos catalisados pelo chamado "empreendedorismo urbano", por sua vez, passam a subordinar as políticas sociais, assegurando um fornecimento fragmentado e desigual dos bens de consumo coletivo, tendo por base os critérios renovados de desempenho econômico. Instaura-se então o que Harvey chamou de "reversão competitiva", onde não mais o capital busca vantagens locacionais, mas as localidades é que competem entre si, oferecendo vantagens locacionais para atrair os capitais (Harvey, 1995). A chamada "governança urbana" institui uma multiplicidade de pólos de iniciativa e decisão, envolvendo atores não-governamentais, semipúblicos e privados. Uma tal "flexibilização" institucional veio favorecer fortemente os segmentos empresariais, através dos mecanismos de negociação das normas urbanísticas, liberação do controle do uso do solo, renúncia fiscal e subsídio ao investimento privado, mediante a oferta de infra-estrutura, terrenos, formação de mão-de-obra etc. (Compans da Silva, 2001).

A ênfase na inovação econômica e na competição interurbana, assim como a subordinação dos programas sociais às prioridades da eficiência, acentuou as divisões na sociedade, apontando, no longo prazo, para eventuais dificuldades na própria estabilização econômica. As novas formas institucionais passaram a requerer conexões entre as distintas dimensões das políticas locais, assim como articulação entre as diferentes agências públicas, semipúblicas, privadas e não-governamentais (Mayer, 1995, p.316-37). Em ausência de barreiras à deslocalização dos capitais, os capitais privados ficaram livres para chantagear o Estado com o fantasma das crises locais (em analogia com a explicação fornecida por Kalecki (1983) para a oposição empresarial às políticas de emprego no pós-guerra), exigindo a "flexibilização" das normas ambientais e urbanísticas. Esse novo cenário, que coloca em pauta, nas cidades, uma tensão entre "o espaço dos fluxos" e "o espaço das permanências" (Castells, 1989), pode ser lido como expressão de uma nova correlação de forças que opõe, no espaço urbano, os atores mais móveis – as grandes corporações – e os atores menos móveis – poderes locais, sindicatos e organizações populares (Boltanski & Chiapello, 1999). Esse novo quadro, que soma a perda de mecanismos de coordenação aos ganhos de mobilidade de atores empresariais fortalecidos, põe em evidência grandes dificuldades na gestão dos conflitos locacionais urbanos, apontando inclusive, segundo alguns, para riscos de desintegração social no longo prazo (Mayer, 1995). Temos aqui por hipótese que esses conflitos refletem as contradições desse novo modo de regulação das cidades em gestação, ou desse modo de inserção das cidades em uma regulação que é própria ao capitalismo em sua fase flexível.

A cidade das representações

O meio ambiente é uma temática unificadora que aponta para uma mudança de direção do planejamento urbano no contexto de uma ordem social fragmentada. A instabilidade da sociabilidade urbana contemporânea e os cenários da crise ecológica convergem. Uma "ecologia do risco" tenta reconstituir o que se sente desaparecer – espécies, tribos, fontes de energia... O planejamento urbano ambientalizado procura "re-significar" o espaço com gestos confortadores de segurança e controle, dando visibilidade à natureza nas cidades e exorcizando os medos da destruição ecológica e da instabilização da ordem social (Brand, 1999, p.631-48). Essa ambientalização do planejamento urbano coincide, por certo, com o desmonte das políticas públicas destinadas a conter as desigualdades socioespaciais. A idéia de meio ambiente tende, nesse contexto, a absorver os sentidos da noção de bem-estar nas cidades.

O ambiente evocado pelo discurso planificador busca reconstruir a unidade das cidades, sua coesão social e sua governabilidade política ante o desmonte das instituições e propósitos do Estado regulador, ante as tendências à privatização da vida e à fragmentação do tecido social. Em paralelo, portanto, à desmontagem do setor público e às privatizações, a temática da sustentabilidade tem sido evocada, com freqüência, de modo que faça transitar as expectativas de bem-estar dos âmbitos da habitação, da saúde e dos direitos sociais, fortemente marcados pelo acesso socialmente desigual, para uma noção de meio ambiente construída como una e comum a todos.

O meio ambiente, vestido dessa roupagem universalista, convém, por certo, aos propósitos de pré-construção de um consenso social destinado a reconstituir o sentido de comunidade, solidariedade e interesse comum em um mundo socialmente fragmentado, buscando acomodar as diferenças em uma nova totalidade interdependente. No planejamento urbano, esse tipo de referência ao meio ambiente tem assim atribuído legitimidade a instâncias políticas contestadas, mediando contatos entre diferentes grupos e culturas urbanas, valorizando espaços compartilhados de consumo de natureza, focalizando espaços de fluxos como rios, corredores arbóreos e *waterfronts*, todos eles convertidos em lugares atrativos da cidade por intermédio de trabalhos paisagísticos e pela concentração de eventos culturais que para aí acorrem (Brand, 2001, p.1-24). Conforme observa Healey (1996), as cidades que se pretendem sustentáveis investem no estabelecimento de conexões, através de dinâmicas de comunicação e cooperação, buscando integrar, no espaço, sociedade e ecossistemas, e no tempo, presente e futuro. Essa também é a percepção de Emelianoff (1995), para quem o discurso das cidades candidatas à "sustentabilidade" tem em comum uma lógica de inclusão numa continuidade espacial e temporal: inclusão das periferias (pela descentralização), da memória (pela reciclagem) e de atores sociais (pela interação) – incluindo não vivos e gerações ausentes. Inclusão da cidade no ecossistema global e do ecossistema local na cidade; inclusão da cidade no patrimônio das gerações futuras e do patrimônio local nas cidades; inclusão da democracia participativa na cidade e da cidade na "democracia planetária" (ibidem, p.37-58).

A intenção de produzir continuidades é visível também entre os atores da enunciação da sustentabilidade urbana no Brasil, quando estes destacam objetivos de "retro-alimentação" próprios a uma "sociedade de fluxos cíclicos" (Pesci, 2004, p.103), manifestam a vontade de estabelecer "interações e interfaces positivas", de "abrir portas e criar corredores de ar ou de fauna" (ibidem), construindo cidades "cada vez mais conectadas", com "um padrão que liga todas as coisas, com relações de pertinência e permanência", que "expandam sinergias" através de "estratégias cooperativas" (Silva, 2004, p.98). A inclusão das periferias via descentralização, da memória via restauração e dos atores sociais via interação constituem, assim, procedimentos discursivos de expansão simbólica da base de legitimação das políticas urbanas. A busca de um consenso urbano de tal forma ampliado, espacial e temporalmente, legitimado nos propósitos do equilíbrio biosférico e da justiça intergeracional, explica-se, por certo, pela necessidade de prevenção dos riscos de ruptura sociopolítica em cidades crescentemente fragmentadas pelos processos de globalização e acumulação flexível.

Portanto, se o recurso à noção de sustentabilidade urbana parece integrar crescentemente uma norma do planejamento aplicado a cidades fortemente divididas, o caráter simbólico das ações associadas a tal noção – seja pela representação retórica de um meio ambiente uno e consensual, seja pelo sentido que se queira imprimir às operações materiais "de conexão" empreendidas em seu nome – tais como corredores arbóreos, fluxos aquáticos e outros ícones materiais da integração social, não se imporá, porém, como suficiente para dar estabilidade aos mecanismos da reprodução urbana.

A noção de sustentabilidade parecerá assim constituir apenas parte de um esforço mais amplo de configurar um novo modo de regulação urbana capaz de integrar duravelmente na dinâmica reprodutiva a própria desigualdade constitutiva das cidades em que convivem a marginalidade avançada e o rentismo urbano.[3] Trata-se, portanto, para caracterizar a reconfiguração dos processos de regulação nas cidades, de avançar na investigação do modo como através da crise urbana se vem reproduzindo a cidade compatível com a acumulação flexível.

Contradições espaciais e sustentabilidade urbana

Na conceituação de Alain Lipietz (1988), modo de regulação é o conjunto de normas, incorporadas ou explícitas, de instituições, mecanismos de compensação e dispositivos de informação (tais como normas de formação de salários, modalidades de concorrência entre as empresas e mecanismos de criação de moeda e crédito), que ajustam permanentemente as antecipações e os comportamentos individuais à lógica de conjunto do regime de acumulação. No fordismo, a aliança entre grande corporação, Estado e sindicatos fez das cidades o espaço de realização da produção em massa de automóveis e imóveis cujo mercado foi dinamizado pelas normas de consumo através das quais os salários, via negociação coletiva, incorporavam de forma razoavelmente antecipada parte dos ganhos de produtividade. A cidade da regulação dita

3 Loic Wacquant (2001) chama de "marginalidade avançada" aos processos de produção de contingentes sociais não integrados em contextos em que o trabalho assalariado é fonte de exclusão e não mais de inserção, há desconexão funcional proveniente de tendências macroeconômicas através das quais o crescimento pode não gerar emprego, há fixação e estigmatização territoriais, há dissolução de lugares de identificação, perda do interior como espaço de retaguarda para os excluídos da cidade e fragmentação simbólica e social via desproletarização e enfraquecimento dos repertórios de representação coletiva (p.188-94). O rentismo urbano exprimiria, por sua vez, os interesses da coalizões de elite centradas na propriedade imobiliária e voltadas à *gentrificação* estratégica de áreas urbanas marcadas pela desindustrialização e o desinvestimento, explorando o arco de negócios decorrentes das possibilidades econômicas dos lugares, valorizando "culturalmente" espaços de onde os moradores de menor renda serão excluídos (Arantes, 2000, p.28-9).

fordista foi fortemente marcada por sua compatibilidade com a produção automobilística e com a produção capitalista de moradias.

Nas condições emergentes de um regime de acumulação dito flexível, um novo modo de regulação urbana estaria sendo gestado pela fusão entre as políticas de lugar e as políticas de produção, fusão esta compatível com os elevados níveis de mobilidade dos capitais promovidos por um Estado – por alguns dito schumpeteriano (Jessop, 2003), em oposição ao anterior estado keynesiano – que integra as dinâmicas da competição internacional, apoiando inovações sociotécnicas que operam em economias abertas. A literatura que se tem debruçado na identificação dos traços do que seria este novo modo de regulação[4] assinala que:

1. As condições de reprodução do capital são menos coordenadas pelo Estado central e os poderes locais assumem papel pró-ativo nas estratégias de desenvolvimento econômico. A cidade é aí o elo entre a economia local e os fluxos globais, passando a ser assim objeto das pressões competitivas internacionais. As cidades afirmam-se como máquinas de crescimento promotoras da competitividade internacional. Instaura-se conseqüentemente uma competição interurbana pela exploração das vantagens competitivas específicas e pela "reversão competitiva" – redução de custos, subsídios, atração de empresas que buscam recursos humanos qualificados, maior e mais eficiente infra-estrutura econômica, proximidade com centros produtores de tecnologia e mercados consumidores de mais alta renda, oferta de vantagens fiscais, fundiárias, sociopolíticas e ambientais, com os constrangimentos externos, favorecendo a adoção do *dumping* socioecológico;
2. Desenvolve-se uma competição interurbana pela oferta de possibilidades de consumo de lugar, pela atração de turistas e de projetos/eventos culturais;
3. Desenvolve-se competição interurbana pela capacidade de controlar funções de comando financeiro e comunicacional;
4. Os processos econômicos passam a subordinar as políticas sociais

4 Vide autores como M. Mayer, D. Harvey & B. Jessop, entre outros.

e de emprego. As políticas sociais são desmanteladas e substituídas por um "empreendedorismo urbano" de cujo sucesso dependem o emprego e a renda, ficando os problemas da marginalização social na dependência das iniciativas das próprias organizações da sociedade;

5. As novas condições de governo dos processos urbanos passam a envolver também atores não-governamentais, privados e semipúblicos. A coordenação dos diferentes campos de política urbana pressupõe a instauração de novos sistemas de barganha, aparecendo as "parcerias" como mecanismos de apoio aos mercados em substituição a políticas preexistentes de ordenamento dos mercados.

Como sublinham Brenner & Theodore (2002, p.352), as cidades do neoliberalismo realmente existente constituem uma área estratégica, em que a destruição criadora de espaços político-econômicos em escalas geográficas múltiplas desenvolve-se a partir de contextos institucionais específicos. Onde a ideologia neoliberal sugere que operam mercados auto-regulados gerando alocação ótima de investimentos e recursos, a prática política neoliberal produz "falhas de mercado" amplamente difundidas, novas formas de polarização social e intensificação do desenvolvimento desigual em todas as escalas espaciais. Tratam-se de transformações socioespaciais orientadas pelo mercado, em que se destaca uma nova arquitetura locacional para o processo de acumulação, uma nova mobilização dos lugares como fatores produtivos.

O neoliberalismo passou, assim, de uma primeira fase de desmantelamento dos arranjos keynesianos de bem-estar a uma fase de gestão de contradições sociopolíticas induzidas pelas primeiras formas de intervenção política neoliberal. Trata-se de um ajuste de estratégias neoliberais em resposta a seus próprios efeitos sociopolíticos disfuncionais e diruptivos. As cidades integram, assim, o ambiente geoeconômico da "desordem global" – caos monetário dos movimentos especulativos, lócus das estratégias de empresas transnacionais, da competição interlocal, das incertezas da desregulação e das restrições fiscais. As transformações socioespaciais da cidade neoliberal dão-se, é preciso ressalvar, no contexto específico das dimensões político-institucionais preexistentes; ou seja, a experiência de costurar fraturas da desregulação também será localmente específica.

Em sua nova fase de construção institucional, o projeto neoliberal orienta-se, assim, para o estabelecimento de modos de deslocamento da crise, de modo que proteja os agentes econômicos fortes das múltiplas "falhas de mercado, de Estado, de governança", propugnando coordenação e alívio à pobreza por parte da própria comunidade. As cidades afirmam-se como centrais à reprodução e reconstrução do neoliberalismo, como lócus do enfrentamento dos resultados incertos das novas estratégias locacionais de acumulação do capital. Isso porque, em contexto de acumulação flexível, a intensificação e a variabilidade temporal do uso de recursos ambientais ameaçam a estabilidade do "metabolismo urbano". Conforme sublinha Veltz (2001), a metrópole acelera a divisão do trabalho e a diversificação contínua dos bens e serviços, constituindo-se em lugar privilegiado do re-desenvolvimento de sistemas produtivos doravante ultradecompostos. A economia da velocidade e da incerteza, associada a uma demanda cada vez menos previsível, destrói e recria em permanência o território social. Dadas as altas taxas de juros que tornam o peso fundiário das operações muito elevado, o urbanismo *just in time* de mercado – aquele protagonizado pelas próprias empresas – tende a ser cada vez menos regulamentar e cada vez mais comandado pelas lógicas do capital imobiliário (idem, p.391). Tudo que diz respeito ao ordenamento espacial regulamentar da cidade, inclusive suas dimensões ecológicas, se esvai em ausência de forças de coordenação, que são eventualmente substituídas pela auto-organização da "governança corporativa", da parceria privado-privado, ou seja, em parte crescente, pelos próprios capitais em competição.

Essa nova regulação urbana, compatível com a acumulação flexível movida pela alta mobilidade espacial do capital, atualiza assim a cidade como "máquina de crescimento" (Arantes, 2000, p.27) pela qual coalizões de elite centradas na propriedade imobiliária conformam políticas urbanas, dando livre curso ao propósito de expandir a economia local e aumentar a riqueza. A construção de um senso comum econômico promissor de empregos torna-se a peça-chave de uma situação de mobilização competitiva permanente para a batalha de soma zero das cidades concorrentes. A operação desses mecanismos implica uma transferência de riqueza e chances de vida do público em geral para os grupos rentistas, tendo por corolário uma cidade desigual em que o "ambiente de negócios" destina amenidades para os partícipes da coalizão de crescimento e assigna os riscos sociais e ambientais para os pobres urbanos e trabalhadores menos organizados. A "cidade-máquina de crescimento" é pois uma cidade que impõe riscos aos mais fracos; constituindo também uma máquina de desorganizar os trabalhadores – desejosos de emprego a qualquer custo – e a sociedade em geral – carente dos recursos de investimento, fonte de receitas públicas.

A busca pela constituição dos novos modos de regulação urbana não se dá, porém, sem contradições. Em consonância com os imperativos de desregulação requeridos pela acumulação flexível, tem-se fragmentado o tecido institucional e social urbano, tanto numa fragmentação por baixo como numa fragmentação pelo alto. A fragmentação por baixo, sugere-nos Jaglin (1998, p.27-34), decorre de uma concepção comunitarista de solidariedade, que promove um parcelamento gestionário dos bairros pobres, uma descontinuidade física das redes de ilhas selecionadas de atendimento, gerando competição entre as comunidades e no interior delas por recursos escassos. A fragmentação pelo alto, por sua vez, reúne todas as formas de "dessolidarização" entre áreas ricas e áreas pobres, de renúncia ao compartilhamento fiscal, tarifário e de redes de infra-estrutura, além das práticas de auto-segregação espacial, via condomínios fechados, gradeamento, segurança privada etc.

Trata-se, em suma, de mecanismos de enfraquecimento da coesão social, de desintegração das instituições portadoras de sentido coletivo, processos dos quais a violência urbana é apenas sintoma espetacular. É aí, no entanto, que residirá o fermento para o florescimento da ideologia da segurança e do tratamento penal da miséria. Ante as evidências da sociabilidade em crise, uma demanda por ordem ocupa o espaço da contestação crítica do Estado. A política urbana tende a ser substituída por uma polícia das cidades. Enquanto os poderes transnacionais dominam a economia mundial a partir das megacidades, confere-se ao Estado o papel de nelas exercer o controle social e policial sobre as populações marginalizadas (Luzi, 1996). Para pacificar o campo urbano, os projetos urbanísticos internalizam a variável segurança, procurando um ordenamento do meio que se volte para a prevenção da criminalidade nas zonas ditas "vulneráveis, sensíveis ou difíceis", acolhendo uma parafernália de tecnologias de vigilância a serem aplicadas sobre as chamadas "populações de risco". Para regular as tensões urbanas, procura-se então "normalizar aqueles que transgridem as normas de um sistema social que, precisamente, os impede de levar uma vida normal" (Garnier, 1999, p.18). E para pacificar a democracia de mercado, ameaçada pelas próprias desregulações de mercado, fala-se insistentemente em reconstruir no plano local – nas comunidades – tudo o que o global vem destruindo em âmbito nacional, a saber, a "solidariedade" e a "cidadania". A desigualdade de renda, o desemprego e a marginalidade avançada alimentam em permanência uma instabilidade urbana que só tem as tecnologias securitárias como resposta, ainda que direcionada especificamente àqueles que não se afiguram "capacitados para o consenso".

Nesse contexto, os esforços de internalização da segregação ou de auto-segregação nas chamadas "cidades gradeadas" – empreendimentos imobiliários residenciais murados ou gradeados aos quais o acesso público é restrito, com freqüência, vigiados por segurança privada e por sistema interno de TV, caracterizados usualmente por acordos legais que ligam os residentes a um código comum de conduta – passam a ser experimentados como elementos das novas instituições reguladoras. Um certo número de pesquisas é desenvolvido para aferir a funcionalidade da auto-segregação. Não se pergunta, nesse tipo de investigação, o que são as "comunidades gradeadas" como fato social (Blandy et al., 2003), mas se elas poderiam fazer parte do corpo institucional do novo modo de regulação urbano, ou seja, se elas resolvem o "problema da violência" sem comprometer a dinâmica desigual da acumulação flexível.

A auto-segregação socioespacial das elites é apresentada assim como parte de um contrato espacial compatível com o baixo grau de diversidade social desejado para as áreas de moradia, onde a capacidade de pagamento é utilizada para privatizar serviço e limitar a entrada de estranhos e a passagem de vizinhos externos. A comunidade gradeada representaria um artifício compatível com a nova regulação urbana, pois ofereceria condições de convivência com a desigualdade da "marginalidade avançada", reforçaria o Estado schumpeteriano pela privatização de áreas e serviços públicos, ofertando atributos simbólicos de promoção local de imagem favorável à atração de investimentos, embora, conforme boa parte dos resultados de pesquisa, não contribuiria para a coesão social (Blandy et al., 2003). Não o fazendo, ela não resolveria o problema principal originado na concretude da fratura social.

Um segundo tipo de contradição encontra-se associado à dualidade funcional do espaço – o processo pelo qual se institucionaliza o duplo padrão social e ambiental –, ambiente de negócios *versus* ambiente degradado – com queda tendencial do nível médio de proteção social e ambiental nos espaços degradados pela imposição de riscos (os "usos do solo localmente indesejados") aos pontos supostos de menor resistência onde residem os pobres urbanos. Os atores sociais que se entendem "discriminados ambientais" denunciam o senso comum segundo o qual vigoraria em geral o critério "não no meu quintal": segundo eles o que opera, sim, é o princípio "no quintal dos mais fracos", daqueles espacialmente segregados. Tal mecanismo de reprodução da desigualdade ambiental decorreria, em grande parte, do novo mecanismo de fusão empresarial das políticas de produção e de lugar.

As mudanças introduzidas nas políticas e estratégias locacionais em contexto de competição interurbana multiplicariam os conflitos de uso do solo. Conforme assinala Sabatini (1999, p.27), "os conflitos ambientais nas cidades que se multiplicaram nas últimas décadas representam reações de defesa da qualidade de vida ameaçada pela globalização econômica" e suas implicações na imposição aos mais fracos de "usos indesejáveis do solo, congestão, contaminação e insegurança" (ibidem, p.37). Tais conflitos são "resolvidos" primariamente pela alegação de que os empreendimentos que ameaçam as condições de moradia geram empregos. As comunidades mais fracas, de "desespero econômico", segundo Gould (2004), incapazes de atrair indústrias "limpas", contentar-se-iam com o lema "acolher indústria suja ou nenhuma indústria" – ou seja, sediar a "bomba-relógio ambiental" (Bullard, 2000, p.15-6).

Os conflitos locacionais são assim redefinidos em termos do diferencial de mobilidade entre os atores. Conseqüentemente, o recurso à chantagem de localização torna-se "argumento" de força para impor certos usos sobre outros. Conseqüentemente, i) os atores desprovidos de meios para a exercer o poder do investimento são alijados da competição territorial (indústrias conseguem fazer aprovar sua instalação em área de manancial em razão da "fraqueza econômica" de ambientalistas, por exemplo); ii) os trabalhadores mais fracos, pertencentes aos segmentos mais atingidos pelo desemprego, são objeto de argumentação destinada a persuadi-los que "toda regulação ambiental destrói empregos"; são pressionados, assim, a aceitar qualquer tipo de emprego, mesmo precário, insalubre e ambientalmente arriscado; iii) os moradores menos móveis, ou que circulam apenas no espaço segmentado do risco, serão receptáculo recorrente dos "usos do solo socialmente indesejáveis" e vitimados por uma superposição de riscos e carências.

Tais processos de imposição de riscos ambientais aos mais fracos não ocorrerão, porém, sem resistências, pois lutas por democratização do espaço incorporarão também exigências de "justiça locacional e ambiental". Tais resistências às decisões discriminatórias de uso do solo são um fenômeno relativamente recente que se associa a uma ressignificação da questão ambiental, agora incorporando preocupações com os impactos distributivos as atividades. Em lugar de educação ambiental e *lobby*, tais lutas têm implicado, em diversos países e contextos, interrupção de ruas, *sit-ins*, manifestações de massa e boicotes. Têm em comum a denúncia dos mecanismos da dualização, a saber: a) haveria desconexão entre os tomadores de decisões locacionais e as vítimas dos aspectos indesejáveis e portadores de risco destas decisões (o poder político – afirma-se – é usado para manter a poluição à distância dos poderosos); b) enquanto houver áreas de menor resistência, toda decisão que restringe o dano ambiental dos empreendimentos é seguida de transferência das atividades danosas para áreas de pobres urbanos. No caso do Brasil, um certo número de episódios sugere que tal tipo de resistência à imposição desigual de riscos ambientais começa a se multiplicar – citam-se os casos da anulação do projeto de localização de uma termoelétrica em Itaguaí-RJ (Ferraz, 2004, p.239-50), a suspensão da transferência de depósitos de lixo químico de Cubatão para Camaçari por iniciativa da ACPO – Associação de Combate aos Poluentes Orgânicos Persistentes entre outros (Mallerba, 2004). Conforme expressão de jovens quilombolas do Espírito Santo confrontados com a expansão desigual de empreendimentos modernizadores em suas áreas de moradia, tratam-se de atores sociais que "aprenderam a dizer não".[5]

Tais modalidades de conflito – parte cada vez mais visível das contradições espaciais da acumulação flexível – tendem a motivar também a busca de instituições reguladoras capazes de estabilizar as condições ideais de implantação espacial dos empreendimentos. Os indícios apontam aqui para a perspectiva de privatização dos conflitos locacionais e ambientais, ou do estabelecimento de uma espécie de "parceria público-privada" na resolução dos conflitos pelo concurso dos próprios planejadores (Campbell, 1996).[6] Campbell, por exemplo, sustenta que "o planejador deve contribuir para a constituição de um novo pacto espacial que viabilize soluções *win-win* dos conflitos entre 'economia, ecologia e justiça', através de um multilingüismo regulatório" (1996, p.5). A regulação não resultaria coerente, prossegue ele, se houver prevalência de uma "linguagem" sobre outra. A "cidade sustentável" seria, assim, nessa perspectiva, a cidade capaz de negociar através da parceria público-privada (tendo os "planejadores" como mediadores) o "conflito de propriedade entre crescimento econômico e equidade", o "conflito de recursos entre crescimento econômico e meio ambiente" e o "conflito de desenvolvimento entre preservação ambiental e eqüidade" (ibidem, p.5-6).[7] O problema "da regulação" seria, por-

5 Entrevista ao autor, junho de 2003, Porto Seguro.

6 Conforme assinalado por O. Arantes, "as coalizões das cidades-máquinas de crescimento são escoradas em um séqüito de coadjuvantes, entre os quais os planejadores urbanos" (in Arantes, Vainer & Maricato, 2000, p.27).

7 Ao interrogar-se sobre o "bilingüismo hierárquico" conhecido por diversas sociedades, o historiador Marc Bloch, citado por Depaule & Topalov, afirma: "... esta oposição entre duas línguas, forçosamente diferentes, configura, de fato, apenas o caso limite de contrastes comuns a todas as sociedades. Até mesmo nas nações mais unificadas, cada pequena coletividade profissional, cada grupo caracterizado pela cultura ou pela fortuna possui seu sistema de expressão particular" (p.16).

tanto, aqui, o de compatibilizar acumulação (trabalho e insumos) com legitimidade (adesão social e estabilização política por neutralização dos conflitos), tendo o planejador o papel de promotor do "multilingüismo negocial". Ao Estado restaria a mediação dos conflitos, os quais não passariam, porém, pela esfera política, sendo resolvidos caso a caso, privatizados.

Como sugere Sabatini, segundo lógica similar, "A filosofia de fundo é que o melhor é compatibilizar interesses, por certo dentro dos limites ambientais e políticos fixados por lei (normas ambientais e direitos cidadãos)" (Sabatini, 1999, p.32).

Assim, prossegue ele, "o planejador poderia desempenhar importante papel quando um projeto que interessa ao município é rechaçado por poderosas organizações de moradores" (ibidem). Poderia também

> evitar o risco de que a eventual realização de um Estudo de Impacto Ambiental e o cumprimento das instâncias de participação contempladas na legislação, favoreçam a ocorrência de um conflito ambiental aberto. (ibidem, p.33)

Caberia ao planejador, portanto, nesse esboço de instituição reguladora, evitar a eclosão de conflitos e favorecer a estabilização política dos mesmos. A norma fordista é agora flexibilizada através de mecanismos de legitimação aos quais o planejador – o Estado – é chamado a colaborar. Nesse contexto, os conflitos "mais difíceis de resolver", segundo Sabatini (ibidem, p.34), serão justamente aqueles relativos aos usos do solo localmente indesejáveis, porque neles a "oposição local tende a ser total, excluindo o espaço necessário de negociação para superar o conflito" (ibidem). Como soluções serão apresentadas as técnicas de participação em negociação supra-local (onde, dependendo da natureza dos mecanismos de "participação", o processo pode politizar-se ou, em

---

Com efeito, completam Depaule & Topalov, nestes casos "as línguas devem comunicar e as soluções a este problema serão marcadas por uma negociação desigual entre os locutores" (in Depaule & Topalov, 2004).

caso de profissionalização das tecnologias de consenso, despolitizar-se) ou negociação de compensações (ou seja, sua privatização, com pagamento da anuência dos indivíduos prejudicados/"monetização das perdas") (ibidem, p.34-5).

Considerações finais

A questão da reprodutibilidade das relações socioecológicas urbanas põe em pauta, ao mesmo tempo, as dimensões da *governabilidade* política concreta das contradições urbanas e da *legitimidade* dos discursos e ações dos diferentes atores sociais da cidade – ou seja, os princípios que podem conferir legitimidade aos referidos modos de "gestão" das contradições. Tais princípios, representações ou categorias – como é o caso recente da noção de "sustentabilidade urbana" – disputam entre si hegemonia no "campo urbano" – arena na qual os recursos urbanos são apropriados, repartidos e disputados.

Se as cidades, como assinala Veltz (2001), hoje são nós nos quais certos atores detêm o poder de controlar e reorganizar fluxos, ou seja, de apropriarem-se dos atributos relacionais do território, conflitos tenderão a ocorrer no processo de reorganização flexível do espaço urbano quando práticas espaciais não hegemônicas venham a ser afetadas. Buscam-se então novas regulações sociais na tentativa de redefinir a distribuição das chamadas "externalidades" negativas – as dinâmicas relacionais danosas e arriscadas. As resistências então encontradas são, via de regra, seguidas pela transferência dos males para os menos organizados – as populações de áreas economicamente deprimidas. Conflitos ambientais, em conseqüência, se multiplicam, e por vezes se politizam, expondo contradições e gerando desconfiança crescente nas alianças existentes entre governos locais e empresas, justificando esforços de privatização das disputas, de captura de atores sociais locais e de ameaças de deslocalização de empreendimentos (Simmons & Stark, 1993). Quando há politização dos conflitos urbanos, tendem a desenvolver-se, porém, concepções "não-nimby" (ou seja, opostas à lógica do *not in my backyard* – "não no meu quintal", reivindicando, isto sim, que os males ambientais não sejam alocados "no quintal de ninguém") resultantes como são da estruturação do protesto local no debate sobre o justo e o injusto, pressupondo a equivalência dos cidadãos e não uma subordinação de subcidadãos ante os que se apresentam como "agentes do progresso"(Halfacre et al., 2000).

O debate sobre a sustentabilidade das cidades remete, pois, aos propósitos de estabilização das relações sociais no espaço urbano sob a ação dos poderes hegemônicos no mercado em busca de apropriarem-se dos atributos relacionais do território, o que implica a gestão política dos conflitos ambientais urbanos, os impactos recíprocos entre as distintas práticas espaciais, notadamente das decisões de localização que promovem a distribuição efetiva de riscos e danos ambientais. A noção de sustentabilidade das cidades inscreve-se, assim, em grande parte, entre os esforços de "remediação" dos estragos políticos da fragmentação do tecido social urbano, ou seja, da disseminação e do agravamento dos conflitos urbanos associados à concentração do poder de imposição de riscos sobre os mais despossuídos e espacialmente segregados.

A atual crise urbana é também uma crise de constituição de um novo modo de regulação para as cidades – modo este que se quer compatível com as dinâmicas de um capitalismo flexível. Essa crise tem-se alimentado das novas contradições espaciais verificadas na cidade, seja por via de processos infrapolíticos (da chamada "violência urbana"), seja por via de processos políticos – aqueles pelos quais se vem crescentemente denunciando e resistindo à dualização funcional da cidade entre áreas ricas e relativamente mais protegidas e áreas pobres submetidas a todo tipo de risco urbano. A busca de cidades "sustentáveis", inscritas no "metabolismo de fluxos e ciclos de matéria-energia, simbiótica e holística" remete, por certo, à pretensão de se promover uma conexão gestionária do que é, antes de tudo, fratura política.

Em cada definição da "sustentabilidade urbana" encontraremos, por certo, o embrião de diferentes projetos de futuro para as cidades (Acselrad, 2001). Tem-se observado, com efeito, a pretensão dos atores hegemônicos de fazer do discurso da sustentabilidade um meio de instaurar consensos simbólicos, buscando, em particular, costurar as cisões de um tecido social urbano crescentemente atravessado pelas contradições da globalização. Ora se tecnifica o debate, tentando enquadrar a sustentabilidade nos propósitos de obtenção de cidades compactas, econômicas em espaço, matéria e energia, ora se propugna o consenso como precondição para a construção de cidades duráveis, abdicando, conseqüentemente, de considerar as cidades enquanto espaço por excelência do debate público e da construção de mundos diversos e compartilhados. Nesse quadro, a "sustentabilidade urbana" tende a reduzir-se a um artifício discursivo para dar às cidades um atributo a mais para atrair capitais através da dinâmica – via de regra predatória – da competição interurbana.

No presente texto, procuramos entender o modo como esses investimentos na construção de consenso simbólico – seja no plano retórico de um "ambiente uno", seja no da implementação de projetos urbanísticos portadores do sentido de "conexão" da fratura social – integram um processo mais amplo de busca de mecanismos e instituições, práticos e discursivos, através dos quais se tenta constituir um novo modo de regulação urbano compatível com os requisitos da acumulação flexível. A implantação de comunidades gradeadas e a difusão de tecnologias de consenso voltadas à resolução negociada de conflitos urbanos aparecem como elementos fortes de uma tal regulação que, ao buscar a reprodução das cidades através dos mecanismos da crise urbana, encontra nas contradições espaciais da acumulação flexível seu principal motor.

Referências bibliográficas

ACSELRAD. H. (Org.). *A duração das cidades*: sustentabilidade e risco nas políticas urbanas. Rio de Janeiro: DP&A, 2001.

ARANTES, O. B. F. *Uma estratégia fatal*: a cultura nas novas gestões urbanas. In: ARANTES, O., VAINER, C., MARICATO, E. *A cidade do pensamento único*: desmanchando consensos. Petrópolis: Vozes, 2000.

BLANDY, S., LISTER, D., ATKINSON, R., FLINT, J. Gated Communities: a systematic review of the research evidence. *Center for Neighbourhood Research*, paper 12, University of Glasgow, 2003. 60p.

BLOWERS, A. Environmental Policy: Ecological Modernization or the Risk Society. *Urban Studies*, v.34, n.5-6, p.845-71, 1997.

BOLTANSKI, L., CHIAPELLO, E. *Le nouvel esprit du capitalisme*. Paris: Gallimard, 1999.

BRAND, P. The environment and postmodern spatial consciousness: A sociology of urban environmental agendas. In: *Journal of Environmental Planning and Management*, 42(1), p.631-48, 1999.

_______. La construcción ambiental del bienestar urbano. Caso de Medellín, Colombia. *Economia, Sociedad y Territorio*, v.III, n.9, p.1-24, 2001.

BRENNER, N., THEODORE, N. Cities and the geographies of actually existing neoliberalism. *Antipode*, v.34, n.3, p.349-79, jun. 2002.

BULLARD, R. D. *Dumping in Dixie*: Race, class and environment quality. Oxford: Westview Press, 2000.

CAMPBELL, S. Green cities, growing cities, just cities? Urban planning and the contradictions of sustainable development. *Journal of the American Planning Association*, Summer, 1996.

CASTELLS, M. *The informational city*. Information technology, economic restructuring and the urban-regional process. Oxford: Blackwell, 1989.

COMPANS DA SILVA, R. *A emergência do empreendedorismo público urbano na cidade do Rio de Janeiro*. 2001. Tese de Doutoramento, IPPUR/UFRJ.

DEPAULE, J-C., TOPALOV, C. *La ville à travers ses mots*, MOST Clearing House Homepage, disponível em: <http://www.unesco.org/most/p2art.htm>. Acessado em: jul. 2004.

DIKEN, B. & LAUSTEN, C. B. *Zones of Indistinction*: security, terror and bare life. Dept. of Sociology, Lancaster University, jan. 2002.

EMELIANOFF, C. Les villes durables: l'émergence de nouvelles temporalités dans de vieux espaces urbains. *Ecologie Politique*, n.13, printemps, p.37-58, 1995.

EWALD, F. Foucault e a norma. In: _______. *Foucault, a norma e o direito*. Lisboa: Veja, 1993.

FERRAZ, I. O fim do projeto da usina termelétrica a carvão mineral de Itaguaí. In: ACSELRAD, H. (Org.). *Conflito social e meio ambiente no estado do Rio de Janeiro*. Rio de Janeiro: Relume Dumará, 2004. p.239-50.

GARNIER, J. P. *Le nouvel ordre local*: gouverner la violence. Paris: L'Harmattan, 1999.

GEDDES, P. *Ciudades en evolución*. Buenos Aires: Infinito, 1960.

GOULD, K. A. Classe social, justiça ambiental e conflito político. In: ACSELRAD, H., HERCULANO, S., PÁDUA, J. A. (Orgs.). *Justiça ambiental e cidadania*. 2004. p.69-80.

HALFACRE, A. C., MATHENY, A. R., ROSENBAUM, W. A. Regulating contested local hazards: is constructive dialogue possible among participants in community risk management? *Policy Studies Journal*, v.28, n.3, p.648-67, 2000.

HARVEY, D. L'Accumulation Flexible par l'urbanisation: Reflexions sur le "post-modernisme" dans la grande "ville americaine". *Futur Antérieur*, 1995. p.121-45.

HEALEY, P.. Building sustainable futures in small and medium-sized cities in Europe. In: MEGA, V., PETRELLA, R. (Eds.). *Utopias and realities of urban sustainable development*: new alliances between economy, environment and democracy for small and medium-sized cities. Conference proceedings, Turin-Barolo, 1996. p.79-88.

JAGLIN, S. La gestion urbaine en Archipels en Afrique Australe. In: *Les Annales de la Recherche Urbaine*, n.80-1, p.27-34, déc. 1998.

JESSOP, B. Recent societal and urban change: principles of periodization and views on the current period. *Paper Department of Sociology*, Lancaster University, 2003. 24p.

KALECKI, M. Political Aspects of full employment. *Political Quarterly*, v.14, p.322-31, 1943. Traduzido em: KALECKI, M. *Crescimento e ciclo nas economias capitalistas*. São Paulo: Hucitec, 1983.

LIPIETZ, A., LEBORGNE, D. *Flexibilité defensive ou flexibilité offensive*: Les défis des nouvelles technologies et de la competition mondiale. Conferencia Trends and Challenges of Urban Restructuring, Rio de Janeiro, Set, 1988, 35p. mimeo.

LUSSAULT, M. Des Récits et des Lieux: le registre identitaire dans l'action urbaine. In: *Annales de Géographie*, 1997. p.522-30

LUZI, J. Dialectique de la Dépendance. *Agone* n. 16, 1996.

MALLERBA, J. Meio ambiente, classe e trabalho no capitalismo global: uma análise das novas formas de resistência a partir da experiência da ACPO. *Encontro da ANPPAS*. Indaiatuba, 2004. mimeo.

MAYER, M. Post-fordist city politics. In: AMIN, A. (Ed.). *Post-fordism*: a reader. Oxford: Blackwell, 1995. p.316-37.

MICOUD, A. L'Écologie Urbaine: nouvelles scènes d'énonciation. *Ecologie et Politique*, n.17, été, p.31-43, 1996.

PESCI, R. La construcción de la ciudad sustentable, proyectación y gestión. *Urban 21*, Conferencia Regional para America Latina y el Caribe, Rio de Janeiro, 24-26 abr. 2000. 19p. mimeo.

_______. Um novo humanismo e o planejamento ambiental. In: MENEGAT, R. ALMEIDA, G. (Orgs.). *Desenvolvimento sustentável e gestão ambiental nas cidades*. Porto Alegre: UFRGS, 2004. p.97-127.

PEIXOTO, P. Gestão estratégica das imagens das cidades: análise das mensagens promocionais e de estratégias de *marketing* urbano. *Revista Crítica de Ciências Sociais*, n.56, p.99-122, fev. 2000.

SABATINI, F. Participación ciudadana para enfrentar conflictos ambientales urbanos: una estrategia para los municipios. *Ambiente y Desarrollo,* ano XV, n.4, p.26-35. dic. 1999.

SILVA, D. J. A transdisciplinariedade do exercício profissional na construção da sustentabilidade das cidades. *Exercício profissional e cidades sustentáveis*; textos referenciais, Confea, São Luis, 30 nov.-4. dez. 2004. p.95-103.

SIMMONS, J., STARK, N. Backyard protest: emergence, expansion and persistance of a local hazardous waste controversy. *Policy Studies Journal*, v.21, n.3, p.470-91, 1993.

VELTZ, P. Temps de l'Économie, Temps de la ville: les dynamiques. In: OBADIA, A. (Org.). Entreprendre la ville: nouvelles temporalités – nouveaux services. L'Aube, 1997. p.389-99. Ed. bras.: In: ACSELRAD, H. (Org.). *A duração das cidades.* Rio de Janeiro: DP&A, 2001.

WACQUANT, L. *Os condenados da cidade.* Rio de Janeiro: Revan, 2001. p.188-94.

9
Desenvolvimento e conflitos socioambientais[1]

Andréa Zhouri

A adoção de uma política conservadora de ajuste econômico tem reconduzido, hoje, meio ambiente e justiça social ao estatuto de "barreiras ao desenvolvimento", colocando em risco as fundamentais conquistas ambientais das últimas três décadas, como, por exemplo, a instituição do processo de licenciamento ambiental para obras poluidoras ou potencialmente degradadoras do meio ambiente.[2] Essa dinâmica conflituosa entre "desenvolvimento" e "meio ambiente", porém, não se restringe apenas ao contexto brasileiro, mas explicita as contradições inerentes à própria noção de "desenvolvimento sustentável" forjada em nível mundial a partir dos anos 1980.

---

1 Apresentado no colóquio internacional: Dinâmica do capitalismo pós-Guerra Fria: cultura tecnológica, espaço e desenvolvimento. Recife, UFPE, 29 a 31 de agosto de 2005. Texto inspirado nas reflexões contidas em Zhouri, Laschefski & Pereira (2005). Introdução: Desenvolvimento, Sustentabilidade e Conflitos Socioambientais.

2 Durante a semana de 24 a 28 de janeiro de 2005, o Jornal Nacional, da Rede Globo de Televisão, exibiu uma série de reportagens intituladas "Barreiras ao desenvolvimento", em que a legislação ambiental, sobretudo o licenciamento, aparece como um dos principais entraves ao desenvolvimento. As campanhas e estratégias contra o licenciamento ambiental pelo setor elétrico, assim como as falhas estruturais e procedimentais do processo de licenciamento em si, são objeto de discussão por Zhouri, Laschefski & Pereira (2005).

Desde então, a idéia de uma conciliação entre os "interesses" econômicos, ecológicos e sociais ocupa papel-chave no debate sobre desenvolvimento sustentável. Prevalece a crença que os conflitos entre os diferentes segmentos da sociedade possam ser resolvidos através da "gestão" do diálogo entre os atores, com a finalidade de se alcançar um "consenso". Problemas ambientais e sociais são simplesmente entendidos como meros problemas técnicos e administrativos, passíveis, portanto, de medidas mitigadoras e compensatórias. Os efeitos não-sustentáveis do desenvolvimento – pautado na idéia de crescimento econômico via industrialização direcionada à exportação de mercadorias, com o objetivo de acumulação de riqueza abstrata no contexto da globalização – são percebidos como solucionáveis por meio da utilização de novas tecnologias e de um planejamento racional.

O que sustenta essa visão hegemônica de desenvolvimento sustentável é uma concepção do meio ambiente como uma realidade objetivamente dada, instância externa e apartada das dinâmicas sociais e políticas da sociedade. Por isso, os conflitos ambientais são entendidos como passíveis de resolução técnica e gerencial, e não como parte constitutiva dos processos sociais.

Nesse sentido, este texto busca provocar uma reflexão crítica sobre essa concepção vigente e institucionalizada de desenvolvimento sustentável, problematizando determinadas noções e práticas que se consolidaram na década de 1990, notadamente: parceria, participação, negociação, solução de conflitos, consenso. Um tal exercício reflexivo, contudo, parte da consideração da existência de distintas formas de conceber e de interagir com o meio ambiente, levando-nos a reconhecer os múltiplos projetos de sociedade que, não raro, acionam diversas matrizes de sustentabilidade e esbarram nas reais assimetrias de poder impressas nas dinâmicas sociais e políticas.

A partir das experiências de pesquisa e extensão do Grupo de Pesquisa em Temáticas Ambientais (Gesta/UFMG), são mencionados os conflitos inerentes às diferentes racionalidades, lógicas e processos de apropriação do território, o qual alude a territorialidades para além dos espaços físicos, sociais e culturais subsumidos pelo ambientalismo neoliberal, dito pragmático ou de resultados, vigente nas duas últimas décadas. É destacada a vigência do "paradigma da adequação ambiental" que, por meio de arranjos técnicos, viabilizam projetos industriais que se apropriam de amplos espaços ambientais, geralmente em detrimento dos segmentos mais vulneráveis da sociedade. Assim, longe de uma perspectiva de sustentabilidade, são perpetuadas políticas públicas social e ambientalmente injustas.

O processo de despolitização do debate ambiental

Nos anos 1960, diversos movimentos sociais, acompanhados por debates epistemológicos no campo da Ciência,[3] lançaram novas bases para as tentativas de superação das categorias dicotômicas próprias do pensamento ocidental, tais como objetividade-subjetividade, indivíduo-sociedade, agente-estrutura e natureza-cultura. Como esforço de resgate da imbricação entre natureza e cultura, vale lembrar a emergência de uma crítica ambiental à moderna sociedade industrial representada pela Ecologia Política.[4] Ao criticar os custos crescentes da reprodução do sistema produtivo, o pensamento da Ecologia Política expressava um avanço em relação às análises então vigentes que enfocavam as contradições do modo de produção capitalista. O que se denunciava era uma alienação mais radical do que a simples expropriação da mais-valia, qual seja, a alienação entre a sociedade industrial e a natureza.

O surgimento dessa crítica transformadora suscitou, no entanto, reações por parte dos defensores da industrialização enquanto evolução fatalista. Os ecologistas foram rotulados como românticos e ingênuos opositores do progresso. Mas os impasses relativos à poluição e à escassez de recursos para a produção industrial não passaram despercebidos pelos paladinos do desenvolvimentismo, sendo paulatinamente incorporados

---

3 Referimo-nos ao debate científico envolvendo Adorno (1975), Adorno & Hokheimer (1973), Popper (1959, 1992), Lakatos & Musgrave (1968, 1970), Kuhn (1970) e particularmente Feyerabend (1975).

4 Ivan Illich (1975), André Gorz (1987), Jean Pierre Dupuy (1980), Cornelius Castoriadis e Daniel Cohn-Bendit (1981), estes últimos mais influentes no Brasil, figuram entre os protagonistas desse movimento.

como "variáveis ambientais" legítimas na discussão sobre a sociedade industrial.

Em verdade, no cerne dessa visão aloja-se a fé nas soluções tecnológicas para as chamadas "externalidades" do processo produtivo. E, com isso, uma certa despolitização do debate ecológico foi ocorrendo, na mesma medida em que as forças hegemônicas da sociedade reconheciam e institucionalizavam aqueles temas ambientais que não colocavam em xeque as instituições da sociedade vigente. Tal processo inseriu-se ainda num contexto de transformações em escala global que, nas décadas subseqüentes, incluiu o fim da Guerra Fria, o declínio do socialismo real e o incremento da globalização econômica (Sousa Santos, 1999; Santos, 2000; Guimarães, 2000, entre outros).

As referências políticas foram, então, se deslocando, alojando-se por entre inúmeros lugares sociais, incluindo uma variedade de ambientalismos. Foi dessa forma que a década de 1990 consagrou o termo "desenvolvimento sustentável"[5] como um campo de reconhecimento da chamada "crise ambiental" em escala planetária e como uma proposição para conciliação e consenso entre a crítica ambiental e a sociedade industrial.

Em conseqüência, o potencial transformador apresentado pela crítica da Ecologia Política cedeu lugar ao "ambientalismo de resultados", ancorado como projeto reformador no bojo da perspectiva economicista hegemônica. Através dela, registrou-se, então, um superposicionamento do "mercado global" como regulador das políticas ambientais e sociais, sobretudo a partir da institucionalização do neoliberalismo, ocorrida com a criação da Organização Mundial do Comércio (OMC), em 1995.

No clima de tensão existente entre o "regime econômico" representado pela OMC e o "regime ambiental" conduzido no âmbito das Nações

---

5 Um dos primeiros registros do termo aparece no documento chamado World Conservation Strategy, publicado em 1980 pelas organizações IUCN (União Internacional para Conservação da Natureza) e WWF (Fundo Mundial para a Natureza), sob o patrocínio das Nações Unidas. Contudo, o desenvolvimento sustentável se populariza com a publicação do relatório *Nosso futuro comum*, ou Relatório Bruntland, em 1987, consolidando-se com a Conferência das Nações Unidas sobre Meio Ambiente e Desenvolvimento, em 1992.

Unidas (Sachs, 2000, p.25), somente os instrumentos compatíveis com a ideologia da "auto-regulação pelo mercado", tais como a certificação de produtos "ecologicamente corretos" e o "comércio de carbono", passaram a ter relevância na política mundial.[6] Assim, podemos citar o exemplo das ONGs (Organizações Não-Governamentais) que mudaram sua atuação entre os anos 1980 e 1990, passando das campanhas de boicote à madeira tropical, por parte dos consumidores europeus e norte-americanos, a uma atuação conjunta com empresários do setor madeireiro, tendo em vista a elaboração do selo FSC – *Forest Stewardship Council* – sob a crença de que poderiam melhorar as práticas florestais com uma melhor técnica de manejo. Dessa forma, a idéia de um melhor manejo passou a permear tanto a atuação das ONGs como a de empresários, constituindo-se hoje uma orientação das políticas do Banco Mundial e do próprio governo brasileiro por meio da chamada "vocação florestal" da Amazônia (Zhouri, 2004).

É importante salientar que, embora se reconheçam os avanços técnicos na área do manejo florestal em relação à exploração predatória das florestas, a aposta nesse instrumento técnico e de mercado apresenta-se de forma insuficiente para conter o processo contínuo de desmatamento. A mesma perspectiva mercadológica norteia as negociações referentes ao Protocolo de Quioto, sobretudo a política do MDL – Mecanismo de Desenvolvimento Limpo –, que comercializa créditos para a emissão de gases de efeito estufa.

O paradigma da adequação

Diante desse quadro, a Conferência Rio+10, em 2002, na África do Sul, realizou um balanço sobre as condições socioambientais do planeta, revelando o agravamento da situação de degradação ambiental, espoliação e expropriação dos recursos humanos e naturais (Sachs, 2002). As avaliações negativas confirmaram a necessidade de repensarmos

---

6 Para uma análise crítica sobre as atuais políticas florestais, o papel da certificação e as campanhas das ONGs pela Amazônia, consultar Zhouri (2004).

os conceitos e as crenças, consagrados na década de 1990. Entre eles, biodiversidade, sociodiversidade, justiça social, direitos humanos e desenvolvimento social foram içados a temas entrelaçados pela idéia de desenvolvimento sustentável. Contudo, o discurso global em favor do desenvolvimento sustentável inscreveu, de fato, sociedade e desenvolvimento numa concepção evolucionista e totalizadora de *crescimento econômico*. A "natureza" – como realidade externa à sociedade e às relações sociais – foi convertida em uma simples variável a ser "manejada", administrada e gerida, de modo que não impeça "o desenvolvimento".[7]

Os problemas sociais e ambientais, tratados instrumentalmente como "interesses" personalizados, tornam-se, nessa ótica, passíveis de negociação entre atores. Para legitimar essa prática, instituições governamentais empenham-se no envolvimento da chamada "sociedade civil". Participação, parceria e "empoderamento" (*empowerment*) tornaram-se palavras-chave nas estratégias do Banco Mundial ou da Cooperação Técnica Alemã (*Gesellschaft für Technische Zusammenarbeit* – GTZ), entre outros organismos internacionais de crédito e de cooperação. Por essa via, espera-se promover a capacitação dos atores considerados "mais fracos" para as "negociações" com os agentes governamentais e com o setor privado.

A institucionalização dos "conselhos participativos" corresponde à criação desse novo sistema de regulação com a finalidade de se estabelecer o "consenso". Em teoria, esse tipo de governança seria remissivo à busca de uma gestão livre de validação por ideologias dominantes, para melhor divisão de poder entre as parcerias. Na prática, porém, o

7 Para uma leitura crítica da idéia de desenvolvimento, ver Esteva (1992), assim como Sachs (1992, 2000) e Lins Ribeiro (2000). Para Esteva, o termo surgido no século XIX, no campo da biologia, foi transportado para a economia, guardando, contudo, os significados originais, como a concepção de que um organismo evolve de uma forma simples para outra mais aperfeiçoada, mais madura ou complexa. Nesse sentido, essa noção teria modulado as políticas etnocêntricas do século XIX, assim como a ideologia desenvolvimentista do século XX, sobretudo o programa americano do pós-guerra, que lançou os EUA como a forma societária "mais aperfeiçoada", enquanto rotulava 2/3 da humanidade de forma negativa e homogênea, sob a categoria de "subdesenvolvimento".

uso retórico de tais categorias não garante, de fato, uma orientação na direção de um projeto político plural, democrático e sustentável, como há muito é reivindicado pelas diversas lutas sociais.[8] Os convidados a essa "participação" são geralmente os representantes da chamada sociedade civil "organizada", aí se incluindo as ONGs e os movimentos sociais e ambientalistas – alguns, antes, portadores de um contradiscurso ao desenvolvimento –, institucional e culturalmente preparados para esse jogo político. Ou seja, são participantes qualificados, sobretudo através da profissionalização técnica, com habilitações na linguagem computacional e no acesso à internet, bem como no domínio idiomático da língua inglesa, entre outras coisas.[9] Assim que várias ONGs, diante do seu crescente peso político, parecem ter acomodado seus discursos e práticas no bojo dessa formação englobante, celebrando a nova tendência como uma vitória do "ambientalismo de resultados" (Zhouri, 2004).[10]

Essa nova configuração da Política Ambiental, iniciada nas décadas de 1980 e 1990, ao consagrar a especialidade técnica como um "capital específico" do "campo ambiental", aumentou a demanda de órgãos públicos e de ONGs por profissionais qualificados nas "ciências ambientais" (ecólogos, biólogos, geógrafos, químicos, engenheiros florestais e sanitaristas, entre outros). Surge, assim, o "perito técnico", treinado na arte da "resolução de conflitos", alocado nos departamentos ambientais das administrações públicas e privadas. Sua atuação se destaca, sobretudo, a partir da legislação ambiental que passou a exigir a elaboração de estudos ambientais para o licenciamento de empreendimentos que

---

8 Dagnino (2004) adverte para a existência hoje de uma "convergência perversa" entre projetos políticos distintos que fazem uso das mesmas categorias políticas, tais como cidadania, participação e sociedade civil, porém com finalidades opostas. Esse fato tornaria confusa a identificação das referências políticas por parte dos atores sociais envolvidos, algo que corrobora a visão de Sachs (2000) sobre a submissão do "regime ambiental" ao "regime econômico" no âmbito mundial.

9 Essa situação remete às dinâmicas do "campo ambiental", com seu "capital específico", tal como analisado por Carneiro (2005).

10 Por exemplo, no Greenpeace, Thilo Bode, gerente da organização entre 1995 e 2001, introduziu a "busca por soluções" como um item-chave das campanhas da entidade, marcando assim uma mudança estratégica da política de confrontação para a prática da cooperação com a indústria e com o mercado em geral.

acarretam reconfigurações socioambientais. Entretanto, como apontam Lacorte & Barbosa (1995, p.254), "no processo de produção específico das empresas de estudos e projetos, uma divisão de trabalho e uma associação entre interesses e metodologias" raramente conduzem à inviabilização ou à redefinição dos projetos.

O olhar técnico compartimentado apenas promove uma adequação do meio ambiente e da sociedade ao projeto proposto, fazendo que outros olhares e saberes não enquadrados pelo discurso técnico-científico sejam, assim, excluídos dos processos de classificação e definição sobre os destinos dos espaços.

A "adequação ambiental" constitui, então, um verdadeiro paradigma, inserido na visão desenvolvimentista que, ao apostar na "modernização ecológica", motiva ações políticas que atribuem ao mercado "a capacidade institucional de resolver a degradação ambiental" (Acselrad, 2004a, p.23). Como um paradigma reformador, a adequação se coloca na contramão dos percursos que visam à construção de um paradigma transformador para a sustentabilidade. Esse paradigma demandaria, para além do foco nas alternativas técnicas inseridas no âmbito dos objetivos do mercado, a consideração sobre a finalidade do empreendimento *vis-à-vis* com os segmentos sociais beneficiados, os potenciais ecológicos de produção do lugar e as condições sociais e culturais das populações envolvidas.

Mas, ao contrário dessa perspectiva, na adequação dos processos produtivos em geral é dada ênfase apenas a uma possível "revolução da eficiência", em detrimento de um debate maior sobre a necessária "revolução da suficiência" (Sachs, 2000), qual seja, a mudança nos padrões de produção e consumo da sociedade, base para pensarmos, de fato, a sustentabilidade. É forçoso, pois, reconhecer que a adaptação tecnológica com vistas a uma maior eficiência na produção (no sentido do não desperdício no uso dos recursos ambientais e da diminuição das emissões), embora necessária, não é suficiente para garantir a sustentabilidade no sentido amplo – ambiental, social, política, cultural e econômica – de toda a sociedade (Leff, 2001). O manejo florestal, por exemplo, embora represente um avanço nas técnicas de exploração madeireira, não é suficiente para garantir a sustentabilidade das condições ecológicas e culturais na região amazônica (Zhouri, 2004). O mesmo pode ser dito de medidas mitigadoras pretensamente suficientes para remediar a supressão total da vegetação nas áreas imediatamente atingidas pela construção de barragens hidrelétricas (Zhouri et al., 2005), ou compensar as comunidades rurais compulsoriamente desterritorializadas por tais projetos (Zhouri & Oliveira, 2005).

Sociedade sustentável: a luta pela justiça ambiental

Pensar a sustentabilidade em uma sociedade tão diversa e desigual como a brasileira requer, além de uma revolução da eficiência e da suficiência, equacioná-la impreterivelmente à diversidade cultural, à democratização do acesso aos recursos naturais e à distribuição dos riscos da produção industrial. Trata-se de um princípio de justiça ambiental (Martinez-Alier, 1999), ou seja, da espacialização da justiça distributiva (Deutsch Lynch, 2001).

Na nossa sociedade, as considerações sobre a distribuição do "espaço ambiental" (Opschoor, 1995) remetem aos conflitos em torno de direitos territoriais e significados culturais, que ultrapassam tentativas de valoração monetária da natureza, mesmo na forma de medidas mitigadoras ou compensatórias. As assimetrias na classificação e na apropriação social da natureza resultam em uma distribuição ecológica desigual.

O conflito eclode quando o sentido e a utilização de um espaço ambiental por um determinado grupo ocorrem em detrimento dos significados e usos que outros segmentos sociais possam fazer de seu território, para, com isso, assegurar a reprodução do seu modo de vida. Entendemos, pois, que projetos industriais homogeneizadores do espaço, tais como hidrelétricas, mineração, monoculturas de soja, eucalipto, cana-de-açúcar, entre outros, são geradores de injustiças ambientais, na medida em que, ao serem implementados, imputam riscos e danos às camadas mais vulneráveis da sociedade. Os conflitos daí decorrentes denunciam contradições, nas quais as vítimas das injustiças ambientais não só são verdadeiramente excluídas do chamado desenvolvimento, mas assumem todo o ônus dele resultante.

No entanto, esses excluídos não se vêem como vítimas passivas do processo, e vêm se organizando em variados movimentos, associações e redes, de que são exemplos o movimento dos atingidos por barragens, os movimentos extrativistas representados pelas "quebradeiras de coco" e pelos seringueiros, e os dos contaminados pela indústria do amianto nas zonas industriais urbanas, colocando-se como portadores de outros projetos de vida e interação com o meio ambiente.

Nessa perspectiva, os segmentos sociais que têm sua base material ameaçada e lutam por sua conservação podem representar o que Guha & Martinez-Alier (1996) denominam "ambientalismo dos pobres". Este se distinguiria, em suas motivações e experiências, de outras modalidades de ambientalismo cuja pauta substituiu questões materiais relacionadas ao consumo e à produção, por valores culturais relativos ao que se chama genericamente de "qualidade de vida".[11]

O "ambientalismo dos pobres", ou a luta pela justiça ambiental, é marcado, no Brasil, pela resistência à supremacia das intervenções no espaço, pelas elites e pelos grupos políticos por elas apoderados (com representantes assentados em diferentes escalões do Estado). A má distribuição de terras ou recursos naturais, como acesso e posse, assim como a decisão de não-resolução dos afrontamentos que dela decorrem, ilustra a perpetuação de embates desiguais no campo político. Ela traz à tona, ainda hoje, apesar do discurso da participação, decisões sobre a regulação do uso e da ocupação do solo que reproduzem um formato *de cima para baixo*, privilegiando segmentos restritos da sociedade.

---

11 A tese pós-materialista de Inglehart (1977) parte de uma concepção desmaterializada do meio ambiente, da economia e da "consciência ambiental" que orientaria o ambientalismo norte-americano, por exemplo. Este estaria muito mais relacionado à mudança de valores da classe média que, tendo resolvidas suas questões de sobrevivência, tenderia a se preocupar com a "qualidade de vida" e o acesso às amenidades ambientais. Contrariamente a essa abordagem, Guha & Martinez-Alier (1996), a partir de realidades e movimentos nos países do hemisfério Sul, reafirmam a materialidade da realidade ambiental que sustenta uma variedade de ambientalismos, identificados como ambientalismo dos pobres, ou ambientalismo da sobrevivência e da subsistência. Entre os sujeitos desses ambientalismos na África, Ásia e América Latina, também associados ao movimento pela justiça ambiental nos EUA, situam-se, no Brasil, os chamados socioambientalistas.

Os desafios com os quais nos defrontamos para a construção da sustentabilidade e da justiça ambiental no Brasil exigem, portanto, o reconhecimento das formas históricas de significação e apropriação do espaço, que anulam uma multiplicidade de formas de conceber e agir junto ao ambiente natural. Isso remete à necessária valorização das alteridades culturais disseminadas entre as várias camadas sociais, assim como a compreensão das dinâmicas de poder existentes entre elas. A heterogeneidade cultural de nossa sociedade contrapõe-se à forma homogeinizante de intervenção na natureza, expressando propostas de sustentabilidades plurais. Múltiplas possibilidades de viver, que se refletem na diversificação do espaço e inspiram uma visão de sustentabilidade que deve necessariamente articular as dimensões da eqüidade, da igualdade, da distribuição, assim como da universalidade do direito de viver na singularidade.

Referências bibliográficas

ACSERALD, H. Justiça ambiental: ação coletiva e estratégias argumentativas. In: ACSERALD, Henri, PÁDUA, José Augusto, HERCULANO, Selene (Orgs.). *Justiça ambiental e cidadania*. Rio de Janeiro: Relume-Dumará, 2004a.

ACSERALD, H. *Conflitos ambientais no Brasil*. Rio de Janeiro: Relume-Dumará, 2004b.

ADORNO, T., HOKHEIMER, M. *Dialectic of enlightenment*. London: Allen Lane, 1973.

ADORNO, T. *The positivist dispute in german sociology*. London: Heinemann, 1976.

CARNEIRO, Eder Jurandir. A oligarquização da "Política Ambiental" mineira. In: ZHOURI, A., LASCHEFSKI, K., PEREIRA, D. B. (Orgs.). *A insustentável leveza da política ambiental*: desenvolvimento e conflitos socioambientais. Belo Horizonte: 2005.

CASTORIADIS, C., COHN-BENDIT, D. *Da ecologia à autonomia*. São Paulo: Brasiliense, 1981.

CORDELLIER, S., DIDIOT, B. (Dir.). *L'état du monde 2003*: annuaire économique et géopolitique mondiale (22e. éd.). Paris: La Découverté, 2003.

DAGNINO, E. Sociedade civil, participação e cidadania: de que estamos falando? In: MATO, Daniel (Coord.). *Políticas de ciudadanía y sociedade civil en tiempos de globalización*. Caracas: Faces, Universidad Central da Venezuela, 2004.

DEUTSCH LYNCH, B. Instituições internacionais para a proteção ambiental e suas implicações para a justiça ambiental de cidades latino-americanas In: ACSERALD, H. (Org.). *A duração das cidades*. Sustentabilidade e risco nas políticas urbanas. Rio de Janeiro: DP&A, 2001.

DOUGLAS, M. *Environments at risk*. Implicit meanings, selected essays in Anthropology. London/New York: Routledge, 1999.

DUPUY, Jean-Pierre. *Introdução à crítica da ecologia política*. Rio de Janeiro: Civilização Brasileira, 1980.

ESCOBAR, A. Planning. In: SACHS, W. (Ed.). *The development dictionary*. A guide to knowledge as power. London: Zed Book, 1992.

ESTEVA, G. Development. In: SACHS, W. (Ed.). *The development dictionary*. A guide to knowledge as power. London: Zed Book, 1992.

FEYERABEND, P. *Against method*. Outline of an anarchist theory of knowledge. London, NLB, Atlantic Highlands: Humanities Press, 1975.

GORZ, A. *Ecology as politics*. London: Pluto Press, 1987.

GUATTARI, F. *As três ecologias*. Campinas: Papirus, 1990.

GUHA, R., MARTINEZ-ALIER, J. *Varieties of environmentalism*. London: Earthscan, 1996.

GIDDENS, A. *As conseqüências da modernidade*. São Paulo: Unesp, 2001.

GUIMARÃES, S. P. *Quinhentos anos de periferia:* uma contribuição ao estudo da política internacional. Porto Alegre/Rio de Janeiro: Editora UFRGS/Contraponto, 2000.

ILLICH, Ivan. *Energy and Equity*. London: Marion Boyars, 1975.

INGLEHART, R. *The silent revolution:* changing values and political styles. Princeton: Princeton University Press, 1977.

INGOLD, T. *The perception of the environment*: essays on livelihood, dwelling and skill. London/New York: Routledge, 2000.

KUHN, T. *The structure of the scientific revolution*. Chicago: University of Chicago Press, 1970.

LACORTE, A. C., BARBOSA, N. P. Contradições e limites dos métodos de avaliação de impactos em grandes projetos: uma contribuição para o debate. *Cadernos IPPUR/UFRJ*, ano IX, n.1/4, jan./dez. 1995.

LAKATOS, I. & MUSGRAVE, A. *Problems in the philosophy of science*. Amsterdam: North-Holland, 1968.

_______. *Criticism and the growth of knowledge*. Cambridge: Cambridge University Press, 1970.

LEFF, E. *Saber ambiental*: sustentabilidade, racionalidade complexidade, poder. Trad. Lúcia Mathilde Endlich Orth. Petrópolis: Vozes, 2001.

LINS RIBEIRO, G. Ambientalismo e desenvolvimento. A nova ideologia/utopia do desenvolvimento. In: *Cultura e política no mundo contemporâneo*. Brasília: UnB, 2000.

MARTINEZ-ALIER, J. Justiça ambiental (local e global). In: CAVALCANTI, Clóvis (Org.). *Meio ambiente, desenvolvimento sustentável e políticas públicas*. Cortez: São Paulo, 1999.

MARTINS, J. de S. *Exclusão social e a nova desigualdade*. São Paulo: Paulus, 1997. (Coleção temas de atualidade.)

OPSCHOOR, J. B. Ecospace and the fall and the rise of throughput intensity. *Ecological Economics*, v.15, n.2, p.137-40, 1995.

PÁDUA, J. A. Produção, consumo e sustentabilidade: o Brasil e o contexto planetário. *Cadernos de Debate. Brasil Sustentável e Democrático*. n.6. Rio de Janeiro: Fase, 2000.

POPPER, K. *The Logic of scientific discovery*. London: Hutchinson, 1959.

_______. *In search of a better world*: Lectures and essays from thirty years. London: Routledge, 1992.

SACHS, W. (Ed.). *The development dictionary*. A guide to knowledge as power. London: Zed Books, 1992.

SACHS, W. Globalization and sustainability. *World Summit Papers of the Heirinch-Böll Foundation*, n.6, Berlim, 2000.

SACHS, W. (Org.). Justiça num mundo frágil. Memorando para a Cúpula Mundial sobre desenvolvimento sustentável. *World Summit Papers*. Rio de Janeiro: Fundação Heinrich-Böll, 2002.

SANTOS, M. *Por uma outra globalização*: do pensamento único à consciência universal. Rio de Janeiro: Record, 2000.

SOUSA SANTOS, B. Towards a multicultural conception of human rights. In: FEATHERSTONE, Mike & LASH, Scott (Orgs.). *Spaces of culture*. City, nation, world. London: Sage, 1999.

_______. *Um discurso sobre as ciências*. São Paulo: Cortez, 2003.

ZHOURI, A. Árvores e gente na Amazônia. Imagens da floresta em documentários britânicos dos anos 80 e 90. *Revista Rede Amazônica*, n.2, 2003.

_______. Global-local Amazon politics. Conflicting paradigms in the rainforest campaign. *Theory, Culture and Society. Sage Publications*, v.21, n.2, apr. 2004.

ZHOURI, A., OLIVEIRA, R. Paisagens industriais e desterritorialização de populações locais: conflitos ambientais em projetos hidrelétricos. In: ZHOURI, A., LASCHEFSKI, K., PEREIRA, D. B. (Orgs.). *A insustentável leveza da política ambiental*: desenvolvimento e conflitos socioambientais. Belo Horizonte: Autêntica, 2005.

ZHOURI, A., LASCHEFSKI, K., PEREIRA, D. B. *A insustentável leveza da política ambiental*. Desenvolvimento e conflitos socioambientais. Belo Horizonte: Autêntica, 2005.

10
O COMÉRCIO DE CARBONO E A INDUSTRIALIZAÇÃO DE PAISAGENS. BIOENERGIA E CONFLITOS SOCIOAMBIENTAIS

Klemens Laschefski

Introdução

Desde os anos 1960, quando foi implementado o programa Proalcool, introduzindo em larga escala o etanol derivado da cana-de-açúcar, o Brasil é considerado pioneiro em promover a chamada bioenergia. Nos últimos anos, pode-se observar a retomada desse programa e também a formulação de políticas públicas para estimular a produção de biodiesel e carvão vegetal como energias renováveis. O resultado reflete-se na expansão acelerada de cultivos de cana-de-açúcar, mamona, soja, eucalipto, entre outros.

Um outro incentivo para o investimento em alternativas energéticas é o "mercado de carbono", criado no âmbito do Protocolo de Quioto, em vigor desde fevereiro de 2005.[1] Um instrumento específico nesse contexto é o Mecanismo de Desenvolvimento Limpo – MDL, que abre a possibilidade para os países industrializados investirem em projetos nos países em desenvolvimento, contribuindo, assim, para a redução de

1 O Protocolo de Quioto foi elaborado em 1997, no processo *follow-up* da Convenção Quadro das Nações Unidas sobre Mudança do Clima, iniciado em 1992 durante a II Conferência das Nações Unidas sobre Meio Ambiente e Desenvolvimento no Rio de Janeiro. O acordo prevê a criação dos chamados "mecanismos flexíveis" que permitem a comercialização de equivalentes da redução de emissões de CO_2 – os CER's.

CO_2 na atmosfera. Contudo, as experiências com o programa Proalcool mostram que a expansão de áreas para a produção de cana-de-açúcar foi acompanhada de graves problemas ambientais e sociais (Hirsch et al., 2002). Na tentativa de evitar tais problemas, está prevista uma avaliação dos projetos do MDL ante critérios de "sustentabilidade", assunto que ainda causa muitas polêmicas.

Este trabalho trata as constelações de poder no "campo político do Protocolo de Quioto" nos âmbitos global e nacional. As conseqüências no local serão investigadas a partir de um projeto-piloto no âmbito do mercado de carbono proposto pela Plantar S. A., uma empresa em Minas Gerais que produz carvão vegetal como combustível renovável para a siderurgia. A análise baseia-se em abordagens teóricas da Ecologia Política combinadas com o conceito de produção do espaço a partir de Henri Lefèbvre e o conceito de campo de Pierre Bourdieu.

Considerações teóricas

Após o surgimento dos problemas ambientais com abrangência internacional nos anos 1960, emergiram diversos movimentos sociais questionando a crescente alienação da moderna sociedade industrial em relação à natureza. A crítica ambiental não somente ganhou relevância na política internacional, por exemplo, nas conferências sobre desenvolvimento e meio ambiente, em Estocolmo-1972 e no Rio-1992, mas também influenciou debates epistemológicos no campo da ciência. Entre as abordagens elaboradas em diversas disciplinas acadêmicas que se esforçam em recuperar a imbricação entre natureza e cultura destaca-se a Ecologia Política (Zhouri et al., 2005, p.13). Os autores pertencentes a essa corrente de pensamento rejeitam a idéia da natureza como ambiente "neutro". Segundo eles, a degradação ambiental como resultado da interação dos diversos atores com o meio ambiente físico são processos políticos que, além de influenciarem a situação econômica de forma positiva ou negativa, refletem também mudanças nas relações de poder dos envolvidos. Uma tentativa de sistematizar os elementos básicos das várias linhas de pensamento no âmbito da Ecologia Política foi apresentada por Bryant & Bailey (1997). Segundo os autores, a Ecologia Política destaca o meio ambiente politizado (*politicised environment*), em que os atores exercem poder não apenas através dos direitos de propriedade sobre o meio ambiente ou da transferência de impactos ambientais aos outros atores, mas também o exercem pelo acesso e controle relativos ao capital humano e financeiro, a influência no planejamento de projetos ambientais e através de meios discursivos.

Os autores alegam que também atores mais fracos têm oportunidades de exercer poder, sobretudo com base no conhecimento local e na criação de redes, assim como através da elaboração de um contradiscurso, questionando a legitimidade de atores mais poderosos (ibidem, p.39-46). Desta forma, a ecologia política preocupa-se com os problemas ambientais no contexto sociopolítico, focalizando os "atores ambientais" e os seus interesses específicos. A análise inclui as interdependências e divergências entre os atores, nos diferentes âmbitos global-local, assim como as diferentes racionalidades que orientam suas ações e, finalmente, os impactos de tais ações na configuração do meio ambiente. A análise inclui as mudanças da história ambiental do local e a identificação dos vencedores e perdedores de conflitos sobre a utilização dos recursos.

As mudanças se refletem na história ambiental no local, para identificar os conflitos sobre a utilização dos recursos. Acselrad (2004, p.26) definiu tais "conflitos ambientais" como

> aqueles envolvendo grupos sociais com modos diferenciados de apropriação, uso e significação do território, tendo origem quando pelo menos um dos grupos tem a continuidade das formas sociais do meio que desenvolvem ameaçada por impactos indesejáveis,... decorrentes do exercício das práticas de outros grupos.

Nessa definição está apontada claramente a questão territorial ou espacial como resultado da relação entre poder e meio ambiente. A partir daí, é possível associar a Ecologia Política ao conceito de produção do espaço na perspectiva de Lefèbvre (1991). Em analogia à Ecologia Política, o autor não aceita a visão do espaço como algo neutro ou imutável, um vazio em que se espalham coisas ou objetos. Pelo contrário, cada sociedade produz social e politicamente o seu próprio espaço. Diferentemente de Karl Marx, Lefèbvre viu, no auge da flexibilização dos processos produtivos nas indústrias fordistas, o potencial revolucionário das lutas sociais no espaço urbano pós-industrial, para além das relações sociais entre capitalistas e trabalhadores.

Em relação à produção do espaço no capitalismo, Lefèbvre apresenta as diferenças entre o espaço abstrato e hierárquico daqueles que pretendem organizar e controlar a sociedade – os regentes políticos, os interesses econômicos e os planejadores – e o espaço concreto como o resultado da "praxe espacial" ou da experiência cotidiana. O último se materializa através das ações de todos os membros da sociedade, incluindo os dominantes.

O espaço abstrato é resultado do avanço do capitalismo, que se reflete, por um lado, na tendência dominante de homogeneização do espaço pela subordinação deste ao valor de troca e dos mecanismos do mercado como um todo, tornando-o substituível como qualquer outra mercadoria. Por outro lado, como conseqüência da comercialização, há uma fragmentação do espaço no âmbito local em lotes ou parcelas de propriedade privada, os quais são negociados com base nas regras da renda fundiária e da especulação. Desta forma, segundo Lefèbvre, o espaço do capitalismo torna-se cada vez mais alienado.

Porém, mesmo nas sociedades capitalistas, o uso do espaço está longe de ser um produto da "mão invisível" do mercado, mas é constituído pela superposição de conhecimento e poder dos dominantes, ou seja, dos atores econômicos e do Estado na sua função de facilitador do desenvolvimento econômico. Isso porque o espaço, além de ser produto ou mercadoria, é também meio de produção, constituindo uma contradição inerente do capitalismo que resulta na necessidade de ordenamento do espaço pelos poderes públicos. A regulação política determina o destino de áreas para a produção agrícola ou expansão urbana, ou quais as áreas mantidas públicas ou para fins da preservação da cultura ou da natureza etc. Tais decisões não se baseiam somente na configuração física do espaço, mas também na disponibilidade de técnicas e de controle do uso, além da legislação e de certas visões de manejo. Acontece também que as forças do próprio mercado ameaçam o sucesso do controle político do espaço, quando o valor da referida área depende de características específicas, como em regiões destinadas ao turismo (Lefèbvre, 1991).

Conseqüentemente, não é possível integrar, no espaço abstrato – quantificável, planejável e substituível – do ideal da industrialização capitalista, os aspectos qualitativos, ou seja, não-capitalistas, baseados em valores de uso. No espaço social concreto caracterizado pela transformação permanente há sempre a tendência para ultrapassar os limites formais e das formas regulamentadas do espaço abstrato concebido pelos atores dominantes. Isso ocorre quando moradores lutam contra uma rodovia, novos loteamentos ou reivindicam mais áreas abertas destinadas ao lazer ou outras atividades da comunidade. Assim, os espaços não-capitalistas configuram contra-espaços aos espaços especializados do capitalismo, enfrentando a localização restrita de função, a rentabilidade industrial e a expansão ilimitada do "privado".

A partir dessas reflexões, Lefèbvre apresentou uma tríade conceitual como base da "produção social e política do espaço": o espaço na prática (o espaço real, usado); a representação do espaço (o espaço planejado, burocrático, abstrato e representado em mapas); e, finalmente, o espaço de representação (o espaço produzido e modificado no tempo é, através do uso, carregado de símbolos e significados, o espaço real e imaginado):

Quadro 1 – O esquema do espaço de acordo com Henri Lefèbvre

1	Prática espacial	l'espace perçu percebido	físico	Materialismo
2	Representações do espaço	l'espace conçu concebido	mental	Idealismo
3	Espaços da representação	l'espace vécu vivido	social	Materialismo e Idealismo

Fonte: Elden (2002, p.30), tradução própria.

Cabe destacar, nesse contexto, o papel central dos planejadores e a sua concepção de espaço representada nos seus escritos e mapas. Trata-se, geralmente, de uma abstração do cotidiano. Quando, ao executar seus planos, eles projetam essa concepção no espaço vivido, tornando a "abstração" como algo concreto, há uma "... dupla substituição, dupla negação que estabelece uma afirmação ilusória: o retorno à vida 'real'" (Lefèbvre, 1999, p.167).

No geral, em estados capitalistas, o planejamento centralizado concebe o espaço abstrato para equilibrar a heterogeneidade do espaço concreto através da absorção dos meios de produção não-capitalista. Conseqüentemente, segundo Lefèbvre, a única possibilidade para a reintegração de um certo pluralismo no Estado centralizado é o desafio do poder central através dos "poderes locais", juntando forças locais e regionais para criar, fortalecer e, até certo grau, administrar unidades territoriais (Lefèbvre, 1991, p.381-2).

Quando Lefèbvre desenvolveu sua teoria sobre a produção do espaço, havia ainda à época uma separação nítida entre os papéis do Estado, do setor privado e da sociedade civil. Contudo, as últimas três décadas foram marcadas por diversas mudanças no contexto de transformações em escala global que incluíram o fim da Guerra Fria, o declínio do socialismo real e o incremento da globalização. Em conseqüência, as instituições internacionais, como a Organização Mundial do Comércio – OMC, o Fundo Monetário Internacional – FMI, o Banco Mundial e a Organização das Nações Unidas – ONU, foram fortalecidas nas suas funções para regular a intensificação de processos que ultrapassam os limites dos Estados-Nação, sejam eles econômicos, sociais ou ambientais. Porém, os órgãos internacionais carecem da "legitimidade democrática" como os governos eleitos nas "democracias dos partidos", cuja abrangência se limita aos territórios das Nações (Altvater, 1999). Com o agravamento de problemas sociais e ambientais globais cresceu também a pressão para considerar outras demandas além das econômicas. A resposta para tais problemas é a criação de estruturas para uma "governança global", em que a chamada "sociedade civil" está representada por ONGs – Organizações Não-Governamentais (Magnussen, 1997; Altvater, 1999; Keil & Brenner, 2003; Braunmühl & Winterfeld, 2005).

A tendência de experimentar formas participativas na elaboração de políticas públicas intensificou-se, sobretudo, a partir da Cúpula da Terra no Rio de Janeiro, em 1992, quando foi internacionalmente reconhecida a noção do desenvolvimento sustentável. O objetivo dessa política é a conciliação dos "interesses" econômicos, sociais e ambientais para alcançar um "consenso" sobre o caminho para uma sociedade sustentável. Podemos entender esses conselhos como novas formas de "gestão" do espaço, em que, pelo menos na teoria, há a possibilidade da defesa de modos de produção não-capitalistas nos "espaços diferenciais" numa arena política formalizada e, assim, um certo retrocesso do Estado como poder dominante na determinação de condicionantes na organização do espaço. Porém, abrem-se novos campos de jogos de poder, constituindo desafios teóricos a respeito da transformação dos problemas ambientais e sociais em "interesses" negociáveis, a representação desses últimos, os discursos e as estratégias dos atores envolvidos, as hierarquias criadas. As relações e alianças entre os atores resultam freqüentemente na sobreposição de posicionamentos, dificultando, assim, a correlação dos diversos discursos a determinados grupos de atores.

Os conselhos participativos, entretanto, configuram "campos sociais", definidos pelo sociólogo francês Bourdieu como *loci*, onde "... se trava uma luta concorrencial entre atores em torno de interesses específicos que caracterizam a área em questão" (Ortiz, 1983, p.9). Neste, as posições dos atores na hierarquia de poder dependem do "capital social" específico acumulado por eles, determinado, sobretudo, pelo renome e pelas relações de poder estabelecidas ao longo do tempo com os demais integrantes do campo.[2] Assim, é possível diferenciar atores dominantes, ou aqueles que possuem um máximo de capital social, e atores dominados, caracterizados pela ausência ou raridade do capital social específico.

Porém, o campo é uma estrutura dinâmica em que os integrantes podem ganhar ou perder o seu capital social e, conseqüentemente, subir ou descer na hierarquia. Cada campo, por si mesmo, está produzindo capital social e um *habitus*, o último entendido como um sistema de disposições duráveis que configuram a matriz de percepções, de apre-

2 Bourdieu entende como capital a acumulação do trabalho, que abrange, além do capital econômico (todas as riquezas materiais), o capital cultural (o que pode ser materializado em livros, obras de arte, instrumentos técnicos ou incorporados através de várias formas de conhecimento e habilidades culturais e institucionalizado na forma de graus, títulos acadêmicos etc.) e o capital social (utilização de uma rede de relações mais ou menos institucionalizadas do conhecimento e reconhecimento mútuos). A partir dessas diversas formas de capital, compõe-se o capital específico ou simbólico – reconhecido como legítimo (*prestige, renommee*) – necessário para adquirir o direito de entrada e para se posicionar na hierarquia do referido campo.

ciações e de ações, que se realiza em determinadas condições sociais. O *habitus* é um certo modo de os agentes apresentarem-se, comportarem-se e relacionarem-se entre si, que funciona

> como princípio que gera e estrutura as práticas e as representações que podem ser objetivamente "regulamentadas" e "reguladas" sem que por isso sejam o produto de obediência de regras, objetivamente adaptadas a um fim, sem que se tenha necessidade da projeção consciente deste fim ou do domínio das operações para atingi-lo, mas sendo, ao mesmo tempo, coletivamente orquestradas sem serem produto da ação organizadora de um maestro. (Bourdieu, 1972 apud Ortiz, 1983, p.15)

Desta forma, o *habitus* determina – em parte inconscientemente – as ações dos agentes e o *modus operandi* no referido campo.

Assim, o campo delimita uma arena conflitiva, em que os agentes disputam o poder e seu posicionamento na hierarquia deste, embora todos compartilhem certos pressupostos comuns que ordenam o seu funcionamento. Os agentes do pólo dominante, através de suas práticas ortodoxas, pretendem conservar intacto o seu capital social acumulado, enquanto os dominados tendem, através das suas estratégias de "subversão", a desacreditar os detentores reais de um capital legítimo, porém, sem que se contestem os princípios que regem a estruturação do campo. Bourdieu introduziu a noção de doxa para esse conjunto de pressupostos aquém de qualquer discussão que os antagonistas da ortodoxia e heterodoxia compartilham e admitem tacitamente. Trata-se do fundo necessário para o funcionamento do campo em que dominantes e dominados agem como adversários cúmplices, que através do confronto permanente delimitam o campo legítimo da discussão. Assim, a estratégia herética da heterodoxia funciona como reforço da ordem do campo em questão "... porque sua oposição implica o reconhecimento dos interesses que estão em jogo" (Bourdieu, 1975, p.32).

Nesse contexto, Bourdieu chama atenção para o "arbitrário social" englobado ao sistema de pressupostos constitutivos da doxa, por exemplo, através da imposição de "verdades oficiais" (isto é, arbitrária, e não reconhecida enquanto tal) de um arbitrário oficial exprimindo o interesse específico dos dominantes:

> A questão que assim se coloca é a do grau de arbitrário social da crença que o funcionamento do campo produz e que é a condição de seu funcionamento ou, o que dá no mesmo, a questão do grau de autonomia do campo (em relação, primeiro, à demanda social da classe dominante) e das condições sociais, internas e externas, dessa autonomia (Bourdieu, 1976 apud Ortiz, 1983, p.146)

Em outras palavras, a legitimidade de certas "verdades" ou crenças produzidas pela ortodoxia dentro do campo e comunicado para fora depende menos do seu fundamento argumentativo comprovando a sua "validade", do que do capital específico e simbólico, ou seja, do poder acumulado pelos seus protagonistas e do reconhecimento do campo como um todo pela sociedade.

Bourdieu (1976) oferece, com os conceitos citados acima, a nosso ver, um instrumentário apropriado para a análise dos novos fóruns participativos que podem ser entendidos como campos artificialmente criados em que os diversos grupos de interesse lutam pelo poder, pela dominação da doxa e pela opinião hegemônica divulgada pelo referido campo. No caso de questões territoriais, interessam quais as concepções de espaço embutidas na doxa. Dessa forma espera-se que uma análise a partir do conceito de espaço de Lefèbvre e do conceito de campo de Bourdieu possa enriquecer abordagens da Ecolcgia Política que focalizam a questão do poder em relação aos conflitos ambientais.

O campo político do Protocolo de Quioto

O aqui denominado "campo político do Protocolo de Quioto" é caracterizado por uma estrutura típica no âmbito das políticas públicas participativas no âmbito internacional, envolvendo, além dos representantes dos estados, ONGs, pesquisadores e o setor privado. Oficialmente, de um total de 167 partes, 84 nações ratificaram o Protocolo. Entre elas, 41 são países industriais listados no anexo I[3], os quais se comprometeram a reduzir suas emissões de gases de efeito estufa – GEE. Além das

3 A lista completa e atualizada está disponível em: <http://unfccc.int>.

delegações governamentais, participam das negociações observadores de várias unidades das Nações Unidas e de aproximadamente 50 organizações intergovernamentais (como a OECD e a International Energy Agency). Finalmente cabe destacar as 747 ONGs admitidas pelo conselho executivo, representando os setores comercial e industrial, grupos ambientalistas, governos municipais, instituições de pesquisa, sindicatos, entre outros.

Contudo, como as ONGs possuem apenas o *status* de observadoras, as suas possibilidades de influência são limitadas, com exceção das ONGs comerciais, que foram especialmente criadas no âmbito da Conferência das Partes sobre Mudança do Clima. Um exemplo é a International Emissions Trading Association – IETA, cuja diretoria é composta por representantes da Alcan Aluminum, da Barclay's Bank, Shell Oil, Toyota, BP e Norsk Hydro. A ONG que representa mais de 100 empresas tem as suas raízes no World Business Council for Sustainable Development e participa de quase todos os grupos de trabalho em que são discutidos os detalhes para a implementação do Protocolo (Tokar, 2006). A representação brasileira na IETA e o Conselho Empresarial Brasileiro para o Desenvolvimento Sustentável – CEBDS contam entre seus membros com as empresas mais influentes no país.[4] Como poucas entidades ambientais e sociais têm recursos suficientes para delegar observadores permanentes para acompanhar todos os processos no âmbito do Protocolo de Quioto, verifica-se assim um certo desequilíbrio no campo.

Mais importante no contexto deste trabalho são as constelações políticas no âmbito nacional que auxiliam o governo brasileiro em relação ao Protocolo de Quioto. Nesse contexto destaca-se o Fórum Brasileiro de Mudanças Climáticas – FBMC, criado pelo Decreto n. 3.515, de 20 de junho de 2000, com o objetivo

4 Em relação às atividades no âmbito do MDL destacam-se a Petrobras, a Companhia Vale do Rio Doce, a Eletronuclear, a Cemig, a Aracruz Celulose S.A., a BM&F, a Cemig – Cia. de Energia de Minas Gerais, a Eletrobrás Termonuclear S.A. – Eletronuclear, Petrobras, Plantar S.A., a Única – União da Agroindústria Canavieira do Estado de São Paulo. A lista completa está disponível em: <http://www.cebds.org.br>.

de conscientizar e mobilizar a sociedade para a discussão e tomada de posição sobre os problemas decorrentes da mudança do clima por gases de efeito estufa, bem como sobre o Mecanismo de Desenvolvimento Limpo (CDM).

O FBMC tem como objetivo auxiliar o governo na incorporação das questões sobre mudanças climáticas nas diversas etapas das políticas públicas. O que se observa no FBMC, além da forte representação do poder público, é a dominação pelo setor produtivo-industrial, que abrange não apenas sete representantes do setor privado como as associações de diversas indústrias.[5] No setor público, há seis representantes de empresas estatais (Petrobras, Eletrobras e Operação Nacional do Setor Elétrico – ONS). Além disso, dos 13 representantes das ONGs, quatro são de associações empresarias: dois da já mencionada CEBDS e dois da Fundação Brasileira para o Desenvolvimento Sustentável – FBDS.[6] Desta forma, de um total de 70 membros, somente cinco representam ONGs ambientais e sociais, enquanto o setor produtivo-industrial é representado por 18 membros.

Contudo, essa constelação formal da distribuição de poder ainda não esclarece como os diversos interesses se refletem no conteúdo e nas ações concretas concordados no campo. Afinal, cabe lembrar que os assinantes do Protocolo de Quioto concordaram que os projetos do MDL devem estimular o desenvolvimento sustentável, considerando igualmente os aspectos econômicos, sociais e ambientais. Além disso, deve-se procurar o consenso entre os diversos interesses, o que significa, na prática, que a maioria dos representantes não pode simplesmente impor os seus interesses aos demais integrantes do campo. Conseqüentemente, é no

5 O FBMC é composto por 12 ministros de Estado, outros 12 representantes de Estado, seis de empresas estatais, 22 de instituições científicas, sendo 11 da Coordenação dos Programas de Pós-graduação de Engenharia – Coppe/UFRJ, sete do setor privado e 11 de personalidades e representantes da sociedade civil. A lista dos participantes do FBMC está disponível em: <http://www.forumclima.org.br>.

6 Entre os membros destacam-se os plantadores de monoculturas florestais: Aracruz Celulose S.A., Companhia do Jari, Companhia Suzano de Papel e Celulose, Klabin Fabricadora de Papel e Celulose, Mannesmann S.A., Ripasa S.A., Papel e Celulose S.A., Veracruz Florestal Ltda., Votorantim Celulose e Papel S.A.

"jogo" da negociação que o campo estrutura as relações de poder entre os envolvidos.

No caso do campo do Protocolo de Quioto, o tema principal das negociações são os critérios utilizados para a avaliação da sustentabilidade dos projetos, já que ainda não existe uma definição única em relação ao termo desenvolvimento sustentável. As negociações no campo tornam-se, primordialmente, sobre os critérios utilizados na avaliação dos projetos, uma vez que ainda não existe uma definição e metodologia sistemática em relação ao termo desenvolvimento sustentável. Há apenas tentativas de elaborar listagens (*checklists*) de indicadores para avaliar os benefícios para o desenvolvimento sustentável (*sustainable development benefits*), que se pretende aplicar de forma generalizada para todos os projetos e países (Huq, 2002). Alguns dos principais indicadores são apresentados no Quadro 2.

Uma oportunidade para conhecer melhor as discussões do campo sobre a questão da sustentabilidade em relação às alternativas energéticas abriu-se em dezembro de 2005, durante um seminário sobre bioenergia, em Campinas.[7] Durante o evento, foram discutidos, além dos indicadores supracitados, assuntos conflitivos em relação à vulnerabilidade dos mais pobres, a questão da distribuição da terra, a adequação de técnicas ao meio ambiente local, a pressão sobre ecossistemas naturais e áreas de populações tradicionais ou indígenas causada pela rápida expansão dos cultivos para a bioenergia, a integração de pequenos produtores, entre outros.

Quase todos os participantes destacaram como prioridade do desenvolvimento rural o combate à pobreza. Nesse sentido, são bem-vindas as propostas como o Programa Biodiesel do Brasil, que visa explicitamente ao fortalecimento da agricultura familiar.[8] Contudo, tendo em vista o rápido crescimento da demanda para biocombustíveis, prevaleceu a

---

7 Workshop and Business Forum on Sustainable Biomass Production for the World Market, Task 40 Sustainable Bio-Energy Trade; securing Supply and Demand. Organizado pela IEA – International Energy Agency – Task 40 e Unicamp, 30/11 a 3/12/2005. Ver: <http://www.fairbiotrade.org>.

8 O programa biodiesel intensifica a produção de combustível a partir de mamona e dendê. A partir de 2008 é obrigatória a adição de 2% de biodiesel ao diesel comum, porcentagem que deve aumentar para 5% em 2013.

opinião de que é necessária a produção em larga escala. Nesse contexto, foi confirmada a liderança do Brasil devido a sua experiência com a produção de álcool e de carvão vegetal.

Quadro 2 – Indicadores para o desenvolvimento sustentável em diferentes níveis

Dimensão	Global	Nacional	Local (Projeto)
Econômica	PIB (Produto Interno Bruto) PIB/*per capita*	Comércio Impostos	Emprego Mobilização de investimentos em áreas rurais Melhoramento da infra-estrutura Novas técnicas
Ambiental	GEE (Gases de Efeito Estufa) Biodiversidade	Biodiversidade Qualidade do ar Qualidade da água	Qualidade do ar local Qualidade da água local. Outros aspectos físicos (fertilidade dos solos, erosão) Proteção de ecossistemas, recuperação de áreas degradadas
Social	IDH (Índice de Desenvolvimento Humano)	Emprego Redução da pobreza	Saúde Participação comunitária Capacitação Independência energética Acesso a serviços sociais Melhoramento da qualidade de vida

Fonte: Huq (2002), Best & Rose (2005), traduzido e modificado pelo autor.

Importante para a consolidação da doxa foi a solicitação de alguns participantes de um certo "pragmatismo" na elaboração dos critérios de sustentabilidade, para não colocar em risco essa chance única de negócios que estaria se abrindo com o mercado dos biocombustíveis. Na ocasião, uma representante da FAO (Organização das Nações Unidas para Agricultura e Alimentação) afirmou que a "sustentabilidade deve ser movida pelo mercado" (*sustainability has to be market driven*). Em relação a esse tema foi destacada a importância de esquemas de certificação para o mercado da biomassa, que são exercidos por "entidades independentes" com "critérios internacionalmente reconhecidos".

O exemplo citado foi o do Forest Stewardship Council – FSC (Conselho de Manejo Florestal), um esquema de certificação para o manejo sustentado de florestas, que já atua nas áreas das plantações de eucalipto para a produção de carvão vegetal. O FSC é responsável pela definição de um conjunto de diretrizes globais para a classificação de florestas como "bem manejadas". Esses princípios e critérios abrangem aspectos da conservação de florestas, assim como os direitos sociais, humanos, políticos e culturais. Baseados nessas orientações, órgãos privados executam a certificação do FSC em operações florestais. O grande diferencial em relação a outros esquemas de certificação é um mecanismo de resolução de conflitos, o chamado *stakeholder process*, que tem por objetivo garantir a participação de todas as partes ativa ou passivamente envolvidas nas atividades florestais.

A idéia de implementar um esquema de certificação similar para a produção de bioenergia é também considerado bem-vindo por muitas ONGs. O GT-Energia do Fórum Brasileiro das Organizações Não-Governamentais e Movimentos Sociais – FBOMS, por exemplo, divulgou uma cartilha sobre a bioenergia destacando que "... alguns critérios desenvolvidos pelo FSC podem ser adaptados ... para a produção de energia da biomassa de maneira a poder-se analisar a sustentabilidade desta forma de energia" (FBOMS GT-Energia, 2006, p.6).

Cabe lembrar que o FBOMS tem representação no FBMC. Além disso, as outras ONGs participantes desse Fórum – Greenpeace, Amigos da Terra, Vitae Civilis, Instituto Socioambiental e o presidente da FBDS (um empresário do grupo Klabin) – são vinculadas ao FSC-Brasil. Nessa constelação, pode-se verificar que a criação de um esquema de certificação para a bioenergia semelhante ao FSC faz parte da doxa do campo, na esperança de que essa iniciativa possa ajudar na resolução de conflitos em questões principais do campo. Entre elas, sem dúvida, destacam-se a questão da escala e da prática da produção da bioenergia, pois um grande número de ONGs declara:

> Não se deve priorizar o agronegócio, cujas restrições, enquanto forma de produção, incluem a monocultura extensiva, o uso intensivo de agrotóxicos e de espécies geneticamente modificadas. (FBOMS GT-Energia, 2006, p.8)

A prática da certificação: conflitos entre o global e o local

Um exemplo para esclarecer o funcionamento do campo na prática é a certificação da empresa Plantar S.A., que produz carvão vegetal a partir do eucalipto como combustível renovável para a siderurgia. A empresa foi uma das primeiras a procurar benefícios através do mercado de carbono no âmbito do Prototype Carbon Fund do Banco Mundial – um fundo que foi criado para financiar projetos-piloto a partir do Protocolo de Quioto, enquanto as diretrizes e procedimentos para o MDL não forem acordadas. Ao financiar projetos-piloto e adotar uma estratégia *learning by doing* ("aprender fazendo"), o Banco Mundial pretendeu acelerar o processo das negociações no âmbito das nações. O instituto já tem a certificação pelo FSC como condição para aprovação dos projetos envolvendo plantações.

Os problemas e as contradições em relação aos critérios de sustentabilidade empregados pelo Banco Mundial e a certificação já foram amplamente discutidos num trabalho anterior (Laschefski, 2005). Neste trabalho queremos retomar alguns aspectos em relação ao *stakeholder process* para esclarecer as relações de poder no âmbito local.

A questão da certificação de plantações ainda causa muita polêmica mesmo entre os membros do FSC internacional. Como surgiram muitos conflitos em torno de empresas certificadas, a organização decidiu rever os critérios para as plantações.[9] Contudo, a posição do FSC-Brasil foi sempre claramente em favor da certificação das plantações. Isso porque, como já mencionado, a sua diretoria é influenciada por plantadores de eucalipto, sobretudo pela família empresarial Klabin, que também é representada no FBMC. A ligação do FSC-Brasil com as ONGs em Minas Gerais constituiu-se pela Amda – Associação Mineira de Defesa do Ambiente – e pela Fundação Biodiversitas. Ambas entidades mantêm vínculos com a Plantar S.A., através de parcerias em projetos e atividades conjuntas.

9 No dia 9 de setembro de 2004 foi iniciado um processo de revisão do Princípio 10, que trata da questão das plantações com encerramento previsto para 2006. Disponível em: <http://www.fsc.org/plantations/index.htm>.

A Plantar S.A. foi certificada em 1999 pela Scientific Certification Systems, certificadora credenciada pelo FSC. No relatório da certificação pela SCS, a Amda aparece como a única ONG contactada no âmbito do processo *stakeholder* (SCS, 2001, p.6). Já no segundo relatório da re-certificação, de maio de 2003, foram mencionados 61 representantes de várias entidades.[10] Porém, das 16 ONGs contactadas, 12 são ligadas ao FSC-Brasil.[11] Em Minas Gerais, o certificador contatou novamente apenas a Amda e a Biodiversitas.

Somente uma entidade entrevistada, o Sindicato dos Trabalhadors Rurais – STR de Curvelo, criado em 2002, mantém contato direto com as comunidades na vizinhança das plantações da Plantar S.A. Nessa época – quatro anos após a empresa ter recebido o "selo verde" – a SCS organizou as primeiras audiências públicas em Curvelo, para esclarecer o processo da certificação. Durante esses eventos, foram levantados pela primeira vez os problemas relacionados aos impactos ecológicos das plantações e à falta de diálogo da empresa com as comunidades. Falou-se, primordialmente, dos impactos do eucalipto nas veredas e córregos e da aplicação de agrotóxicos, problemas percebidos pela população como uma ameaça à sua reprodução. Os relatos dos moradores foram confirmados num estudo da WRM & Fase (2002). Em seguida, as duas entidades lançaram uma campanha internacional para retirar a certificação da Plantar S.A e reforçar a solicitação da reformulação da política do FSC em relação às plantações.

Surpreendentemente, em vez de investigar os problemas apontados pelos moradores, o "campo da certificação florestal" optou por uma estratégia de negação desses problemas, alegando a falta de "provas científicas". Em relação à seca dos córregos e à baixa do lençol freático, foram apresentadas pesquisas que mostram que o eucalipto consumiria até menos água do que as florestas nativas. Mas o fato é que essas comparações não se referem ao ecossistema do Cerrado, e sim à Mata

10 Entre eles, constam 16 representantes de ONGs, seis organizações sindicalistas, quatro pesquisadores de universidades, 15 representantes de instituições governamentais (IEF, IMA, Ibama, Emater, Polícia Florestal).

11 Entre eles, a SOS Mata Atlântica, o WWF, o próprio FSC, o Greenpeace, os Amigos da Terra e a Fase.

Atlântica e à região Amazônica. Além disso, foram apresentadas comparações entre estatísticas sobre os impactos de monoculturas de eucalipto, café, cana-de-açúcar, arroz e feijão, ou pastagens, para sustentar a tese de que o eucalipto seria o cultivo que menos causa problemas ambientais, sem levar em consideração o contexto ecossistêmico dos casos concretos apresentados.

Dessa forma, o discurso dos pesquisadores caracterizou-se pela contestação às observações dos moradores, a partir de hipóteses gerais. Esse tipo de discurso é amplamente divulgado no "campo da certificação florestal brasileiro" como "verdade oficial" e pode ser considerado, nas palavras de Bourdieu, o arbitrário social incorporado na doxa do mesmo (Bourdieu, 1976, apud Ortiz, 1983, p.146).

No final, os moradores locais que denunciaram os problemas sentiram-se humilhados, porque não poderiam enfrentar "adequadamente" os questionamentos, por falta do "capital social" legitimado pelos integrantes do campo. Verifica-se, assim, que o "campo da certificação florestal" estabeleceu mecanismos sofisticados para defender-se contra "... posicionamentos ou demandas que se situem para além desses limites, ou que ponham em causa seus fundamentos dóxicos. [Estes] vêem-se de antemão excluídos do jogo, ou, quando nele se apresentam, tendem a ser, sistematicamente, rechaçados" (Carneiro, 2005).

Pode-se concluir que a luta da população local não é apenas contra a degradação socioambiental do seu "ambiente". É uma luta por visibilidade e por seus direitos, os quais são cada vez mais deturpados pelas novas políticas de participação. Os atores dominantes baseiam-se num discurso aparentemente "técnico-científico", porém construído por abstrações de fatos isolados, que são generalizados e deslocalizados do seu contexto original, como é bem visível na discussão sobre o impacto do eucalipto na hidrologia do Cerrado. Assim, o discurso supostamente "técnico-científico" torna-se uma ferramenta para manter a hegemonia de opinião da ortodoxia naquelas situações em que ela é ameaçada pelo saber local, que se baseia nas experiências vividas.

Concepções divergentes da produção do espaço

Os conflitos no âmbito do projeto da Plantar S.A. não se restringem à questão do cumprimento dos critérios do FSC, mas revelam também diferenças fundamentais em relação à concepção e à produção do espaço entre os moradores locais e dos campos da certificação florestal e do Protocolo de Quioto. Enquanto a ortodoxia em ambos os campos, defende uma estratégia de adequação ambiental (Zhouri et al, 2005, p.15) da produção do espaço urbano industrial, a heterodoxia focaliza um modo da produção do espaço alternativo baseado nas experiências das populações tradicionais. As diferenças são apresentadas a seguir.

A concepção pragmática da produção sustentável do espaço

A concepção do espaço no sistema urbano-industrial pode ser caracterizada, além dos limites das cidades, como um mosaico de paisagens uniformes, cada uma destinada à produção de mercadorias específicas, tais como áreas destinadas a agroindústria, mineração e produção de energia (hidrelétricas). Os insumos técnicos (agroquímicas, máquinas, entre outros) permitem a produção, até um certo nível, sem a necessidade de considerar os ritmos e ciclos da regeneração da natureza. O resultado é a "monoculturação" ambiental e social do espaço, com efeitos não sustentáveis.

A ortodoxia não questiona os princípios dessa concepção do espaço. As monoculturas são consideradas necessárias para satisfazer a crescente demanda do "mercado global" ou, como no caso da bioenergia, para enfrentar uma ameaça das mudanças climáticas. Nesse discurso, a sustentabilidade pode ser alcançada através da mitigação dos impactos ambientais (controle biológico de pragas, proteção da água etc.) e sociais (respeito às leis trabalhistas etc.). De modo geral, a produção capitalista do espaço não é questionada, com exceção de algumas áreas consideradas importantes para a proteção da natureza e da biodiversidade ou para a recuperação de áreas degradadas (corredores ecológicos, APPs etc.).

A concepção reduzida do espaço reflete-se nas citadas comparações dos impactos ambientais das plantações com outros tipos de uso da terra, tais como plantios de milho, arroz e feijão, que causaram tanta indignação nos moradores locais que plantam tais produtos para o sustento das suas famílias. Dependente dos critérios aplicados, cada monocultura pode ser declarada "melhor" do que a outra. Contudo, tais comparações não levam em consideração a função social dos produtos, que atendem demandas e necessidades diferentes da população. Dessa forma, essas pesquisas supostamente "científicas" são baseadas numa concepção abstrata de espaço, em que os usos desse espaço são livremente substituíveis. Assim, pode-se afirmar a tese de Lefèbvre sobre a produção de espaços abstratos no capitalismo, particularmente quando consideramos o discurso sobre as oportunidades do desenvolvimento através da exportação da bioenergia para atender às demandas externas.

Acredita-se que o retorno econômico beneficiará também a população local, seja através da criação de empregos nas plantações e nas indústrias da bioenergia, seja através da inclusão de pequenos produtores no setor por programas de fomento. O apoio aos pequenos produtores é essencial no âmbito do MDL, que tem condição de evitar a concentração de terras, aspecto reconhecido que contraria o desenvolvimento sustentável.

Contudo, mesmo que consideremos que os programas são bem-sucedidos na transformação da população rural em agentes ativos na economia monetária, precisamos lembrar a questão da percepção ilusória do mercado como fornecedor de todos os bens necessários e desejados. Teoricamente, os cultivos substituídos pela produção da biomassa podem ser obtidos no "mercado", ou seja, no espaço abstrato do capitalismo. Porém, como lembrou o jornalista inglês George Monbiot (2004), o espaço concreto é limitado. Para satisfazer o consumo dos veículos na Inglaterra seria necessária uma área 4,5 vezes maior do que a atual área cultivável daquele país. Conseqüentemente, para atender a todas as demandas por energia, seriam intensificados os conflitos no espaço vivido, com a conseqüência de sermos forçados a decidir entre alimentarmos os carros ou as pessoas.

A concepção alternativa da produção sustentável do espaço

As populações ditas tradicionais, sobretudo os povos indígenas, ocupam um papel importante na discussão sobre o desenvolvimento sustentável. Isso se reflete também no fato de que a maioria dos catálogos de indicadores para a sustentabilidade, inclusive os princípios do FSC, solicitam o respeito aos seus direitos formais e informais, e de seus territórios.

Os modos de vida de tais grupos são considerados mais sustentáveis do que os da sociedade moderna, pois o uso da terra é adaptado aos ritmos naturais, que permitem a regeneração permanente dos produtos tirados dos ecossistemas, como, por exemplo, através dos sistemas de rotação ou do extrativismo de ecossistemas naturais. O cuidado com a capacidade de reprodução da natureza é necessário para garantir a sobrevivência das futuras gerações. Muitas famílias nas zonas rurais ainda mantêm tais princípios, embora a maioria não viva apenas da subsistência. Dependente da inserção no mercado, a sustentabilidade desses sistemas não pode ser mantida, por exemplo, quando as famílias fazem carvão vegetal a partir da vegetação natural, problema freqüente na região em que está situado o projeto da Plantar S.A.

Esse fato é importante porque os conflitos em torno da certificação surgiram justamente na época em que foram negociadas as concessões para as plantações de eucalipto em terras devolutas, as quais foram, na década de 1970, arrendadas pelo Estado para as empresas. Várias entidades e movimentos sociais na região perceberam essa situação como oportunidade inédita para a reapropriação social dessas áreas pelos pequenos produtores. Nesse contexto, destaca-se um projeto detalhado para o desenvolvimento alternativo elaborado pelo STR (Sindicato dos Trabalhadores Rurais) de Rio Pardo de Minas (2004), que prevê a reconversão agroextrativista dessas áreas. A proposta abrange o reassentamento de famílias rurais, o manejo do cerrado e a recuperação da vegetação nativa. O STR de Rio Pardo de Minas calculou que no Norte de Minas Gerais a área necessária para a reprodução de uma família rural seria de 100 hectares (20ha de reserva natural, 40ha para o extrativismo e 40ha para a agricultura).

Dada a média de pelo menos três ou quatro pessoas por família, a relação hectare/trabalhador estaria entre 25 e 33 por 1. Nos casos de empresas como a Plantar Florestal S.A., a relação área ocupada por trabalhador seria de 100 a 150 hectares nas atividades florestais e no carvoejamento (Laschefski & Barros, 2005, p. 271). Além disso, as áreas trabalhadas de forma diversificada, com métodos agroextrativistas, representam benefícios adicionais do ponto de vista ecológico.[12]

Embora esse conceito de desenvolvimento alternativo não exclua a produção para o mercado, a proposta promove a produção de contra-espaços enfrentando o sistema capitalista em três sentidos: a) uma parte dos terrenos deve ser dedicada à reserva natural, uma exigência da legislação; b) o segundo aspecto refere-se às áreas cultivadas num sistema de produção não-capitalista dedicada à segurança alimentar das famílias; c) e finalmente, a produção para o mercado tampouco segue os princípios do capitalismo, pois a produção não deve ultrapassar a capacidade de reprodução natural dos produtos e, assim, não é possível a acumulação do lucro através da exploração máxima dos recursos naturais.

A relevância da proposta para o desenvolvimento alternativo apresenta-se pelo fato de que entidades como o STR e o Centro da Agricultura Alternativa – CAA, através do WRM e da Fase, também foram envolvidas na discussão da reformulação dos critérios para as plantações do FSC. Este e outros exemplos similares constituem a base das demandas por redirecionamento da certificação pela heteredoxia do campo, tendo em vista fortalecimento de iniciativas que pretendem apoiar aqueles que são ameaçados pelo avanço da produção urbano-industrial do espaço. Contudo, observando as atuais relações de poder, é pouco provável uma mudança profunda nas estratégias do FSC ou no âmbito do Protocolo de Quioto. O que se pode esperar é que, seguindo a doxa da conciliação dos interesses, a certificação de projetos como os do CAA possa ser facilitada.

12 Segundo Dayrell (2000, p.261), a população local no cerrado utilizou até 78 espécies de plantas nativas manejadas, tais como pequi, coquinho azedo, panã, maracujá, cajuzinho e coco catolé, que servem para produzir frutas, geléias, licores, óleo vegetal, sabão, madeira e carvão vegetal para a comercialização.

Quando pensamos as conseqüências da ampliação das propostas alternativas como modelo do desenvolvimento sustentável para a sociedade moderna como um todo, surgem dúvidas em relação à sua realização. Seria necessário, além da completa reestruturação da organização espacial da sociedade urbano-industrial, mudanças profundas na cultura, nas relações sociais e, finalmente, na distribuição do poder.

Conclusão

Neste trabalho foram analisadas as relações de poder no campo da política do Protocolo de Quioto, com base nas abordagens teóricas de Lefèbvre e Bourdieu. O campo institucionalizou a doxa de que a produção de biomassa é uma medida viável para mitigar impactos causados pelas emissões industriais. Além disso, foi aceita, no âmbito internacional, a condição de que projetos beneficiados pelos créditos de carbono devem promover o "desenvolvimento sustentável" no local. Contudo, na falta de uma metodologia sistemática para avaliar a sua sustentabilidade, os projetos propostos configuram um potencial de conflitos no âmbito do mercado de carbono. Porém, espera-se que a certificação da bioenergia, com estrutura participativa semelhante à do Forest Stewardship Council, seria apropriada para enfrentar tais problemas.

O exemplo da certificação da Plantar S.A. mostra que, ao contrário do esperado, o processo de participação no âmbito da certificação pelo FSC acaba sendo altamente hierarquizado. Moradores locais são confrontados por um "campo" dominante, composto por ONGs, empresas e instituições governamentais. Em defesa dos seus interesses políticos e econômicos, esses atores utilizam um discurso aparentemente técnico-científico para deslegitimar as experiências vividas pela população local. Dessa forma, as novas políticas internacionais correm o risco de estimular a expansão de setores, ainda caracterizados por monoculturas ecologicamente não-sustentáveis e pela alta concentração na posse da terra, em detrimento da agricultura familiar. Assim, agrava-se a competição entre concepções opostas de produção do espaço: por um lado, as da sociedade urbano-industrial, que resultam num mosaico de territórios explorados de forma "monoculturizada" e, por outro, sistemas tradicionais que visam ao uso diversificado da terra, adaptado aos potenciais de regeneração da natureza.

Referências bibliográficas

ACSELRAD, H. As práticas espaciais e o campo dos conflitos ambientais. In: _______. (Org.). *Conflitos ambientais no Brasil*. Rio de Janeiro: Relume, 2004. p.7-12.

ALTVATER, Elmar. Restructuring the space of democracy. *Ambiente e Sociedade*, ano 2, n.3-4, p.5-27, 1999.

BEST, G., ROSE, S. *How does bioenergy contribute to sustainability? Key elements to assess sustainability of bioenergy projects*. Apresentação no Workshop and Business Forum on Sustainable Biomass Production for the World Market, IEA – International Energy Agency e Unicamp, Campinas, 30/11-3/12/2005. Disponível em: <http://www.fairbiotrade.org>.

BOURDIEU, P. Le couturier et sa griffe. Contribuition à une théorie de la magie. In: *Actes de la Recherche en Sciences Sociales*, 1, p.7-36, jan. 1975.

_______. Le champ scientifique. *Actes de la recherche en Sciences Sociales*, n. 2/3, jun. 1976. Reproduzido em: ORTIZ, R. (Org.). *Pierre Bourdieu*. São Paulo: Ática, 1983. p.122-56.

BRAUNMÜHL, C. V., WINTERFELD, U. V. Sustainable Governance – Reclaiming the Political Sphere. Reflections on Sustainability, Globalisation and Democracy. *Wuppertal Papers* 135e, 2005. Disponível em: <http://www.wupperinst.org>. Acesso em: 20 fev. 2006.

BRYANT, R. L., BAILEY, S. *Third World political ecology*. London/New York: Routledge, 1997.

CARNEIRO, E. J. A oligarquização da "política ambiental" mineira. In: ZHOURI, A., LASCHEFSKI, K., BARROS, D. P. (Orgs.). *A insustentável leveza da política ambiental*: desenvolvimento e conflitos socioambientais. Belo Horizonte: Autêntica, 2005. p.65-88.

DAYRELL, C. Os gerazeiros descem a serra: ou a agricultura de quem não aperece nos relatórios do agrobusiness. In: LUZ, C., DAYRELL, C. (Orgs.). *Cerrado e desenvolvimento*: Tradição e atualidade. Montes Claros: CAA-NM/Rede Cerrado, 2000. p.189-272.

ELDEN, S. Es gibt eine Politik des Raumes weil Raum politisch ist. Henri Lefèbvre und die Produktion des Raumes. *AN-Architektur,* I, 01, p.27-35, 2002.

FBOMS GT-Energia. *Critérios e indicadores de sustentabilidade para bioenergia,* fev. 2006. Disponível em: <http://www.fboms.org.br>. Acesso em: 28 fev. 2006.

HIRSCH, T., SCHNEIDER, V., LASCHEFSKI, K., RIBEIRO, B. *Economic, social and ecological impacts on Brazil of accelerated liberalisation of the European sugar market.* Heidelberg: FIAN, 2002. Disponível em: <http://www.fian-sverige.org/docs/impactsbrasugar.doc>. Acesso em: 20 fev. 2008.

HUQ, S. Applying Sustainable Development Criteria to CDM Projects: PCF Experience. *PCFplus Report* 10. Washington DC: World Bank, 2002.

KEIL, R., BRENNER, N. Globalisierung, Stadt und Politik. In: SCHARENBERG, A., SCHMIDTKE, O. (Eds.). *Das Ende der Politik?* Globalisierung und der Strukturwandel des Politischen. Münster: Westfälisches Dampfboot, 2003.

LASCHEFSKI, K. O comércio de carbono, as plantações de eucalipto e a sustentabilidade de políticas públicas – uma análise geográfica. In: ZHOURI, A., LASCHEFSKI, K., BARROS, D. P. (Orgs.). *A insustentável leveza da política ambiental*: desenvolvimento e conflitos socioambientais. Belo Horizonte: Autêntica, 2005.

LEFÈBVRE, H. *The Production of Space*. Oxford: Blackwell, 1991.

_______. *A revolução urbana.* Belo Horizonte: UFMG, 1999.

MAGNUSSEN, W. Globalization, Movements, and the Decentered State. In: CAROLL, W. (Ed.). *Organizing Dissent.* Toronto: Garamond Press, 1997.

MCT – Ministério da Ciência e Tecnologia. Protocolo de Quioto. Brasília, 2004. Disponível em: <http://www.mct.gov.br/clima/quioto/pdf/Protocolo.PDF>. Acesso em: 5 maio 2004.

MONBIOT, G. Feed cars, not people – The adoption of biofuels would be a humanitarian and environmental disaster. *The Guardian,* 22 nov. 2004.

ORTIZ, R. (Org.). *Pierre Bourdieu.* São Paulo: Ática, 1983.

SCS SCIENTIFIC CERTIFICATION SYSTEMS. *Public Summary Report: Plantar S.A.* Emeryville, 2001. Disponível em: <http://www.scscertified.com>. Acesso em: 15 out. 2004.

_______. *Avaliação de re-certificação do manejo florestal das plantações florestais da Plantar S.A. na região de Curvelo no estado de Minas Gerais, Brasil.* Emeryville, 2004. Disponível em: <http://www.scscertified.com>. Acesso em: 15 out. 2004.

STR – RIO PARDO DE MINAS. *Reconversão agroextrativista: da monocultura do eucalipto para sistemas agrosilvopastoris* – Proposta em discussão das comunidades dos Gerais de Rio Pardo de Minas aos poderes públicos municipal, estadual e federal, 2004. (mimeo).

TOKAR, B. Green Tide – Climate Talks in Montreal. Can we save the planet? In: *Z Magazine Online,* v.19, n.2, febr. 2006. Disponível em: <http://zmagsite.zmag.org/Feb2006/tokarpr0206.html>. Acesso em: 25 fev. 2006.

UNFCCC. Guidance to the parties – Updating of the UNFCCC roster of experts, 2006. Disponível em:< http://ghg.unfccc.int/roster/guidance.pdf>.Acesso em: 20 fev. 2006

WRM, FASE (Eds.). *Relatório de avaliação da V&M Florestal Ltda. e da Plantar S.A. Reflorestamentos, ambas certificadas pelo FSC – Forest Stewardship Council*. Montevideo, 2002. Disponível em: <www.wrm.org.uy/countries/Brazil/fsc.doc>. Acesso em: 04 mar. 2004.

ZHOURI, A., LASCHEFSKI, K., BARROS, D. P. Introdução: Desenvolvimento, sustentabilidade e conflitos socioambientais. In: ______. (Orgs.). *A insustentável leveza da política ambiental:* desenvolvimento e conflitos socioambientais. Belo Horizonte: Autêntica, 2005.

Parte 5
América Latina e desenvolvimento

11
A POLÍTICA ECONÔMICA REGIONAL DA AMÉRICA LATINA

Suranjit Kumar Saha

Introdução

Neste artigo discorro sobre conceitos e abordagens teóricas que fundamentam a formulação das políticas regionais no âmbito nacional e internacional. Seu contexto empírico é a América Latina, mais especificamente o Brasil. Procurou-se avaliar o papel e a relevância da política regional no momento em que os países desta região estão sob pressão crescente para reduzir a participação do Estado e permitir que o mercado ocupe um espaço mais significativo na economia.

Na primeira parte discuto como a política regional deve se posicionar entre o Estado e o mercado; na segunda, faço uma conexão entre os conceitos de competitividade e especialização flexível na economia de mercado e mostro como o mercado não pode fornecer condições suficientes para estimular e sustentar um crescimento socialmente justo nos países em desenvolvimento, especialmente nas suas regiões periféricas. Na terceira parte, mostro que a democracia é necessária, mas não condição suficiente para que os Estados forneçam um desenvolvimento socialmente justo e regionalmente equilibrado na América Latina. Na quarta parte, extraio dos acontecimentos políticos recentes em três países latino-americanos as bases para esta declaração. A quinta parte traz um breve resumo da forma como alguns dos autores-chave do Brasil abordam a questão da política regional. Depois examino as evidências empíricas das disparidades regionais brasileiras com vistas a facilitar a formulação de uma política regional. E, finalmente, na última parte, enfatizo a necessidade da reconstrução social do mercado e da reconstrução política do Estado como os dois pré-requisitos necessários para que a política regional se torne uma ferramenta-chave nas estratégias "pró-pobres" de desenvolvimento nacional na América Latina e em qualquer outro lugar da periferia do sistema capitalista global contemporâneo.

Região, mercado e Estado

É claro que "região" é um conceito de escala flexível. No âmbito global, toda a América Latina ou toda a América do Sul é vista como uma região. No âmbito continental, as áreas geográficas pertencentes aos diversos países como a região Andina ou a Amazônica também são bastante reconhecidas. Da mesma forma, no âmbito nacional o conceito poderia ser e é aplicado a escalas geográficas variadas. No Brasil, por exemplo, temos cinco macrorregiões e 28 estados. Cada estado, por sua vez, é dividido em mesorregiões, microrregiões e em municípios. A natureza e a forma política de cada tipo regional certamente dependerão do contexto específico no qual o termo é adotado.

Todavia, não importa como o termo "região" seja definido, mas reconhecer que nenhuma região no mundo moderno pode existir como uma ilha isolada e que elas podem vir a ser constantemente "impactadas" por forças políticas e econômicas nacionais e internacionais. Nas últimas décadas, dois acontecimentos globais mudaram radicalmente o contexto macroeconômico de desenvolvimento local e regional: um é a globalização crescente das economias nacionais; outro é o crescimento da confiança em direção à democratização das sociedades civis.

A globalização tende a erodir a habilidade dos Estados nacionais, principalmente daqueles localizados longe dos centros econômicos de poder global, para administrar efetivamente as economias nacionais dentro das próprias fronteiras, visto que não possuem mais o controle de variáveis macroeconômicas decisivas que os afetem. A democratização, por outro lado, estimula novas aspirações por participação efetiva em todos os aspectos da tomada de decisão e do exercício de poder do Estado, por todas as parcelas das sociedades civis espalhadas nas comunidades locais e nas áreas subnacionais. A dissonância entre essas duas forças precisa ser harmonizada, pois, sem esse pré-requisito, os Estados provavelmente enfrentarão uma nova crise de legitimidade.

Para evitar mais esse tipo de crise, o Estado do novo milênio precisa estar mais firmemente encaixado na sociedade civil, refletir melhor suas aspirações e facilitar de forma mais eficaz a realização delas, diferentemente do que vem acontecendo nos últimos tempos. Será preciso um novo contrato social celebrado com a sociedade civil, estruturado com base em dois princípios cardinais: o da descentralização territorial e o da democracia participativa. Juntos, esses dois princípios podem assegurar que o novo Estado seja construído de baixo para cima, ou seja, das comunidades locais ao aparato central do Estado nacional. Organizado dessa maneira, o Estado nacional refletirá verdadeiramente a diversidade social, assim como a heterogeneidade territorial da sociedade civil e também reconhecerá a pluralidade de suas vontades. Adequará, então, legitimamente, o papel de curador dos interesses genuínos da sociedade civil organizada territorialmente e, nesse papel, defenderá ativamente e promoverá esses interesses no regime de mercado global.

As sociedades civis necessitam de mecanismos para garantir a subsistência sustentável e a qualidade de vida aceitável para todos, tanto para as gerações do presente quanto para as futuras, e o mercado é uma parte essencial e insubstituível desse mecanismo. "A questão central não é se a economia de mercado será utilizada", mas reconhecer que:

> A utilização da economia de mercado é coerente com diferentes padrões de posse, de recursos disponíveis, de oportunidades sociais e de regras operacionais (como as leis de patentes e as regulamentações antitruste). E dependendo destas condições, a economia de mercado geraria resultados gerais diversos. (Sen, 2002a, p.7)

A experiência mostra claramente que o mercado, sozinho, nem sempre gera estratégias de médio e longo prazos necessárias para um desenvolvimento sustentável e, freqüentemente, nega o acesso às oportunidades de subsistência para segmentos consideráveis da população. As matérias das quais dependem a natureza e a qualidade dos resultados do mercado estão encaixadas na esfera da política e da cultura. Ou seja, relacionam-se às questões de configuração do poder político com as dos valores culturais dominantes que determinam a distribuição dos recursos materiais e das oportunidades sociais em um determinado país ou região. Segundo Amartya Sen, para lidar com essas questões é necessário focalizar a nossa atenção no

> papel alcançado até agora pelas instituições que não pertencem ao mercado ... em fazer um bom uso dos próprios mecanismos do mercado – estendendo seu alcance e facilitando seu uso equitativamente. (Sen, 2002b, p.9)

Essas instituições, que poderiam ser políticas, sociais, legais ou de outro tipo, são necessárias para colocar os acordos não mercadológicos em um lugar que é fundamental para "difundir o acesso à economia de mercado" para os segmentos excluídos da sociedade. Entre os acordos não pertencentes ao mercado, Sen lista como cruciais "o acesso de todos a educação, epidemiologia, reforma agrária, facilidade de microcrédito, proteção legal apropriada, o direito das mulheres e outros meios de empoderamento" (ibidem, p.11).

Aqui, o papel do Estado é essencial, particularmente em países como o Brasil, que possui uma longa história de polarização social e espacial intensa e de pobreza em massa. O Estado tem a responsabilidade social inalienável de entrar nesses setores essenciais da economia que os mercados persistentemente, e com uma regularidade quase previsível, não conseguem alcançar. Entre eles está a educação básica, a atenção básica à saúde, os serviços sociais essenciais, a infra-estrutura para o desenvolvimento e a criação de novas oportunidades de investimento, que juntos compreendem a articulação das iniciativas e das vantagens competitivas. Sem essa articulação uma economia de mercado não pode ser socialmente responsável nem funcionar eficazmente.

Como o mercado tende a favorecer as regiões que são mais desenvolvidas dentro dos territórios nacionais, a responsabilidade social do

Estado deve também incluir a obrigação de construir nas regiões menos desenvolvidas uma infra-estrutura econômica e social, de forma que essas condições permitam o acesso e o investimento, sem os quais não conseguirão sequer acompanhar o processo. A tarefa de garantir meio de vida sustentável e qualidade de vida aceitável para todos deve significar garanti-la em todas as regiões e localidades onde se encontra a sociedade civil. O meio mais eficiente de conseguir cumprir essa tarefa de longo prazo será através dos mercados local, regional e nacional. Contudo, se os mercados estiverem realizando essa tarefa de forma menos eficiente em algumas localidades e regiões, significa claramente que o mecanismo de mercado nacional não superou inteiramente essa dialética do espaço e que os ingredientes econômicos e sociais das vantagens competitivas estão distribuídos de forma desigual pelo território nacional. É aí que o mercado necessita da ajuda do Estado – tanto em seu papel regulador quanto facilitador. Estabelecer em cada região o que Sen chama de "acordos não mercadológicos" é um componente central da política regional a ser seriamente considerado.

Conseqüentemente, temos um paradoxo. Enquanto os paradigmas dos projetos regionais em 1960 e 1970 não são mais relevantes para enfrentar os desafios deste novo milênio, esses desafios atuais recolocaram os desenvolvimentos local e regional no coração da lógica e da legitimidade do Estado. E, todavia, o Estado do novo milênio tem a prerrogativa de funcionar dentro dos parâmetros das forças de mercado que estão se globalizando rapidamente através das fronteiras nacionais. Nesta nova situação, os objetivos das políticas regionais não podem ser atingidos sem que sejam colocados dentro de um contexto global. Ao mesmo tempo, é papel do Estado agir como o grande guardião dos interesses da sociedade civil e, se ele não for capaz de fazer isso, começará a perder sua legitimidade. Em uma sociedade como a brasileira, na qual a metade mais pobre recebe apenas 15,5% da renda nacional e a metade mais rica 84,5% (IBGE, 2004, p.121), a crise de legitimidade do Estado tende a se agudizar, a menos que medidas eficazes sejam tomadas para modificar a distribuição em favor da metade mais pobre.

Política regional e especialização flexível

Teorizar a política regional na situação contemporânea de incorporação crescente dos mercados regionais e nacionais dentro de um mercado global dominado por um pequeno grupo de países industrializados é uma tarefa desafiadora. Traz a necessidade de uma abordagem eclética, envolvendo a adaptação e "re-instrumentalização" das idéias existentes, e ainda o desenvolvimento de novas idéias. Uma das idéias-chave que podem ajudar nessa tarefa é a especialização flexível introduzida na literatura por Michel Piore e Charles Sabel. Esses autores se inspiraram no grande sucesso econômico da região da Emilia-Romagna, na Itália (a terceira Itália) nos anos 1970, em face da estagnação do Norte e do declínio contínuo do Sul (Piore & Sabel, 1984; Sabel, 1989). Esse conceito é assim definido:

> A especialização flexível é uma estratégia de inovação permanente: acomodação às mudanças incessantes ao invés de tentar controlá-las. Esta estratégia é baseada em equipamentos multiuso flexíveis; trabalhadores qualificados; e na criação, através de políticas, de uma comunidade industrial que restrinja as formas de competição para aquelas que favoreçam a inovação. Por esta razão, a propagação da especialização flexível equivale ao renascimento das formas de ofício de produção que foram perdidas na primeira divisão industrial. (Piore & Sabel, 1984, p.17)

Uma pesquisa no *West Jutland* da Dinamarca mostrou, no entanto, que a especialização flexível não denota, necessariamente, uma forma mais socialmente progressiva de organização do trabalho.

> A flexibilidade pode tomar a forma de "versatilidade ativa" ou "molde passivo": isto é, pode consistir na habilidade de explorar nichos de mercado ou de responder rapidamente às demandas, baseado na força de trabalho especializada e polivalente, ou pode também significar simplesmente submissão às pressões externas dos clientes e aceitar diminuições e passar as exigências da flexibilidade do mercado para a força de trabalho, de forma coercitiva através da expansão e retração do volume de produção, forçando as concessões de salários, fazendo o uso "flexível" do emprego de meio expediente (*meio-tempo*) e intermitente etc. (Pyky & Sengenberger, 1992, p.14)

Sendo assim, existiriam dois caminhos para a especialização flexível e dois possíveis conjuntos de resultados: o "caminho baixo" e o "caminho alto" (Saha, 1997, 2000) e a política regional pode se ancorar em ambos. A abordagem pelo caminho baixo busca a competitividade por meio de baixos salários, trabalhadores dóceis e impostos baixos, perpetuando a inabilidade para ascender a uma base econômica mais qualificada e com maiores salários. O próprio conceito de habilidade sofre uma degradação para

> significar mais freqüentemente as características comportamentais do trabalho: qualidades como "bons empregados para a empresa" em termos de assiduidade, flexibilidade, disciplina, identificação com a empresa e, decisivamente, quantidade e qualidade do trabalho e não o domínio de qualificações técnicas. (Malecki, 2004, p.1104)

A abordagem do caminho alto, por outro lado, busca a competitividade através da promoção de empreendimentos e do desenvolvimento econômico baseado na tecnologia (ibidem, p.1108). A construção deste segundo caminho não é apenas econômica, é também um processo social e político. Entre os resultados citados da abordagem do caminho alto para as políticas regionais está a do Vale do Silício, na Califórnia, a da região Baden-Wüttemberg, na Alemanha, e a da região da Emilia-Romagna, na Itália (Cooke & Morgan, 1998; Cooke, 2002). O complexo industrial baseado em informação e tecnologia em Bangalore, na Índia, e as indústrias baseadas em ciência localizadas em São José dos Campos e arredores, no Brasil, impulsionadas principalmente pela localização da Embraer, fábrica de aeronaves, são provavelmente bons exemplos de tais resultados.

Esforços consideráveis em pesquisa têm sido investidos nos últimos anos para provar a conexão entre a especialização flexível e a ascensão de um novo tipo de distritos industriais verticalmente desintegrados. Entre esses trabalhos estão o de Sabel (1989), Storper & Walker (1989) e Storper (1992). Sabel destaca que muitas evidências apóiam a visão de que

> o sistema de produção da especialização flexível parece ser mais apto a sobreviver às atuais turbulências econômicas do que o sistema de produção

> em massa que ele está substituindo mas, para se saber o porquê, tem que se focar na relação entre a economia e o seu território. (Sabel, 1989, p.19-20)

Sabel encontrou uma tendência à "desintegração dos sistemas de produção verticalmente integrados e a sua reconstrução como economias regionais" ou "distritos industriais" em que "os mercados ... são socialmente construídos e formam comunidades produtoras que limitam a competição e encorajam a inovação através dos pactos sociais" (ibidem, p.28-9). O autor acredita que essas mudanças fornecem o imperativo para a substituição das doutrinas anteriormente fracassadas, as quais defendiam a estratégia de pólos de crescimento, trabalhos públicos municipais e parques industriais de alta tecnologia por "um novo desenvolvimento endógeno local ortodoxo". Essa doutrina sustenta que são as regiões e o conjunto de firmas localizadas nelas que têm de competir e lutar com as outras regiões e conjuntos industriais pela sobrevivência e pelo avanço de suas economias. A vantagem competitiva de uma região ou distrito industrial, em relação às outras regiões/distritos cria uma base para o sucesso em promover uma atmosfera de cooperação e confiança, não apenas entre as firmas nelas localizadas, mas também entre os sindicatos e as associações de trabalhadores que influenciam o seu funcionamento.

Com a finalidade de serem bem-sucedidas, as regiões não têm que ter "tradições imemoriais" de harmonia, mas têm, na verdade, de ter uma longa história de conflitos internos; o fator principal é que elas resolvam "estes conflitos redefinindo seu passado como tradicionalmente harmoniosos ou necessariamente culminando em harmonia". Essa apropriação objetiva da história envolveria a construção de uma "educação e experiências profissionais comuns, reforçadas às vezes por alianças étnicas ou ... orgulho local" (Sabel, 1989, p.47). A última etapa do processo seria a reconstituição das economias nacionais em "confederações de economias regionais flexíveis" e a sua consolidação posterior em unidades primárias de economias solidárias e fóruns para a solução localizada dos conflitos de classe (ibidem, p.22 e 59).

Storper & Walker embarcaram em um projeto ainda mais ambicioso de criar "a teoria geográfica e territorial da industrialização". Isso implica: 1) teorizar sobre a localização da indústria como um processo de desenvolvimento industrial em um contexto espacial, enfocando nas especificidades geográficas do desenvolvimento tecnológico e da divisão do trabalho na indústria; 2) entender as mudanças de padrão na distribuição geográfica da indústria em âmbito mais macroeconômico e macrogeográfico; 3) como mudanças territoriais definem as relações de classes como um todo, buscar explicações para as três principais características do desenvolvimento desigual do capitalismo – expansionismo territorial, diferenciação contínua de lugares e instabilidade nas relações entre os espaços; 4) criar uma teoria social unificada que facilite a análise espaço-território da sociedade em relação ao trabalho (Storper & Walker, 1989, p.3-5).

Esses autores vêem as mudanças tecnológicas como a mais importante força motivadora que dirige a industrialização:

> Mudanças tecnológicas é simplesmente o termo microeconômico para industrialização ... um processo no qual ganhos de produtividade são criados em forma de aumento, tanto externo quanto interno na economia de escala. (ibidem, p.53)

As indústrias capazes de gerar esses auto-retornos crescentes também desfrutam de taxas de lucros mais elevadas e assim crescem mais rápido do que as outras. Isso lhes dá a liberdade de estabelecer as instalações para a sua produção praticamente em qualquer lugar e de criar seu próprio leque de oportunidades de locação. Inicialmente, as vantagens na economia de escala encorajam o aumento da integração vertical da produção dentro de estruturas hierarquizadas de comando de grandes unidades. Mas os limites para uma maior integração vertical são logo alcançados devido à complexidade profunda de administrar as relações de trabalho e incertezas do mercado. Os processos de produção verticalmente integrados de grandes conglomerados começam a se fragmentar em um grande número de unidades administradas separadamente, que tendem a buscar proximidade espacial uma com as outras, a fim de reduzir os "custos transacionais". Sendo assim, aqueles

> Complexos de produção desintegrados ... aparecem na paisagem capitalista com alguma freqüência, são os meios geográficos pelos quais as indústrias mais facilmente realizam aumentos crescentes na forma de externalização da divisão social do trabalho. (ibidem, p.80)

O conceito de Porter (1990) para "vantagem competitiva das nações" é, na verdade, uma extensão e um remodelamento das idéias acima relacionadas ao dinamismo superior dos sistemas de produção verticalmente desintegrados, mas espacialmente integrados. Na sua visão, as políticas regionais tornam-se ferramentas essenciais para administrar os efeitos da globalização no espaço nacional e regional. A conectividade funcional entre os dois sendo estabelecida da seguinte forma: a globalização da competição não nega o papel da nação originária (*home nation*) nas vantagens competitivas, mas muda suas características. As estratégias são estabelecidas na *nação originária*, onde também o principal produto e o processo de desenvolvimento acontecem e o essencial e a produção residem. A *base originária* é a plataforma para a estratégia global da indústria, na qual as vantagens extraídas da nação originária são suplementadas por aquelas decorrentes da posição da integração global.

Precisamos estar cientes de que quase todos os fatores modernos de produção envolvidos na competitividade são fatores "criados". Eles não acontecem simplesmente: o Estado, tanto no âmbito nacional quanto regional, tem de exercer um papel ativo na "criação" desses fatores, os quais são na verdade os principais ingredientes da vantagem competitiva. Porter identifica um "diamante" (losango), com quatro vértices de vantagens competitivas das nações – estratégia firme; condições dos fatores; condições da demanda e o apoio às indústrias – que "promovem a aglomeração das indústrias nacionais competitivas". Cada um desses vértices é, por sua vez, um produto de um número muito maior de fatores e subfatores. Quando o ponto de referência da análise for o espaço nacional, as cidades e as regiões serão os locais reais onde os fatores criados se combinam para gerar a competitividade.

> Freqüentemente várias indústrias concorrentes, internacionalmente bem-sucedidas, e conglomerados inteiros das indústrias, estão situados em uma única cidade ou região dentro de uma nação. A cidade ou região transforma-se em um ambiente único para a competição industrial. A concentração geográfica de firmas em indústrias bem-sucedidas internacionalmente ocorre devido à influência das determinantes industriais no "diamante" e seus esforços mútuos são potencializados pela proximidade

> geográfica dentro de uma nação. ... Quando "é a combinação das condições nacionais e locais que promovem as vantagens competitivas", é também o caso das "vantagens locacionais" que, por facilitar a inovação nas indústrias, estão emergindo como os dois fatores contributivos mais fortes. (Porter, 1990, p.148-58)

O importante esforço investido na teorização da competitividade via especialização flexível, nas décadas de 1980 e 1990, também levou a diversas tentativas sérias de extrair índices matemáticos que a medissem, entre as quais está o Relatório de Competitividade Global (*Global Competitiveness Report* – GCP), anualmente publicado por Davos, com base no Fórum Econômico Mundial (FEM) e o Anuário da Competitividade Mundial (*World Competitiveness Yearbook* – WCY), também publicado anualmente por Lausanne, baseada no Instituto Internacional de Gerenciamento do Desenvolvimento (*International Institute of Management Development* – IIMD).

O *Global Competitive Report* publica dois conjuntos de índices para 102 países, um chamado Índice da Competitividade do Crescimento e o outro, Índice de Competitividade dos Negócios. Ambos, assim como o WCY, são baseados, principalmente, na avaliação dos proprietários de negócios e dos investidores estrangeiros, portanto são indicadores do nível dos interessados nos lucros (*profit-friendliness*) do ambiente econômico, incluindo os níveis de proteção disponíveis para os direitos de propriedade e de propriedade intelectual, mas não levam em consideração os indicadores relacionados à segurança do trabalho, aos direitos sindicais, aos níveis salariais e à qualidade de vida dos trabalhadores. Assim, o que eles medem é o tipo de competitividade considerado "caminho baixo" e não aquele do tipo "caminho alto".

Democracia, desigualdade social e a questão da crise de legitimidade do Estado

Pode a democracia ajudar a resolver a crise de legitimidade do Estado tornando-o capaz de responder melhor aos interesses dos pobres que constituem a maior parte da sociedade civil na América Latina e, certamente, em todos os lugares do mundo em desenvolvimento? Amartya Sen é bastante persuasivo quando argumenta que democracia é um valor universal e não apenas europeu ou norte-americano e que as origens das idéias que constituem a estrutura desse valor estão enraizadas não apenas na história da Grécia Antiga, mas também nas antigas histórias do Budismo e do Hinduísmo.

Sen argumenta que nas últimas décadas os governos democráticos do mundo em desenvolvimento "em face das eleições e da crítica dos partidos de oposição e dos jornais independentes" foram mais eficazes em impedir a fome e outros desastres causados pelo homem do que os não-democráticos. Ele compara o exemplo da Índia, onde mortes por fome eram recorrentes e freqüentes durante o período de dominação britânica, mas cessaram desde a independência, apesar de a população ter triplicado; a Etiópia e a Coréia do Norte, devastadas pela fome sob governos ditatoriais, apesar de encontrarem-se em uma situação de muito mais recursos e de pressão populacional menor. A liberdade política propiciada a todos pela democracia possibilita aos pobres "conseguir de forma enérgica a atenção para as necessidades gerais e demandar ações públicas apropriadas", ou, em outras palavras, pressionar de baixo. Isso é importante porque "a resposta do governo para os maiores sofrimentos de seu povo freqüentemente depende da pressão que é aplicada sobre ele" (Sen, 1999, p.3-17).

Conquanto a democracia seja condição necessária para a criação de Estados mais comprometidos com as necessidades dos pobres, esta não parece ser uma condição suficiente, pelo menos não na América do Sul. Na América do Sul, nos países que falam português e espanhol, todos os governantes, desde meados da década de 1980, têm sido democráticos, tendo em vista que emergiram de eleições com base no sufrágio universal ou em um processo constitucional (como a Bolívia e o Equador, recentemente) e não de golpes militares. Contudo, nenhum desses governos parece ter feito qualquer esforço crível para desmontar aquelas estruturas nas quais se assentam as injustiças sociais que mantêm a maioria da sua população na situação de extrema pobreza (ver Tabela 1).

O Índice de Gini, na América Latina, vai de 44,6% , no Uruguai, a 59%, no Brasil; na maioria dos países do continente, os índices estão por volta de 50%. Na maior parte dos países desenvolvidos, o Índice de Gini se encontra em torno de 30%: na Alemanha é de 30%; 32,5% na Espanha; 32,7% na França e, no Reino Unido, 37,8%. Os Estados Unidos são o único país industrializado onde o Índice de Gini alcança 40,8% e, ainda assim, é mais baixo do que o menor da América Latina.

Tabela 1 – Extensão da pobreza e da desigualdade social na América Latina

Países	Renda per capita PPP US 2002	% população com ganhos inferiores a 1 dólar dia (PPP US), 2002	% população com ganhos inferiores a 2 dólares dia (PPP US), 2002	Índice de Gini	% parcela da renda com os 10% mais ricos da população	% parcela da renda com os 10% mais pobres da população
Uruguai (2)	12,010	<2,0	3,9	44,6	33,5	1,8
Argentina (1)	9,930	3,3	14,3	52,2	38,9	1,0
Chile (2)	9,180	<2,0	9,6	57,1	47,0	1,2
México (2)	8,540	9,9	26.3	54,6	43,1	1,0
Brasil (4)	7,250	8,2	22,4	59,0	47,2	0,9
Colômbia (3)	5,870	8,2	22,6	57,6	46,5	0,8
Venezuela (4)	5,080	15,0	32,0	48,8	29,9	1,3
Peru (2)	4,800	18,1	37,7	49,4	35,9	0,8
Paraguai (3)	4,450	14,9	30,3	56,8	43,8	0,6
Equador (4)	3,130	17,7	40,8	56,2	44,2	0,7
Bolívia (3)	2,300	14,4	34,3	51,1	40,8	1,7

Datas referentes às três últimas colunas: (1)= 2001; (2)= 2000; (3)= 1999; (4)= 1998
Fonte: Renda *per capita* = *World Development Report*, 2004. Os demais índices= *Human Development Report*, 2004.

As sociedades latino-americanas são também mais desiguais do que as sociedades asiáticas. Na Índia, o índice é de 36,1%; na Indonésia, 36,5%; e de 40,3% na China. Na maioria dos países da América Latina o índice de Gini também tem aumentado nos últimos anos, de níveis que já eram os mais altos do mundo. Na Argentina, o índice de Gini era de 44,7% em

1992, aumentou para 52,2% em 2001; no Chile, passou de 55,9% em 1990 para 57,1% em 2000; na Colômbia, de 56,1% em 1996 para 57,6% em 1999; e na Venezuela, de 44,2% em 1996 para 47,6% em 1998.

Os números do Banco Mundial referentes às pessoas vivendo na pobreza nos países da América Latina são grosseiramente subestimados. Esses números mostram, por exemplo, que apenas 5,1% dos brasileiros ganham menos de um dólar por dia; em 2000, esse percentual era de 17,4%. O Instituto Brasileiro de Geografia e Estatística – IBGE fornece a estatística da distribuição de renda em termos de fração ou de múltiplos do salário mínimo estatutário que era de 180 reais por mês em setembro de 2001, equivalente a US$70 na taxa de câmbio vigente da época. Esse é um nível de renda correspondente a uma pobreza aguda. Nenhum brasileiro pode satisfazer suas necessidades mais básicas com essa renda, dados os índices do custo de vida prevalecentes. É, de fato, um nível de indigência. Mas em setembro de 2001, 39 milhões de brasileiros e 49 milhões de brasileiras acima dos dez anos de idade tinham renda inferior a essa. Isso significa 46% dos homens e 69% das mulheres. Ainda mais grave é o fato de que 22 milhões de homens e 38 milhões de mulheres (33% e 54% de todos os homens e mulheres respectivamente) ganham menos do que a metade do salário mínimo estatutário (calculado pelo autor a partir do IBGE, 2002).

Em 2002, o peso da prestação de serviço a um grande estoque de dívida acumulada variou de 5,7% do Produto Interno Bruto (PIB), na Argentina, a 11,4% no Brasil. No Brasil, o fardo dos serviços da dívida cresceu de 1,8% do PIB, em 1990, para 11,4% em 2002. Em 2002, em todos os países do continente, com exceção de Argentina, Paraguai e Bolívia, os gastos públicos com o serviço da dívida eram maiores do que os gastos em saúde e educação, juntos. Na Argentina, isso se deu devido à moratória ("calote") da dívida declarada pelo país no final de 2001 (ver Tabela 2). Durante grande parte dos anos 1990, todos os países do continente Sul-Americano, incluindo a Argentina, o Paraguai e a Bolívia, tiveram que gastar mais com o serviço da dívida externa do que fornecendo saúde e educação para as suas populações. Essa é uma tragédia que bloqueia a semeadura de um futuro desenvolvimento em todas as regiões e países do continente.

Tabela 2 – Demandas relativas aos gastos públicos na América Latina

Países	Gastos públicos em educação em % do PIB		Gastos públicos em saúde em % do PIB		Total em serviço da dívida em % do PIB	
	1990	1999-2001	1990	2001	1990	2002
Uruguai	3,0	2,5	2,0	5,1	10,6	10,6
Argentina	1,1	4,6	4,2	5,1	4,4	5,7
Chile	2,5	3,9	2,2	3,1	9,1	12,0
México	3,6	5,1	1,8	2,7	4,3	6,8
Brasil	..	4,0	3,0	3,2	1,8	11,4
Colômbia	2,5	4,4	1,2	3,6	9,7	8,6
Venezuela	3,0	..	2,5	3,7	10,3	7,9
Peru	2,2	3,3	1,3	2,6	1,8	5,9
Paraguai	1,1	4,7	0,7	3,0	6,2	5,9
Equador	2,8	1,0	1,5	2,3	10,5	9,0
Bolívia	2,3	6,0	2,1	3,5	7,9	6,1

Fonte: *Human Development Report*, 2004.

A tarefa de construir políticas regionais no mundo contemporâneo não pode ser empreendida ignorando as realidades regionais e nacionais nem dos mercados globais e das forças políticas e sociais, as quais vêm configurando a arquitetura desses mercados ao longo dos últimos anos. É importante entender, entretanto, que os mecanismos de mercado não respondem às necessidades das pessoas, mas apenas às suas demandas e que elas existem em função do poder de compra dos consumidores, ou seja, de sua capacidade de comprar um produto ou um serviço do qual eles necessitam pagando o preço oferecido pelo mesmo mercado pelo qual é oferecido.

Em uma sociedade cuja distribuição de renda e de bem-estar, e, conseqüentemente, do poder de compra, é altamente direcionada em favor de uma minoria, as políticas econômicas baseadas apenas nos indicadores do mercado (nacional e regional) muito provavelmente não permitem o acesso aos bens e serviços essenciais para a vasta maioria da população dessa sociedade. Permitir que os processos de produção e distribuição social atrelem-se aos indicadores desse tipo de mercado pode, em conseqüência, ser uma receita para perpetuar e agravar continuamente a pobreza de grande parte das pessoas e rapidamente aumentar a opulência de uma pequena minoria. Sendo assim, uma política regional baseada no mercado não deveria seguir passivamente as ordens desse mesmo mercado como se encontra constituído no presente, com seus contornos delineados pelos arranjos sociais e políticos do passado e de agora. Na verdade, uma política regional socialmente sensível precisa estar enraizada em um conjunto mais amplo de políticas que busquem ativamente a reconstituição da arquitetura social básica do mercado existente através de estratégias de distribuição de renda, bem-estar e oportunidades de acesso ao mercado.

Por que os movimentos sociais dos pobres na América Latina ajudam a criar Estados antipobres?

O que testemunhamos na América Latina por repetidas vezes nas últimas décadas são os movimentos sociais e políticos emergindo do difundido descontentamento público em relação à nova ordem política estabelecida por uma elite dominante que vem se transformando em uma nova estrutura de dominação e, mais recentemente, sendo cooptada pelas forças do neoliberalismo e do capitalismo global. Em diversas ocasiões, esses movimentos têm obtido sucesso em amadurecer e tornaram-se partidos políticos ou formaram alianças com credibilidade política inclusive para assumir o Estado, disseminando os frutos do poder para as camadas mais pobres da sociedade. Entretanto, em todos os casos, os ganhos iniciais foram rapidamente se perdendo em razão de os líderes dos movimentos terem se desfeito da velha tendência e se afastado do seu papel de representantes dos interesses das grandes massas para se tornarem integrantes de um novo circuito de privilégios e riqueza.

Na Argentina, os movimentos Pró-trabalhadores e Peronista Nacionalista da década de 1940 transformaram-se no partido peronista governante, pró-multinacionais, pró-FMI e antipobres, sob a administração de Menem nos anos 1990. Na Bolívia, o Movimento Nacionalista Revolucionário, fundado por Paz Estenssoro, nos anos 1940, também era um partido em prol dos pobres, realizou uma reforma agrária extensiva beneficiando a maioria indígena do país e nacionalizou as grandes companhias de cobre para beneficiar os trabalhadores das minas. Contudo, o mesmo partido, sob a administração de Gonzalo Sánchez de Lozada, na década de 1990, reverteu todos os ganhos dos pobres e dos trabalhadores dos anos 1950 e implementou políticas neoliberais extremas ditadas pelo Banco Mundial, pelo FMI e pelos Estados Unidos, com conseqüências brutais para a sociedade civil. No Brasil, o Partido dos Trabalhadores, nascido das lutas dos movimentos sindicais do final da década de 1970 e início dos anos 1980 para proteger os direitos dos trabalhadores e dos pobres, ainda não demonstrou o interesse devido em levar a cabo medidas essenciais em favor dos mais necessitados, como reforma agrária, proteção dos direitos dos trabalhadores no setor informal e apoio à agricultura familiar, apesar de já estar há mais de três anos no poder. Precisamos entender por que isso acontece, por que esses ganhos da classe mais pobre alcançados a custo de imensos sacrifícios e sofrimentos têm curta duração e por que esses movimentos sociais não conseguem construir estruturas políticas duráveis para protegê-los e consolidá-los por um período mais longo, encaixando-os na estrutura social e política do país. Mas para entendermos esses acontecimentos precisamos de novas ferramentas teóricas, assim como novas perspectivas históricas.

Nos últimos meses, o povo da América Latina vem demonstrando um grande poder de mobilizar a população para derrubar governos antipobres que cumpriam as ordens do FMI e resistir a conspirações contra aqueles governos que empreendem alguma luta por políticas em favor dos pobres diante da oposição da classe dominante interna e das forças neoliberais externamente.

Em 23 de dezembro de 2001, o presidente da Argentina, Fernando de la Rua, foi tirado do poder não por um golpe militar, mas por milhares de pessoas comuns reunidas na Plaza de Mayo e em frente à Casa Rosada, batendo em potes e panelas. A grande maioria dos argentinos já tinha sofrido bastante os efeitos socialmente corrosivos e debilitantes das políticas neoliberais ditadas pelo FMI e implementadas de forma submissa por De la Rua e, antes dele, por Menem. Nem os partidos políticos existentes nem as instituições sindicais sob a proteção da Confederación General de Trabajadores (CGT) desempenharam qualquer papel importante na organização desse levante espontâneo das pessoas comuns. Os líderes da CGT já haviam sido cooptados pela corrupta elite oligárquica de Menem. O capital social que tornou esse tipo de ação em massa possível foi sendo construído lentamente desde o início dos anos 1990, levado adiante pela Central de Trabajadores Argentinos (CTA), criado pelos trabalhadores que tinham perdido a sua fé na CGT e pelo Movimiento de Trabajadores Desocupados (MTD).

O MTD, inclusive, assumiu a forma de uma rede lassa com um grande número de organizações locais de pobres, algumas vezes trabalhando com a CTA e outras vezes não. Entre as organizações estavam a Federación Tierra y Vivienda (FTV) da Matanza, a Corriente Combativa Clasista (CCC), a Coordinadora de Trabajadores Desocupados Aníbel Verón (CTDAV) e a Frente Nacional contra la Pobreza (Frenapo). Dessas organizações emergiu o agora famoso movimento dos *Piqueteros*, tornando-se uma fonte alternativa poderosa que funciona fora da esfera das instituições formais (Dinerstein, 2003). Os produtores de cultura também desempenharam um papel significante na restauração dos sentimentos de esperança, dignidade e coragem após o colapso econômico de dezembro de 2001 e da destituição da massa de trabalhadores que se seguiu (Augé & Barter, 2002).

O fato de Kirchner, ao contrário de Duhalde, De la Rua e Menem, ter mostrado estar mais propenso a defender-se do FMI, dos credores internacionais e dos estrangeiros donos das companhias de serviços públicos dentro do país e a não se submeter a todas as demandas, parece ter relação com esse movimento social de solidariedade construído de baixo. Mas ele é, no final das contas, produto da mesma cultura peronista que produziu Menem e Duhalde. Existem indícios de que ele já está começando a se render às demandas do FMI. Num acordo com essa instituição em 20 de setembro de 2003, Kirchner concordou em produzir um superávit primário de 3% do PIB em 2004, um aumento de 20% em relação a 2003, a ser destinado exclusivamente ao serviço da dívida com o Fundo, estender a aplicação sobre o valor adicional do imposto para itens essenciais de consumo das massas e pedir ao Congresso o poder de aumentar unilateralmente as taxas de utilidade pública, que beneficiariam principalmente os estrangeiros donos de companhias no país (Farmelo & Ciblis, 2003). Se ele vai permanecer ou não na direção das lutas por políticas em favor dos pobres, dependerá da intensidade da pressão que os pobres podem fazer e que, por sua vez, dependerá do alcance da capacidade que eles têm para consolidar o capital social que construíram na comunidade.

Na Venezuela, por seu turno, quando um golpe inspirado pelo EUA removeu o presidente Hugo Chávez do poder em 13 de abril de 2002 e colocou um magnata dos negócios na presidência, milhares de venezuelanos comuns saíram às ruas. O golpe fracassou em menos de 48 horas, apesar de o Governo dos Estados Unidos tê-lo apoiado abertamente, porque os militares sentiram-se incapazes de dispersar a multidão que se colocava em favor de Chavéz bloqueando as principais ruas de Caracas. Isso não teria acontecido sem a percepção difundida entre a maioria pobre do povo venezuelano de que o golpe foi direcionado contra eles e em favor das classes mais ricas e que precisavam resistir para proteger seus próprios interesses. Essa percepção e a vontade de agir foram o capital social dos pobres nesse caso em particular. Até o jornal britânico de centro-esquerda *The Guardian* relatou, com alta dose de indiferença, o círculo eleitoral de Chávez: "... ele tem conseguido alienar quase todos os setores da sociedade da Venezuela. Sua única sustentação permanece com os mais pobres" (Bellos, 2002, p.3). O que o *The Guardian* deixou de relatar foi que "os pobres" constituem a esmagadora maioria dos venezuelanos e que um governo que tem o seu apoio possui a legitimidade para governar. Nem os partidos políticos de esquerda, incluindo o Movimiento al Socialismo (MAS), o Causa R, Movimiento 1º de Mayo e o Bandera Roja, nem o movimento sindical Confederación de Trabajadores de Venezuela (CTV) desempenharam papel ativo na resistência ao golpe. O último, na verdade, apoiou a Fedecámeras, organização dos empregadores, a mobilizar para uma demonstração contra Chávez antes do golpe. Quem frustrou o golpe dos ricos foi a massa das pessoas comuns, organizadas nos denominados Círculos Bolivarianos (Lemoine, 2002).

Na Bolívia, um levante das massas nas ruas de La Paz e em El Alto forçou o presidente Sánchez de Lozada a renunciar e a fugir do país em 20 de outubro de 2003. Novamente, os partidos políticos e as organizações sindicais formais tiveram pouca responsabilidade na organização desse movimento. O que transformou a insatisfação do povo em protestos de massa contra as políticas neoliberais ordenadas pelo FMI, as quais Lozada vinha implementando, foi uma rede de organizações comunitárias dos Aymaras e dos Quéchuas (Lazar, 2002) e o que sustentou o movimento foi o capital social da tradição de apoio mútuo e solidariedade das comunidades e um forte senso de obrigação de permanecerem unidos em tempos de crise que essa tradição cria. Lozada tinha total apoio dos Estados Unidos e do FMI e também a maioria no Congresso boliviano. Sua resposta inicial ao levante foi brutal. Suas tropas mataram 26 protestantes em El Alto, em 11 de outubro, e outros 78 em El Alto e La Paz, em 17 de outubro. No entanto, a vontade do povo prevaleceu.

Os progressos na América Latina desde dezembro de 2001 parecem indicar a necessidade e também fornecer as bases para *re-teorizar o conceito de capital social*. Um conceito construído com base em indicadores como o nível de participação nas eleições dos Estados Unidos, o envolvimento do público nos partidos políticos formais, membros da Igreja e dos sindicatos, glorificação da elite cultural do Norte da Itália (Putnam, 2000) não pode prometer dirimir o sofrimento dos povos da América Latina e de todas as regiões da periferia do capitalismo global. Mas os ingredientes básicos do conceito, isto é, confiança, solidariedade, senso de comunidade e capacidade de cooperar, são relevantes nessas regiões.

A Teoria nas Ciências Sociais só pode ser socialmente relevante se ajudar na formulação de políticas e guiar a práxis. E a principal práxis para os povos da periferia é organizar e manter ações efetivas contra as forças de dominação, subjugação econômica e exploração predatória. Estudos detalhados de como o povo da Venezuela obteve sucesso em vencer o golpe apoiado pelos Estados Unidos contra o seu governo democraticamente eleito, e como os povos argentino e boliviano, sem ajuda das instituições estabelecidas, derrubaram governos que buscavam realizar as demandas do FMI podem ajudar a construir uma nova Teoria do Capital Social. Essa teoria pode ajudar a focar a atenção em como as sociedades constroem e extraem suas próprias reservas de forças em tempos de crise e como essa capacidade pode ser usada no combate contra as forças do neoliberalismo.

Pensando uma política regional para o Brasil: uma breve avaliação

No Brasil, Celso Furtado tentou estender a estratégia da Cepal de industrialização por substituição de importação como base de uma política regional para o país, mas não funcionou porque as regiões dentro do país não possuíam barreiras tarifárias ou as medidas protecionistas eram inoperantes aqui. Ele também não levou em consideração o fato de que o Brasil já havia desenvolvido um avançado setor de produção de bens de capital, com foco territorial firmemente estabelecido no estado de São Paulo. O objetivo de desenvolver outras regiões do país, particularmente o Norte e o Nordeste, através da industrialização patrocinada pelo Estado, era, com efeito, muito limitada (Furtado, 1997). Entretanto, sua teoria do subdesenvolvimento apresentada em sua forma final, em 1998, continua a fornecer uma boa base para a abordagem da política regional dentro de uma estrutura mais ampla de estratégia de desenvolvimento nacional (Furtado, 1998).

A premissa central da Teoria do Subdesenvolvimento de Furtado é que a revolução industrial produziu dois diferentes tipos de efeitos nos países em que ela aconteceu e nos países da periferia do sistema global contemporâneo. No primeiro, não só aumentou o nível de consumo da população, mas também o nível de tecnologia produtiva do processo industrial. Nos outros, no entanto, apenas disseminou os hábitos de consumo dos países ricos para as elites locais, sem disseminar o uso de novas tecnologias produtivas nas indústrias locais. Esses hábitos de consumo das elites locais só podem ser sustentados com a importação de artigos de luxo e de bens de consumo dos países ricos. Isso sustenta nesses países não só a lacuna contínua e crescente entre ricos e pobres como também mantém o subdesenvolvimento das capacidades produtivas.

Furtado indica que para entender o processo histórico da formação econômica associada ao ritmo crescente da acumulação de capital e do progresso técnico é necessário observá-lo por dois ângulos: o primeiro focado na transformação do modo de produção, ou, em outras palavras, "a destruição total ou parcial do senhorio (*landlord*), forma corporativa e artesanal de organização da produção e na progressiva implantação dos fatores produtivos do mercado: trabalho, instrumentos de trabalho e recursos naturais apropriados privadamente ou pelo poder público" (ibidem, 61-2); o segundo se relaciona à "ativação das relações de comércio ligadas com a implantação de um sistema inter-regional de divisão do trabalho" (ibidem).

Nas regiões onde a revolução acima descrita do modo de produção aconteceu, maiores possibilidades de introdução de novas técnicas de produção foram abertas e elas emergiram como focos de progresso técnico. Nelas o progresso técnico penetra em todas as formas de produção sem atraso e no mesmo momento em que os padrões de consumo são modernizados. Nas regiões marginalizadas, todavia, essa penetração só ocorre na esfera do consumo, limitando os efeitos da modernização do estilo de vida a uma pequena parcela da população. E se esse processo de industrialização for conduzido pelo mercado, mais serão reforçadas as estruturas sociais já injustas e desiguais.

Embora o ponto de referência para o pensamento de Furtado ao desenvolver essa teoria tenha sido o Brasil,[1] acredito que a premissa central é igualmente relevante para pelo menos aqueles países da periferia do capitalismo global que possuem um grau de autonomia tecnológica conduzindo sua própria trajetória de desenvolvimento industrial. Entre estes estão a Índia, a China e a Argentina.

Tavares chama atenção para outro aspecto do espaço limitado para construir uma conexão entre a acumulação de capital via industrialização e a política regional para disseminar o desenvolvimento de forma eqüitativa entre as regiões. Entre os anos de 1930 e 1970, o processo de industrialização no Brasil certamente se alargou e se aprofundou significativamente, resultando em um substancial grau de acumulação de capital. Mas não foi acompanhado pelas políticas necessárias de distribuição de renda e riqueza, de reforma agrária e desenvolvimento científico-tecnológico. Como resultado, o ritmo do desenvolvimento endógeno do capitalismo até certo ponto permaneceu lento e dependente do contínuo afluxo de capital externo. Devido à natureza oligopolista da economia nacional, os

---

1 A idéia é desenvolvida em um capítulo intitulado "Revisitando meus primeiros ensaios teóricos", e é precedida por uma seção nesse capítulo chamada "Pensar o Brasil".

ganhos pelo aumento da produtividade do trabalho nas manufaturas e no setor agroindustrial não puderam ser repassados para os trabalhadores por meio de preços baixos ou maiores salários, impedindo a propagação de múltiplos efeitos pelo país. A acumulação de capital na economia nacional, conseqüentemente, não conseguiu desencadear o desenvolvimento econômico para as diferentes regiões do país (Tavares, 1986).

Carvalho levanta um ponto importante:

> a história da diversidade regional em um país continental como o Brasil poderia ser vista não mais como um problema regional e mais como uma embreagem de "soluções regionais" alternativas para o problema do desenvolvimento socioeconômico do país. (Carvalho, 2002, p.203; Araújo, 1995)

Ele afirma mais adiante que:

> O problema da pobreza e da miséria social no âmbito regional não pode ser solucionado simplesmente por meio das políticas regionais envolvendo os investimentos públicos no capital social básico e no encorajamento do investimento privado através de incentivos fiscais. ... A miséria social nas diferentes regiões do Brasil ... só pode ser revertida através de programas sociais regionais, focalizados na educação, na saúde, em saneamento e alimentação para as parcelas excluídas da população, particularmente aquelas nas regiões de fronteira. (Carvalho, 2002, p.218)

Encontra-se nisso outro dilema para o Estado nacional. Pode seguir a lógica da maximização dos retornos em investimento de capital investidos em curtos períodos de tempo, concentrando seus esforços para criação de competitividade naquelas locações e regiões onde tal ambiente já exista e deixar as outras com seus próprios dispositivos para estagnação e declínio. Esta será uma política de desenvolvimento local, com uma visão apenas de curto prazo, que prejudicará seriamente as macrorregiões periféricas, como o Norte e o Nordeste, e mais seriamente os municípios do interior dessas macrorregiões. Alternativamente, o Estado nacional poderia adotar uma política com uma visão a longo prazo de investimento local pelo país, visando particularmente às localidades e regiões mais atrasadas, para estender a base do capital humano e social sobre o todo da sociedade brasileira e de seu território. Esta política renderá retornos menores para o capital investido a curto prazo, mas estabelecerá uma base sólida para a competitividade na sociedade e colocará o país em uma trajetória de desenvolvimento genuíno e de fortalecimento econômico.

A arquitetura espacial das desigualdades do Brasil nos níveis macrorregionais e estaduais

As disparidades econômicas entre as macrorregiões brasileiras são imensas. O PIB *per capita* do Nordeste representa apenas 37% do Sudeste, 40% do PIB *per capita* do Sul e 45% deste no Sudoeste. Com relação à média nacional, o PIB *per capita* do Nordeste e do Norte são significativamente mais baixos, os do Sudeste e do Sul são significativamente mais altos e aqueles do Sudoeste são relativamente mais próximos. Em um nível mais amplo, testemunhamos a existência de uma estrutura espacial núcleo-periferia dentro do Brasil, por exemplo, o Sul e o Sudeste sendo o núcleo, e o Norte e o Nordeste sendo a periferia e o Sudoeste sendo a fronteira econômica entre os dois (ver Tabela 3). Se mudarmos essa análise para os níveis de estados e municípios, essa estrutura simplista tornar-se-á muito mais complexa.

Para mais adiante poder capturar a imensa diversidade econômica entre as cinco macrorregiões brasileiras, utilizei três coeficientes relativamente simples: (i) PIB/população; (ii) poder de compra (PP)/população; e (iii) PP/PIB. Todos os numeradores e denominadores são calculados como a parcela da macrorregião em relação ao total nacional.

Os dois primeiros coeficientes são naturalmente diretos – representam uma relativa intensidade do PIB ou PP na macrorregião. PP é naturalmente a maior parte do PIB, mas nunca o total deste. O coeficiente PP/PIB é, conseqüentemente, uma medida econômica interessante. A fim de apreciar o significado desse coeficiente, é importante compreender a forma como o PP se relaciona com o PIB na contabilidade da renda nacional. O PIB se decompõe em suas partes constitutivas da seguinte maneira:

PIB = [Consumo final privado]+[Consumo final do governo]+[formação do capital bruto]+[Exportação]-[Importação].

No Brasil, o consumo final privado tem permanecido por volta de 61-62% do PIB nos últimos anos. O consumo privado considerado aqui são 40 itens de despesas com casa para qual a *Gazeta Mercantil* publicou dados em separado para as macrorregiões, estados e os municípios-chave do Brasil. Isso inclui 16 itens referentes a alimentação e bebida, roupas e vestuário, sapatos, despesas com saúde, educação, casa (incluindo compras para a casa e reparos), móveis para a casa, eletricidade, gás, automóvel (incluindo manutenção) e uma seleção de bens duráveis. Não foram incluídos impostos, bancos, encargos bancários, pagamento de juros em empréstimos ou poupança. O poder de compra, assim sendo, representa a renda que as famílias realmente possuem à sua disposição para gastar com compras. Um alto nível do PIB ainda pode representar um PP relativamente baixo. Isso pode ocorrer nas seguintes circunstâncias, isoladas ou combinadas: (i) o governo arrecada uma proporção elevada do PIB em taxas e outros encargos; (ii) uma parcela do PIB é utilizada na criação de bens de capital para o futuro; (iii) uma elevada proporção da renda atual é usada para serviço das dívidas anteriores; (iv) uma parte significante da renda atual é retirada da economia em razão dos déficits comerciais; e (v) o preço do índice ao consumidor é muito mais elevado em uma região do que em outra.

No coeficiente PP/PIB utilizado aqui foi colocado tanto o numerador quanto o denominador como porcentagens do PP e do PIB das macrorregiões, relativos ao total nacional correspondente. Sendo assim, o coeficiente representa um grau de disponibilidade para despesas do total da renda ou, em outras palavras, a eficiência das despesas da renda em uma determinada área. Uma unidade mais elevada do coeficiente poderia indicar que a proporção da renda total disponível para as despesas das famílias em uma determinada área é maior do que a média nacional ou macrorregional na mesma proporção. Uma unidade menor do coeficiente poderia indicar o inverso.

Entre as cinco regiões do Brasil, o coeficiente PP/PIB é mais baixo no Norte (Amazônia). O valor atual do coeficiente, isto é, 0,728, está bem abaixo da unidade (ver Tabela 4). Apenas uma outra região possui o valor abaixo da unidade: o Nordeste, cujo atual valor é 0,995, muito perto da unidade. Isso mostra que o Norte sofre uma desvantagem significativa de custo e preço devido a sua distância em relação ao centro de gravidade do mercado nacional, que é o Sudeste e o Sul. Significa então que, primeiramente, uma proporção muito maior da renda de suas famílias é retirada como despesas não-consumo e, segundo, a mesma quantidade de renda disponível aí compra menos do que em outras macrorregiões.

Tabela 3 – Macrorregiões do Brasil: níveis de desigualdade, 2002

Macrorregiões	PIB *per capita* (R$)	Parcela da população	Parcela do PIB	Parcela do poder de compra (PP)
Sudeste	10,086	42,6	56,3	54,0
Sul	9,157	14,7	17,7	18,1
Centro-Oeste	8,166	7,0	7,4	7,5
Norte	4,939	7,8	5,0	3,7
Nordeste	3,694	27,9	13,5	16,7
BRASIL	7,631	100,0	100,0	100,0

Fonte: Calculado pelo autor segundo dados apresentados no IBGE, 2005 e na *Gazeta Mercantil*, 2003.

Tabela 4 – Macrorregiões do Brasil: coeficientes-chave, 2002

Macrorregiões	PIB/coeficiente populacional	PP/PIB coeficiente
Sudeste	1,312	1,013
Sul	1.200	1,030
Centro-Oeste	1,094	1,016
Norte	0,640	0,728
Nordeste	0,480	0,995
Brasil	1,000	1,000

Fonte: Calculado pelo autor a partir dos dados apresentados pelo IBGE, 2005a e *Gazeta Mercantil*, 2003.

Dentro do estado de Pernambuco também é possível encontrar uma estrutura de desenvolvimento centro-periferia. A capital, Recife, possui

18% da população do estado, mas 31% do PIB. As parcelas correspondentes para o restante da Região Metropolitana do Recife (RMR) são de 25% da população e 32% do PIB; e para o resto do estado, 58% da população e apenas 37% do PIB. O coeficiente PIB/população corresponde, assim, a 1,74 para a cidade do Recife, 1,29 para o restante da Região Metropolitana do Recife e 0,65 para o resto do estado.

Tabela 5. A estrutura centro-periferia no estado de Pernambuco em 2002

Área	PIB *per capita* em 2002 (Reais)	Parcela da população do estado	Parcela do PIB do estado	Coeficiente PIB/populção
Recife Município	7,822	17,91	31,25	1,74
Restante da Região Metropolitana do Recife	5,769	24,53	31,58	1,29
Restante de Pernambuco	2,894	57,56	37,17	0,65

Fonte: Calculado pelo autor com dados fornecidos pelo IBGE, 2005b.

Quando estendemos o âmbito da análise para os municípios, a estrutura se torna bem mais complexa. Enquanto a média do PIB *per capita* da RMR é significativamente mais baixa do que a do município de Recife, existem municípios dentro daquela região (Ipojuca, Cabo de Santo Agostinho e Itapissuma) que são considerados mais ricos do que esse último, e outros (Araçoiaba, Camaragibe e Ilha de Itamaracá) que serão considerados ainda mais pobres do que os localizados em áreas mais remotas do interior. Essa microestrutura só pode ser explicada historicamente em termos de detalhes específicos relatados sobre a seletividade espacial e transitória do desenvolvimento do capitalismo discutido em Araújo (2002). Para minha finalidade aqui, que é a de teorizar a política regional em um âmbito mais geral, a Tabela 5 mostra claramente que, mesmo depois de meio século de desenvolvimento do capitalismo no Brasil, vinte anos dos quais tendo ocorrido sob governos democráticos, as áreas do interior continuam muito atrás da capital e da região metropolitana.

Conclusão

O mercado, representado pelo poder de compra, é distribuído de forma extremamente desigual pela extensão geográfica do Brasil e mesmo dentro de seus estados constituídos. É bem improvável, portanto, que as forças do mercado, agindo por conta própria, tragam o desenvolvimento centrado na pessoa para o interior das regiões do país, particularmente aquelas que têm estado estagnadas por longos períodos históricos. Um esforço conjunto realizado pelos estados, regiões e nação, em parceria com as empresas do setor privado e agências da sociedade civil será necessário para trazer o desenvolvimento a essas áreas. O Brasil não conseguirá construir uma economia nacional forte se permitir que essas enormes regiões subdesenvolvidas continuem estagnadas e até mesmo em declínio econômica e socialmente. O imperativo do desenvolvimento local é, desta maneira, fixado no centro da lógica do desenvolvimento nacional no Brasil. Não responder a esse imperativo não fará nenhum sentido economicamente. Será também socialmente irresponsável.

A tarefa-chave que os estrategistas do desenvolvimento enfrentam no Brasil é a reconstrução social do mercado. O mercado é naturalmente um aparato socialmente construído. É a relação social do poder, da riqueza, da renda e do *status*, e as desigualdades construídas dentro desses relacionamentos, que determinam a dinâmica das forças de mercado e como esta afeta as diferentes parcelas da sociedade. Essas são as relações que definem o tecido social, a textura constitutiva de toda comunidade. Essas são também as relações que geram, continuamente, inclusão ou exclusão – oportunidades para alguns e negação dessas oportunidades para outros. A reforma dessa estrutura de relações deve, conseqüentemente, começar com a comunidade local através da terra, e isso não pode acontecer sem um forte direcionamento do governo federal. Não é possível alcançar os objetivos de uma sociedade mais justa deixando o funcionamento da economia nas mãos do mercado, se a estrutura existente das relações sociais que definem o tecido social nos âmbitos local, regional e nacional continuarem imutáveis.

A necessidade aqui é de uma abordagem nova sobre o desenvolvimento. Como um erudito latino-americano colocou:

> É necessário enfatizar que a estratégia para centralizar o desenvolvimento não é a única existente, nem a única possível; que há outras, as quais têm importância decisiva, particularmente em termos de emprego e território. Entre as outras estratégias estão as de base (*bottom-up*), que possuem um caráter mais difundido e são sustentadas por fatores não só econômicos, mas também sociais, culturais e territoriais. Geralmente, este tipo de caráter de desenvolvimento econômico local ou regional é baseado em pequenas empresas, que surgem de pequenas ou nenhuma política ou apoio administrativo dos órgãos centrais da administração pública. (Llorens, 2001, p.70)

Llorens sugere a criação de uma agência para o desenvolvimento local, representando a parceria público-privada, para promover os negócios locais e apoiar os serviços que os sustentem. Mas uma estratégia de desenvolvimento local do tipo *bottom-up* na periferia de macrorregiões como o Norte e o Nordeste deve ir mais além do que a promoção de negócios locais. Vastas extensões no interior dessas macrorregiões, de fato a maioria das áreas fora da capital e poucas outras focadas pelos grandes negócios que lideraram o desenvolvimento capitalista, são integradas de forma precária com o mercado nacional, ou na verdade com a sociedade nacional. Em muitas dessas áreas, existem estruturas bem estabelecidas de poder local, oligarquias que controlam a economia local, e muitos outros aspectos da vida da comunidade local (Saha, 1997b). Nessas áreas, a promoção dos mercados locais sem uma reforma no ambiente dos mercados locais irá apenas fortalecer o poder dessas oligarquias locais.

Em um modelo de desenvolvimento local e regional para o Brasil e comparável a outros países do mundo em desenvolvimento, o Estado precisará assumir um papel pró-ativo e intervencionista na reconstrução social dos mercados locais e na ligação deles com os mercados regional, nacional e global. Os pontos de interação entre o mercado local e a sociedade civil necessitam estar baseados em princípios de distribuição local e justa do controle e da posse dos recursos locais pelas famílias locais. Comunidades locais precisam ser vistas como um viveiro de construção de capacidades e treinamento onde as novas tecnologias são constantemente absorvidas pela malha da sociedade local. Tal sociedade irá fornecer um estoque de força de trabalho tecnologicamente melhorada e socialmente inclusiva, empreendedora, e, assim, será capaz de manter uma grande força competitiva em toda uma nova escala de atividades. Nesse modelo, as comunidades locais possuirão seu "próprio" processo de produção e terão a posse dos frutos daquela produção.

Mas nossa compreensão da capacidade e mesmo vontade política do Estado de assumir efetivamente esse papel necessita ser guiada por uma clara apreciação dos limites da democracia no sistema capitalista. Enquanto a sociedade e o sistema político são dominados pelas elites, o espaço político para o Estado realizar esse tipo de política pró-pobre continuará a ser extremamente limitado. Em uma publicação recente analisei esse fenômeno no contexto da *performance* do governo Lula, no Brasil (Saha, 2003). O desafio aqui é facilitar e apoiar a dinâmica de mobilização e *empoderamento* dos segmentos mais pobres da população, que constituem a maioria nos países da América Latina, e assegurar que o Estado sempre realize a vontade da maioria. A política regional tem que ser um componente necessário desse processo de reconstrução política e social.

Referências bibliográficas

ARAÚJO, Tania Bacelar de. Planejamento regional e relações intergovernamentais. In: AFFONSO, Rui de Brito Álvares & SILVA, Pedro Luiz Barros (Eds.). *A federação em perspectivas*: ensaios selecionados. São Paulo: Fundação do Desenvolvimento Administrativo – Fundap, 1995. p.473-94.

_______. Globalisation and the Prospects for Sustainable Development in the Northeast of Brazil. In: SAHA, Suranjit Kumar & PARKER, David (Eds.). *Globalisation and Sustainable Development in Latin America*: Perspectives on the New Economic Order. Cheltenham: Edward Elgar Publishing, 2002. p.222-49.

AUGÉ, Clara & BARTER, Demos. Theatre and a Dictionary of Crisis – Argentina: life after bankruptcy. *Le Monde Diplomatique*, 1 Sept. 2002.

BELLOS, Alex. Chávez rises from very peculiar coup. *Guardian*, 15 Apr. 2002.

CARVALHO, David Ferreira. Amazonia and the Regional Question in the Context of Globalisation. In: SAHA, Suranjit Kumar & PARKER, David (Eds.). *Globalisation and Sustainable Development in Latin America*: Perspectives on the New Economic Order. Cheltenham: Edward Elgar Publishing, 2002. p.190-221.

COOKE, P. *Knowledge Economies*: Clusters, Learning and Cooperative Advantage. London: Routledge, 2002.

COOKE, P. & MORGAN, K. *The Associated Economy*. Oxford: Oxford University Press, 1998.

DINERSTEIN, Ana C. Power or counter power: the dilemma of the *Piquetero* movement in Argentina post crisis. *Capital and Class*, n.81, p.1-8, 2003.

FARMELO, Martha, CIBLIS Alan. *Argentine President s First 100 Days Break from 30 Years of Business-As-Usual*, 2003.Disponível em: <www.americaspolicy.org>. Acesso em 25 out. 2003.

FURTADO, Celso. A constatação do GTDN e as exigências da atualidade. *Revista Econômica do Nordeste*, v.28, n.3, p.3-12, 1997.

_______. *O capitalismo global*. São Paulo: Paz e Terra, 1998.

GAZETA MERCANTIL. *Atlas do Mercado Brasileiro*. Ano II, n.2.

IBGE – Instituto Brasileiro de Geografia e Estatística. *Síntese de Indicadores Sociais*, n,11. Rio de Janeiro, 2002.

_______. *Contas regionais do Brasil 2002*, n.13, Rio de Janeiro: Ministério do Planejamento, Orçamento e Gestão, 2004.

_______. *Síntese de indicadores sociais 2004*, n.15, Rio de Janeiro: Ministério do Planejamento, Orçamento e Gestão, 2005a.

_______. *Produto Interno Bruto dos municípios: 1999-2002, Contas Nacionais*, n.14, Rio de Janeiro: Ministério do Planejamento, Orçamento e Gestão. 2005b

LAZAR, Sian. *Cholo Citizens:* Negotiating Personhood and Building Communities in El Alto, Bolivia. London: Goldsmith College, 2002. (mimeo.)

LEMOINE, Maurice. Venezuela: a coup countered. *Le Monde diplomatique* (English edition), May 2002.

LLORENS, Francisco Albuquerque. *Desenvolvimento econômico local*: caminhões e desafios para a construção de uma nova agenda política. Rio de Janeiro: Banco Nacional de Desenvolvimento Econômico e Social, 2001.

MALECKI, Edward J. Jockeying for Position: What It Means and Why It Matters to Regional Development Policy When Places Compete. *Regional Studies,* v.38, n.9, p.1101-20, 2004.

PIORE, M., SABEL, C. F. *The Second Industrial Divide* Possibilities for Prosperity. New York: Basic Books, 1984.

PORTER, M. E. *The Competitive Advantage of Nations*. London: Macmillan, 1990.

PUTNAM, Robert. *Bowling Alone:* The Collapse and Revival of the American Community. New York: Simon and Schuster, 2000.

PYKE, F., SENGENBERGER, W. *Industrial Districts and Local Economic Regeneration*. Geneva: International Institute for Labour Studies, 1992.

SABEL, C. F. Flexible Specialisation and the Re-Emergence of Regional Economies. In: HIRST, P., ZEITLIN, J. (Eds.). *Reversing Industrial Decline?* Industrial Structure and Policy in Britain and Her Competitors. Oxford: Berg, 1989. p.17-70.

SAHA, Suranjit Kumar. Especialização flexível no contexto da economia de mercado globalizada: Opções de políticas para Brasil e Índia. *Revista Anpec*, n.2, p.63-90, 1997a.

_______. Industrialização e mudança social na área de Marabá-Carajás na Amazônia Oriental Brasileira. In: COELHO, Maria Célia Nunes & COTA, Raymundo Garcia (Eds.). *Dez anos da Estrada de Ferro Carajás*. Belém: Núcleo de Altos Estudos Amazônicos, 1997b. p.107-36.

_______. Mercosul, competitividade e globalização. In: LIMA, Marcos Costa, MEDEIROS, Marcelo A. (Eds.). *O Mercosul no limiar do século XXI*. São Paulo: Cortez, 2000. p.55-91.

_______. L'agenda economica del nuovo governo del Partito dei Lavoratori in Brasile e il confronto con il movimento sindacale: servirà a combattere la povertà? *Proteo*, v.1, n.3, p.86-93, 2003.

SEN, Amartya. Democracy as a Universal Value. *Journal of Democracy*, v.13, n.3, p.3-17, 1999.

_______. How to judge globalism. *The American Prospect*, v.13, n.1, p.1-11, 2002a.

_______. It's right to rebel. *Yale Center for the Study of Globalization*. YaleGlobal Online, 2002b. Disponível em: <www,yaleglobal.yale.edu/display.article?id=444>. Acesso em: 16 jun. 2005.

STORPER, M. The Limits of Globalism: Technology Districts and International Trade. *Economic Geography*, v.68, n.1, p.60-93, 1992.

STORPER, M., WALKER, R. *The Capitalist Imperative:* Territory, Technology and Industrial Growth. Oxford: Basil Blackwell, 1989.

TAVARES, Maria da Conceição. *Acumulação de capital e industrialização no Brasil*. Campinas: Universidade Estadual de Campinas – Unicamp, 1986.

UNDP. *Human Development Report, 2004*, Washington; Oxford: Oxford University Press for the United Nations Development Program, 2004.

WORLD BANK. *World Development Report, 2004*. Washington; Oxford: Oxford University Press for the World Bank, 2004.

12
A CIDADANIZAÇÃO DO DESENVOLVIMENTO E O RETORNO DO ESTADO

Carlos Mallorquin

Este ensaio tem três momentos: primeiro procuro dissuadir o leitor de que a "globalização" não existe, para depois fazer uma espécie de diagnóstico da situação econômica na América Latina e finalmente traçar uma perspectiva política para convencê-lo de que poderia nos ser útil como vocabulário para propor as mudanças e estratégias político-econômicas necessárias para dar um novo impulso ao desenvolvimento do país, ou seja, para fazer "a outra política".

Em primeiro lugar não estamos irremediavelmente governados pela lógica de algo denominado "globalização" (Hirst & Thompson, 1997): o termo e o uso do significado da suposta "globalização" econômica se nega nos fatos: a proporção do bolo mundial que cabe a nós, da América Latina, é cada vez menor.

É aqui que o termo "perímetro", no lugar de "periferia" (como dizia R. Prebisch, 1949), seria o mais apropriado para descrever nossa posição e participação nos fluxos do comércio mundial ou seja, estamos na beirada da "economia mundial", perto de ser excluídos dela e assim passar ao "exterior" dela. A Comunidade Européia, o Japão e os Estados Unidos são a "tríade" constitutiva dos pontos nevrálgicos da lógica econômica mundial contemporânea, sem os quais é impossível pensar em criar algo como uma nova "Ordem Econômica Mundial", do contrário os países que compõem o perímetro irão reduzir sua participação nos fluxos de financiamento, produção e comércio.

É problemática a idéia da existência de uma economia global ou em processo. Se considerássemos como modelos ("tipos ideais") tal economia, sua melhor época seria o período entre 1870 e 1914. Aí sim se poderia ter falado de uma "economia mundial" ou global, já que foi muito mais aberta em termos relativos, mais internacional e integrada que a atual; existiu um maior fluxo de capitais dos países desenvolvidos para os países em desenvolvimento e uma maior corrente migratória (força de trabalho) destes para aqueles.

A "globalização" atual não trará uma difusão massiva de empresas "multinacionais" na direção de nossas fronteiras; as políticas de expansão e de produção das empresas "multinacionais" não obedecem à lógica competitiva que indica a doutrina dos "custos comparativos" (porque nos fatos, essa perspectiva teórica, atrelada ao "padrão ouro", se é que existiu como tal, foi sempre controlada de acordo com os interesses do "centro" – R. Prebisch, 1991). O que hoje impera no comércio mundial são as grandes empresas "multinacionais", as quais têm grande parte de seus ativos e mercados em seus países e/ou regiões de origem. A idéia original no lema da "globalização" de que as companhias "multinacionais" se transformariam em "transnacionais" com capitais globais em diversos mercados, e portanto livres de qualquer fronteira nacional, é um mito.

A grande internacionalização financeira atual e seus diversos instrumentos encontram-se localizados entre os circuitos dos grandes blocos econômicos antes mencionados. Ali, os empréstimos e financiamentos são essencialmente ativos financeiros utilizados por sua vez para financiar *investimentos reais*, que só recentemente começam a ser o objeto da atividade financeira.

O investimento estrangeiro direto tem adquirido maior importância na reorganização e no crescimento do capitalismo atual com relação a seu passado recente, quando o que dominava eram a exportação e o comércio internacional. São as multinacionais as que têm gerado grande parte desse processo de crescimento (Ocampo, 2004, p.35-9; Hirst & Thompson, 1997). Existe um contorno de diversas economias no que se refere a cada um dos pólos da tríade, mas os grandes fluxos comerciais, financeiros, assim como seu ritmo de crescimento, têm uma clara direção concêntrica na direção de e entre a tríade em questão. O próprio comportamento das empresas multinacionais revela isso quando se observa o tipo de investimento e/ou os instrumentos financeiros utilizados, sua localização geográfica ou setorial (manufatureira), levando recentemente a uma maior importância do setor de serviços.

Todo o exposto repercute na já reduzida taxa de crescimento das economias perimetrais. A latente possibilidade de ficar excluídas dos circuitos produtivos e comerciais, constituídos por e entre os grandes centros econômicos, tem produzido uma série de *acordos* "regionais" de livre comércio, entre os pontos concêntricos e suas economias dependentes (por exemplo a Alca e outros), o que revela a verdadeira ausência de liberalização do comércio mundial.

O último quarto do século passado viu o surgimento de várias economias em processo de industrialização e ritmos de crescimento que dificilmente serão repetidos se não se mudar consensos e "regras" para redistribuir os recursos em direção oposta: na direção do perímetro de cada um dos pólos econômicos ou da tríade; caso contrário, as desigualdades regionais dos países em desenvolvimento ou "atrasados" piorarão.

O aparente pessimismo que se poderia deduzir do panorama antes descrito não somente descreve às economias no perímetro dos circuitos produtivos do atual capitalismo, senão às mesmas que compõem a tríade, com exceção apenas da China, o que pode ser fruto de uma reflexão e estratégia para se reorganizar a economia mundial.

A desconstrução da "globalização" implica supor que o capitalismo e suas relações de dominação, assim como suas regras atuais e consensos, são puramente contingentes: não existe "uma" lógica central do "capital", ou de sujeitos econômicos e/ou políticos pré-constituídos; as atuais tendências econômicas podem ser transformadas e requerem um cálculo político prévio para estabelecer o âmbito da luta (Gatt, Nações Unidas, IMF, nacionais etc.) e/ou agentes que a realizariam.

As reformas das regras do comércio internacional supõem a participação do Estado-nação e sua governabilidade. Os Estados-nação seriam os únicos que poderiam tornar realidade projetos econômicos de longo prazo cujos conteúdos estejam articulados com a economia internacional. A *contrario sensu* das teses de uma "menor" intervenção de agências governamentais, sejam nacionais ou internacionais, na regulação da economia, sua maior participação e intervenção é a condição *sine qua non* para poder materializar possíveis acordos em um novo pacto econômico internacional que ofereça maior participação e eqüidade aos países "perimetrais". Existem amplos espaços para a luta política tanto em âmbito de Estado-nação como no âmbito internacional para alcançar a transformação das condições de existência do atual capitalismo na direção de uma economia mais eqüitativa, tanto nacional como internacionalmente.

As multinacionais são os agentes econômicos mais importantes da economia internacional – dentro dos circuitos da tríade –, daí ser possível avaliar estratégias para transformar alguns de seus comportamentos e perspectivas; para isso é necessário aceitar a importância das múltiplas tarefas que competem e que o Estado-nação deverá assumir, inclusive nas economias em desenvolvimento.

As seqüelas e as adversidades do que tem sido nossa pobre e inadequada capacidade para enfrentar o neoliberalismo reinante durante as duas últimas décadas foram trágicas. Nos feitos não houve "desenvolvimento" como tal na região latino-americana, porque o "crescimento econômico", sustento para impulsioná-lo, tem sido insignificante. "Insignificante" em relação ao ocorrido entre 1950 e 1980 (Ocampo, 2004).

A trágica situação econômica da região faz parte de nossa pobreza teórica e política para oferecer alternativas ante o predomínio lema neoliberal que diz: "o mercado resolverá seus problemas". As reformas estruturais que propôs o infame "Consenso de Washington", assim como as "reformas de mercado", foram construídas a partir da lenda negra que se criou em torno da industrialização liderada pelo Estado entre 1950-80 na América Latina. Os resultados deixaram muito a desejar, para falar diplomaticamente. Dada a preeminência da idéia de que nossas economias estavam dominadas por um Estado superdimensionado, por economias fechadas, antiexportadoras, antimercado, seriam as reformas de mercado e a "liberalização" que trariam consigo um "crescimento estável" para a região.

Apesar das diferenças institucionais nos diversos países, as "reformas estruturais" (liberalizar os mercados e privatizar) se confundiram com políticas de "estabilização econômica", uma vez que a estabilidade macroeconômica não é sinônimo de "liberalização". Pior ainda, dada a velocidade com que algumas reformas foram institucionalizadas, criaram-se efeitos negativos piores do que os que existiam antes. Assim, se a estabilidade macroeconômica é importante para alcançar certo crescimento econômico, as reformas parecem não haver ajudado muito para fundamentar um piso a partir do qual se pode pensar em "desenvolvimento" dos países latino-americanos.

Temos apontado que a noção de "globalização" funciona, e em todo caso apenas ambiguamente, quando se trata dos montantes de investimentos estrangeiros diretos e indiretos, refletindo-se no fenômeno de concentração dos mesmos. Além disso, se por um lado os fluxos financeiros têm sido a chave para explicar as variações do crescimento econômico, a abertura indiscriminada a esses fluxos produziu efeitos nocivos de instabilidade econômica que se acreditava que iriam amenizar.

Não obstante, as exportações da região cresceram e se diversificaram em alguns casos, mas igualmente aqui foram os setores tradicionais os que ganharam a dianteira. Um fenômeno inédito foi a taxa de crescimento do comércio dentro da região por causa dos processos de integração na região do Mercosul e da Comunidade Andina, que foram interrompidos em 1998 mas que parece haver tomado impulso a partir de 2004.[1]

Por sua vez, as "reformas de mercado" induziram a uma nova "especialização no marco das exportações", o que se pode chamar de "padrão do Norte", "que se caracteriza por exportações de manufaturados com elevados níveis de insumos importados" (maquila México e América Central) objetivando o mercado norte-americano; o outro padrão é o chamado padrão "Sul" (América do Sul), que combina "exportações extrarregionais de produtos básicos e de manufatura baseados em recursos naturais, muitos deles também intensivos em capital, com um comércio intrarregional diversificado" (Ocampo, 2004, p.40).

Portanto, são os investimentos estrangeiros diretos os que têm dado direção ao processo. A especialização do "Norte" concentra os investi-

1 Ocampo, 2004 e A LA ALZA, los flujos de comercio interregional en América Latina. *La Jornada*, 23 de agosto 2005.

mentos das empresas multinacionais que participam na produção mais integrada, e, na América do Sul, predominam as de serviços e recursos naturais e de produção para os "processos de integração regional".

De todas as maneiras, o crescimento econômico tem sido "desalentadoramente lento": "entre 1999-2003, a taxa média de crescimento foi de somente 2,6% ao ano, ou 0,9% por habitante, menos da metade do registrado na América Latina entre 1945 e 1980, isto é, 5,5% ao ano ou 2,7% por habitante" (ibidem, p.35).

Igualmente, as reformas de liberalização para o início dos anos 1990 apresentam a mesma deterioração que a "relação entre crescimento e déficit comercial" (ibidem, p.43), similar ao que podia ser observado na década de 1970, quando foi iniciada na região a guerra contra toda política de investimento público, mas com uma taxa de crescimento menor que dois pontos. Assim mesmo, cresce o desemprego e se incrementa o emprego "temporário", indicativo de um sistema que protege cada vez menos o setor laboral (serviços de saúde e sociais).

Relativamente, a especialização do "Norte" tende a ser mais eficaz que a do "Sul" para gerar empregos; não obstante a concentração do emprego em setores de "baixa produtividade" revela a ausência de uma transformação estrutural real das economias. Amplia-se a brecha entre os setores de mão-de-obra qualificada. É certo que a porcentagem do "gasto social cresceu de 10,4% do PIB (Produto Interno Bruto) em 1990-1991 para 13,8% em 2000-2001", sem precedentes históricos na região, mas "a evolução do mercado de trabalho tem sido a tendência social mais adversa na América Latina" (ibidem, p.64).

Portanto, a "pobreza" na região aumentou durante a década de 1980 de "40,5 para 48,5 da população total", e para 1997 se vê um leve progresso em sua redução a 43,5%. Parte do processo é a própria distribuição desigual do ingresso que também se deteriora na região com algumas diferenças entre certos países, mas em todo caso "não há possivelmente nenhum país da região no qual os níveis de desigualdade sejam inferiores aos imperantes há três décadas e, pelo contrário, há muitos nos quais a desigualdade aumentou" (ibidem, p.74). Entre os fatores considerados como determinantes (educativos, demográficos, ocupacionais e patrimoniais), o fator educativo, apesar da ampliação de sua cobertura, não aumentou as oportunidades de emprego e ingressos na região: "somente 47% dos jovens das zonas urbanas e 28% dos da zona rural melhoraram suas perspectivas de ocupação, elevando seu nível de instrução" (ibidem, p.76).

Igualmente, como já dissemos, a "globalização" supõe uma crescente concentração e acumulação circular crescente em torno dos centros industriais. A tese de que os países tendem a nivelar os ingressos entre si à medida que crescem e se transformam é outro mito caso se leve em conta a evolução das últimas duas décadas. Uma vez mais, caso se possa falar de convergência, isso se manifesta para o período de crescimento dos anos 1950-73. Na verdade, os sistemas sociais tendem a uma divergência sistêmica em termos de seus níveis de ingressos. À divergência do ingresso por habitante se soma o aumento das desigualdades "dentro dos países". Apesar de a divergência nos níveis de

> desenvolvimento haver sido compatível com algumas experiências do desenvolvimento exitoso, particularmente durante as três décadas posteriores à Segunda Guerra Mundial em um conjunto amplo de países em desenvolvimento, assim como em várias nações da Ásia nas últimas décadas, ... também com a subsistência de verdadeiras armadilhas de pobreza ... a interrupção do investimento relativo de países de médio investimento, como o que caracterizou a América Latina entre 1870 e 1973, a vigorosa retomada da tendência para a divergência dos investimentos por habitante nas últimas décadas se contrapõe às expectativas da liberalização econômica aceleraria a convergência. (ibidem, p.91-2)

É paradoxal, como também destacou Ha-Joon Chang (2002), que os "períodos de maior crescimento do comércio mundial não foram aqueles que se caracterizaram pelo predomínio de regimes comerciais liberais" (Ocampo, 2004, p.93). É óbvio que as disparidades acontecem porque a economia mundial se alinha por economias com diferentes graus de poder e de investimento (Centro-Periferia, R. Prebisch, *dixit.*):

> a melhor manifestação disso é que, em que pese algumas mudanças, a hierarquia mundial dos níveis do PIB per cápita se manteve notavelmente estável durante o século passado, como demonstra o fato de que cerca de 60% das

> disparidades de investimento atuais podem ser atribuídas estatisticamente a disparidades que já existiam em 1913. (ibidem, p.93)

O mundo econômico internacional está constituído por economias e nações assimétricas em termos de recursos e dinâmicas produtivas. Alguns, como Ocampo, utilizam o vocábulo "desnivelado" (ibidem, p.94) para descrever tal processo. Por isso mesmo polarizar-se-á ainda mais sem políticas alternativas. Isso requer uma política econômica que garanta "bens públicos globais"; um sistema mundial sustentado na "cidadania global" e assim gradualmente poder superar "as assimetrias". Essa perspectiva supõe também que os direitos políticos e sociais das nações não são algo "automático" (ibidem, p.97), mas que devem ser construídos; igualmente a idéia da cidadania global, com obrigações e responsabilidades em uma comunidade internacional heterogênea com o direito a ser "diferente". Por isso é necessária uma cooperação em âmbito internacional para reduzir as assimetrias em questão. As assimetrias são observadas em uma maior vulnerabilidade macroeconômica dos países em desenvolvimento em razão das regras do comércio internacional e de sua moeda veicular; a concentração do progresso e do desenvolvimento da tecnologia de um de seus pólos e a "crescente mobilidade de capitais" em contraposição à de mão-de-obra em nível internacional; esses três fenômenos criam um acúmulo circular crescente das desigualdades e assimetrias ao não encontrarem políticas econômicas adequadas, o que por sua vez implica levar em consideração aspectos de proteção ao meio ambiente que não obedecem às fronteiras administrativas.

No entanto, a visão internacional de "uma nivelação do campo de jogo", como propõem grandes instituições internacionais, é insuficiente porque o que se requer é precisamente um trato "desigual e diferenciado" para os agentes, nações e setores da economia nacional e internacional, em lugar de regras ou normas universais para todos. Essa idéia exige liberdades em matéria produtiva que o sistema internacional e suas instituições-chave (Banco Mundial, IMF) não estão dispostos a aceitar.

Requer-se então instituições de ordem "global" que se diferenciem por sua vez em termos regionais e nacionais. E isso demanda também um Estado-nação com possibilidade de assumir as tarefas e transformações em âmbito local. Algo semelhante ao sistema de Bretton Woods, com regras e cooperação "balanceadas" com a suficiente liberdade para as autoridades nacionais para realizar as reformas necessárias de acordo com suas condições muito particulares. Tudo isso supõe uma "discriminação positiva" por parte da comunidade internacional em apoio aos países pobres e pequenos. Há também que se desenhar regras e instituições regionais, uma vez que são elas que têm a importante tarefa de ampliar o raio de ação de muitas nações. Já mencionamos que na região latino-americana a "integração" poderia se converter em fonte de sinergias sociais importantes e que na prática assim se fortaleceu o comércio intra-regional entre 1990 e 1997 multiplicando-se por cinco vezes (Mercosul) e 4,2 (Comunidade Andina).

Mas tudo isso requer autonomia nacional sobre a regulação macroeconômica; políticas ativas de desenvolvimento produtivo; criação de fundos estruturais de "coesão" (ao estilo da Comunidade Européia) e novos acordos migratórios complementares, especialmente para os países pequenos. Requer-se então o sustento de uma estabilidade de preços e contas fiscais, o qual deve supor certo dinamismo e "ritmo de crescimento econômico e de emprego". Ocampo sugere que as lições do passado obrigam a pensar alternativas anticíclicas, que supõem inclusive certa "regulação prudencial dos fluxos de capital" (ibidem, p.125)[2] para reduzir a instabilidade em tempos de grandes mudanças econômicas em ultramar. Em síntese, é insuficiente uma política macroeconômica "responsável", impõe-se melhor a idéia de uma política e estratégia de "desenvolvimento produtivo" que inclua em seu horizonte as políticas "mesoeconômicas". É que o "crescimento econômico" está "intrinsecamente vinculado ao contexto estrutural, constituído pelo aparato produtivo tecnológico, a configuração dos mercados e agentes se relacionam com o contexto externo" (ibidem, p.132).

O crescimento, que é o sustento para o desenvolvimento das economias, sugere ser conseqüência de vários elementos "dinâmicos" que não se ajustam automaticamente, mas que requerem certas condições

2 Por sua vez, Paul Hirst & Grahame Thompson (1997) propõem uma espécie de imposto ao estilo J. Tobin.

muito particulares para produzir seus efeitos positivos no contexto em que estão inseridos. Não é meramente uma evolução "tecnológica", como se ela fosse um elemento independente das relações sociais: a própria evolução "institucional" faz parte desse contexto e das reformas necessárias para dinamizar a economia e os setores articulados entre si (recordemos a Cepal e O. A. Hirschman dos anos 1950: economias em escala, rendimentos crescentes, manifestações positivas). Isso supõe um Estado que promova políticas e estratégias de "investimento nacional". Entre seus objetivos devem ser propostos a diversificação da base exportadora, estratégias para melhorar os "encadeamentos entre a produção nacional" e internacional; estratégias que facilitam explorar sinergias entre a melhoria da classe trabalhadora e o crescimento econômico, ampliando o mercado interno de "bens de consumo popular" (ibidem, p.137) e apoio para ajustar conglomerados produtivos. Sobretudo, maior investimento público e privado em educação, capacitação laboral, ciência e tecnologia.

Como a "globalização" produziu desigualdades e problemas sociais de maior envergadura, a política social deve concentrar-se em três áreas prioritárias: educação, emprego e proteção social – e em todas elas as políticas dever ser "ambiciosas" – mas principalmente a educacional – "universalização da educação pública básica de qualidade e em políticas seletivas orientadas para os setores mais pobres" (ibidem, p.145). A política laboral deve assumir que a criação do emprego somente é viável a longo prazo se os setores econômicos em questão forem competitivos. A proteção social deve sustentar-se em sistemas de seguridade social, contribuições obrigatórias, subsídios e transferências públicas. E para isso, dadas as desigualdades de investimentos da região, é necessário que se elabore um "pacto fiscal" que possa cobrir e satisfazer as diversas necessidades. Portanto, implica elevar a arrecadação tributária. Um projeto dessa natureza deve superar esquemas compensatórios de apoio e concentrar-se na geração de emprego, e isso implica criar condições adequadas para que os setores produtivos das pequenas empresas cresçam, já que são as entidades que geram maior emprego. Isso tudo quer dizer que não existem "mecanismos automáticos que garantam que a rápida inovação tecnológica em setores dinâmicos se traduza em um crescimento econômico de caráter geral" (ibidem, p.150) e aqui são importantes as estratégias e políticas de produção de desenvolvimento produtivo.

Se a "democracia" é muito mais que o sistema parlamentar, representativo, ou seja, a "extensão efetiva dos direitos humanos, em sua dupla dimensão de direitos civis e políticos", como supõe Ocampo (ibidem, p.155), então é preciso pensar em regras macroeconômicas claras e "fortes" para sustentar todas e cada uma das demandas que surgirão de um mundo político-social e econômico plural. As instituições de caráter público devem ser reivindicadas, já que são o sustento do próprio "mercado" que tanto se quer universalizar, o que implica pensar que suas condições de existência não são necessariamente gerais, dadas as histórias locais de cada nação-região. Assim, o funcionamento macroeconômico das políticas de desenvolvimento a longo prazo terão que se complementar com aquelas que se referem a aspectos sociais ou ecológicos. Isso implica dar maior participação na tomada de decisões a uma variada gama de "interesses" desiguais. Além disso, ainda que "a liderança natural recaia sobre o Estado, as instituições que se desenvolvam para cumprir essas funções devem levar em conta não somente as 'falhas do mercado', como também as 'falhas do governo' (e de outras formas de ação coletiva)" (ibidem, p.171).

Por isso Ocampo sugere que os objetivos sociais não poderão se realizar se não se incide no "funcionamento dos mercados" (ibidem, p.173). Portanto, o centro da política de desenvolvimento obriga a uma discussão da política "econômica". A integração social ou coesão social das nações impõe discussões de índole política que o vocabulário da tecnocracia estatal e idéias como a do "ótimo de Pareto" evitam. Daí a importância de um pacto fiscal e da transparência do gasto público a partir de uma discussão pública.

Também as instituições internacionais terão que mudar algumas de suas regras, uma vez que estamos diante de um mundo econômico heterogêneo, desigual e assimétrico e a idéia de "nivelação do campo de jogo" não melhora a possibilidade dos países e/ou regiões menos poderosas. A dificuldade está em como promover um maior nível de democratização em tais instituições internacionais (IMF, Banco Mundial), e de fato a "*ausência de uma verdadeira* – diz Ocampo – internacionalização da política é, em tal sentido, o principal paradoxo que caracteriza o atual processo de globalização" (ibidem, p.189, grifos meus). É preciso exigir então o cumprimento dos compromissos adquiridos nas "Nações Unidas".

Ocampo propõe como objetivo central a recuperação da idéia de uma "visão integral do desenvolvimento", sustentado nos "valores globais e, sobretudo, nos direitos humanos, em sua dupla dimensão de direitos civis e políticos, por um lado, e de direitos econômicos, sociais e culturais, por outro", considerados "como o marco ético para a formulação das políticas de desenvolvimento e ordenamento político" (ibidem, p.199).

Contudo, para poder pôr no centro do impulso da transformação aos cidadãos, e não ao Estado como o único propulsor de tais políticas, devemos restabelecer nosso ideário político. Nosso vocabulário está sujeito a uma série de categorias governadas pelas doutrinas políticas que superaram o liberalismo do século XIX. Hoje necessitamos de outro para poder dar vida e poder aos cidadãos.[3]

As duas primeiras décadas do século XX dão fé de comoções polítcas e sociais de toda índole, e talvez sem comparação até a recente "derrubada" do Muro de Berlim. Foi por essa época que surgiu "a teoria pluralista do Estado" (Laski, 1932, p.259), que vale a pena recuperar para as tarefas que nos temos proposto. Apesar de sua derrota política diante da aparição do Estado unitário de massas e, subseqüentemente, pelo *Welfare State*, seus méritos, em termos teóricos e políticos seguem de pé. Além disso, hoje pode nos ser útil para traçar as reformas e as alternativas ante os graves déficits de "governabilidade" e de sinergias sociais que apresentam alguns dos países da região latino-americana.

Os aspectos mais destacados do pluralismo político têm H. J. Laski (1932; 1921; 1917; 1947;[4] 1927)[5], Cole (1920) e Figgis (1913), entre seus mais importantes representantes. O movimento teórico e político surgiu no contexto econômico e social europeu, quando o Estado unitário nacional ainda não se garantia plenamente, mas ampliava sua participação

3 O que segue pode ser visto de modo mais extenso em Mallorquin, 2002.
4 Tradução da edição de 1917.
5 Vejam-se sobre este tema: Nicholls, 1994; Hirst, 1989.

em diversos âmbitos, tanto administrativo-econômicos como políticos. Amplos espaços da economia que previamente eram parte de uma legislação soterrada por regras implícitas de um jogo de intercâmbio econômico, produto sempre da "intervenção" estatal (Polanyi, 1992), que o próprio liberalismo ignora sistematicamente, e que nasciam nos códigos legais e práticas sociais de caráter voluntário ou caritativas, foram deslocados ante o avançar de uma administração central.

O pluralismo político (o inglês em particular) pode ser explicado como uma reação à incômoda expansão dos tentáculos administrativos da organização do Estado e sua visão universal da ordem social e do "bem-estar", tanto em termos político-sociais como em matéria de salubridade nacional. Também é parte de um movimento político de maior envergadura e uma vertente do socialismo cooperativista e autogestionário.

Se de um lado divide com o liberalismo do século XIX sua profunda suspeita do Estado onipotente, de outro adquire sua reputação como uma vital *Utopia* libertária para nossos dias por seu particular ideário político que vai mais além do individualismo a-histórico do liberalismo. Cabe advertir que a denominação "pluralista" pouco tem a ver com o "pluralismo" norte-americano (R. Dahl e outros depois da Segunda Guerra Mundial).

O pluralismo em questão renega sistematicamente o "individualismo" em suas versões liberais e, portanto, de grande parte do *corpus* conceitual da teoria política clássica desde T. Hobbes em diante. De fato, constrói sua noção do político e do social a partir de uma ontologia sociológica relativamente pragmática, *aparentemente* ateórica, mas cujos princípios se nutrem de uma devastadora crítica do pensamento político contratualista ou jusnaturalista, ou seja, nada menos ao sustento básico do pensamento ocidental que outorga, infelizmente, vida a nossas noções sobre a "soberania", "cidadania", "direitos", "ordem", "constituição" etc.

Estudiosos por conta da própria história e de suas idéias, Figgis, Cole e Laski[6] não deixam de invocar ou mencionar a monumental obra

6 No final da década de 1920, estes dois últimos deixam o "pluralismo" e se inscrevem em uma versão marxista sobre o Estado e a sociedade.

de Otto von Gierke,[7] em quem ocasionalmente se apóiam, destacando sua teoria da "associação" para desenvolver a idéia de que a fonte do direito é algo orgânico à convivência entre os seres humanos, emana organicamente entre eles e portanto nem o Estado nem o soberano são a criação dele. Historiador das idéias jurídicas e políticas do ocidente, Gierke demonstra à sua maneira a inoperância e contraditória postulação da "sociedade" como produto de um contrato ou acerto entre indivíduos "associais" na "natureza", ou sem laços sociais prévios.

Se a ordem política, como um fenômeno nunca plenamente realizado ou "suturado" (cf. Laclau, 1993; Lechner, 1986), é um fato que pode ser deduzido do estudo histórico, os pluralistas ingleses observaram outros problemas e perigos para a liberdade no Estado liberal de sua época. De outro ângulo, estavam dizendo o mesmo quando criticavam a concepção de soberania estatal invocada pelo parlamentarismo liberal por meio da "representação" de seus "cidadãos".

Estão então muito mais próximos do anarquismo por sua noção libertária de que cada indivíduo deveria se organizar e lutar para alcançar seus propósitos como melhor considere por meio de suas organizações. Segundo o pluralismo inglês, se os liberais e anarquistas valorizassem realmente o ser humano, teriam que insistir na ampliação ininterrupta da liberdade.

Cole sustenta que os agrupamentos sociais ou as associações em algumas ocasiões estão permeados por alguma "instituição", ou seja, alguma idéia ou costume que as aglutina, demonstrando seu caráter social, comunal. É a partir desse princípio que os pluralistas propõem que a "representação" deveria se estabelecer sobre a base dos propósitos, metas ou tarefas, que as associações levam a cabo. A representação da "vontade" individual ou coletiva delineada no pensamento político liberal e clássico é insustentável em razão de os indivíduos serem pessoas com necessidades e idéias plurais, o que implica que a "vontade" não é unitária, o que impossibilitaria sua "representação", e de fato sucede que a vontade do

7 Entre suas obras traduzidas para o inglês podemos encontrar: *Natural Law and the Theory of Society* (1934); *Political Theories of the Middle Age* (1900); *The Developmente of Political Theories* (1939).

indivíduo é substituída pela do "representante" nos âmbitos como o do parlamento ou sindicatos (Cole, 1920, p.120-2), no entanto, Cole acredita que a representação é possível quando se trata de representar as associações,[8] unificadas pelas tarefas, ou propósitos que realizam, ou seja, por "função" (ibidem, cap.VI, "Democracy and Representation"):

> Portanto, a verdadeira representação, assim como a verdadeira associação, é sempre específica e funcional, e nunca geral e inclusiva. Nunca é o homem o que é representado, o indivíduo, mas sim certos propósitos comuns aos grupos de indivíduos. (ibidem p.106)

Isso supõe outro aspecto que os pluralistas destacam: a tomada de decisões e a responsabilidade do "representante" – em contraste com o suposto tradicional do deputado ou partido político, oprimido por incomensuráveis assuntos e problemas que ignora – recai sobre a discussão de temas que conhece e afligem seu "ramo" ou "função", e para o qual é outorgado um mandato, com imediata revogação, se assim se considerar pertinente.

Não se deve entender tampouco, pela tese da representação por "função", a inclusão de qualquer tarefa em processo, sem distinção, que pode se dizer estar realizando uma "função" em "sociedade", senão que se define pelo fato de que está "fazendo algo", "produzindo um resultado material externo com relação às pessoas que são membros das associações" (ibidem p.175), por um lado, e por outro, discriminando entre as associações essenciais, porque o critério deveria partir dos propósitos ou metas sociais das associações, destacando certos graus de importância para a "sociedade", que à primeira vista poderiam ser denominadas "funcionais": produtivas, consumo, políticas, as mesmas que decidiriam sobre as normas de convivência e administração, assim como a criação e vigência das instâncias de reunião e resolução de litígios: "parlamentos" e "tribunais", e suas respectivas competências.

---

8 Ou: "muitos homens por um" (Cole, 1920, p.106).

Laski diz que

> O essencial é alcançar plenamente a função social geral. O que é imediatamente evidente é a necessidade de organizar a autoridade somente com uma visão dessa meta. Tal organização implica uma concepção da sociedade de natureza basicamente federal. Nesse sentido, o caráter primordial do Estado é *ipso facto* negado. Porque uma vez que fica claro que existem âmbitos nos quais o Estado não pode penetrar de maneira útil, é obvio que existem domínios sobre os quais sua autoridade não deveria ser exercida. Isso pressagia uma divisão, não de poderes, mas do poder sobre a base de funções. É imaginar uma sociedade na qual a autoridade não é hierárquica, mas coordenada. Tampouco importa a base de sua definição em algum sentido de uma definição *a priori*. Deve mudar à medida que a necessidade social o demande. ... uma vez que percebamos o Estado como meramente uma das partes constituintes [da sociedade], por muito fundamental que seja, o que é óbvio é que o fato de que seu domínio deve ser estritamente relevante para resolver qual dos objetivos seria o que melhor poderia se realizar. De fato, muito do problema tem sido amplamente obscurecido ao se pensar um federalismo não em termos de uma divisão de funções sobre alguma base improvisada de sua execução exitosa mas em termos de contigüidade territorial. (Laski, 1927, p.74-5)[9]

Então se propugna uma "liberdade social" que assume uma dualidade de facetas, uma externa e outra interna: a primeira supõe a possibilidade de se associar sem impedimentos *externos*, mais especificamente, sobre "a forma de executar a função" (Cole, 1920, p.182) e a *interna*, que incluía a idéia de que dentro das associações deve reger o autogoverno democrático entre os associados. Assim, um Estado é livre se pode se governar sem obstáculos *externos*, e *internamente*,

9 De fato, no capítulo "The Pluralistic State", de *The Foundations of Sovereignty and other Essays*, reforça a tese: "Portanto, administrativamente, necessitamos descentralização: ou se preferem, necessitamos reviver a concepção federalista ... Mas hoje não devemos pensar o federalismo em seus termos espaciais do passado. É aplicável tanto às funções como aos territórios. É aplicável tanto à direção da indústria do algodão, ou ao serviço de carreira civil, como ao governo de Kansas e da ilha de Rhode" (Laski, 1927, p.242).

se é eleito democraticamente, assim como outras associações: industriais ou dos consumidores.[10] Essa apreciação surge da noção de que a "liberdade pessoal" individual, é um pouco "sensível", e é realizada pelo sujeito por si mesmo, por meio de seus atos, diferentemente da liberdade social, onde sua atuação implica o envolvimento de algum mecanismo.

Nesse sentido, o "individualismo" do pluralismo inglês é muito mais radical que o do "liberalismo" porque afirma que as lealdades e obrigações são produto da "consciência", o que implica que nenhuma *jurisprudência* é digna do nome se não leva em conta este princípio[11] e menos ainda se pode dizer que se está fazendo "justiça"; ou seja, os pluralistas ingleses assumiram o trabalho de mostrar que o pensamento político clássico confundia a unidade jurídica *de facto* dos Estados com a unidade "moral" de suas populações, que como sabemos a partir das diversas lutas (passadas e presentes) por certas "autonomias" e "reconhecimentos", sejam de índole cultural, política e/ou de gênero, sempre se encontram em processo de *reconstituição*.

A sociedade, portanto, deveria ser pensada como uma articulação, sempre contingente, entre diversas organizações ou agrupamentos sociais. Os conservadores, tanto no passado como no presente, sustentarão que isso levaria à desordem e ao anarquismo. De fato, o tipo de ordem

10 Cole deixa ambíguo o âmbito das Igrejas, mas Laski menciona que seus objetivos devem ser analisados assim como os do "Estado": as instituições devem "ser julgadas não por suas metas, mas por suas conquistas em termos de tais metas ... por exemplo, a Igreja Católica Apostólica, não como personificação terrena do corpo de Cristo, e sim pelo que tem feito com tal corpo terreno na história ... [O Estado], em cada momento, também atua por meio de agentes que são homens mortais" (Laski, 1927, p.68). De fato, então, as entidades religiosas, sejam as que dizem representar Cristo e o Evangelho cristão ou outras, são guias espirituais de seus fiéis.

11 Sobre o tema da soberania da consciência individual a respeito das normas do Estado, poderíamos encontrar situações nas quais a obediência a nossas crenças implique prejudicar ao outro. Nicholls oferece o exemplo da crença dos Testemunhas de Jeová, que não aceitam transfusão de sangue por nenhum motivo. No caso de uma criança, o Estado teria de intervir e impor sua realização, e depois devolver a criança ao seio de sua família, o que deixa intacta e inviolável a "consciência" e a crença dos pais (cf. Nicholls, 1994, p.25).

social e governamental que contém essa perspectiva bem que poderia ser denominado "anarquismo contingente".[12]

> Então, que garantia – pergunta-se Laski – dá a definição pluralista de que a vontade do Estado possa prevalecer? Pareceria que essa definição abre espaço à anarquia. Não creio nisso. Se julgamos analiticamente e fazemos com que nossas idéias se deduzam dos fatos da vida social, nos veremos obrigados a admitir que a força de vontade do Estado depende cada vez mais das pessoas que a interpretam. (Laski, 1917, p.20)

Em contrapartida ao anarquismo, era exigida a presença de um maquinário estatal que estabelecesse as regras e fronteiras da justiça, respeitando o agrupamento e a organização de diversos grupos sociais, inclusive fomentando a constituição deles, mas cuidando para que alguns não prejudiquem ou limitem a outros a consecução de seus fins específicos. Os grupos sociais existiam por direito e luta própria, e inclusive apesar do Estado, e não devido a seu reconhecimento. O Estado então seria uma organização social ou sociedade entre outras, com suas metas ou objetivos específicos: administrar as divergências possíveis entre as associações. No entanto, segundo D. Nicholls, Figgis sustentava, em contraste com Cole e Laski, que o "Estado deveria manter-se como a sociedade das sociedades" (Nicholls, 1994, p.12).

Ao rechaçar a noção clássica da soberania, e portanto a necessária obediência ao Estado, essa problemática passa a ocupar um lugar primordial no discurso dos pluralistas, que argumentam que o indivíduo deve sua lealdade e obediência aos grupos ou organizações aos quais se *incorpora* por escolha própria. A personalidade do indivíduo, assim como a ampliação de suas liberdades, se forma e se transforma nos agrupamentos ou organizações sociais a que pertence. Tem portanto uma variedade de lealdades relativas às quais prestar conta, sendo o

12 "A teoria pluralista do Estado ... é o que o professor Dewey chama 'seriamente experimentalista' ... [e] pode se insinuar a possibilidade da anarquia" (Laski, 1917, p.259). Também Laski (1947, p.28): "A possibilidade de anarquia está teoricamente presente a cada instante" (Laski, 1927, p.30 e 317) e Nicholls, "Introdução", 1994, p.XIX.

"Estado" uma delas, mas em nenhum sentido a única ou exclusiva.[13] Assim como as associações sociais não são entidades estáticas e sem história, em razão de durante sua evolução poderem mudar metas e funções em relação às que originalmente se dedicavam, os indivíduos devem ter a possibilidade de escapar quando já não concordem com elas. Por isso os pluralistas desconfiavam das organizações massivas, como as de sindicatos, ou do próprio Estado como uma possível entidade interventora "dentro das associações, cuja "ordem", regras, metas e associados deveriam ser definidos e se resolver internamente ou por instâncias e competências das correspondentes confederações e associações.

Para resolver o problema da "representação" dos "interesses", o pluralismo propunha a criação de outras entidades suplementares, como seria o caso das organizações por função, ou por corporações, e uma corte suprema plural de conflitos (Cole[14] o defende a partir do cooperativismo guildista), que seria a encarregada de dirimir os eventuais conflitos entre diversas organizações. De maneira transitória teriam que ser resolvidas as competências respectivas entre as diversas "soberanias", entre o espaço da "representação por função" e os meca-

---

13 Laski declara sem rodeios: "se o Estado é somente um dos grupos aos que pertence o indivíduo, não pode haver idéia de unidade em sua lealdade" (1947, p.19). "Pareceria demonstrar – diz Laski – que a teoria legal da soberania não tem raiz na existência atual. Mas sugere que existe algo amplo que chamamos poder e que a soberania é simplesmente um ato de vontade. Ela depende do consentimento dos membros do Estado para sua efetividade; falando em geral, qualquer das decisões que tome o órgão de soberano receberá aceitação; ... Mas a consagração de uma região na qual o governo normalmente não pode penetrar é a garantia de uma reserva de resistência que confirma ... [a] teoria de que nenhuma concepção do poder é adequada se não inclui um elemento moral" (Laski, 1927, p.308).

14 Cole, assim como outros teóricos da tendência socialista, tanto a "estatal" (Fabian Society), de um lado, e por outro os cooperativistas e guildistas (S.G. Hobson), pressupunha que a socialização e a administração de grande parte da "indústria nacional" por parte dos sindicatos obreiros estavam 'para dobrar a esquina', e nesse sentido foi lido e interpretado o informe governamental *Whitley Report* de 1917, que discutiu a idéia de uma co-determinação da indústria e subseqüentemente a *National Industrial Conference* de 1919, onde a proposta sindical esteve guiada pelo mesmo Cole (ver Hirst, 1989, p.39).

nismos tradicionais. Mas enquanto isso, paralelamente, Laski procura uma alternativa teórica para pensar a nova ordem apoiando-se na obra de A. Hauriou,[15] na qual a "instituição de instituições" (o Estado) não perturba o funcionamento da vida das diversas "instituições", autônomas em sua administração.

Também sustentava que o voto deveria ser definido por áreas geográficas, e que o parlamento devia atentar para tal estrutura. Tanto Laski como Cole temiam a possível opressão do indivíduo incorporado nas grandes organizações, sindicatos ou empresas, mas no geral os pluralistas não perceberam seus verdadeiros perigos no que se refere a outros tipos de agrupamentos. De antemão, cabe mencionar a tentação de dar a esse "corporativismo" algumas noções do fascismo de "Duce", porque sua estratégia corporativista pressupôs uma estrutura centralista das organizações em torno de um Estado "unitário" e portanto muito distante do pluralismo libertário, que pressuporia a "dispersão" da soberania.

O próprio sistema parlamentar requer uma comunidade que fique alerta a seus possíveis excessos, e diante da ausência do cidadão ideal que possa analisar os processos legislativos em questão, seria conveniente tirar do controle parlamentar alguns dos esforços sociais: por exemplo, a eficiência e os problemas das empresas industriais poderiam ser resolvidos do modo proposto por Cole, o que por sua vez não requer nenhum conhecimento de *experts*.

Esse trasladar do problema para fora de um centro único sugere que o recinto de seu império deve ser realocado e delegado a qualquer âmbito onde sua vontade possa imperar plenamente. Por conseguinte, ante a ausência privilegiada de um ponto central na estrutura social, e desde o qual sua força poderia ser irradiada, a mesma concepção de Estado deve adquirir outra forma.

---

15 "A instituição – expressa Hauriou – é uma idéia de obra ou de empresa que se realiza e dura juridicamente em um meio social; para a realização dessa idéia, organiza-se um poder que procura os órgãos necessários; por outro lado, entre os membros do grupo social interessado na realização da idéia ocorrem manifestações de comunhão dirigidas pelos órgãos de poder e regulamentadas por procedimentos" (Sampay, 1965, p.39).

Como o Estado é um "reflexo" do que a "classe" ou o "grupo dominante" crê que é "o bom", sua expressão legislativa reproduzirá a "opinião daqueles que detenham a chave do poder econômico" (Sampay, 1965, p.39). E como o Estado é essencialmente um corpo de "consumidores", sua meta tem como objetivo prover as condições (legais, políticas) para garantir regularmente a oferta, mas, devido ao fato de o controle do Estado ter ficado em mãos de um grupo dominante entre os consumidores, é óbvio que os "produtores", os que não possuem os meios de produção, procurarão proteger seus interesses funcionais e não ficar submetidos aos objetivos do governo. Do mesmo modo os fiéis de uma Igreja. O sindicato entende então que "uma verdadeira democracia política" é a fonte de uma "verdadeira democracia industrial" (ibidem, p.86)

Por outro lado, ante as tendências oligárquicas (Laski e Cole conhecem as obras clássicas),[16] nos agrupamentos sociais, insiste que a preservação da personalidade[17] e individualidade só se realiza em comunidade, e é sobre essa qualidade que se deve buscar o cidadão ativo: "Significa que a sociedade democrática deve rejeitar o Estado soberano por definição inconsistente com a democracia" (Laski, 1927, p.107). apesar de o governo representativo haver tido êxito em garantir "direitos políticos gerais" (ibidem, p.113 e 185),[18] para Laski o parlamentarismo já havia chegado ao ponto mais alto de suas conquistas e a complexa organização estatal moderna demandava outros meios para resolver seus problemas e as discussões em seu recinto eram francamente insuficientes.[19]

---

16 Por exemplo: Moisei (1903); Michels (1962).

17 "Seus grupos, ou seja, grupos que devem ser responsáveis; no entanto a responsabilidade só pode chegar onde se atribui definitivamente alguma função social ao grupo para sua realização. É na execução de tais tarefas que a personalidade dos homens alcança sua realização" (Laski, 1927, p.107).

18 "Os parlamentos parecem ... corpos que registram a vontade do combatente vitorioso em um conflito no qual não teve voz" (ibidem, p.325)

19 Fala inclusive que "alguns de seus defeitos são fundamentais" (Laski, 1921, p.37; 1927, p.306-7).

Os pluralistas, na contracorrente do pensamento constitucionalista ocidental, defendiam que a suposta unidade ou vigência de um Estado *per se*, assim como sua "legitimidade", só pode ser deduzida da existência de um "governo", de outra forma é somente uma entidade abstrata, irrelevante para compreender as necessidades e os afazeres cotidianos de uma sociedade, ou como a "representante" de seus "cidadãos".

Estava-se resgatando a idéia de que o poder deve se diversificar e se desconcentrar, e que os fatos demonstravam o fenômeno da dispersão do poder, indicando a variedade de obstáculos ao "centro" por parte das entidades locais. O poder, apesar do que nossas figuras constitucionais diziam, está disperso, e as liberdades individuais se ampliam quando se dá impulso à proliferação de novas organizações sócias e núcleos de poder. De fato as sociedades medievais eram uma série de hierarquias e paralelos de poder que mudavam constantemente com os acordos-matrimônios entre famílias monárquicas e entre "suas" populações.

A relação Igreja-Estado é descrita especialmente em *El problema de la soberanía* e *Authority in the Modern State*, que expõem a tese, também elaborada e sustentada por Figgis ao longo de sua obra, de que nos objetivos e metas da Igreja o Estado não tem nada a perder em termos de "soberania", porque os cidadãos podem muito bem obedecer a Roma no "espiritual" e ao governo inglês no "civil". Cada associação exerce sua própria "soberania" sobre seus membros e fica em suas mão a obediência. Em razão de ser o Estado uma entidade encarregada de alcançar o "bem", somente logrará a integração e obediência dos súditos e das organizações se são respectivas metas – cuja busca do "bem" por sua vez não é a criação do Estado ou do governo, muito menos os direitos e as obrigações (cf. Laski, 1927, p.57). Portanto, "cada governo é um governo *de facto*, exceto na medida em que a retidão de seu esforço o faça *de jure*" (ibidem, p.58). Na verdade a "vontade do governo" deparar-se-á com outras vontades similares de poder, e entre uma e outra lealdade o árbitro final é a consciência individual, por isso tal concepção da sociedade se chama pluralista porque "nega a unidade da sociedade e do Estado" (ibidem, p.65). Em

> tal análise o Estado é uma entre muitas outras formas de associação humana. Não está necessariamente mais em harmonia com o a finalidade da socie-

dade do que uma Igreja, um sindicato ou uma loja maçônica. É verdade que há relações que o Estado controla, mas isso não as faz inferiores ao Estado. (ibidem, p.65-6)

Mas a liberdade tende a se reduzir se o poder se centraliza em algum ponto político em particular. Portanto: "dividi-lo de acordo com suas funções a realizar é a única garantia para [sua] preservação" (ibidem, p.89). Isso leva à tese de que a essência do livre governo é a "democratização das responsabilidades". Dividir a concentração do poder implica "inevitavelmente" algum tipo de representação; e ao dividir as funções pode-se prevenir que os representantes absorvam o "sangue vital" do corpo político.

Mas Laski renega o controle estatal da economia porque a insólita concentração do capital e do financeiro existente fará dos burocratas do governo uma das "mais poderosas" maquinarias que jamais existiram. Contudo além disso seria um tipo de paternalismo que limitaria o tipo de liberdade que os pluralistas defendem e a necessidade de dispersar responsabilidades. Nada garante (diz Laski, em 1921) que uma administração estatal do consumo e da produção seja necessariamente democrática, e os exemplos municipais de administração produtiva corroboram esse pessimismo.

Assim, dissidentes poderiam organizar outra associação quando decidissem que não estavam cumprindo os propósitos que originalmente os atraíram para ela. Em nenhum caso haveria a possibilidade de proibir, ou ab-rogar, certas associações de sua "personalidade" com o argumento de que já não estavam cumprindo com suas metas originais.

Mas por outro lado, o que todo o debate sobre as "corporações" revela, na época em que o argumenta Laski, é o fato de que as associações não necessitam do reconhecimento estatal para sobreviver, e sua luta pelo reconhecimento tratava do assunto de que estivessem protegidas como qualquer outra associação-corporação existente.[20]

20 Laski desenvolve amplamente esses temas em *The Foundations of Sovereignty and other Essays*, nos capítulos: "The personality of Associatins" e "The Early History of the Corporation in England".

Diante do caráter voluntário de sua associação, caberia poder penalizar as associações que violavam disposições ou leis de caráter civil, caso contrário seria necessário observar a mais absoluta distância a respeito de seus processos internos e deixar que resolvam suas diferenças, exigindo, não obstante uma organização democrática, onde em última instância seus integrantes poderiam "votar com os pés" para integrar outro grupo.[21] Laski destaca que "uma relação corporativa é, basicamente, uma relação de indivíduos, não obstante, por razões de índole prática, é de fato para sua unidade que devemos atentar" (1927, p.277).

Atualmente, devido à impossibilidade de alcançar uma democracia direta e "participativa" ("mandando obedecendo", como diriam os zapatistas), em razão das complexidades do Estado moderno, uma verdadeira descentralização por funções poderia melhorar a participação cidadã na organização e desenvolvimento de suas comunidades em todos os seus âmbitos, como já dissemos, tanto no âmbito social e político como no da saúde; o que implica resgatar o federalismo. As nações e seu moderno nacionalismo foram conseqüência de um movimento unitário, priorizando o estabelecimento de constituições cujas estruturas e preceitos conceituais não outorgam espaço às diferenças culturais e locais daquelas "sociedades" que foram subsumidas em uma entidade maior (Tully, 1995).

Assumir plenamente vocabulários diversos significa o conceito de "diálogo, ou seja, um reconhecimento mútuo, uma reciprocidade de um ir e vir de sons alternativos, por meio dos quais se negocia uma linguagem combinada, que talvez logre certa estabilidade, sempre contingente. Devemos então assumir que sempre estamos a caminho de um novo acordo no qual poderemos reconhecer as diferenças e a multiplicidade social. Na atualidade, os obstáculos contra a proposta de Lei Cocopa, tentando bloquear o "ingresso" dos povos indígenas para construir seus próprios universos e autonomias dentro do contexto de uma "Nação" maior, não têm sustento jurídico: Magdalena Gómez (2001) tem demonstrado que nossa constituição atual pode muito ser

21 "Nós aqui alentamos uma tese radical: dizemos que a distinção entre a associação voluntária e a incorporada deve ser abolida" (Laski, 1921, p.168).

adaptada e modificar-se sem que por isso se incorra na possibilidade de que se inicie a "balcanização" do país. Contudo, associações ao estilo dos "caracóis" ou "municípios autônomos", ainda que diante da carência de certas bases jurídicas para sua defesa, continuam sobrevivendo porque suas populações estão dispostas a defendê-las.

Muito antes, também no México, Manuel Gómez Morín, fundador do Partido Acción Nacional, sintetizava maravilhosamente a idéia:

> O que a família possa fazer por si só, o município, a cidade não tem que fazer; o município deve respeitar essa zona peculiar de ação da família, ajudá-la para que a cumpra. O que o município pode fazer não tem que ser feito pelo Estado; o que o Estado pode fazer não tem que ser feito pela Federação. Por isso somos anticentralistas ... Cremos na subsidiariedade e na descentralização ... Existe uma multiplicidade de agrupamentos e de sociedades entre o Estado e a pessoa. Ainda na mera estrutura política existe o município (*sic*), e o Estado e a pessoa. Nós cremos nessa necessária conservação de um federalismo natural da sociedade. Em troca, somos contra deixar o indivíduo solto, disperso, isolado diante do Estado onipotente. Cremos que os melhores limites do Estado são os limites impostos pelo reconhecimento de todas as instituições intermediárias: família, município, cidade, escola, universidade, sindicato, logradouro, agrupamento econômico, profissional: escritórios de advogados, colégio de engenheiros, partidos políticos. Todas essas são associações que devem ter ímpeto cada vez maior para colaborar para um pluralismo organizado da vida nacional.[22]

Não há nenhum paradoxo em achar que as conclusões constitucionais práticas pela autonomia por parte de Elzin e as de Gómez Morín estejam defendendo o "pluralismo político" inglês, sem talvez os haver lido. Sabemos que o Federalismo não é nenhuma novidade, mas algo que foi sistematicamente esquecido pelos governos da América Latina. Mas deve-se aceitar que, sob essa ótica, se chegará ao que disse Marcos,

22 Entrevista a Manuel Gómez Morín em Wilkie & Wilkie (1969, p.222-3).

subcomandante do Elzin: "*Os municípios autônomos são tão autônomos que não nos ouvem*" (Scherer, 2001, p.15; grifos meus).[23]

Algo similar pode ser dito a respeito do desenvolvimento caso se insista no avanço e na criação de um universo econômico de médias e pequenas empresas. O *just in time* ou o *out sourcing* impostos pelas grandes multinacionais às pequenas e médias empresas oferecem maior espaço e liberdade para estas. A lógica de uma produção de bens pós-fordista supõe mutantes condições de produção, e aqui as pequenas e médias empresas têm a vantagem da adaptação sobre as grandes empresas.

Tudo isso supõe uma política econômica seletiva e de apoio às margens e regiões, correlativamente ao processo de descentralização de atividades e devolução de poderes aos municípios; somente isso induzirá a inversão local por parte da economia das comunidades em questão.

Tanto para a prestação de contas como para o provimento de serviços de saúde e outros de modo individualizado, um sistema local e cooperativista tem grandes vantagens diante de um Estado-governo que se perde em políticas gerais de saúde despersonalizadas e que ninguem está disposto a suportar. Um sistema financiado em parte pelas contribuições dos cidadãos (cooperativista), sem fins lucrativos, poderá atrair maior quantidade de sócios-consumidores, sempre e quando os cidadãos possam ter opções diversas e competitivas entre si e portanto com a possibilidade de "votar com os pés" diante de um serviço inadequado.

---

23 Outro interessante efeito da dispersão do poder sé dá em uma comunidade do Peru: "No município de Limatambo, Cusco, não é o prefeito que manda, como estabelece a lei. Quem ordena é a assembléia de delegados e delegadas das comunidades campesinas indígenas e do pequeno povoado. Essa assembléia é que determina o fundamental ... O trabalho das autoridades municipais é organizar as ações para fazer cumprir o que manda a assembléia" (Blanco, 2001).

Igualmente Hirst[24] e Schmitter[25] sustentam que hoje em dia é possível uma reforma política e fiscal na qual certa proporção de nossos impostos possam ser entregues a entidades sem fins lucrativos de nossa escolha e cujos montantes podem ser o sustento e apoio para ampliar a produção e/ou os vários tipos de serviços. Isso pode se apresentar inclusive sem menoscabo daqueles apoios "federais" e do "centro" aos municípios que se enquadram no ramo de número 33 do pressuposto, como é o caso do México.

P. Hirst (1997; 1994) chamou isso de uma "democracia associada". A tese principal sugere que uma sociedade governada "de baixo para cima", por meio de organizações voluntárias de autogestão, sem fins lucrativos, por meio de uma confederação delas, pode produzir uma governabilidade mais eficiente e menos custosa (menos Estado onipo-

---

24 "Supondo que os cidadãos tenham a oportunidade de doar parte de seus impostos a um número limitado de organizações, como propõe Schmitter (1988), então as associações podem ser construídas até o ponto em que efetivamente poderiam solicitar fundos públicos sem muito esforço ou custo para o público ... As associações voluntárias receberiam fundos na proporção de seus membros, e na prática, as maiores e mais populares poderiam oferecer melhores serviços, dadas as economias de escala. As pessoas escolheriam o pequeno ou o grande de acordo com suas preferências ... Portanto, seriam os *cidadãos*, e não os burocratas, que escolheriam o tipo de serviço de saúde (*welfare*) desejado" (Hirst, 1994, p.61-2 e 185). "O Estado poderia, por exemplo, recolher um 'imposto associacional' como uma porcentagem substancial do aporte total das contribuições, e permitir designar, digamos, 25% da obrigação impositiva associacional de acordo com os membros registrados das associações e guardar uma reserva para enfrentar eventualidades" (Hirst, 1997, p.65).

25 "Se o objetivo é fortalecer a democracia aceitando a existência de grupos de interesse, diz Schmitter, então se deve regular seu funcionamento. Sua proposta consiste em estabelecer um estatuto semipúblico aos grupos de interesse, financiá-los por meio de contribuições obrigatórias e deixar que os próprios cidadãos – em vez do Estado – se encarreguem de destinar os fundos às diferentes associações. O financiamento viria de um imposto especial cobrado de cada contribuinte. Schmitter calcula que se se implementar sua proposta nos Estados Unidos, estabelecendo um montante único de 25 dolares por contribuinte, haveria um total de quase 2.500.000 dólares disponíveis para os grupos que se movem no círculo secundário" (Arditi, 1997, p.13). Hirst diz muito bem que os mencionados "grupos de interesses" devem ser pensados em termos de associações de caráter voluntário sem fins lucrativos, com objetivos específicos, e que, assim como Schmitter, devem ser monitorados sob algum tipo de regulamentação e prestação de contas.

tente, com suas inumeráveis e imcompreensíveis "leis" para o cidadão comum) e uma maior democratização e contabilidade da gestão das organizações e instituições. Apesar do anteriormente exposto, Hirst destaca explicitamente que o "associacionismo" não garante que se alcance a "igualdade" almejada, mas sim os "meios" para conseguir uma maior justiça social.

Se Hirst já não crê nas bondades da planificação em geral, tampouco tem dúvidas em negar validade a aqueles discursos provenientes da direita ou do neoliberalismo, que pressupõem que os serviços sociais podem ser outorgados eficientemente por unidades econômicas particulares (privadas), e com menor custo; entenda-se os grandes conglomerados econômicos para a saúde e a aposentadoria que pululam hoje em dia.

O Estado terá que prover um mínimo de apoio em geral, ao qual cada indivíduo, dependendo de seus ingressos e necessidades, poderá agregar algo extra, se assim julgar necessário. Por sua vez, as organizações voluntárias que oferecem os serviços receberão um montante correspondente de financiamento de acordo com o número de seus associados. Obviamente as organizações competirão entre si, por meio de um sistema de eleição própria por parte do cidadão, e cuja única obrigação seria a de pertencer a alguma das organizações de saúde e/ou de educação em questão para garantir a saúde e o bem-estar de sua família, mas com a possibilidade de poder mudar de organização e/ou associação se assim o desejasse.

O anterior liberaria o Estado da contraditória tarefa de prover um serviço e ser o agente que leve a cabo a avaliação da gestão. Dessa maneira, supõe-se que a administração pública não se reduziria, mas implicaria sua reorganização e devolução organizativa e democratização a aqueles cujos interesses supostamente serve.

Por sua vez, a "autonomia" da administração pública requer mais que mera "descentralização territorial" de suas atividades porque um controle "local" poderia ser tão dificil como o centralizado: a "questão real a ser resolvida é a da organização interna entre os diferentes grupos" (Laski, 1927) que, como áreas de serviços administrativos, sejam controlados por comitês técnicos sob o controle do governo.

É obvio, pelo que se há destacado da tese de Hirst, que o "mercado" não desaparecerá e que os intercâmbios mercantis existirão na medida em que as unidades produtivas entre si reconheçam ou não como uma unidade integrada. É evidente então que se trata de um sistema social que devolve a suas unidades mais elementares as formas de organização e de produção, por isso mesmo as regiões começam a se tornar centros de decisões importantes às quais o Estado terá que dar apoio para o desenvolvimento de suas atividades produtivas. Uma confederação de empresas e centros de financiamento locais e suas comunidades terão interesse em atrair capital e refinanciar certos projetos de toda índole: ambiental, econômicos e de saúde, tudo o que supõe um retorno real aos princípios do federalismo. O conhecimento local dos participantes é precisamente o que torna factível um círculo virtuoso de acumulação e crescimento econômico adaptado às condições particulares.

Contudo, a reserva do que os mais recalcitrantes neoliberais entendem pelo termo "mercado", suas condições de existência supõem uma série de instituições, costumes e relações de poder (às vezes o Estado) que definem a possibilidade de ação de certos agentes em circunstâncias históricas particulares. Por sua vez, o marxismo sempre o entendeu como a personificação do domínio de uma relação mercantil que somente poderia ser sanada pondo fim à "separação" entre a mão-de-obra e as unidades produtivas entre si, por meio de um plano global. A experiência da União Soviética, apesar da "socialização dos meios de produção", demonstrou que tal "separação" é um fenômeno insuperável, já que cada unidade produtiva e suas específicas condições de existência, tanto técnicas como contratuais, não garantem sua "unificação", uma vez que cada uma delas "possui separadamente" certos insumos ou elementos que são as condições de existência para que as demais possam se reproduzir. Em outras palavras, a situação "jurídica" das empresas, "socializadas" ou não, sejam as denominadas "privadas" ou as "estatais" ou da "nação", não garante mecanismo algum de "unificação" das unidades produtivas e a mão-de-obra entre si, mas faz-se destacar o fato de que o processo de articular as empresas e seus insumos entre si é um processo problemático tanto em termos práticos como teórico-político.

Por isso, alguma unidade de valor ou dinheiro, e a possibilidade de intercâmbio por outras necessidades ("o mercado"), sempre será um fenômeno sem cuja existência não poderia funcionar qualquer economia "moderna". O dinheiro tenta sanar o problema da separação entre si das unidades produtivas e da mão-de-obra antes assinaladas por um lado, e o "tempo" (R. Prebisch, 1993) pelo outro: entre o período em que certos fluxos iniciais são incorporados à produção e aquele quando saem em forma de produtos para serem consumidos ou utilizados em outras atividades. Então, o uso é a amplitude do raio de ação do dinheiro (uma unidade de conta), essa aparente relação mercantil, de tantos sistemas sociais no passado e no presente tão dominante (em algumas sociedades), o que deve ser regimentado, não necessariamente no sentido jurídico (que também pode ser), mas no sentido de demarcar sua função como o único mecanismo de retribuição social, e correlativamente desenhar uma política salarial que seja acompanhada por um dividendo social, ou seja, um maior gasto social em âmbitos como saúde, investimento social, educação, sem excluir necessariamente uma elevação salarial. É aí que uma política monetária e os projetos de redistribuição de ingressos devem caminhar juntos. Uma política nacional deve reduzir a área de ação na qual o uso de tal unidade de conta (o dinheiro) tenha uma relevância social. Por isso é interessante escutar os recentes debates em torno da situação de certas unidades produtivas em Chiapas, já que o debate se reduz à contraposição entre os que dizem que são ou não parte do "capitalismo", quando nas ações apesar da ausência do substrato jurídico suposto na Lei Cocopa, continuam existindo porque assim têm decidido suas comunidades, e além disso têm feito amplo uso do mecanismo mercantil, mas tem permanecido subjugado a outras metas que perseguem seus povoadores: o ensinamento, portanto, é a idéia de reduzir o âmbito em que se utiliza o "dinheiro", que no final das contas sempre será um meio e não um fim em si mesmo.

Para finalizar, ninguém quer voltar ao "ogro filantrópico" (Paz), mas todos queremos fugir do "Estado distraído", mas para isso necessitamos de "uma cidadania desenvolvimentista".

Em síntese: deve-se de maneira geral apoiar certos setores produtivos, decisão que emane de uma prévia discussão/avaliação sobre sua capacidade competitiva local e internacional e em relação a seus efeitos ambientais a longo prazo, via subsídios de todo tipo. Décadas atrás se falava de industrialização a seco; hoje poderíamos dizer: daqueles setores com maior valor agregado nos produtos que oferecem (podem ser até mesmo os de "serviços"), criar a possibilidade jurídica de que empresas em qualquer setor da economia, sem fins lucrativos (cuja faixa salarial seja produto de uma ponderação média do setor em questão) possam organizar-se entre si e ter acesso a subsídios.

Isso supõe discutir a política monetária e o estatuto do Banco do México. A política de "controle do custo" e as operações do mercado por parte do Banco podem ser superadas articulando-se uma série de medidas em relação a um banco de desenvolvimento (com capital misto) para promover o investimento antes mencionado. Também devem ser postas na mesa de negociação as dívidas do Fobaproa (para não dizer "Foraroba"), reconsiderando os montantes em questão.

Nessa mesma ordem, deve-se ressuscitar o Federalismo, voltar à municipalização, descentralizar muitas atividades e funções (inclusive atividades produtivas). Como dizia M. Gómez Morín, deixar nas mãos dos cidadãos aquelas atividades que uma torpe e centralizada organização estatal não pode realizar com eficiência, outorgando maiores montantes ao ramo 33.

Portanto, a idéia é iniciar a "cidadanização do desenvolvimento", incluindo a promoção de novas organizações empresariais e laborais. Caso se consiga articular esforços coletivos de produção de índole diversa, surgirá a sinergia social para transformar a economia.

Muito do antes exposto poderia não concordar com algumas das idéias de alguns partidos nacionais, porque seus agentes são pessoas com idéias muito díspares entre si. Mas em relação à administração dos problemas locais, como seria a organização municipal, educação, subsídios a produtores locais etc., as pessoas se enfrentariam com outro afã, se em sua filiação ideológica se difundisse a idéia de que poderiam tomar decisões importantes para sua resolução. Se realmente se acredita na "sagrada soberania do indivíduo" (PAN) – sem o confundir com as grandes corporações ou empresas multinacionais –, assim como na idéia do "desenvolvimento social da nação" (PRI – ideário dos anos 1950 e 1960 – e o PRD atual), muitos dos eleitores do próximo ano teriam que exigir uma renovação do curso que tomou a economia nas últimas duas décadas. As desigualdades e a concentração do ingresso atual assim como a "exploração" o exigem.

Finalmente, o panorama internacional não indica uma grande abertura para repensar velhas idéias sobre a soberania econômica das nações da região, mas se o México conseguir olhar para baixo (Argentina), poderá encontrar exemplos de negociações importantes com os grandes ogros financeiros que querem nos governar. Também poderá ver que, juntamente com Brasil e Argentina, podem obrigar tais ogros a sentar-se para discutir a dívida externa.

Alguns poderão dizer que as idéias da Cepal, infelizmente desconhecidas pela geração estudantil atual, derivaram no "ogro filantrópico" (antimercado, de economias fechadas, estatistas, antiexportadoras etc., concluindo que agora isso é algo "ineficiente" *per se*), mas essa é uma das tantas mentiras que uma estratégia de "cidadanização do desenvolvimento" deve enfrentar, do contrário não se poderá devolver a atividade do *desenvolvimento* às comunidades e ao povo de nosso país. É verdade que nem sempre algumas das políticas acima assinaladas são algo negativo para as nações: felizmente, aqueles que fogem do ideário cepalino por considerá-lo parte do "nacionalismo revolucionário" hoje têm a opção de ler as mesmas idéias, mas com outro vocabulário, nos recentes livros anglo-saxões – refiro-me a Jaime Ros (2000), Paul Krugman (1995), Chang (2002).

Referências bibliográficas

ARDITI, Benjamín. La mutación en la política. Un mapa del escenario post-liberal de la política. *Nueva Sociedad*, n.150, jul.-ago. 1997.

BLANCO, Hugo. El estremecimiento y la elección. *La Jornada*, 1º abr. 2001.

CHANG, Ha-Joon. *Kicking away the Ladder*: Development Strategy in Historical Perspective. London: Anthem, 2002.

COLE, G. D. H. *Social Theory*. Londres: Methuen & Co. Ltd., 1920.

FIGGIS, J. N. *Churches in the Modern State*. Londres: Longmans, Green & Co., 1913.

GIERKE, Otto von. *Political Theories of the Middle Age*. Cambridge, 1900.

_______. *Natural Law and the Theory of Society*. Cambridge, 1934.

_______. *The Development of Political Theories*. London, 1939.

GÓMEZ, Magdalena. A propósito de las objeciones oficiales y oficiosas. *La Jornada*, 8 abr. 2001.

HIRST, Paul (Introdução e compilação). *The Pluralist Theory of the State:* Selected Writings of G.D.H. Cole, J.N. Figgis and H.J. Laski. Routledge: London, 1989.

HIRST, Paul. *Associative Democracy.* New Forms of Economic and Social Governance. Amherst: The University of Massachusetts Press, 1994.

_______. *From Statism to Pluralism.* London: University College London Press, 1997.

HIRST, Paul, THOMPSON, Grahame. *Globalization in Question* (The International Economy and the Possibilities of Governance). Great Britain: Polity Press y Blackwell Publishers Ltd., 1997.

KRUGMAN, Paul. *Development, Geography and Economic Theory.* Cambridge, Mass.: Massachusetts Institute of Technology, 1995.

LACLAU, E. *Nuevas reflexiones sobre la revolución de nuestro tiempo.* Buenos Aires: Ediciones Nueva Visión, 1993.

LASKI, H. J. *Studies in the Problem of Sovereignty.* New Haven: Yale University Press, 1917.

_______. *The Foundations of Sovereignty and other Essays.* New Haven: Yale University Press, 1921.

_______. *Authority in the Modern State.* New Haven Yale University Press, 1927.

_______. *Studies in Law and Politics.* New Haven: Yale University Press, 1932.

_______. *El problema de la soberanía.* Buenos Aires: Siglo Veinte, 1947.

LECHNER, N. *La conflictiva y nunca acabada construcción del orden deseado.* Siglo XXI de España Editores: 1986.

MALLORQUIN, C. El pasado presente del pluralismo político. *Alegatos* (UAM), n.51, maio-ago. 2002.

MICHELS, R. *Political Parties.* New York: Free Press, 1962. (Primera edição em alemão em 1911 e em 1912 a italiana.)

MOISEI, Ostrogorski. *La Démocratie et lórganisation de partis politique.* Calmann-Levy: 1903.

NICHOLLS, David. *The Pluralist State – The Political Ideas of J. N. Figgis and his Contemporaries.* London: The Macmillan Press Ltd., 1994. (Primeira edição de 1975.)

OCAMPO, José Antonio. *Reconstruir el futuro. Globalización, desarrollo y democracia en América Latina.* Cepal. Editorial Norma, 2004.

POLANYI, Karl. *La gran transformación.* FCE, 1992. (Primeira edição em 1944.)

PREBISH, Raúl. *Desarrollo económico de América Latina y sus principales problemas*. Santiago de Chile: Cepal, 1949.

_______. *La moneda y los ciclos económicos en la Argentina*. Apuntes tomados por Julio González del Solar, Pascual M. Martínez y Juan Carlos Menescaldi de las clases dictadas por el profesor Raúl Prebisch en la Facultad de Ciencias Económicas de Buenos Aires en 21 de agosto 1944. In: _______. *Raúl Prebisch, Obras 1919-1948*. Buenos Aires: Fundación Raúl Prebisch, 1991. (Tomo 3)

_______. *Introducción a la teoría dinámica de la economía*. Clases dictadas en el curso universitario de 1948 por el profesor titular Dr. Prebisch. In: _______. *Raúl Prebisch, Obras 1919-1948*. Buenos Aires: Fundación Raúl Prebisch, 1993. (Tomo 4)

ROS, Jaime. *Development Theory and the Economics of Growth*. Michigan: University of Michigan, Ann Arbor, 2000.

SAMPAY, Arturo E. *Carl Schmitt y la crisis de la Ciencia Jurídica*. Buenos Aires: Abeledo-Perroti, 1965.

SCHERER, Julio. La entrevista insólita. *Proceso*, 11 mar. 2001.

SCHMITTER, Philippe C. *Corporative Democracy. Oxymoronic? Just plain oxymoronic? Or a promising way out of the present impasse?*, 1988. (mimeo.)

TULLY, James. *Strange Multiplicity*. Constitutionlaism in an Age of Diversity. Cambridge: Cambidge University Press, 1995.

WILKIE, James W. & WILKIE, Edna Monzon de. *México visto en el Siglo XX*. México: Instituto Mexicano de Investigaciones Económicas, 1969.

SOBRE O LIVRO

Formato: 14 x 21 cm

Mancha: 24,5 x 41 paicas

Tipologia: Horley Old Style MT 10,5/14 pt
Avenir 12/14 pt

Papel: Offset 75 g/m^2 (miolo)
Cartão Supremo 250 g/m^2 (capa)

1ª edição: 2008

EQUIPE DE REALIZAÇÃO

Edição de Texto
Sandra Garcia Cortés (Preparação de Original)
Andréia Schweitzer e Alberto Bononi (Revisão)

Editoração Eletrônica
Estúdio Bogari (Diagramação)